Uni-Taschenbücher 879

AF125535

UTB

Eine Arbeitsgemeinschaft der Verlage

Birkhäuser Verlag Basel und Stuttgart
Wilhelm Fink Verlag München
Gustav Fischer Verlag Stuttgart
Francke Verlag München
Paul Haupt Verlag Bern und Stuttgart
Dr. Alfred Hüthig Verlag Heidelberg
Leske Verlag + Budrich GmbH Opladen
J.C.B. Mohr (Paul Siebeck) Tübingen
C.F. Müller Juristischer Verlag – R.v. Decker's Verlag Heidelberg
Quelle & Meyer Heidelberg
Ernst Reinhardt Verlag München und Basel
K.G. Saur München · New York · London · Paris
F.K. Schattauer Verlag Stuttgart · New York
Ferdinand Schöningh Verlag Paderborn
Dr. Dietrich Steinkopff Verlag Darmstadt
Eugen Ulmer Verlag Stuttgart
Vandenhoeck & Ruprecht in Göttingen und Zürich

Renate Damus
RGW – Wirtschaftliche Zusammenarbeit in Osteuropa

Renate Damus

RGW –
Wirtschaftliche
Zusammenarbeit
in Osteuropa

Leske Verlag + Budrich GmbH, Opladen

Die Autorin
Renate Damus, Professor Dr., Jg. 1940, Lehrfach: Politikwissenschaft, Schwerpunkt: Planwirtschaftliche Systeme.
Veröffentlichungen u. a.: Wertkategorien als Mittel der Planung – Zur Widersprüchlichkeit der Planung gesamtgesellschaftlicher Prozesse in der DDR. Prokla. Sonderheft 5. Erlangen 1973 (jetzt Verlag Olle und Wolter). Entscheidungsstrukturen und Funktionsprobleme in der DDR-Wirtschaft. Frankfurt 1973. Vergesellschaftung oder Bürokratisierung durch Planung in nachkapitalistischen Gesellschaften. In: Leviathan. 2/1974. Ist die Arbeit im Sozialismus Lohnarbeit? Zum Charakter der Arbeit in den nachkapitalistischen Gesellschaften Osteuropas. In: Kursbuch 38. Dezember 1974. Der Reale Sozialismus als Herrschaftssystem am Beispiel der DDR. Gießen 1978 (Focus-Verlag)

(CIP-Kurztitelinformation)

Damus, Renate:
RGW, wirtschaftliche Zusammenarbeit in Osteuropa / Renate Damus. – Opladen: Leske und Budrich, 1979.
(Uni-Taschenbücher; 879)
ISBN 978-3-322-95505-0   ISBN 978-3-322-95504-3 (eBook)
DOI 10.1007/978-3-322-95504-3

© 1979 by Leske Verlag + Budrich GmbH, Opladen
Satz und Druck: Druckerei Althoff, Oberhausen

Einbandgestaltung: A. Krugmann, Stuttgart

Inhalt

Einleitung

Einführend stelle ich kurz den Aufbau der Arbeit bzw. den Gang der Argumentation und die Kriterien der Analyse dar. Das Buch soll eine Einführung in die Strukturen und Probleme des RGW für Nicht-Ökonomen und Nicht-Experten sein, eine Einführung, die zugleich einen Zugang zu den real-sozialistischen Gesellschaften[1] und eine politische Auseinandersetzung mit dem Realen Sozialismus darstellt. Ursprünglich hatte ich vor, mich weitgehend auf die ökonomischen Strukturen und Probleme des RGW, wie sie sich in den 60er und 70er Jahren herausgebildet haben, zu beschränken. Erfahrungen in universitären Veranstaltungen sowie in der Schule zeigten, daß die politische Absicht des Vorhabens deutlicher wird und die politische Bedeutung der ökonomischen Strukturen und Probleme im RGW besser verständlich wird, wenn man auf der politischen Ebene ansetzt und von da aus zu den mehr ökonomischen Fragen übergeht. Die politische Relevanz der ökonomischen Strukturen wird so deutlicher. Ein anderes Vorgehen kann dazu führen, daß abgehobene ökonomische Kenntnisse – für den Nicht-Experten tote Wissenschaft über den RGW – vermittelt werden, ohne daß eine politische Beurteilung des RGW und damit eine politische Selbstverständigung überhaupt ermöglicht wird. Aus der stärkeren Einbeziehung der unmittelbar politischen Probleme und aus der Intention, von der politischen Ebene her in die (politisch bedingten) ökonomischen Strukturen und Probleme einzuführen, ergab sich gleichzeitig ein mehr historischer Zugang, also die Darstellung der Beziehungen der osteuropäischen Länder[2] zueinander, seitdem sie Ende des zweiten Weltkrieges unter sowjetische Vormachtstellung gerieten. Die Arbeit löst hoffentlich in der vorliegenden Form meine Intention ein, nämlich im Zusammenhang mit der Darstellung der Entwicklung der politischen und ökonomischen Beziehungen in Osteuropa und den ökonomischen Schwierigkeiten bei ihrer Zusammenarbeit zugleich den Gesellschaftstyp Realer Sozialismus zu analysieren.
Ich lege hier kein neues, bisher nicht bearbeitetes Material vor; dies war auch nicht beabsichtigt. Es geht mir um eine Einführung in die

ökonomische Zusammenarbeit Osteuropas aus kritisch-sozialistischer Sicht, um eine Zusammenschau der relevanten politischen und ökonomischen Faktoren in ihrer Entwicklung seit 1945, um so ein umfassenderes politisches Verständnis der heutigen ökonomischen Beziehungen im RGW zu ermöglichen, und um die Analyse der Ursachen bzw. die Charakterisierung der Gesellschaftsform des Realen Sozialismus[3], um so die ökonomischen Schwierigkeiten bzw. Schranken für die Zusammenarbeit in Osteuropa erklären zu können.

Das erste Kapitel behandelt die Herausbildung der „Volksdemokratien" in Osteuropa und die Rolle der UdSSR dabei, die ökonomischen Veränderungen, die sich in den errichteten „Volksdemokratien" vollzogen und die ökonomischen bzw. politischen Anbindungs- bzw. Ausbeutungsmethoden der UdSSR. In diesem Zusammenhang ist die Gründung des RGW 1949 zu sehen, dem damals keine ökonomische Funktion für die Beziehungen der betroffenen Länder zueinander zukam. Der RGW war ein Mittel unter anderen, das der politischen Anbindung an die UdSSR und der Unterbindung traditioneller West-Beziehungen der Länder diente. Insofern haben die UdSSR und USA (diese insbesondere mittels Embargo-Politik und Marshall-Plan) in der Nachkriegszeit zu Lasten der europäischen Länder und zwecks Ausschaltung nicht-genehmer politischer Strömungen im jeweiligen Machtbereich gut zusammengespielt. Hier stehen die von der UdSSR zur Durchsetzung ihres Hegemonialstrebens verwendeten Methoden im Vordergrund, die an dem inhaltlich gleichen – lediglich zeitlich etwas verschobenen – politisch-ökonomischen Veränderungsprozeß in den osteuropäischen Ländern deutlich werden. Unabhängig vom ökonomisch-politischen Entwicklungsstand des jeweiligen Landes, unabhängig davon, ob die jeweilige kommunistische Partei in der Bevölkerung verankert war und ob die Länder auf seiten des Faschismus oder gegen ihn gekämpft hatten, sind die Methoden der Machteroberung und die gesellschaftlichen Veränderungen inhaltlich in den verschiedenen Ländern nahezu dieselben. Dies berechtigt, von Sowjetisierung zu sprechen, d.h. von der Aufoktroyierung des sowjetischen Systems (auch im ökonomischen Bereich), das sich in der Sowjetunion herausgebildet hatte, mit dem Ziel, die sowjetische Vormachtstellung in Osteuropa abzusichern.

Im zweiten Kapitel geht es um die politischen und ökonomischen Ursachen für die politischen und ökonomischen Veränderungen ab 1953/56 in der UdSSR und zwischen ihr und den osteuropäischen Staaten. Es geht um die Frage nach den sich ändernden innerstaatlichen ökonomischen Zielen, politischen Mitteln und anderen Methoden in der (Binnen- und) Außenwirtschaft. Gefragt wird also nach den politischen und ökonomischen Gründen für die sogenannte Entstalinisierung und deren Auswirkungen auf die ökonomischen Beziehungen der UdSSR zu den kleineren osteuropäischen Ländern. In diesem Kapitel wird anhand der gesellschaftlichen und ökonomischen Veränderungen herausgearbeitet, warum die ökonomischen Beziehungen zwischen den osteuropäischen Ländern und der UdSSR vor 1953/56 (vgl. Kap. I) andere sind als in den 60er und 70er Jahren (vgl. Kap. III).

Die Ziele, Strukturen, Methoden, Willensbildungsprozesse und ökonomischen Probleme im RGW und in den anderen ökonomischen Organisationen der osteuropäischen Länder werden im dritten Kapitel dargestellt und analysiert. Dabei geht es um die Rolle und Funktion des RGW, um die politischen und ökonomischen Ursachen für seine geringe Bedeutung, um die Hindernisse für die ökonomische Zusammenarbeit in Osteuropa. Die Schwierigkeiten bei der ökonomischen Zusammenarbeit erklären sich m. E. aus den sich widersprechenden politischen Erfordernissen und den ökonomischen Legitimationszwängen für die Herrschaftserhaltung in den einzelnen real-sozialistischen Ländern und im Realen Sozialismus als System. Um die Probleme und Schranken der ökonomischen Zusammenarbeit im RGW zu verstehen, muß von den innerstaatlichen, von den nationalen ökonomischen Problemen und deren Ursachen ausgegangen werden. Nur von den nationalen politischen und ökonomischen Problemen her lassen sich die Formen der Wirtschaftsbeziehungen zwischen den real-sozialistischen Ländern und die Grenzen ihrer Zusammenarbeit begreifen.

Um die wirtschaftliche Ost-West-Zusammenarbeit geht es im vierten Kapitel, um die Motive der osteuropäischen Länder bei dieser Zusammenarbeit, die Warenstruktur, die Formen des Handels bzw. der Kooperation in den verschiedenen Phasen des Wirtschaftsprozesses und um die Grenzen für die Zusammenarbeit bedingt durch die real-sozialistische Vergesellschaftungs- und Herrschaftsform. Es geht dabei auch um die Frage, was der Reale Sozialismus politisch und ökonomisch durch diese Zusammenarbeit zu gewinnen oder zu verlieren hat.

Die Kriterien, die der Analyse zugrunde liegen, sind in den ersten beiden Kapiteln eindeutig und unmittelbar einheitlich. Bei den beiden folgenden Kapiteln könnten dagegen Verständigungsschwierigkeiten bezogen auf die angewandten unterschiedlichen Kriterien auftauchen, da in diesen Kapiteln die Kritik auf zwei unterschiedlichen Ebenen angesiedelt ist. Die dargestellten ökonomischen Probleme des Realen Sozialismus werden ausführlich an den Kriterien gemessen, die die real-sozialistischen Systeme sich und ihrem Wirtschaften selbst vorgeben, also an Rentabilität, Effizienz, quantitativem Wachstum, Rationalisierung, technischem Fortschritt etc. Ich halte diese Ebene der Kritik, die nicht systemfremde – z.B. sozialistische – Kriterien bei der Analyse und Beurteilung verwendet, die vielmehr aufzeigt, daß das System seinen eigenen Kriterien nicht Rechnung tragen kann, für politisch fruchtbarer als das Messen an Sozialismusvorstellungen. Kritik nur anhand sozialistischer Gesellschaftskriterien wäre auch insofern falsch, als der Eindruck hervorgerufen werden könnte, man habe es hier trotz dieser oder jener Mängel mit sozialistischen Gesellschaften zu tun. Der Reale Sozialismus hat keine anderen Wirtschaftsziele als der Kapitalismus; er bedient sich aber systembedingt z. T. nicht derselben, sondern ungeeigneter Methoden zur Verfolgung der übernommenen Ziele.

Wenn ich bei der Analyse der ökonomischen Beziehungen der real-sozialistischen Länder Kriterien kapitalistischer Ökonomie zugrunde lege, weil sie auch die des Realen Sozialismus sind, so heißt das nicht, daß ich die Kriterien kapitalistischen Wirtschaftens mir zu eigen mache und als Grundlage meiner Wertung anwende. Diese Vorgehensweise dient nur zur Verdeutlichung der real-sozialistischen ökonomischen Probleme, aufgrund der Ziele und Formen der spezifischen planwirtschaftlichen Systeme und deren Inkongruenz. Die Kritik an der Ineffizienz dieser Systeme beinhaltet weder ein positives Urteil über das kapitalistische Wirtschaftssystem noch ein negatives Urteil über planwirtschaftliche Systeme jenseits der real-sozialistischen.

I. Die Herausbildung und Absicherung des sowjetischen Machtbereichs in Osteuropa (bis 1952)

1. Nationalstaatliche Großmachtspolitik der UdSSR (vor 1945)

Im folgenden geht es mir darum, aufzuzeigen, daß die UdSSR vor dem 2. Weltkrieg und in dessen Verlauf ausschließlich nationalstaatliche Interessen verfolgte und daß, daraus folgend, die in ihren Machtbereich geratenen Staaten keine Möglichkeit hatten, über ihre je nationale Entwicklung, in welcher politischen Richtung auch immer, selbst zu bestimmen. Zur Durchsetzung ihrer Ziele bedurfte die UdSSR keiner Nur-Marionetten in ihrem Einflußbereich. Die kommunistischen Parteien innerhalb der Kommunistischen Internationale (Komintern) bzw. die Parteiflügel, die sich unter dem Druck der UdSSR durchsetzten, stellten die Interessen der UdSSR vor die jeweils nationalen[4].

Die (nationalen) kommunistischen Parteien, die in der Kommunistischen Internationale organisiert waren, ordneten sich der nationalstaatlichen Außenpolitik der UdSSR unter. Diese wiederum, das hat A. Rosenberg nachgewiesen, wird bestimmt durch innenpolitische Auseinandersetzungen in der UdSSR bzw. durch die innerparteilichen in der KPdSU. Rosenberg zeigt u. a. die instrumentelle Abhängigkeit der Außenpolitik von den innerparteilichen Auseinandersetzungen um die Industrialisierungspolitik auf an den Konflikten zwischen Stalin und der sogenannten rechten Opposition, die Stalin zuvor dazu gedient hatte, die sogenannte linke Opposition auszuschalten[5]. Das Konzept der sog. rechten Opposition und Stalins bis 1928 sah eine auf die Förderung der privaten Landwirtschaft gestützte allmähliche Industrialisierung vor. Ihr gegenüber wurde ab 1928 zur Legitimation einer forcierten Industrialisierung, die verbunden war mit unermeßlichen Opfern für die Arbeiter und Bauern, eine das Land bedrohende internationale Situation festgestellt. Diese „Analyse" ist durch nichts zu belegen. Die internationale Lage war 1928 für die UdSSR nicht bedrohlicher als 1921, als die Partei mit der Neuen ökonomischen Politik (NÖP) begann, praktisch dem Industrialisierungsprogramm der späteren „rechten" Opposition, oder 1923/24, als die Parteiführung immerhin den Aufbau des „Sozialismus in einem Lande" für möglich hielt[6]. Geändert hatte sich vor allem das politische Kräfteverhältnis innerhalb der bolschewistischen Partei. Die Feststellung, daß die internationale Lage für die UdSSR äußerst bedrohlich sei und daß das kapitalistische System seinem Ende zutreibe, wurde als Mittel im Kampf gegen die „rechte" Parteiopposition ab 1928 benutzt und mit dem Konzept der forcierten statt einer allmählichen Industrialisierung verbunden. Daraus ergab sich eine sogenannte linke internationale Politik, die beispielsweise in Deutschland zur Bekämpfung des angeblichen „Sozialfaschismus" der sozialdemokratischen Partei führte. Mit der These vom Sozialfaschismus wurde die SPD zum Hauptfeind deklariert. Die KPD schreckte in Berlin nicht davor zurück, mit der NSDAP gegen die sozialdemokratische Führung zusammenzugehen. Die KPD hat aufgrund ihrer primären Stoßrichtung gegen die SPD wesentlich zur Errichtung der nationalsozialistischen Herrschaft beigetragen. Diese Politik der KPD war jedoch – und damit komme ich zum Ausgangspunkt der Argumentation zurück – nicht national bestimmt, sondern seit 1923 von der Komintern und damit letztlich von der KPdSU bzw. deren herrschendem Flügel.

Dieses Beispiel – die Behauptung eines Sozialfaschismus der SPD als Instrument der Konfliktaustragung innerhalb der UdSSR – habe ich nicht nur deshalb gewählt, weil es ganz besonders katastrophale Auswirkungen hatte. In Abwandlung eines Zitats ließe sich sagen, wer nicht bereit ist von den internationalen Auswirkungen der sowjetischen Politik zu sprechen, sollte von ihrem antifaschistischen Kampf schweigen. Ich habe dieses Beispiel auch deswegen gewählt, weil an ihm deutlich wird, daß das Handeln der nationalen kommunistischen Parteien in Europa bzw. der Komintern gegenüber dem Faschismus völlig von den jeweils nationalen Interessen der UdSSR bestimmt wurde. Der Blick auf die von den sowjetischen Interessen geleiteten Geschichte der Kommunistischen Internationale wird wichtig bezogen auf die Frage, inwiefern die kommunistischen Parteien der osteuropäischen Staaten einen eigenen – den je national bestimmten Bedingungen entsprechenden Weg – gehen konnten bzw. wollen konnten.

Von 1928 bis 1933 war die Sozialdemokratie der Hauptfeind, weil sie angeblich als linker Flügel des Faschismus nur der Bourgeoisie diene, insofern sie einen Teil der Masse an diese bzw. den Faschismus binde. Hitler würde in der bevorstehenden kapitalistischen Endkrise rasch abwirtschaften. Auch nach der sogenannten Machtergreifung des Nationalsozialismus war die UdSSR noch der Meinung, weiterhin mit Deutschland gegen die Bestimmungen von Versailles ankämpfen zu müssen (Pächter, S. 138). Erst 1934 änderte sich das bolschewistische Konzept. Dieser Wandel hängt offensichtlich mit dem eindeutig gegen die

UdSSR gerichteten Vertrag zwischen Polen und dem faschistischen Deutschland zusammen. Die UdSSR wurde Mitglied des Völkerbundes, sie ließ die Zwei-Lager-Theorie fallen (die die Welt in Gute und Böse je nach der Stellung zur UdSSR einteilte). Die sowjetische Führung setzte sich nun statt für die Revision von Versailles für ein Konzept der kollektiven europäischen Sicherheit gegenüber dem Faschismus ein. In Fortsetzung dieser Politik propagierte die Komintern auf ihrem VII. Weltkongreß 1935 die Volksfrontpolitik auf der Basis der Einheitsfront der sozialdemokratischen und kommunistischen Parteien. Jetzt wurde der Kampf gegen den Faschismus zur außenpolitischen Hauptstoßrichtung der UdSSR. Betrachtet man die Politik der UdSSR im spanischen Bürgerkrieg, kann allerdings von einem entschlossenen Kampf gegen den Faschismus nicht gesprochen werden. Vielmehr nahm Stalin einerseits Rücksicht auf England, mit dem er es nicht verderben wollte, und andererseits wurde von bolschewistischer Seite die Gelegenheit genutzt, um in Spanien unter sogenannten Anarchisten und Trotzkisten aufzuräumen. Von einer ernsthaften Unterstützung des antifaschistischen Kampfes in Spanien seitens der UdSSR kann – trotz des VII. Weltkongresses der Kommunistischen Internationale 1935 – nicht die Rede sein. Die sowjetische Politik war vielmehr auch hier eindeutig nationalstaatlich bestimmt.
Die sowjetische bzw. kommunistische Politik bleibt jedoch verbal bis zur Kapitulation Englands und Frankreichs vor Hitler in München (1938 in der Frage der Tschechoslowakei) antifaschistisch. Der sowjetische Außenminister Litwinow, der als Person für das Konzept der kollektiven Sicherheit gegenüber dem Faschismus stand, aber alsbald von Molotow abgelöst wurde, kommentierte das Münchener Abkommen zwischen Großbritannien, Frankreich und Deutschland dahingehend, daß die vierte Teilung Polens damit unvermeidlich geworden sei. Anders gesprochen: Die UdSSR wird sich nunmehr mit dem faschistischen Deutschland arrangieren. Die Komintern löste 1938 die polnische kommunistische Partei als angebliche Agentenpartei auf (auf dem XX. Parteitag der KPdSU 1956 wurde diese Maßnahme als Fehler bezeichnet).
Zwei Motive waren es wohl vornehmlich, die, von sowjetischer Seite aus betrachtet, zum Stalin-Hitler-Pakt 1939 führten. Hitler ging auf die territorialen Wünsche der UdSSR ein (Polen, Baltikum, Schwarzes Meer), die auf die territoriale Wiederherstellung des Zarenreiches abzielten. England dagegen hatte sich für den Schutz Polens verbürgt, konnte der UdSSR also keine territorialen Angebote machen. Zum anderen wollte Stalin, entsprechend seinen Äußerungen auf dem XVIII. Parteitag der KPdSU 1939, die UdSSR solange wie möglich aus der Konfrontation mit dem Faschismus heraushalten, um später als

lachender Dritter auf dem Plan zu erscheinen und die Bedingungen des „Friedens" zu diktieren. Truman äußerte sich ein paar Jahre später vom amerikanischen Standpunkt aus sehr ähnlich. Eine solche Position entspringt nationalstaatlichen Beweggründen, die zwar verständlich sind, aber bei einseitiger Verfolgung (und entsprechenden Voraussetzungen) zu Großmachtpolitik gerinnen.

Der Stalin-Hitler-Pakt zur Wahrung gegenseitiger Neutralität (mit dem Geheimabkommen über die Land- und Machtaufteilung) hat Deutschland einen problemlosen Polenfeldzug erst ermöglicht. Für Deutschland bestand nicht mehr die Gefahr eines Zweifrontenkrieges. Stalin konnte mit dem Pakt zwar eine eventuell frühzeitige Einbeziehung der UdSSR in den Krieg verhindern, aber er konnte (a) diese Einbeziehung nur hinauszögern, er hat (b) die Zeitverzögerung nicht einmal zur Stärkung der UdSSR genutzt und machte (c) gleichzeitig mit diesem Pakt den Krieg für den Nationalsozialismus endgültig erst möglich. Nachdem die westlichen kommunistischen Parteien seit 1935 die Volksfront gegen den Faschismus propagiert hatten, galt in den Jahren von 1939 bis 1941 der Krieg zwischen dem faschistischen Deutschland und England/Frankreich als ein einfacher imperialistischer Krieg. Der Unterschied zwischen einem bürgerlich-demokratischen und einem bürgerlich-faschistischen System wurde damit verwischt. Diese Unterscheidung aber hatte die Volksfrontpolitik getragen. Den kommunistischen Parteien, selbst der französischen, wurde die Beteiligung am Widerstand gegen den Faschismus untersagt. Auch die osteuropäischen kommunistischen Parteien durften sich offiziell nicht gegen die Besetzung ihrer Länder durch das faschistische Deutschland wenden. Das sagt sowohl etwas über die sowjetische Politik und über das System der UdSSR aus, als auch über die kommunistischen Parteien, die sich in der Komintern zusammengeschlossen bzw. über die Kräfte, die sich in ihnen durchgesetzt hatten. Zugleich verweist diese Unterordnung nicht gerade auf Möglichkeiten eigenständiger Politik nach dem Krieg durch eben diese Parteien und damit nicht auf eine Politik, die bei der Masse der Bevölkerung auf Dauer Resonanz finden konnte.

Mit dem Überfall Deutschlands auf die UdSSR im Juni 1941 wird aus dem Krieg „imperialistischer Mächte" untereinander wieder ein „antifaschistischer" Krieg. Bis dahin hatte Hitler Stalin viel Macht und Einfluß zugestanden, sei es in Form direkten Landgewinns oder in Form von Einflußmöglichkeiten auf verschiedene Länder. Bezogen auf die baltischen Staaten, Bessarabien, Polen und Finnland konnten beide sich verständigen. Auf dem Balkan war man sich allerdings nicht einig geworden. Zur Legitimation sowjetischer Okkupationen dienten entweder völkische Argumente (so in Polen, wo es angeblich sowjetische Pflicht war, den ukrainischen und weißruthenischen Brüdern zu helfen) oder bestellte bzw. erzwungene Hilferufe (so in den baltischen Staaten), wohingegen diese Methode in Finnland nicht zu dem gewünschten Erfolg führte. Den bestellten Hilferuf hatte die UdSSR 1968 auch bezogen auf die CSSR versucht anzuwenden.

Die UdSSR hat 1945 ihren Einflußbereich – durch Landgewinn und abhängige Länder – noch erweitert. Die westlichen Alliierten gestanden der Sowjetunion mehr zu als Hitler, nämlich eine Einflußsphäre auf dem Balkan. Diese Zugeständnis basierte auf der Einsicht, daß die Trennungslinie zwischen den Alliierten dort verlaufen würde, wo die jeweiligen Truppen aufeinanderstießen. Schließlich waren die Westalliierten und die Sowjetunion nur durch die Politik, durch den Krieg des faschistischen Deutschlands und damit nur für kurze Zeit zusammengebracht worden. Diese Erkenntnis war trotz des gemeinsamen Vorgehens vorhanden, das zeigen Äußerungen wie die Trumans 1941, derzufolge sich Faschisten und Kommunisten gegenseitig umbringen sollten, oder wie die Churchills 1942, der für die Zeit nach dem Krieg eine Sperre gegen die Ausdehnung der kommunistischen Barbarei forderte. Dem entsprach auch der Wunsch Churchills, auf dem Balkan eine zweite Front zu errichten, die an dieser Stelle nicht nur gegen das faschistische Deutschland, sondern auch gegen den Expansionsdrang der UdSSR gedacht war. Stalin forderte zwar immer wieder von den Westalliierten zur Entlastung der UdSSR die Errichtung einer zweiten Front und dies zu Recht, aber nicht auf dem Balkan.

Die Westalliierten und die UdSSR einigten sich schließlich einem Vorschlag Churchills folgend auf Interessensphären. Diese wurden vorerst als rein militärische ausgegeben, an den Konsequenzen für die betroffenen Völker konnte jedoch kein Zweifel bestehen. Die Folgen für die Völker zeigten sich bereits an der Ablehnung der Kapitulationsangebote Rumäniens, Ungarns und Bulgariens durch die westlichen Alliierten. Sie wurden an die UdSSR verwiesen, denn auf Churchills Vorschlag vom Oktober 1944 waren die Einflußsphären wie folgt mit Stalin vereinbart worden: Rumänien 90:10 (UdSSR – Westalliierte), Griechenland 10:90, Jugoslawien 50:50, Ungarn 50:50, Bulgarien 75:25. Vor Kriegsbeginn hatte sich Großbritannien auf die Gebietsforderungen der UdSSR nicht eingelassen, sondern in den Krieg eingegriffen, um die Versprechungen gegenüber Polen einzulösen. Nun wurden der UdSSR so ziemlich alle Wünsche erfüllt, z.B. die Curzonlinie (also die Verlegung der Grenze zwischen der Sowjetunion und Polen nach Westen), womit man faktisch auch die in London sitzende polnische Exilregierung fallen ließ. Da die Kriegslasten einseitig von der UdSSR getragen wurden, mußte der „Westen" akzeptieren, daß die Sowjets ihr System bis dahin ausdehnten, bis wohin die Waffen es trugen. Dabei mag die Furcht eine Rolle gespielt haben, daß die UdSSR und das Deutsche Reich noch einmal zueinander finden könnten, falls die sowjetischen Wünsche nur ungenügend berücksichtigt würden. Auf die Motive der westlichen Seite kann nicht eingegangen werden, es sollen lediglich die Bedingungen aufgezeigt werden, die die Entwicklung in den osteuropäischen Staaten nach dem 2. Weltkrieg prägten.

Neben dieser internationalen Mächtekonstellation, die sozusagen zwangsläufig zur Einordnung der osteuropäischen Staaten in den Machtbereich der UdSSR führte, sind ansatzweise auch die je nationalen Momente zu erwähnen, auf die die UdSSR reagieren mußte, solange sie nicht ganz offenkundig Expansionspolitik betreiben wollte. England war 1939 (Überfall des faschistischen Deutschlands auf Polen) offiziell für die Existenz *Polens* in den Krieg eingetreten. Die polnische Exilregierung nahm ihren Sitz in London; sie wurde auch von der UdSSR anerkannt. In Polen gab es eine starke nicht-kommunistische, mit der Londoner Exilregierung in Verbindung stehende, Untergrundbewegung. Kommunisten spielten in dieser Bewegung keine nennenswerte Rolle. Zum einen war ja die kommunistische Partei Polens 1938 von der Komintern aufgelöst worden, zum andern arbeiteten die Kommunisten als Organisation bis zum Angriff Hitlers auf die Sowjetunion ohnehin nicht im antifaschistischen Untergrund. Im Zeichen des Stalin-Hitler-Paktes war Antifaschismus nicht erwünscht. Die Machtstaatspolitik unter dem Vorzeichen des Aufbaus des ,,Sozialismus in einem Lande", d.h. im Interesse der nationalen Stärkung der UdSSR, wird an der Aufteilung Polens zwischen dem Deutschen Reich und der UdSSR sowie an der Nichtbeteiligung am Widerstand gegen das faschistische Deutschland bis 1941 ganz besonders offenkundig. Da die UdSSR auf der Curzonlinie beharrte, die polnische Exilregierung jedoch nicht einwilligte, ließ Großbritannien allmählich die Exilregierung fallen.

Von der polnischen Untergrundbewegung wurde 1942 der Vorschlag gemacht, Polen mit anglo-amerikanischen Truppen zu besetzen. Derselben politischen Intention entsprang der Plan der polnischen Untergrundbewegung, bei Erscheinen sowjetischer Truppen auf polnischem Gebiet in Warschau einen Aufstand zu machen. Der Warschauer Aufstand von 1944 richtete sich also nicht nur gegen die nationalsozialistische Besetzung, er sollte Polen auch als eigenständige Kraft herausstellen, die bei der Machtaufteilung zwischen Ost und West nicht einfach übergangen werden kann. Die grundsätzliche Richtigkeit der polnischen Überlegung wird durch die Entwicklung Jugoslawiens bestätigt. Jugoslawien hat sich als einziges osteuropäisches Land selbst befreit und konnte als einziges seine nationale Unabhängigkeit sichern. In Jugoslawien war, im Vergleich zu Polen, die Situation insofern günstiger, als diejenigen, die sich um die nationale Unabhängigkeit bemühten, selbst (vorerst moskautreue) Kommunisten mit fester Verankerung in der Bevölkerung waren.

Die Nachkriegsentwicklung zeigt nämlich auch, daß die bürgerliche Opposition und eigenständige Strömungen in den verschiedenen kommunistischen Parteien ohne Massenbasis in der Bevölkerung zu Fall gebracht wurden. Der Warschauer Aufstand konnte von den Nationalsozialisten blutig niedergeschlagen werden, weil die sowjetischen Truppen mit Beginn und aufgrund des Warschauer Aufstandes ihren Vormarsch vor Warschau stoppten und weder amerikanischen noch englischen Flugzeugen Landemöglichkeiten boten. Damit vernichteten die Faschisten mit Duldung der UdSSR weitgehend die Kräfte, die sich einer Sowjetisierung Polens hätten entgegenstellen können.

Nach der Wende des Krieges mit der Schlacht von Stalingrad hatte die UdSSR nach Vorwänden gesucht, um die Beziehungen zur (hinsichtlich der Curzonlinie, also der sowjetischen Westgrenze, unnachgiebigen) polnischen Exilregierung abzubrechen. Anstelle der aufgelösten kommunistischen Partei Polens war 1942 in Moskau die polnische Arbeiterpartei gegründet worden. Ihre Verankerung im Untergrund war minimal, sie saß hauptsächlich in Moskau und kam mit der Roten Armee nach Polen.

Mit dem Abbruch der sowjetischen Beziehungen zur polnischen Exilregierung in London ging Ende 1943 die Gründung des Verbandes polnischer Patrioten in der UdSSR einher. Ähnliche Gebilde gab es auch für andere osteuropäische Länder, deren Besetzung noch bevorstand. Sie waren Vorformen zukünftiger Regierungen, denen sie die Richtung der Entwicklung aufzwingen sollten, noch ehe sie bestanden. Anfang 1944 wurde auf polnischem Gebiet ein Landesnationalrat gegründet, von dem später das Polnische Komitee für nationale Befreiung als Regierung ins Leben gerufen wurde – nach seinem Sitz auch Lubliner Komitee genannt.

Die unnachgiebige Haltung der Exilregierung bewirkte, daß in Polen die sowjetische Politik deutlich und schnell offensichtlich wurde. Auch die Errichtung einer Nationalen oder Vaterländischen Front, d.h. eines Bündnisses unter Verzicht auf die sofortige offenkundige Installierung der bolschewistischen Herrschaft konnte die sowjetischen Interessen in Polen nicht verdecken. Das Konzept der Nationalen Fronten, also des angeblich eigenständigen Weges der besetzten Länder, wurde allerdings außer aus innergesellschaftlichen Gründen auch aus Rücksichtnahme auf die westlichen Alliierten formuliert – schließlich entstand es während des Krieges. Insbesondere bezogen auf Polen bedurfte es einer gewissen, wenn auch sehr äußerlichen, Rücksichtnahme, insofern Großbritannien für dessen Existenzerhaltung besondere Verpflichtungen eingegangen war.

Die *Tschechoslowakei* ohne viel Aufsehens ihrem Machtbereich einzuverleiben, war für die UdSSR und die von ihr abhängige kommunistische Partei der Tschechoslowakei sehr viel leichter. Die Ausgangsbedingungen waren für die kommunistische Partei in der Tschechoslowakei in mehrfacher Hinsicht sehr günstig. Als einzige kommunistische Partei in Osteuropa war sie 1935 noch nicht in der Illegalität. Sie konnte also die auf dem VII. Weltkongreß der Kommunistischen Internationale 1935 beschlossenen Volksfrontpolitik noch legal propagieren und praktizieren. Weiterhin machte die kommunistische Partei der Tschechoslowakei 1938 eindeutiger als die bürgerlichen Parteien (die andernfalls den Einfluß der UdSSR fürchteten) gegen das Münchner Abkommen Front. Und schließlich waren die bürgerlichen Kräfte aufgrund des Verhaltens Englands und Frankreichs in München und den sich aus dem Münchner Abkommen ergebenden Folgen willens, auf eine antikommunistische Frontstellung zu verzichten. Als einziges osteuropäisches Land stand die Tschechoslowakei bzw. die Exilregierung in einem vertraglich fixierten Bündnis mit der UdSSR (seit 1943).

Die Exilregierung unter Benesch mit Sitz in London, die sehr um Übereinstimmung mit der UdSSR bemüht war, fand die Anerkennung der UdSSR jedoch erst nach dem deutschen Angriff auf die UdSSR. Vorher hatte sich die UdSSR nicht gescheut, mit dem rechtsgerichteten Regime der „selbständigen" Slowakei Beziehungen zu unterhalten, nachdem Hitler 1939 aus dem der Tschechoslowakei in München 1938 verbliebenen Gebiet eine „selbständige" Slowakei und ein Protektorat Böhmen und Mähren gemacht hatte. Während des Stalin-Hitler-Paktes mußten sich auch in der Tschechoslowakei die Kommunisten ruhig verhalten. Darüber hinaus zeigte die UdSSR Interesse an der Karpatho-Ukraine, die sie 1945 von der Tschechoslowakei „freiwillig" erhielt.

In *Polen* war es von vornherein zu Vorformen einer sowjetisch gesteuerten Gegenregierung gegen die Exilregierung in London gekommen. Im Unterschied dazu wurden nach dem deutschen Überfall auf die UdSSR in die tschechoslowakische Exilregierung in London auch Kommunisten aufgenommen. Die bürgerlichen Kräfte in der Exilregierung verhielten sich insbesondere aufgrund der Enttäuschung durch den „Westen" in München aus freien Stücken so, wie es das Konzept der Nationalen Front seitens der moskau-orientierten Kommunisten für die Nachkriegsentwicklung vorsah. Aufgrund der historischen Erfahrungen ergab sich in Polen für bürgerliche Kräfte gleichzeitig eine Frontstellung gegen Faschismus und Bolschewismus, in der Tschechoslowakei nur gegen den Faschismus, wobei antifaschistisch durchaus auch schlicht (und verständlich) antideutsch bedeuten konnte. Das hatte zur Folge, daß das Parteiensystem in der Tschechoslowakei nach 1945 von den bürgerlichen Kräften her auf die Parteien begrenzt wurde, die zur Zusammenarbeit mit den Kommunisten bereit waren. Die antifaschistische bzw. antideutsche Grundstimmung und die damit verbundene Enteignung und Vertreibung der Deutschen bewirkte, daß der Staat zum bedeutenden Unternehmer wurde. Die Verstaatlichung von Produktionsmitteln, die auf diese Weise zustande kam, sahen die bürgerlichen Kräfte als selbstverständlich an. Die kommunistische Programmatik wurde somit in diesem Bereich gar nicht als gesellschaftsveränderndes Konzept rezipiert. Die Nationale Front einerseits und die Nationalisierung bzw. Verstaatlichung andererseits stellten im politischen und ökonomischen Bereich entscheidende gesellschaftsstrukturelle Einschnitte dar – insbesondere wenn man bedenkt, daß bestimmten Teilen der kommunistischen Partei ganz andere Machtmittel als allen anderen gesellschaftlichen Kräften zur Verfügung standen. Die Gleichberechtigung der Parteien im Rahmen der Nationalen Front war nur eine scheinbare, eine formale.

Wieder anders sahen die nationalen Bedingungen für eine möglichst reibungslose Einbeziehung von Ungarn, Rumänien und Bulgarien in die sowjetische Einflußsphäre aus. Diese Länder hatten im Krieg auf deutscher Seite gestanden; Bulgarien hatte allerdings der UdSSR nicht den Krieg erklärt. Ungarn, Rumänien und Bulgarien waren zugleich die Länder, die industriell am wenigsten entwickelt waren und in denen es nur eine schmale bürgerliche Klasse gab, deren Angehörige zu einem großen Teil Minderheiten entstammten – Deutsche, Österreicher, Juden.

Im Gegensatz zur tschechoslowakischen kommunistischen Partei hatte sich die ungarische kommunistische Partei zwischen den beiden Weltkriegen nicht legal in *Ungarn* betätigen können. Die Räterepublik von 1918 hatte mit ihrem realitätsfernen Programm, das auf die überwiegend agrarische Struktur des Landes wenig Rücksicht nahm, eine Verankerung der kommunistischen Partei in der Bevölkerung zusätzlich erschwert. Die illegale kommunistische Partei, die im Untergrund Ungarns tätig war, hatte sich 1943 als kommunistische aufgelöst und zwecks Vereinigung aller Kräfte als „Partei des Friedens" konstituiert. Sie hatte die in Moskau beschlossene Auflösung der Komintern als Auflösung der kommunistischen Parteien interpretiert. 1944 wurde das Ganze wieder rückgängig gemacht, nachdem die falsche Interpretation des Moskauer Beschlusses klar geworden war.

Inzwischen war auch in Moskau eine kommunistische Partei Ungarns gegründet worden, die mit einem Regierungsprogramm versehen mit der Roten Armee nach Ungarn kam. Es gab somit für kurze Zeit zwei kommunistische Parteien und zwei Zentralkomitees, wobei die aus Moskau kommenden Kommunisten (Rakosi, Gerö, Nagy) gegenüber den einheimischen (Kadar) im Vorteil waren, da sie sich legal überall dort ausbreiten konnten, wohin die Rote Armee vordrang. Das aus Moskau mitgebrachte Programm wurde von der Ende 1944 gebildeten Regierung, in der die Kommunisten wie in allen osteuropäischen Ländern in der Minderheit waren, übernommen. In dem vorwiegend von Großgrundbesitz geprägten Land gab es keine relevante bürgerliche Partei. Läßt man die Sozialdemokraten einmal außer Betracht, so gab es nur noch zwei miteinander in Fehde liegende Bauernparteien, die der Groß- und die der Kleinbauern.

Auch *Rumänien* hatte von Anfang an auf deutscher Seite gekämpft; Rumänien bot wie Ungarn den westlichen Alliierten die Kapitulation an und wurde wie dieses an die Sowjetunion verwiesen. Die UdSSR nahm Rumänien Bessarabien und die Nordbukowina ab. Der Kampf auf deutscher Seite wird verständlicher, wenn man sich die Alternative dazu betrachtet: sie bestand von vornherein darin, vom Bündnispartner der Alliierten, der UdSSR, überrollt zu werden. Dies stellte, bedenkt man das Schicksal der baltischen Staaten und Polens, in keinem Fall eine rosige Zukunft für feudale bzw. bürgerliche Kräfte dar. Die UdSSR hatte von Hitler auch auf dem Balkan Zugeständnisse erwirken wollen. Statt dessen besetzten deutsche Truppen diese Länder – nicht ohne sowjetische Glückwünsche zu empfangen.

Bulgarien gehörte zwar zu den Verbündeten Deutschlands, hatte aber der UdSSR weder den Krieg erklärt noch sich am Krieg gegen sie beteiligt. Als Bulgarien 1944 seinen Austritt aus dem Krieg bekannt gab, erklärte die UdSSR ihrerseits dem Land den Krieg. Die einmarschierende Rote Armee fegte die alte Regierung hinweg und errichtete an ihrer Stelle die Vaterländische Front. Auch in dieser „Front" waren die Kommunisten in der Minderheit; da Bulgarien, insofern es von der UdSSR militärisch überrollt wurde, nicht nur (wie vereinbart) zu 75 %, sondern zu 100 % in den Einflußbereich der UdSSR geriet, war klar, wer in der Regierung der Vaterländischen Front die Unterstützung der Besatzungsmacht genießen würde.

In *Jugoslawien* hingegen verlief die Entwicklung während des Krieges und aufgrund dessen auch danach anders. Jugoslawien ist nicht Mitglied des RGW; es wird daher in dieser Arbeit nur insoweit berücksichtigt, als das Verhältnis Jugoslawien–UdSSR etwas über das Verhältnis der UdSSR zu den von ihr abhängigen osteuropäischen Staaten aussagt. Das Deutsche Reich hatte der UdSSR Teilgebiete Rumäniens zugestanden, die Rumänien gegen Kriegsandrohung abtreten mußte. Der unersättliche Balkanhunger der UdSSR trug sicherlich mit zur Besetzung dieser Länder durch das Deutsche Reich bei. So besetzten deutsche Truppen auch Jugoslawien, auf das es die Sowjetunion ebenfalls abgesehen hatte. Stalin gratulierte Hitler zum erfolgreichen Balkanfeldzug, und entzog der jugoslawischen Exilregierung in London seine Anerkennung. Die kommunistische Partei Jugoslawiens unter Tito wurde erst 1943 von der UdSSR als Führungskraft Jugoslawiens anerkannt. Eine Zeitlang hatte sich die UdSSR mit Rücksicht auf ihre westlichen Verbündeten nicht zwischen dem königstreuen und dem kommunistischen Widerstand entschieden. Als die jugoslawischen kommunistischen Partisanen 1942 Montenegro zum Bundesstaat der UdSSR erklärten, wurde Tito von

Moskau getadelt. Tito ging insofern auf die Kritik ein, als er formell einen überparteilichen antifaschistischen Rat der Nationalen Befreiung bildete. Andererseits proklamierte er, entgegen sowjetischem Rat, einen Exekutivrat als vorläufige Regierung, der insofern eine Desavouierung Großbritanniens darstellte, als Stalin für Jugoslawien eine 50:50 Regelung an westlichem und östlichem Einfluß vereinbart hatte. Bei der Befreiung Jugoslawiens kam es schließlich zu einem Wettlauf zwischen Titos Truppen und der Roten Armee, nachdem Stalin sich vorher die Mitteilung hatte gefallen lassen müssen: Wenn Sie uns schon nicht helfen, dann behindern Sie uns wenigstens nicht (Birchall, S. 43).

Die jugoslawischen Kommunisten hatten inhaltlich kein anderes Programm als die andern osteuropäischen kommunistischen Parteien. Der berühmte „jugoslawische Weg" wurde erst nach der Trennung von Moskau durch die Verhältnisse im Lande erzwungen: die Kommunisten mußten sich, wollten sie sich nicht als selbständige nationale Kraft hinwegfegen lassen, im Volk verankern. Während des Krieges war es der Nationalismus der kommunistischen Partisanen, der die Verankerung in der Bevölkerung bewirkte und verhinderte, daß Moskau seinen Einfluß geltend machen konnte. Der Bruch zwischen Jugoslawien und der Sowjetunion wurde nicht durch kontroverse Gesellschaftskonzeptionen herbeigeführt, sondern dadurch, daß die jugoslawischen Kommunisten die nationalen Interessen nicht den sowjetischen unterordneten. Weil es Selbständigkeitsbestrebungen auch in anderen kommunistischen Parteien Osteuropas gab – insbesondere unter den Kommunisten, die den Krieg nicht in der Ruhe sowjetischer Hotels verbracht (wo allerdings die Säuberungen überstanden werden mußten), sondern im heimischen Widerstand gearbeitet hatten –, war der Bruch mit Jugoslawien (1948) für die UdSSR unausweichlich. Der Jugoslawienkonflikt zeigt an, wie wenig die UdSSR bereit war, eine eigenständigere Politik zu akzeptieren, die lediglich auf nationale Unabhängigkeit pochte und keine gesellschaftliche Alternative zum sowjetischen Weg durchsetzen wollte. Damit wäre die politische und ökonomische Vormachtstellung der UdSSR tendenziell angeknabbert worden.

Faßt man die *Ausgangsbedingungen* für die Nachkriegsentwicklung der osteuropäischen Staaten zusammen, so scheinen mir die folgenden die wichtigsten zu sein:
– die Einigung über Einflußsphären zwischen der UdSSR und den Westalliierten und damit die de facto Einbeziehung dieser Länder in den sowjetischen Machtbereich (die Zurückdrängung des sowjetischen Expansionsstrebens hätte einen andern Kriegseinsatz der Westalliierten vorausgesetzt),
– die Prägung der Nachkriegsentwicklung in den von der Roten Armee „befreiten Gebieten",

- das in Moskau seit 1942 entwickelte Konzept der Vaterländischen bzw. Nationalen Fronten (Einheit aller Antifaschisten),
- die scheinbare Harmonie zwischen der Einflußsphärenregelung und dem Konzept der Nationalen Fronten, das verhindern sollte, daß die Westalliierten unnötig früh auf den Plan gerufen wurden (Eine frühzeitige Konfrontation zwischen den Alliierten, die Stalin offensichtlich nicht wollte, konnte so verhindert werden. Die sowjetischen Expansionsversuche in Finnland, der Türkei und Griechenland wurden aufgrund westlicher Gegenwehr [in Griechenland unter Preisgabe eines starken kommunistischen Widerstandes] eingestellt, und die UdSSR sorgte dafür, daß der kommunistische Widerstand gegen die Amerikanisierung in Frankreich, Italien und Belgien zugunsten des Volksfrontkonzepts aufgegeben wurde.),
- die verschiedenen Möglichkeiten der UdSSR, ihr Image gegenüber den Völkern zu pflegen, die dem sowjetischen Einfluß unterlagen bzw. potentiellen Widerstand gegen die Sowjetisierung zu reduzieren (Die Sowjets konnten sich als Türkenbefreier [Rumänien, Bulgarien], als Kämpfer gegen Großgrundbesitz [Ungarn, Rumänien], als slawische Brüder [Bulgarien, Jugoslawien] hervortun und selbst den gemeinsamen Glauben [Rumänien, Bulgarien, Serbien] ins Spiel bringen. Birke, S. 256),
- die Stärke des heimatlichen Widerstandes (Die Führer Jugoslawiens waren keine Statthalter von Moskaus Gnaden und hatten daher die Bevölkerung und die Partei bei den Auseinandersetzungen mit der sowjetischen Führung hinter sich. Eine sowjetische Expansion auf leisen Sohlen war von vornherein nicht möglich. Reichte im Gegensatz zu Jugoslawien der Widerstand zur Selbstbefreiung nicht, sah die Sowjetunion der Liquidierung durch die Faschisten zu [Polen], löste die unabhängigen Gruppen auf [z.B. die antifaschistischen Ausschüsse im sowjetisch besetzten Deutschland] oder drängte sie in die tägliche Kleinarbeit lebensnotwendiger Verwaltung ab),
- die Rolle der Exilregierungen (Entscheidend war, ob sie von vornherein die sowjetischen Vorstellungen ablehnten – wie die polnische – oder in Konfrontation zum faschistischen Deutschland sowie enttäuscht vom mangelnden westlichen Einsatz ein Auskommen mit der UdSSR suchten – wie die tschechoslowakische. Im zweiten Fall wurden von bürgerlicher Seite selbst nationale Frontideen entwickelt, die auch im einzelnen weitgehend mit der Kominternstrategie übereinstimmten, natürlich nicht mit deren Intention. Rechtzeitiger Widerstand gegen die sowjetische Beeinflussung konnte sich unter diesen Bedingungen nicht entwickeln, hätte allerdings spätestens ab 1948 auch nichts genutzt.),
- die anfänglich vorhandene Bereitschaft – begünstigt durch den z.T. gemeinsamen Widerstand gegen den Faschismus – sozialdemokrati-

scher bzw. sozialistischer Parteien zur Verschmelzung mit der kommunistischen Partei zwecks Wiederherstellung der Einheit der Arbeiterbewegung (außer in Polen),

- die anfänglich nach 1945 gegebene Bereitschaft bürgerlicher Parteien, im Sinne antifaschistischer Reformen mit allen Parteien, die nichts mit dem Faschismus zu tun gehabt hatten, zusammenzuarbeiten (Die Bereitschaft kam dem Konzept der Nationalen Front entgegen [Ausnahme: Polen].),
- die geplante Verstaatlichung des ausländischen Besitzes (Sie nahm in machen Ländern den Charakter einer Nationalisierung an, die in der Bevölkerung grundsätzlich positiv aufgenommen wurde. Eine Verstaatlichung unter sozialistischem Vorzeichen brauchte daher nicht propagiert zu werden.),
- bedingt durch die industrielle Unentwickeltheit der osteuropäischen Länder einerseits und die wirtschaftliche Krise zwischen den beiden Weltkriegen andererseits war der Staat (neben ausländischem Kapital) bereits ein bedeutender Kreditgeber und Investor (Kiesewetter, 1951, S. 10). Enteignung und Verstaatlichung, im Konzept der Nationalen Front enthalten, widersprachen demzufolge den unmittelbar vorhandenen Wertvorstellungen nicht grundsätzlich.

Die aufgeführten Ausgangsbedingungen der osteuropäischen Länder 1945 sind jedoch in ihrer Wirkung für die Nachkriegsentwicklung verschieden zu gewichten. Entscheidend waren vier Faktoren: der sowjetische Expansionswille und die Reaktion der westlichen Alliierten während des Krieges, die Konzeption der Komintern sowie die Frage der Selbst- bzw. Fremdbefreiung. Die anderen aufgeführten Ausgangsbedingungen konnten die vorgezeichnete Entwicklung nur zeitweilig beeinflussen im Sinne der Verlangsamung oder Beschleunigung einer anfänglich friedlichen oder bereits sehr brutalen Entwicklung, einer scheinbar legalen oder offen aufoktroyierten Machtausübung, eines scheinbar auf breitem Konsens basierenden politischen Bündnisses oder von vornherein gegebenen Widerstandes. Die gleichen Zielsetzungen wurden also, bedingt durch nationale Besonderheiten, auf etwas unterschiedlichen Wegen durchgesetzt.
Prinzipiell gleichen sich aber auch die Wege. Die Entwicklung bis zur ausschließlichen Machtausübung durch die Einheitspartei, in der sich die moskau-orientierten Bolschewisten gegenüber stärker national bestimmten Kräften durchsetzten, zeigt bestimmte einheitliche Merkmale, die lediglich zu unterschiedlichen Zeitpunkten durchgesetzt wurden. Solche Merkmale, auf die weiter unten noch eingegangen wird, sind:
- die Nationale Front, das Blocksystem (Verbund aller zugelassenen Parteien), die erzwungene Fusion von sozialdemokratischen und

kommunistischen Parteien zu Einheitsparteien, die Förderung von kommunistisch gelenkten Massenorganisationen,
- die explizite Betonung, daß es nicht um die Aufoktroyierung des sowjetischen Weges gehe, daß die Länder eigenständig seien und der sofortige Aufbau einer sozialistischen Gesellschaft nicht zur Diskussion stehe (Die letztere Feststellung stand im Gegensatz zu Forderungen von Kommunisten, die die Kriegszeit nicht in der Sowjetunion verbracht hatten.),
- die Minderheitsposition der Kommunisten in den Regierungen der Nationalen Fronten, unabhängig davon, wie stark die kommunistische Bewegung in der Bevölkerung verankert war (Diese Minderheit besetzte jedoch die Schaltstellen der Macht: das Justizministerium, das Innenministerium, den Erziehungsbereich. Bürgerlichen Ministern wurden kommunistische Stellvertreter beigegeben, der Verwaltungsapparat zielsicher durchsetzt.),
- die Verschleierung des Zwecks der Verstaatlichung im industriellen Bereich und der Bodenreform, der Schaffung individuellen Kleineigentums (Damit wurden tiefgreifende soziale und ökonomische Veränderungen vorgenommen, die von den Bündnispartnern in den Nationalen bzw. Vaterländischen Fronten nicht intendiert waren und deren Implikationen sie zu spät erkannten.).
Aus all dem ergibt sich, daß die Entwicklung in Osteuropa nicht als Folge des Kalten Krieges in dem Sinne interpretiert werden kann, daß die UdSSR lediglich auf die Politik der USA reagiert hat. Richtig ist, daß die Politik insbesondere Großbritanniens während und der USA nach dem 2. Weltkrieg die Unterwerfung der kleineren osteuropäischen Länder unter die UdSSR begünstigt hat. In Anbetracht der grundsätzlich einheitlichen, von Moskau gesteuerten Entwicklung in den osteuropäischen Staaten bei „Vielfalt" in sekundären Bereichen, ist die Verwendung des Begriffs „Sowjetisierung" adäquat. Warum D. Staritz, der die Nachkriegsentwicklung der SBZ/DDR analysiert und dabei die Mechanismen schonungslos aufdeckt, den Begriff Sowjetisierung als Denunziation bezeichnet, ist mir unverständlich. Er unterstellt der Verwendung des Begriffs Sowjetisierung das Verständnis einer in Mitteln und Wegen identischen und ausschließlich von außen aufgezwungenen Entwicklung. Derjenige, der „Sowjetisierung" so begreift, hätte z. B. den politisch-strategischen Sinn der Nationalen Fronten, nämlich das Eingehen auf Emotionen in der Bevölkerung, die Instrumentalisierung bürgerlicher Parteien etc. nicht verstanden.
Nicht nur Sozialisten nennen die Verhältnisse in den Ländern des Realen Sozialismus und deren Genese nicht immer beim Namen. Bei Sozialisten liegt das wohl daran, daß für sie diese Länder doch noch irgendetwas mit Sozialismus zu tun haben und daß sie sich nicht für Zwecke der

24

bürgerlich-kapitalistischen Gesellschaft mißbrauchen lassen wollen – was in der Tat sehr wichtig ist. Allerdings besteht die Gefahr z.Z. so gut wie nicht. Die „moderne" bürgerliche Politologie und Wirtschaftswissenschaft, die sich mit Problemen Osteuropas befassen, sind nicht so wertfrei, wie sie sich im wissenschaftstheoretischen Streit mit dem Marxismus geben. Sie schwimmen heute im Kielwasser der sogenannten Entspannungspolitik. Es werden im Gegensatz zu früher unproblematische Themen gewählt, die Fakten werden anders gewichtet und die Sprache wird vornehmer und schwammiger.

Unter Sowjetisierung verstehe ich, daß die osteuropäischen Länder nach dem Krieg keine Chance hatten, ihre Entwicklung selbst zu bestimmen, auch dann nicht, wenn sie einen sozialistischen Weg gehen wollten. Sowjetisierung meint nicht, daß von Anfang an das sowjetische System den Satelliten übergestülpt worden wäre. Sowjetisierung meint vielmehr, daß diese Länder einen Weg gehen mußten, der in seinen Grundstrukturen in der UdSSR vorherbestimmt war: Wiederbelebung der Volksfrontpolitik von 1935, die nun als Nationale Frontpolitik oder antifaschistisch-demokratische bzw. volksdemokratische Ordnung angepriesen wurde. Gegen dieses Konzept ließ sich seitens der westlichen Alliierten wenig einwenden, zumal es – in Verkennung der wahren Sachlage – in breiten Teilen der betroffenen Bevölkerung auf Resonanz stieß. Die antifaschistische Stimmung wurde instrumentell genutzt. Die realen Umwälzungsprozesse liefen jedoch von Anfang an den verbalen Beteuerungen voraus. Bereits 1948 wird dann in allen Ländern (außer der SBZ) der tatsächliche Umwälzungsprozeß auch nicht mehr bestritten. Der Begriff Volksdemokratie wird 1948 von Dimitroff neu definiert und beinhaltete nun etwas anderes als 1946. Die antifaschistisch-demokratische Ordnung bzw. die Volksdemokratie im Verständnis von 1946 wurde als Übergangsphase benutzt, um den Widerstand der Bevölkerung gegen die Sowjetisierung zu minimieren.

Varga sprach 1946 von einer ganz neuen Gesellschaftsform, für die es noch keinen eindeutigen, sondern mehrere Begriffe gäbe: Demokratie neuer Art, Demokratie besonderer Art, neue Demokratie bzw. Volksdemokratie. Diese Volksdemokratie sei weder eine Diktatur der Bourgeoisie noch eine des Proletariats. Die wichtigsten Merkmale der neuen Demokratie bzw. Volksdemokratie seien: Die Beibehaltung des Privateigentums bei gleichzeitiger Nationalisierung der Großbetriebe; keine Kollektivierung der Landwirtschaft (die Kollektivierung wurde 1948 auf Beschluß des Informationsbüros der kommunistischen und Arbeiterparteien, Kominform, eingeleitet); keine Planwirtschaft, sondern lediglich eine Wirtschaftsplanung (ebenfalls 1948 stand dann die Planwirtschaft sowjetischen Typs auf der Tagesordnung). Dieses gesellschaftliche Gebilde siedelt Varga zwischen dem Kapitalismus und dem Sozialismus an, ohne es als Übergangsgesellschaft auf dem Weg zum Sozialismus (real-sozialistischer Natur) zu propagieren. Den wichtigsten Baustein in diesem Gebilde, der die weitere Entwicklung absichert, nämlich das Herrschafts- bzw. Regierungssystem in Theorie und Praxis, erwähnt Varga nicht.

1947/48 kommt es zu einem zweiten Transformationsschub in den osteuropäischen Ländern. Angesichts der nun offenkundigeren weltpolitischen Situation ließen sich die Wesensmerkmale der Volksdemokratie deutlicher formulieren. Die Volksdemokratie zeichnet sich 1948 nach Dimitroff durch folgende Merkmale aus: Herrschaft der Mehrheit des Volkes unter der Führung der Arbeiterklasse, Staat der Übergangsperiode auf dem Weg zum Sozialismus, Freundschaft mit der UdSSR, Zugehörigkeit zum antiimperialistischen Lager. Die osteuropäischen Länder waren weitgehend sowjetisiert, dem sowjetischen System angepaßt, dennoch blieb man bei dem Begriff Volksdemokratie bzw. brachte man ihn erst voll zur Geltung. Diese Bezeichnung diente mehr der Illustration des Führungsanspruchs des sozialistischen Mutterlandes UdSSR gegenüber seinen Satelliten. Dieser Führungsanspruch wird am besten dadurch legitimiert, daß die UdSSR auf dem Weg der Geschichte schon weiter gekommen ist als alle anderen Länder – und sei es auch nur in der Bezeichnung.

Die Sowjetisierungsthese der sogenannten Kalten-Kriegs-Literatur ist folglich nicht falsch; apologetisch ist diese Literatur insofern, als sie einseitig die UdSSR als die agierende, aggressive und die USA als die reagierende, die Freiheit verteidigende Macht hinstellt, nicht aber das Zusammenspiel der beiden Großmächte in der Absicherung ihrer Einflußbereiche sieht. Um diese Machtsicherungsstrategie der beiden Großmächte nach dem 2. Weltkrieg und ihre Auswirkungen auf Osteuropa geht es in den folgenden Ausführungen.

2. Machtteilung und Machtsicherung der USA und der UdSSR nach dem Zweiten Weltkrieg

Die sowjetische Nachkriegsstrategie war grundsätzlich in West- und Osteuropa die gleiche; unterschiedlich waren nur die Einflußmöglichkeiten und damit die Mittel und Methoden der sowjetischen Politik. Während in den osteuropäischen Staaten die Rote Armee garantierte, daß die wohldosierte Einbeziehung bürgerlicher Politiker folgenlos blieb, verfügte die UdSSR im Westen nicht über derartige Druckmittel. Im Zeichen des Antifaschismus wurde versucht, einen großen Teil der bürgerlichen Kräfte zur Zusammenarbeit zu gewinnen. In den osteuropäischen Staaten war diese Strategie sinnvoll, um auf möglichst leisen

Sohlen die Macht zu erringen. Es ging der Sowjetunion und den ihr verbundenen Flügeln der nationalen kommunistischen Parteien nicht um die Überzeugung und Gewinnung der Bevölkerung für ihre Ideen; bevor sie die Macht erobert hatten, propagierten sie ihre wirkliche Position nicht bzw. kaum. Die Strategie der Nationalen Front, die an antifaschistische, antideutsche, nationale, antimonopolistische Stimmungen appellierte, ermöglichte scheinbar die Fortsetzung – jetzt legal und offiziell – der antifaschistischen Zusammenarbeit. Die Rote Armee bekam daher nicht so offensichtlich die Funktion der Besatzungsmacht, die sie bei einer sofortigen Einführung des Sowjetsystems hätte übernehmen müssen. Die westlichen Alliierten wurden nicht zu früh herausgefordert und die kommunistischen Parteien konnten vereinheitlicht werden, bevor die sozialdemokratischen Parteien mit ihnen zwangsvereinigt wurden. (Was nicht heißt, daß der Wunsch nach einer gemeinsamen Partei nicht auch in Teilen der sozialdemokratischen Parteien vorhanden gewesen wäre.)

Im Westen entsprach der Volksfrontpolitik bzw. der antifaschistisch-demokratischen Ordnung die Feststellung, daß der Sozialismus auf parlamentarischem Weg, also friedlich, erreicht werden könne. Die kommunistischen Parteien Westeuropas, die insbesondere in Frankreich, Italien und Belgien sehr stark waren, haben sich dem gebeugt und ihre Waffen abgeliefert. Nicht einfach der Einfluß der USA führte zu einer massiven Unterdrückung der kommunistischen Bewegung, vielmehr hat die sowjetische Strategie (bzw. das nationalstaatliche sowjetische Sicherheitsinteresse) ihrerseits die kommunistische Bewegung geschwächt. Die betroffenen kommunistischen Parteien ordneten sich der sowjetischen Strategie auch jetzt unter. Wie sehr sich die französische kommunistische Partei nach den Wünschen Moskaus richtete, zeigt auch ihr Verhalten gegenüber Afrika und Indochina nach dem 2. Weltkrieg. Sie unterstützte die französische Regierung gegen die nationalen Befreiungsbewegungen. In den Regierungen saßen nach dem 2. Weltkrieg schließlich auch kommunistische Minister, solange die bürgerlichen Kräfte zu einer solchen Koalition bereit waren. Bereit waren sie aus verschiedenen Gründen, sei es aus der Erfahrung des gemeinsamen Kampfes gegen den Faschismus, sei es aus einer gewissen Einsicht, daß der Faschismus zumindest mit den Auswüchsen des Kapitalismus etwas zu tun hat, sei es weil die Kommunisten einfach aufgrund ihrer Stärke nicht zu übergehen waren.

Volksfronttaktik seit 1935, Volksfront ab 1941 und Propagierung des parlamentarischen Weges nach 1945 verbunden mit der Volksfront auf Regierungsebene – wenn das keine konsequente Politik ist! Konsequent ist diese Politik im Sinne des Versuchs der Machteroberung durch die bürgerlichen Salons hindurch (und damit unter Verzicht auf politische Massenarbeit). Das Volksfrontkonzept kann glaubwürdig bestenfalls in direkter Auseinandersetzung mit dem Faschismus vertreten werden. Besteht diese Gefahr nicht, müssen sich die Geister scheiden – die einen in Richtung bürgerlich-parlamentarische Demokratie, die andern in Richtung (Sozialismus oder) Sowjetsystem. Mit dem parlamentarischen Weg und den Koalitionsofferten wurde den bürgerlichen Kräften angeboten, sich am Begräbnis ihres eigenen Systems zu beteiligen (vgl. Birchall, S. 48 ff, zur französischen Situation).

Die Alliierten hatten keinen gemeinsamen Krieg geführt, weil ihre gesellschaftlichen Wertvorstellungen und die dahinter stehenden Machtinteressen einander ausschlossen. Es konnte daher auch keinen gemeinsamen Frieden geben. Um „friedliche Koexistenz" konnte es solange gehen, solange sich beide Seiten davon den größten Vorteil versprachen. Pächter ist der Meinung, man solle nicht vom Kalten Krieg, sondern vom Kalten Frieden sprechen. Im Kalten Frieden ging es darum, daß jede Seite als Einflußbereich behielt, was sie mittels ihrer Truppen gewonnen hatten. Es gelang keiner Nation, weder in Ost noch in West, aus dieser Vorgeprägtheit auszubrechen; mittels Marshall-Plan, Embargo-Politik, Kominform, Berlin-Blockade, RGW wurden alle in den einen oder anderen Block gepreßt. Den Nutzen hatte primär die jeweilige Führungsmacht und die sie stützenden gesellschaftlichen Kräfte.

Es war nur eine Frage der Zeit, wie lange sich der Schein des gemeinsamen Bemühens um eine Nachkriegsordnung aufrechterhalten ließ. 1944 bemühten sich die zukünftigen Sieger, allen voran die USA, in Bretton Woods um die Gestaltung der ökonomischen Beziehungen für die Nachkriegszeit. Das Bemühen galt de facto der Wiederherstellung des kapitalistischen Weltmarktes, der Liberalisierung des Handels und dem Abbau der ihr entgegenstehenden staatlichen Schutzmaßnahmen. Auf einem einheitlichen Weltmarkt sind jedoch die Tauschenden nur formal gleich, die reichen Nationen profitieren mehr als die andern von einer Liberalisierung (vgl. Kap. III, 4 c und Kap. IV, 2) des Handels. Eine wenig entwickelte Wirtschaft wird bei einer Liberalisierung des Handels bzw. der Austauschbeziehungen ökonomisch benachteiligt. Ein System staatlicher Wirtschaftsplanung kann zudem auch aus politischen Gründen einer wirklichen Eingliederung in den (kapitalistischen) Weltmarkt nicht zustimmen. Das System würde ökonomisch und damit auch politisch unterminiert. Die Regelungen von Bretton Woods konnten deshalb nur auf bürgerlich-kapitalistische Länder Anwendung finden – fürs erste zugunsten der aus dem Krieg als stärkste kapitalistische Macht hervorgegangenen USA. Großbritannien setzte sich demgegenüber – allerdings vergebens – gegen die Liberalisierung partiell zur Wehr. Für die USA war die Liberalisierung bzw. die Herstellung eines umfassenden Weltmarktes ein ökonomisches Erfordernis. Da auf den Kriegsboom eine Rezession zu folgen drohte, konnten die überschüssigen Waren und überschüssiges Kapital auf diese Weise anderswo abgesetzt bzw. angelagert werden. Die Stellung der UdSSR war im wirtschaftlichen Bereich ebenfalls noch nicht genügend abgesichert. Die Türen der kleineren osteuropäischen Länder zum Westen standen noch offen. In der politischen Sphäre konnte über die Nationalen Fronten bzw. über das alle Parteien zusammenhaltende Blocksystem mit Einigungszwang die Entwicklung bestimmt werden. Durch die Nationalisierung und die sowjetische Aneignung bzw. Nutzung ausländischen, insbesondere deutschen Kapitals (vgl. Kap. I, 4) waren wichtige ökonomische Bereiche der privatkapitalistischen Verfügung entzogen. Ansonsten aber wurden die alten Handelsbeziehungen gepflegt, weil bestimmte Industriezweige die erforderlichen Rohstoffe nur aus kapitalistischen Ländern beziehen konnten, die Absatzmärkte für landwirtschaftliche Produkte traditionell in westlichen Ländern lagen und/oder westliche Devisen benötigt wurden. Die Bereitschaft der kleineren osteuropäischen Staaten zur wirtschaftlichen Zusammenarbeit mit kapitalistischen Ländern war daher größer als bei der Sowjetunion. Von der Errichtung des staatlichen Außenhandelsmonopols in den osteuropäischen Staaten (1948), verbunden mit einem weitgehenden Abbruch der traditionellen ökonomischen Beziehungen zu kapitalistischen Ländern, profitierte politisch wie ökonomisch die UdSSR. Entsprechend verhielt es sich im Westen. Die Einschränkung der Ost-West-Beziehungen kam einseitig der USA zugute. Die westeuropäischen Länder wurden alsbald indirekt wie direkt gezwungen, die wirtschaftlichen Beziehungen mit den osteuropäischen Ländern abzubrechen. Die osteuropäischen Agrarprodukte waren zwar preisgünstiger für die westeuropäischen Länder, aber schließlich mußten überschüssige amerikanische landwirtschaftliche Produkte, z.B. Weizen, abgesetzt werden. Die 1948 einsetzende Embargo-Politik lag folglich im Interesse der beiden Großmächte. Mit der wirtschaftlichen Embargo-Politik wurden zugleich die politischen Einflußsphären endgültig abgesichert. Pressionen der Supermächte sind von Anfang an in den einzelnen Ländern festzustellen (z.B. die amerikanische Unterdrückung von Sozialisierungs- und Mitbestimmungstendenzen in den Westzonen Deutschlands, die zwangsweise Öffnung Großbritanniens für den Weltmarkt, sprich für die amerikanische Wirtschaft; die sowjetische Unterdrückung anderer Wege zum Sozialismus, die Behinderung, Unterdrückung und Verfolgung der bürgerlichen, sozialistischen und kommunistischen Politiker, die sich dem Konzept der Nationalen Front oder dem damit verbundenen Block-System nicht beugten). Im internationalen Rahmen wird die bereits vollzogene Entwicklung erst 1947 ganz offenkundig. Die USA verkünden die Truman-Doktrin, die ihre ökonomische Abstützung durch den Marshall-Plan erfährt. Die UdSSR sichert ihren Einflußbereich durch die Gründung des Kominform und den Jugoslawienkonflikt, durch die Installierung von Volksdemokratien (im Verständnis von 1948) unter der Herrschaft der überall gebildeten Einheitsparteien (von Sozialdemokraten und Kommunisten), die Errichtung des Außenhandelsmonopols in den osteuropäischen Staaten, den Beschluß des Kominform über die Kollektivierung der Landwirtschaft und den „Molotow-Plan" (= Gründung des RGW). Im Gegensatz zur UdSSR bedienten sich die USA ihrem Gesellschaftssystem entsprechend primär ökonomischer Mittel zur Sicherung ihres Einflusses, so z. B. des Weltwährungssystems von Bretton Woods.

Die Truman-Doktrin versprach allen Völkern amerikanische Hilfe, die zur Verteidigung ihrer Freiheit nach amerikanischen Vorstellungen bereit waren. Die USA halfen, wenn nötig und möglich, dem in ihren Augen richtigen Freiheitsverständnis auch nach. Zur Zeit ihrer Verkündung bezog sich die Truman-Doktrin auf die Türkei und Griechenland. Gegenüber der Türkei hatte die Sowjetunion Forderungen gestellt und mit Repressalien gedroht, obwohl die Türkei nicht dem sowjetischen Machtbereich zugeordnet war; bezogen auf Griechenland hingegen war das Vorgehen der USA heuchlerisch. Die UdSSR hatte dem Westen zwar einen größeren Einfluß zugestanden (10:90), sie hatte ihre Rechnung jedoch ohne die einheimischen Kommunisten gemacht. Die griechischen Kommunisten, unterstützt vom angrenzenden Jugoslawien, wollten sich der interalliierten Aufteilung der Interessensphären, von der sie nichts wußten, nicht beugen. Sie kontrollierten bereits über die Hälfte Griechenlands. Ohne sowjetische Unterstützung kam die kommunistische Partei Griechenlands jedoch gegen die westliche Übermacht nicht an.

Die wirtschaftliche Ergänzung der Truman-Doktrin – zwecks Sicherung des bürgerlich-kapitalistischen Systems in Westeuropa und damit des kapitalistischen Systems der USA – war der Marshall-Plan. Der Vorsitzende der kommunistischen Partei Frankreichs, der dies feststellte, mußte diese Feststellung auf sowjetisches Drängen dementieren. Immerhin waren die Sowjets nach Paris gekommen, um mit Bevin, Bidault und Marshall zu verhandeln. Die Verhandlungen über eine eventuelle Einbeziehung Osteuropas in den Marshall-Plan wurden jedoch abgebrochen. Diese Verhandlungen waren ohnehin von vornherein beiderseits nicht ernst gemeint. Nicht erst die Präambel des Gesetzes zur wirtschaftlichen Zusammenarbeit von 1948 (= Marshall-Plan) läßt an Deutlichkeit nichts zu wünschen übrig. Bereits in der Rede Marshalls (1947), in der er „seine Idee" vortrug, sind die Intentionen der „Hilfe" deutlich ausgesprochen: Die Wiederherstellung des kapitalistischen Weltwirtschaftssystems, die Eindämmung des Bolschewismus und aller anderen sozialistischen Strömungen im Zeichen des Antikommunismus.

Die UdSSR konnte bei diesen Verhandlungen nur aus der Defensive heraus agieren. Sie versuchte das Zustandekommen des Marshall-Plans und damit die Verzahnung Westeuropas mit den USA unter restaurativem, kapitalistischem Vorzeichen zu verhindern (auch ihrer Reparationsforderungen und ihres Interesses an einem gemeinsamen Ruhr-Statut wegen). Zumindest wollten sie den Amerikanern den Schwarzen Peter für die Aufteilung der Welt und den Kalten Krieg zuspielen und die Funktion des Marshall-Plans aufzeigen. Denn er war keineswegs neutral an alle Länder zwecks Zusammenarbeit gerichtet. Zusammenarbeit beinhaltete nichts anderes als die Wiederherstellung des kapitalistischen Weltwirtschaftssystems und lief damit international auf die Abhängigkeit der Länder heraus, die diese „Hilfe" annahmen. Die Argumentation ist zwar richtig, sie diente der UdSSR jedoch nicht zur Sicherung der Unabhängigkeit der Völker, sondern zur Sicherung des eigenen Machtbereichs. Die anfängliche Teilnahme an den Verhandlungen in Paris sollte den guten Willen der UdSSR unterstreichen. Die Ablehnung des Marshall-Plans und der Druck auf die osteuropäischen Länder, sich ebenfalls nicht am Marshall-Plan zu beteiligen, sollte so legitimiert werden. Die UdSSR (bzw. der Reale Sozialismus) kann sich an einem solchen Plan nicht beteiligen, weil die Bedingungen einer Selbstaufgabe gleichkommen.

In der erwähnten programmatischen Rede ging Marshall insbesondere auf die Erhaltung der internationalen Arbeitsteilung im Interesse der USA bzw. des bestehenden Gesellschaftssystems ein: „Das moderne System der Arbeitsteilung, auf das sich der Warenaustausch gründet, steht vor dem Zusammenbruch. In Wahrheit liegt die Sache so, daß Europas Bedarf an ausländischen Nahrungsmitteln und anderen wichtigen Gütern – hauptsächlich aus Amerika – ...höher liegt als seine gegenwärtige Zahlungsfähigkeit... Abgesehen von der demoralisierenden Wirkung auf die ganze Welt und von der Möglichkeit, daß aus der Verzweiflung der betroffenen Völker sich Unruheherde ergeben können, dürfte es auch offensichtlich sein, welche Folgen dieser Zustand auf die Wirtschaft der Vereinigten Staaten haben muß... Ihr Zweck (der der amerikanischen Politik, R. D.) ist die Wiederbelebung einer funktionierenden Weltwirtschaft, damit die Entstehung politischer und sozialer Bedingungen ermöglicht wird, unter denen freie Institutionen bestehen können." (Zit. n. Huster, S. 342). Noch deutlicher wird ein Jahr später die Präambel zum Marshall-Plan, nachdem die UdSSR eine Beteiligung abgelehnt hatte: „Ein Gesetz des Weltfriedens und der allgemeinen Wohlfahrt, der nationalen Interessen und der auswärtigen Politik der Vereinigten Staaten durch wirtschaftliche, finanzielle und andere Maßnahmen, die zur Aufrechterhaltung der Verhältnisse im Ausland notwendig sind, wo freiheitliche Einrichtungen weiterhin bestehen sollen, und dem Gedanken zur Erhaltung der Macht und Stabilität der Vereinigten

Staaten entsprechen..." Erforderlich ist „die Entwicklung einer wirtschaftlichen Zusammenarbeit..., einschließlich aller möglichen Schritte, um angemessene Wechselkurse festzusetzen und aufrechtzuerhalten und die weitere Beseitigung der Handelsbeschränkungen zu erreichen." (Zit. n. Huster, S. 74). Die Intentionen, die der Truman-Doktrin und dem Marshall-Plan zugrunde lagen, waren also keineswegs primär humaner Natur, waren nicht primär auf die Beseitigung von Not und Elend gerichtet. Truman-Doktrin und Marshall-Plan dienten vielmehr der Erhaltung eines bestimmten politischen und wirtschaftlichen Systems. (Daß der Marshall-Plan nicht nur die kapitalistische Restauration betrieb, sondern auch die Lebensbedingungen der Massen verbesserte, wird damit keineswegs bestritten.) Der Marshall-Plan bzw. die Mechanismen des European Recovery Program ermöglichten auch ohne die nötigen Devisen den internationalen Warenaustausch; der amerikanische Staat ermöglichte dem amerikanischen Kapital den Absatz seiner Waren im westlichen Europa, obwohl den Westeuropäern die Devisen fehlten. Er sicherte gleichzeitig – über die Krisenphase hinaus – die Abhängigkeit der europäischen Wirtschaften von der nordamerikanischen. Die USA sicherten sich das Absatzgebiet Westeuropa und damit das Überleben ihres Wirtschaftssystems. Die USA begnügten sich nicht mit der Marshall-Plan-„Hilfe", sie übten auch direkt politischen Druck auf die westeuropäischen Länder aus, z.B. dahingehend, daß Regierungskoalitionen mit kommunistischen Parteien aufzugeben seien (Birchall, S. 54). Mit nordamerikanischen Finanzen wurde die Spaltung der internationalen Gewerkschaftsbewegung gefördert. Der kommunistische Einfluß in den Gewerkschaften war selbst in den westeuropäischen Ländern, in denen die kommunistischen Parteien schwach waren, groß und sollte auf diese Weise verringert werden (Birchall, S. 80).
Im Gegensatz zur Sowjetunion standen die osteuropäischen Staaten keineswegs einhellig und von vornherein dem Marshall-Plan ablehnend gegenüber. Die tschechoslowakische Regierung beispielsweise hatte einstimmig ihre Teilnahme an der Konferenz beschlossen. Diese Teilnahme wurde ihr von der Sowjetunion, die mit der Kündigung des Bündnisvertrages von 1943 drohte, untersagt. Daraufhin beschloß die Regierung wiederum einstimmig, nicht an der Konferenz der interessierten Länder über die Marshall-Plan-„Hilfe" teilzunehmen. In den osteuropäischen Ländern bestanden immer noch die Regierungen der Nationalen Fronten, in denen nach wie vor bürgerliche Politiker vertreten waren, denen verständlicherweise daran lag, nicht einseitig abhängig zu werden. Zum andern muß man berücksichtigen, daß vor dem Krieg 80 bis 90% des Exports der kleineren osteuropäischen Länder in den Westen ging (Kiesewetter, 1951, S. 20). Untereinander waren diese Länder (ihrer ähnlichen, nämlich agrarischen Wirtschaftsstruktur wegen) wenig

verbunden und schon gar nicht mit der UdSSR. Die traditionellen Wirtschaftsbeziehungen – Export von agrarischen Produkten und von Gütern der Leichtindustrie einerseits, Import von Maschinen und Rohstoffen für die zwischen den beiden Weltkriegen erst begonnene Industrialisierung andererseits – konnten nur bei hohen ökonomischen Verlusten abrupt beendet werden. Insofern ging der Ost-West-Handel auch nach dem 2. Weltkrieg erst einmal weiter. Mit dem Marshall-Plan wurde den westeuropäischen Ländern auch eine Embargo-Politik gegenüber osteuropäischen Waren auferlegt, die die USA liefern wollten. Die umfassende Embargo-Politik mit offiziellen Kontrollinstanzen setzte allerdings erst später ein. Interesse am Marshall-Plan bestand in den osteuropäischen Ländern auch deshalb, weil der Lebensstandard bedingt durch Kriegslasten und ökonomische Ausbeutung durch die UdSSR sank, Kredite also dringend benötigt wurden.

Wie anhand der Entwicklung in den osteuropäischen Staaten noch zu zeigen sein wird, haben die USA und die UdSSR objektiv sehr gut zusammengespielt zu Lasten der west- und der osteuropäischen Staaten. Der Abbruch der Ost-West-Handelsbeziehungen ging logischerweise nur zu Lasten der Länder, die solche Handelsbeziehungen unterhielten – die USA wie die UdSSR waren quantitativ betrachtet[7] nur marginal betroffen[8]. Die neuen Handelsbeziehungen – nämlich Blockbeziehungen (der Sinn des Marshall-Plans) – bewirkten Abhängigkeiten primär bei den Ländern, die über einen vergleichsweise kleinen Binnenmarkt verfügen, deren Exportvolumen bezogen auf ihre Gesamtproduktion also wesentlich höher liegt als bei der UdSSR und den USA mit ihren großen Binnenmärkten. Selbst amerikanische Beobachter der ökonomischen Entwicklung meinten, daß die westeuropäischen Länder schon allein deshalb von den USA Auslandshilfe bekommen müßten, weil sie dieselben Waren, die sie früher billiger aus den osteuropäischen Ländern bezogen, nun teurer aus den USA importieren mußten.

Aus politischen und ökonomischen Erwägungen heraus hatten somit die Politiker in den osteuropäischen Staaten, die nicht schlicht „Moskowiter" waren, Interesse an – durchaus kontrollierten – Handelsbeziehungen mit westeuropäischen Staaten. Umgekehrt mußte die Sowjetunion zwecks politischer Absicherung und ökonomischer Ausbeutung ihres Machtbereichs die Beteiligung osteuropäischer Länder am Marshall-Plan verhindern.

Auch aus anderen Gründen sah sich die UdSSR zu einer ungeschminkteren Politik gezwungen. Jugoslawien und Bulgarien, Tito und Dimitroff, strebten 1947 eine Balkanföderation an, wobei sie in Gespräche auch Rumänien und in Gedanken auch Griechenland einbezogen. Sie gaben sich mit der von den Großmächten vorgenommen territorialen Aufteilung nicht zufrieden und planten untereinander eine stärkere wirtschaftliche Verzahnung. Die Balkanföderation wurde Anfang 1948 von Stalin untersagt. Im Herbst 1947 war das Informationsbüro der kommunistischen und Arbeiterparteien gegründet worden. Es wurde im Westen, um die Assoziation zur Komintern herzustellen, abgekürzt Kominform genannt. Die Assoziation ist zutreffend, auch wenn das Kominform lediglich die osteuropäischen kommunistischen Parteien zusammenschloß und von den kommunistischen Parteien in den kapitalistischen Ländern nur die französische und italienische einbezogen wurden (die inzwischen mit dem verordneten parlamentarischen Weg im Zeichen des Kalten Krieges Schiffbruch erlitten hatten). Richtig ist die Assoziation Komintern – Kominform insofern, als die Komintern (gegründet 1919) bereits seit 1924/25 und das Kominform von Anfang an als Instrument sowjetischer Außenpolitik wirkten. Die Dringlichkeit solcher Disziplinierungsinstrumente für die UdSSR zeigt die Tatsache, daß nicht nur Tito, der ohne sowjetische Hilfe an die Macht gekommen war, sondern auch Dimitroff (ehemaliger Generalsekretär der Komintern), der in Moskau im Exil gewesen war, eine eigenständigere Politik anstrebte. Das Kominform sollte die sowjetische Stellung innerhalb Osteuropas festigen, nachdem im Westen der parlamentarische Weg als Fortsetzung der Volksfrontpolitik gescheitert war, nachdem die Politik der Zusammenarbeit und Koexistenz für die UdSSR aufgrund der Politik der USA im Westen nichts gebracht hatte. Als für die UdSSR berechtigte Aussicht bestand, ihrem Einfluß international über friedliche Zusammenarbeit verstärkt Geltung zu verschaffen, wurde die Komintern hinderlich und deshalb aufgelöst (1943). Als die friedliche Zusammenarbeit der UdSSR keine zusätzlichen Einflußmöglichkeiten mehr bot und sich Selbständigkeitsbestrebungen in den osteuropäischen Ländern bemerkbar machten (z.B. Balkanföderation), war vom sowjetischen Standpunkt aus eine verkleinerte kommunistische Internationale erneut sinnvoll, um das Eroberte zusammenzuhalten. Die Zwei-Lager-Theorie, die seit dem Eintritt in den Völkerbund (1934) und im Zeichen des Antifaschismus politisch nicht mehr opportun gewesen war, wurde 1947 wieder hervorgeholt. Die Koexistenzpolitik verschwand in der Mottenkiste, bis sie eines Tages, da sie sowjetischen Interessen wieder entsprach, erneut herausgekramt wurde. Dieses Hin und Her beruht nicht auf einer grundsätzlichen Analyse des Verhältnisses von (Realem) Sozialismus und Kapitalismus und der jeweils konkreten Situation, sondern ist Ergebnis des Großmachtchauvinismus der UdSSR.

Nach Aufgabe der Koexistenztaktik und mit erneuter Propagierung der Zwei-Lager-Theorie waren die Tage der Koalitionsregierungen der Nationalen Fronten in den osteuropäischen Ländern gezählt. Innerhalb von einem Jahr waren die Koalitionsregierungen verschwunden. Die volksdemokratische Ordnung wurde nun sichtbar und offensiv abgesichert. Das Kominform erhielt seine „theoretische" Untermauerung durch die Zwei-Lager-Theorie (die „dritte Welt" wurde von der UdSSR erst in der zweiten Hälfte der 50er Jahre entdeckt) und der bald gegründete RGW fand seine Begründung in der These von den zwei Weltmärkten, dem kapitalistischen und dem „demokratischen" bzw. sozialistischen.

Der Jugoslawien-Konflikt (1947–1949) wird nur in diesem Zusammenhang verständlich. Die nationale Eigenständigkeit Jugoslawiens stand zur Diskussion. Damit wurde die Rolle, die die UdSSR seit der Propagierung des „Sozialismus in einem Lande" (1924/45) dem internationalen Kommunismus aufgezwungen hatte, in Frage gestellt. Jugoslawien ging es um eine unabhängigere Außenpolitik; Tito wollte sich den durch den 2. Weltkrieg geschaffenen und von der UdSSR gebilligten Fakten nicht beugen (Triest, Griechenland). Die jugoslawische Führung wehrte sich auch gegen die Ausbeutung durch die UdSSR, die sich eben keineswegs auf die Länder beschränkte, die auf deutscher Seite gekämpft hatten (vgl. Kap. I, 4). Zum andern versuchte die jugoslawische Führung, die direkte Einflußnahme der KPdSU auf die und in der kommunistische(n) Partei Jugoslawiens zu verhindern, die den Zweck verfolgte, die Führung, insbesondere Tito, zu schwächen. Es ging also um die Frage, ob die ökonomischen und außenpolitischen Interessen der Sowjetunion Vorrang vor den Interessen der kommunistischen Führungen anderer Länder haben. Die Führung der UdSSR versuchte vergebens die jugoslawische Partei von innen her aufzurollen, um die national orientierte Führung zu stürzen. Im März 1947 beschloß das ZK der jugoslawischen Kommunisten gegen die sowjetische Einflußnahme Widerstand zu leisten. Das sowjetische Zentralkomitee stellte daraufhin fest, daß die leitenden Genossen in Jugoslawien den Unterschied in der Außenpolitik der USA und der UdSSR nicht begriffen. Ein Sowjetbotschafter sei immer auch ein Kommunist – und als solcher kann er in den anderen kommunistischen Parteien gegen deren Führung Stimmung machen (Pächter, S. 213). Der sowjetischen Führung gelang es nicht, die jugoslawischen Führer von ihrer Partei zu trennen, also eine von Moskau gesteuerte Säuberung der Partei zu inszenieren. Die sowjetische Führung ließ sich ihren absoluten Führungsanspruch jedoch nicht in Frage stellen, sie festigte ihn durch die politische und physische Liquidierung der kommunistischen Kader in den anderen osteuropäischen kommunistischen Parteien, die wirklich oder angeblich in engerem Kontakt zu Tito gestanden hatten und schloß die jugoslawische Partei aus der kommunistischen Weltbewegung aus. Das Kominform diente der UdSSR somit vornehmlich zur Verhinderung nationaler Tendenzen in den osteuropäischen Staaten.

Zeitlich vorausgreifend möchte ich kurz einige internationale Aspekte ansprechen, die die Entwicklung in Osteuropa insofern mit prägten, als die Sowjetisierung durch sie einerseits forciert, andererseits nur partiell als solche offenkundig wurde, womit sie sich wiederum ungestörter vollziehen konnte. De facto war mit dem Marshall-Plan von vornherein eine Embargo-Politik verbunden, wenn auch noch nicht als solche formuliert. Westeuropa wurde nun stärker für den amerikanischen Absatz geöffnet und auch auf dem Agrarsektor an den amerikanischen Markt angeschlossen. Die USA, die nie in relevantem Ausmaß Handelsbeziehungen mit der UdSSR oder mit den übrigen osteuropäischen Ländern unterhielten[9], erstellten 1948 Ausfuhrkontrollisten – selbstverständlich nicht nur für die USA. Da die von den USA gewünschte „freiwillige" Selbstbeschneidung der westeuropäischen „Partner" nicht zum erhofften Erfolg führte[10], halfen sie mit der Einsetzung einer Konsultativgruppe, dem Komitee zur Überwachung der Embargo-Bestimmungen (Cocom, Sitz in Paris), nach.

Der Wirtschaftskrieg im politischen und ökonomischen Interesse der USA (aber auch der UdSSR) verschärfte sich 1951 im Zusammenhang mit dem Korea-Krieg. Ausdruck dieser Verschärfung ist die sogenannte Battle Act, die bestimmte, daß die USA keine „Hilfe" solchen Ländern gewährten, die die Embargo-Bestimmungen gegenüber Ländern nicht einhielten, die (angeblich) die Sicherheit der Vereinigten Staaten bedrohten (also per definitionem alle osteuropäischen Staaten). Wenn die Einstellung der „Hilfe" sich für die USA sicherheitsmäßig noch ungünstiger ausgewirkt hätte als der Verstoß gegen die Embargo-Bestimmungen, dann konnte sie trotz des Verstoßes weiterhin gewährt werden. Die „Hilfe" konnte aber auch mit der Begründung eingestellt werden, daß das Land nicht genügend mit den USA zusammenarbeite, sie nicht genügend informiere. Diese Regelungen wurden über die Personalunion zwischen dem Amt für Auslandshilfe und dem Amt für die Durchführung der Embargo-Bestimmungen zusätzlich abgesichert. Die daraus resultierende ökonomische Entwicklung in Westeuropa charakterisiert der Randall-Bericht für die US-Regierung (1954) wie folgt: Der Verlust der Ostmärkte habe die Wirtschaft der westeuropäischen Länder geschwächt und die Notwendigkeit amerikanischer Hilfe verstärkt. Die völlige Sperrung des Ost-West-Handels würde der USA eine schwere Bürde auferlegen. Die Einschränkung der amerikanischen Wirtschaftshilfe müsse mit einer Belebung des Ost-Handels verbunden sein (Trautmann, S. 112 f.). Selbst an diesen offiziellen Ausführungen wird ersichtlich, wo die Gründe für die weitgehende Beschneidung des Ost-West-Handels zu suchen sind.

Die osteuropäischen Staaten, die auf bestimmte Rohstoffe und andere Güter aus Westeuropa angewiesen waren, mußten über Schwarzmarktkanäle das amerikanische Embargo unterlaufen – die Preise waren

36

dementsprechend. Die Tätigung dieser Geschäfte zeigt, daß auch in den westeuropäischen Ländern versucht wurde, die Embargo-Bestimmungen zu unterlaufen. Bis zur Installierung der Einparteienherrschaft, der Planwirtschaft sowjetischen Typs und des sowjetischen Grundmodells der Industrialisierung erfolgte der Wirtschaftsaufbau der osteuropäischen Staaten in Anlehnung an die Vorkriegsverhältnisse, wozu auch die Handelsbeziehungen mit kapitalistischen Ländern gehörten[11]. Obwohl einzelne westeuropäische Staaten bei Aufrechterhaltung des Ost-West-Handels notwendige Güter billiger hätten beziehen können[12] und osteuropäische Staaten über Devisen verfügt hätten, womit sie weniger abhängig von der UdSSR – z. B. auf dem Gebiet der Rohstoffe – gewesen wären, kam der Ost-West-Handel immer mehr zum Erliegen. Die Supermächte konnten und wollten damit nicht den Gegner in die Knie zwingen, sondern das jeweilige politische und ökonomische System in den abhängigen Ländern sichern.

Die UdSSR sicherte 1948 ihren Einflußbereich durch die Beseitigung der Koalitionsregierungen, die Einführung des Außenhandelsmonopols in und durch den Abschluß von Freundschaftsverträgen und Handelsabkommen mit den osteuropäischen Ländern. Der sowjetische Politiker Mikojan führte zurecht aus, daß das Außenhandelsmonopol nunmehr ein Mittel sei, um die Sowjetwirtschaft mit den Wirtschaften der Volksdemokratien zu verbinden (also ein Mittel, um das sowjetische Imperium zusammenzuschweißen). 1949 folgte die Gründung des Rates für gegenseitige Wirtschaftshilfe (RGW oder „Comecon"). Der sowjetischen Nachrichtenagentur Tass zufolge (ein Gründungsdokument gibt es nicht) sollte mit der Gründung des RGW dem Boykott der Handelsbeziehungen durch die USA begegnet werden. Der RGW hatte bis 1952 keine positiven ökonomischen Aufgaben, er diente nicht zur Lösung „gemeinsamer" ökonomischer Probleme. Im Gegenteil: Durch die Oktroyierung des sowjetischen Grundmodells der Industrialisierung wurden die einzelnen Volkswirtschaften auf die Entwicklung der Schwerindustrie verpflichtet. Damit verbunden waren hohe ökonomische Verluste für diese Länder, da ihnen für eine solche Industrialisierung die Rohstoffe und der innere Markt fehlten. Diese Industrialisierungspolitik war aber auch einer wirtschaftlichen Kooperation untereinander abträglich. Die Funktion des RGW bestand darin, mittels einer Organisation im ökonomischen Bereich Osteuropa gegen den Kapitalismus abzugrenzen. Die sowjetische Hegemonialpolitik schlug sich auch in dem Handelsabkommen von 1950 nieder, das vorab – unabhängig von Fragen des volkswirtschaftlichen Bedarfs – festlegte, daß 75% des Exports von Bulgarien, Tschechoslowakei, Polen, Rumänien und Ungarn in den folgenden Jahren in die UdSSR gehen sollten.

3. Die politische und ökonomische Ausgangsposition der osteuropäischen Staaten und die Methoden ihrer Uniformierung

Bevor ich kurz auf die Entwicklung in den einzelnen osteuropäischen Ländern eingehe, sollen noch allgemeinere Aspekte der Nachkriegsentwicklung in Osteuropa erörtert werden: die Methoden bei der Verdrängung anderer gesellschaftlicher Kräfte, die Wirtschaftsstruktur (Verhältnis von Industrie und Landwirtschaft, Außenhandelsverflechtungen vor und nach dem 2. Weltkrieg). Die ökonomischen Methoden der Anbindung und Ausbeutung seitens der Sowjetunion hingegen werden erst im nächsten Unterkapitel angesprochen.

Wie bereits dargestellt, betrieb die UdSSR, betrieben die moskau-orientierten KP-Führer gegen Ende des 2. Weltkrieges keine „linke" Politik. Die UdSSR hatte – noch im Krieg stehend – Rücksicht auf ihre westlichen Verbündeten zu nehmen. Zum andern waren die kommunistischen Parteien dieser Länder außer in der Tschechoslowakei zu schwach und in der Bevölkerung kaum verankert. Die Zusammenarbeit mit bürgerlichen Kräften im Zeichen des Antifaschismus diente daher der Vermeidung frühzeitiger Konfrontationen. Zur Eroberung der Macht wurde der Weg des geringsten Widerstandes gewählt. An den Plänen zur Eroberung der Macht im Osteuropa der Nachkriegszeit arbeiteten ausländische Kommunisten seit 1942 in Moskau. In der Zeit von Mitte 1944 bis 1945 konnten im Windschatten der Roten Armee planmäßig in allen besetzten Ländern Regierungen der Nationalen Front installiert werden. Die Kommunisten besaßen in diesen einen wesentlich größeren Einfluß als die Zahl der von ihnen besetzten Ministerien vermuten läßt. Sie waren im Besitz von Schlüsselpositionen und hinter ihnen stand die Rote Armee. Mit Ländern, die nicht auf deutscher Seite gekämpft hatten, schloß die UdSSR Freundschafts- und Bündnisverträge ab (Polen, Jugoslawien 1945; Tschechoslowakei bereits 1943). Mit Rumänien, Bulgarien und Ungarn, die auf deutscher Seite gestanden hatten, kam es bis zu den Friedensverträgen (1947) „lediglich" zum Abschluß von Wirtschaftsabkommen. Alle diese Verträge und Abkommen dienten der Anbindung der Länder an die UdSSR. Sie vergrößerte im Gefolge des 2. Weltkrieges aber nicht nur ihren Einflußbereich, sie dehnte sich auch direkt, territorial, beträchtlich westwärts aus. Sie schluckte nicht nur die baltischen Staaten, sondern eignete sich auch von Polen die östlichen Gebiete bis zur Curzon-Linie, von Rumänien Bessarabien und die Nordbukowina und von der Tschechoslowakei die Karpatho-Ukraine an. Die sozio-ökonomische Umgestaltung war in den einzelnen Ländern 1947 faktisch entschieden weiter fortgeschritten, als es dem proklamierten antifaschistischen Konzept der Nationalen Front und seinem antimonopolistischen, jedoch nicht explizit antikapitalistischen Tenor entsprach.

Die weitgehende Nationalisierung bzw. Verstaatlichung der Industrie, die expressis verbis so im Programm der Nationalen bzw. Vaterländischen Fronten nicht vorgesehen war, wurde nicht als Verstaatlichung nach sowjetischem Muster erkannt, da sie durch sehr unterschiedliche Faktoren begünstigt wurde. Die Verstaatlichung der Industrie erschien insbesondere als Folge des Verschwindens der früheren Eigentümer (Deutsche, andere ethnische Minderheiten, einheimische Kollaborateure) und eines durch die wirtschaftlich-soziale Notlage erforderlichen staatlichen Dirigismus. Schon zwischen den beiden Weltkriegen und verstärkt in der Weltwirtschaftskrise war in diesen Ländern der Staat aufgrund mangelnden einheimischen Kapitals ein bedeutender Investor und Kreditgeber. Außenwirtschaftlich hatte er die Funktion wahrgenommen, das Überfluten des einheimischen Marktes mit ausländischen Waren zu verhindern. (Auch in höher entwickelten Industrieländern bekam der Staat im Zuge der Weltwirtschaftskrise eine verstärkte außenwirtschaftliche Schutzfunktion; sie wurde jedoch im Kapitalismus als nicht wünschenswerte Ausnahmeerscheinung rezipiert, die im Krieg geendet hatte. Aus dieser Erfahrung heraus begannen bereits während des 2. Weltkrieges die Bemühungen um den Aufbau einer Weltwirtschaftsordnung, die sich in Bretton Woods niederschlugen.)
Genausowenig wie die Nationalisierung bzw. Verstaatlichung in Industrie, Handel und im Bankwesen wurde die Bodenreform als Beginn einer „sozialistischen" Umwälzung interpretiert. Sie stellt einen solchen Beginn, im Gegensatz zur Verstaatlichung der Industrie, in einem sehr vermittelten Sinne dar. Sie ermöglichte die Enteignung des Großgrundbesitzes mit dem Schein sozialer Gerechtigkeit ohne offenkundiges Streben nach einer grundsätzlichen Veränderung der sozio-ökonomischen Strukturen. Sie war eine Sympathiewerbung bei einer Bevölkerungsschicht, die die Kommunisten lange vernachlässigt hatten. Die Bodenreform schuf eine Vielzahl z.T. nicht lebensfähiger Kleineigentümer. Unter taktischem Aspekt ging man mit entsprechender Gründlichkeit vor: keine – auch keine partielle – Kollektivierung, keine forcierte Produktion landwirtschaftlicher Produktionsmittel als Voraussetzung für eine ökonomisch sinnvolle gemeinsame Bearbeitung, sondern Parzellierung. Die Kommunisten erhielten bei den anfangs noch stattfindenden Wahlen auf dem Land z.T. mehr Stimmen als in den Industriezentren. Die gesellschaftlichen Auswirkungen der Landaufteilung waren allerdings unterschiedlich, denn in manchen Ländern führte die Bodenreform zu großen Umstrukturierungen wie z.B. in Ungarn, dagegen änderte sich in Bulgarien sehr wenig, weil der Kleinbesitz hier weit verbreitet war.
Mit den „freien" Wahlen war es endgültig aus, nachdem die Bevölkerung nicht wie gewünscht abgestimmt hatte. In allen Ländern läßt sich das gleiche Grundmuster feststellen: Entweder wird der Versuch mit

„freien" Wahlen gemacht, und sie werden dann aufgrund der Ergebnisse nicht mehr durchgeführt, oder es werden von vornherein Volksabstimmungen über Einzelmaßnahmen inszeniert, bei denen die massenhafte Zustimmung als sicher gelten konnte. Die Zustimmung der Mehrheit zu einzelnen Maßnahmen wird dann als Zustimmung zum System als Ganzes interpretiert (so in Polen die Zustimmung zur Einverleibung der ehemaligen deutschen Gebiete, in der SBZ zur Enteignung von „Naziverbrechern"). Den Parteien (im Blocksystem) wurden nun, unabhängig vom Wahlergebnis, Prozentsätze bzw. Sitze zugeordnet und die Zusammensetzung der Koalitionsregierungen wurde vor den Wahlen festgelegt. Schließlich erfolgt die endgültige Ausschaltung der bürgerlichen Parteien und der Sozialisten bzw. Sozialdemokraten (jedenfalls eines großen Teils von ihnen) durch die Institutionalisierung des Monopols der zentralistisch geführten bolschewistischen Einheitspartei. Damit verbindet sich die neue Definition der „Volksdemokratie", die jetzt als Staatsform des Übergangs zum „Sozialismus" proklamiert wird. Gleichzeitig vollzieht sich eine zweite Verstaatlichungswelle, die, dem allgemeinen gesellschaftlichen Umwälzungsprozeß entsprechend, rein bürokratisch von oben her mittels Dekreten durchgesetzt wird.

Der formale Akt der Identifizierung mit dem sowjetischen System, der sich in einem äußerlich so bedeutsamen Dokument wie der Verfassung niederschlägt, wird in den osteuropäischen Staaten zu unterschiedlichen Zeitpunkten vollzogen und das trotz der prinzipiell gleichen Entwicklung und des sehr ähnlichen Prozesses der Veränderungen – bei unterschiedlichen nationalen Ausgangsbedingungen. Keine andere Uniformierungsmaßnahme (Nationalisierung, Bodenreform, Kollektivierung, Vereinigung der sogenannten Arbeiterparteien, Einführung des Außenhandelsmonopols, also der reale Umwälzungsprozeß und die ihn besiegelnde Proklamierung der Volksdemokratie) klafft zeitlich so auseinander wie diese formale Anpassung in der Verfassungsgebung. Jugoslawien und Albanien gaben sich als erste (1946) Verfassungen in Anlehnung an die sowjetische von 1936 (Stalin-Verfassung), gefolgt von Bulgarien (1947), der Tschechoslowakei und Polen (1948), schließlich von Ungarn (1949) und Rumänien (1952), die die Umwälzungen insgesamt etwas langsamer vollzogen. An dieser Abfolge (mit der Ausnahme Bulgarien) fällt auf, daß es sich anscheinend um eine Hierarchie der Bewährung handelte: Jugoslawien hatte sich selbst befreit, dann kommen die Länder, die befreit wurden und zuletzt die, die besiegt wurden.

Das außenpolitische wie das außenwirtschaftliche Verhalten der osteuropäischen Länder bestimmt sich in den Jahren von 1945 bis 1948 auch durch eine noch erforderliche Rücksichtnahme auf die bürgerlichen Partner in den Koalitionsregierungen, durch den Stand der Industrialisierung bzw. die Bedeutung der Landwirtschaft, die traditionellen Außenhandelsverbindungen und die schlechte Wirtschaftslage. Die Wirtschaft der osteuropäischen Länder war vor dem Krieg völlig auf Westeuropa orientiert. Der Anteil der Landbevölkerung betrug 1945: Bulgarien 80%, Tschechoslowakei 35%, Polen 60%, Rumänien 80%, Ungarn 45% (vgl. Kiesewetter, 1951, S. 18). Die nachstehenden Tabellen zeigen die handelspolitische Verflechtung der osteuropäischen Länder mit Westeuropa vor und nach dem 2. Weltkrieg sowie der heutigen RGW-Länder untereinander[13]. Für die kleineren osteuropäischen Staaten spielte in Verbindung mit der Konzentrierung auf bestimmte Wirtschaftsbereiche der Warenaustausch aufgrund des kleinen Marktes eine wesentlich größere Rolle als für die UdSSR. So betrug der Anteil des Außenhandelsvolumens am Volkseinkommen 1945 z. B. in der Tschechoslowakei zwischen 35 und 40%. Daran wird ersichtlich, daß diese Länder im Gegensatz zur UdSSR mit dem kapitalistischen Weltmarkt verzahnt waren.

Die schlechte Wirtschaftslage aufgrund von witterungsbedingten Mißernten, Kriegszerstörungen, kriegsbedingter Inflation, der sowjetischen Ausbeutung einerseits und des Rückgangs der landwirtschaftlichen Produktion im Zuge der Bodenreform andererseits (Vernichtung funktionierender landwirtschaftlicher Betriebe, Aufteilung in quasi-Selbstversorgereinheiten) trugen dazu bei, daß diese Länder um westliche Kredite nachsuchten. Dem Begehren standen alte Auslandsschulden, aber auch neue, die durch die Enteignungen zustande kamen, entgegen. Den ehemaligen Eigentümern war, außer den deutschen, allerdings eine Entschädigung versprochen worden. Dem Handel zwischen den ost- und westeuropäischen Staaten stand zudem die amerikanische Wirtschaftspolitik entgegen, die Öffnung der westeuropäischen Märkte für amerikanische Waren (auch für landwirtschaftliche Produkte). Die osteuropäischen Länder, die mit dem Export landwirtschaftlicher Produkte ihre beginnende Industrialisierung finanziert hatten, wurden nach 1945 abhängig von der Einfuhr landwirtschaftlicher Produkte. Diese Umkehrung ist die Folge (a) der Kollektivierung mit ihren Zwangsmethoden und ohne Förderung der Mechanisierung, (b) der Einführung des sowjetischen Industrialisierungsmodells und (c) der amerikanischen Embargo-Politik. Zwischen 1945 und 1948 gab es drei Sektoren in Industrie, Landwirtschaft und Handel: den staatlichen Sektor, zu dem die Schwerindustrie, Banken, infrastrukturelle Einrichtungen und die im Zuge der Enteignung ausländischen Kapitals und einheimischer (tatsächlicher wie angeblicher) Kollaborateure vorgenommenen Verstaatlichungen, auch im Großhandel, zu rechnen sind; den genossenschaftlichen Sektor, der sich insbesondere auf den Handel bezog und schließlich den privaten Sektor (Kleinhandel, Kleinindustrie, Landwirtschaft). Im wirtschaftlichen Bereich bestanden somit alte und tendenziell neue Formen nebeneinander.

Auch im staatlichen Bereich herrschte ein Nebeneinander; neben dem „alten" Parlament gab es die sogenannten Nationalausschüsse, in denen Exekutive und Legislative verknüpft waren. Als staatliche Maßnahmen (z.B. die Verstaatlichung von Unternehmen) nicht mehr einfach und scheinbar naturwüchsig mit einem Verweis auf praktische Erfordernisse legitimiert werden konnten (abgesehen davon, daß dies nie primär der Grund von Verstaatlichungen war), wurden die Auseinandersetzungen mit den bürgerlichen Parteien von diesen auch als grundsätzlich politische wahrgenommen – beispielsweise der Streit um die Regelung, ab welcher Beschäftigtenzahl ein Betrieb verstaatlicht werden sollte.

Die hier zusammengefaßt vorgetragenen Aspekte der Nachkriegsentwicklung der osteuropäischen Länder werden im folgenden anhand der Entwicklung in den einzelnen Ländern konkretisiert. Die ökonomischen Beziehungen der Länder zur UdSSR bleiben auch hier ausgespart, da sie weiter unten behandelt werden.

Polen war nach dem 1. Weltkrieg wiederhergestellt worden. Es setzte sich aus drei Teilen zusammen, die – bedingt durch die drei Teilungen Polens Ende des 18. bzw. Anfang des 19 Jahrhunderts – bis 1918 unter preußischer, österreichischer und russischer Herrschaft gestanden hatten. Polen war überwiegend ein Agrarland; vor dem 2. Weltkrieg waren über 60% der Bevölkerung in der Land- und Forstwirtschaft tätig. Nach dem Krieg mußte Polen größere Gebiete im Osten (bis zur Curzon-Linie) an die UdSSR abgeben (die es sich z.T. 1921 von der damals zum Nachgeben gezwungenen UdSSR angeeignet hatte), als es im Westen erhielt. Doch wirtschaftlich und infrastrukturell waren die westlichen Gebiete bedeutender, der Verlust von Erdöl wurde durch Steinkohle wettgemacht, der Zugang zur Ostsee war besser als vorher. Ethnographisch betrachtet brachte die Verschiebung ebenfalls Vorteile, insofern Polen durch den Verlust der Ostgebiete (in denen die UdSSR ihren weißrussischen und ukrainischen Brüdern mit Hitlers Unterstützung zu „Hilfe" gekommen war) und die Vertreibung der Deutschen aus den Westgebieten weitgehend kein Nationalitätenproblem mehr hatte. Politisch betrachtet bedeutete die Westverschiebung eine Anbindung an die Sowjetunion, um – mit sowjetischer Hilfe – vor deutschen Revanchegelüsten sicher zu sein. Gomulka sah daher zurecht die Westgebiete als ein stabilisierendes Moment an, als ein Bindemittel zwischen der polnischen Nation und dem kommunistischen System. Die polnischen Ostgebiete mußten nun einmal an die UdSSR abgetreten und die Westgebiete konnten nur mit ihrer Unterstützung gehalten werden. Polen war aufgrund seiner Geschichte nicht rußlandfreundlich. Diese Einstellung schlug sich auch im Zusammenhang der Verhandlungen zwischen England und der Sowjetunion (1939) in der Weigerung nieder, im Kriegsfall sowjetische Truppen durchmarschieren zu lassen. Polen befürchtete, daß es beim Durchmarsch der sowjetischen Truppen nicht bleiben würde.

Die Polen betreffende Entwicklung während des Krieges habe ich weiter oben kurz skizziert. Aufgrund der Installierung einer „Provisorischen Regierung" durch die UdSSR und der noch bestehenden polnischen Exilregierung in London, die von den westlichen Verbündeten noch nicht explizit aufgegeben war, gab es im Frühjahr 1945 zwei Regierungen, zwei Verfassungen (die eine „Regierung" berief sich auf die von 1921, die andere auf die von 1935), zwei Armeen, zwei Parlamente und zwei Verwaltungsapparate. Die westlichen Alliierten akzeptierten in Jalta (1945), daß die Provisorische Regierung der Nationalen Einheit erweitert wird. Nachdem die westlichen Alliierten damit die Exilregierung fallengelassen hatten, wurde die Regierungsumbildung von kommunistischer Seite monatelang und die Wahlen gar 1½ Jahre hinausgeschoben. In der Zwischenzeit schuf man vollendete Tatsachen, denn es war klar, daß die anderen Parteien aufgrund der konkreten Erfahrungen mit der UdSSR nicht bereit sein würden, auf der Woge des Antifaschismus mit den Kommunisten gemeinsame Sache zu machen.

Wie in den anderen Ländern schlug die PPR (Polnische Kommunistische Partei) einen Wahlblock bzw. einen Block der „demokratischen Parteien zur Vorbereitung der Wahlen vor. Die einzig zugelassene, nicht sozialistische Partei, die Bauernpartei (PSL), war dazu nicht bereit. Dank dieser Verweigerung lassen sich die Etappen hin zur unangefochtenen Hegemonie der zentralistischen Einheitspartei deutlich ablesen: Die Wahlen werden aufgrund des Verhaltens der PSL hinausgezögert. Es werden Volksabstimmungen zu Fragen organisiert, bei denen eine Abstimmung keinerlei Risiken in sich birgt (z. B. Abstimmung über die Westgrenze, die Oder-Neiße-Grenze). Die immer genehmen Ergebnisse dieser Abstimmungen werden dann als umfassende Zustimmung zur in Gang gesetzten Politik interpretiert. In der Zwischenzeit wird der Opposition das Leben so schwer gemacht, daß nur noch die übrigbleiben, die meinen, mit Kompromißbereitschaft etwas retten zu können. Der große Zulauf zur Bauernpartei und der Mitgliederschwund der kommunistischen Partei (innerhalb weniger Monate 120 000) veranschaulichen, daß die kommunistische Partei auf blanke Unterdrückung angewiesen war. Im Februar 1948 war die PSL so weit, daß sie sich zur Zusammenarbeit mit der Regierung entschloß. Der nächste Schritt auf dem Weg zur politischen Monopolstellung der kommunistischen Partei war der Zusammenschluß der kommunistischen und der sozialistischen Partei (PPR und PPS) Ende 1948. Dem Zusammenschluß waren Säuberungen in beiden Parteien vorangegangen. Nach dieser subjektiv partiell freiwilligen, letztendlich aber erzwungenen Vereinigung von Sozialisten und Kommunisten wurden innerhalb der Einheitspartei alle nicht-konformen Positionen unterdrückt.

Gomulka hatte die Säuberungen in der UdSSR (im Gegensatz zu anderen Führern der 1938 von der Komintern aufgelösten Polnischen Kommunistischen Partei) überstanden, weil er zur Zeit der Säuberungen in Polen im Gefängnis saß. Er hatte immer wieder den eigenständigen – polnischen – Weg zum Sozialismus betont. Der je eigenständige Weg zum Sozialismus wurde jetzt jedoch, nachdem seine taktische Funktion bei der Eroberung der Macht ausgedient hatte, als rechtsnationale Abweichung verdammt. Tito konnte von der Führung der KPdSU nicht zu Fall gebracht werden, Gomulka dagegen, der nur mit sowjetischer Hilfe an die Macht gekommen war, wurde abgesetzt und ins Gefängnis gebracht. Die beiden Großmächte steckten jetzt mit allen Mitteln ihren jeweiligen Einflußbereich ab. So frißt schließlich die „Revolution" auch ihre eigenen Kinder (W. Leonhard). Es ist ein Irrtum zu glauben, bestimmte Methoden der Auseinandersetzung und Ausschaltung politischer Gegner machten vor Sozialisten oder spätestens vor Kommunisten halt. Sind im Namen der hohen und hehren Ziele in der Auseinandersetzung mit anderen gesellschaftlichen Kräften alle Mittel erlaubt, heiligt das Ziel die Mittel, dann verselbständigen sich die Mittel. So fielen kommunistische Führer (z. B. Slansky [Tschechoslowakei], Rajk ([Ungarn]) denselben Methoden zum Opfer, die sie vorher gegen andere anwenden ließen.

Die sozio-ökonomischen Umwälzungen in Polen erschienen weitgehend bedingt durch die praktischen Erfordernisse der Nachkriegssituation. In den ehemaligen deutschen Gebieten wurde der Staat zum Unternehmer schlechthin und das Land an Kleinbauern verteilt. Die Industrie war durch Krieg, Demontagen und Plünderungen stark zerstört (Rochlin, 1953, S. 53), weshalb tiefgreifende staatliche Eingriffe selbstverständlich waren. Bestimmte Gesetze zeigten allerdings sehr bald die Richtung der gesellschaftlichen Entwicklung an; Anfang 1946 wurden per Gesetz die Hauptzweige der Volkswirtschaft in Staatseigentum umgewandelt und im Herbst 1946 alle Industriebetriebe mit mehr als 50 Beschäftigten in „Volkseigentum" überführt. Die in den Vordergrund gestellte Beseitigung von Kriegsschäden ging mit der Verstaatlichung bzw. dem gesellschaftlichen Umwälzungsprozeß Hand in Hand. Bereits Ende 1946 waren Industrie und Großhandel zu 80% verstaatlicht.

Die Kollektivierung der Landwirtschaft, die Gomulka nicht für erforderlich hielt, wurde – wie in den anderen osteuropäischen Ländern – 1948 auf Beschluß des Kominform in die Wege geleitet. Nun begann international eine „Linksphase" bolschewistischer Politik, die der endgültigen Absicherung des sowjetischen Machtbereichs diente. Der „Klassenkampf" wurde auch in Polen ins Dorf getragen. Mit bürokratischen Repressionen (Steuersätze, Ablieferungsnormen) versuchte die

Partei, die Bauern zur Aufgabe ihres Privatbesitzes zu zwingen und die Kollektivierung durchzusetzen. Trotz rigider Methoden waren 1953, zu Beginn des „Neuen Kurses" in der UdSSR nach Stalins Tod, der die Kollektivierung in Polen z.T. wieder rückgängig machte, erst 7% der landwirtschaftlichen Nutzfläche in Produktionsgenossenschaften erfaßt. Polen war nach westeuropäischen Maßstäben ein industriell zurückgebliebenes Land. Angesichts der Geschichte bis 1918 kann das nicht verwundern. Die weltweiten Wirtschaftskrisen der 20er und 30er Jahre hatten auch in den industriell hochentwickelten Ländern zu staatsinterventionistischen Maßnahmen geführt. Derartige Eingriffe spielten in einem industriell unentwickelten Land, vorausgesetzt es konnte überhaupt eine nationalstaatliche Politik betreiben, eine weitaus größere Rolle. Wo ausländisches Kapital nicht investierte, trat weitgehend der Staat als Investor und Kreditgeber in Aktion. Der Staat subventionierte polnische Firmen bzw. den Export ihrer Produkte, denn einerseits war der Binnenmarkt zu eng und andererseits mußte die Zahlungsbilanz über eine aktive Handelsbilanz ausgeglichen werden. Der Zahlungsbilanz wegen beschränkte der Staat auch die Einfuhr. Die wirtschaftliche Tätigkeit des Staates war also schon vor 1945 relativ breit und konnte aufgrund der Nachkriegsbedingungen noch ausgeweitet werden, ohne daß die Tendenz der gesellschaftlichen Entwicklung offenkundig wurde. 1937 gingen 80% der polnischen Ausfuhr in westeuropäische Länder, aus denen wiederum 64% der polnischen Einfuhren stammten. Der Warenverkehr mit osteuropäischen Ländern machte hingegen 1937 nur 7% des Außenhandelsumsatzes aus, 1951 aber 60% (Rochlin, S. 108 ff.). 7% des Außenhandels wickelte Polen 1937 mit der UdSSR ab, 1946 hingegen 60%. Dieser für 1946 sehr hohe Anteil kommt insbesondere durch ein Abkommen (August 1945) über langfristige polnische Kohlelieferungen zustande. Die UdSSR setzte den Preis für die Kohle extrem niedrig an, so daß Polen sehr viel Kohle liefern mußte. Die Kohlelieferungen galten z.T. auch als Gegenleistungen für ehemals deutsche Betriebe in den neu-polnischen Westgebieten, die von der UdSSR gnädigerweise nicht demontiert wurden.

Die *Tschechoslowakei* wurde nach dem 1. Weltkrieg aus Teilen der ehemaligen österreichisch-ungarischen Monarchie gebildet. Sie umfaßte Teile Böhmens, Mährens, Schlesiens, die Slowakei und die Karpatho-Ukraine. Durch das Münchner Abkommen von 1938, das u.a. im Widerspruch zum französisch-sowjetisch-tschechoslowakischen Beistandspakt von 1935 stand, fiel das Sudetenland an Deutschland, Teschen an Polen und einzelne Randgebiete der Slowakei an Ungarn, das sich durch die Regelungen nach dem 1. Weltkrieg benachteiligt fühlte. Nach dem deutschen Einmarsch von 1939 wurden die der Tschechoslowakei 1938 verbliebenen Gebiete in die „unabhängige" Slowakei und das deutsche Protektorat Böhmen und Mähren aufgeteilt. Ungarn nutzte die Gelegenheit und nahm sich die Karpatho-Ukraine.

Auf die Entwicklung während des 2. Weltkrieges, auf die Unterschiede zur polnischen Entwicklung bedingt durch andere historische Ausgangsbedingungen und die damit verbundene unterschiedliche Bereitschaft der bürgerlichen Kräfte zur Zusammenarbeit mit den Kommunisten bin ich weiter oben bereits eingegangen. Die Tschechoslowakei verlor ähnlich wie Polen durch Vertreibung und Gebietsabtretung nationale Minderheiten. Ähnlich wie in Polen wurde der Staat durch die Nationalisierungen im Gefolge der Vertreibung und durch die Not der Kriegszerstörungen sozusagen mechanisch zu einem bedeutenden Wirtschaftsfaktor und Unternehmer.

Im Frühjahr 1945 strebten die Kommunisten zwecks Bildung der Nationalen Front einen „demokratischen Block" aus Kommunisten, Sozialisten, der Nationalsozialistischen Volkspartei Beneschs und der Katholischen Volkspartei an. Anfang 1945 wurde in Kaschau einvernehmlich das Programm der Nationalen Front verkündet: Gleichberechtigung zwischen Slowaken und Tschechen, Bündnis mit der UdSSR als Eckpfeiler der außenpolitischen Orientierung, Ablösung des traditionellen Verwaltungsapparates durch Nationalausschüsse (in denen Exekutive und Legislative weitgehend vereint waren), Teilverstaatlichung der Industrie, Nationalisierung des deutschen und ungarischen Eigentums sowie das der tschechoslowakischen „Kollaborateure". Man einigte sich auch über die Verteilung der Ministerien; an die kommunistische Partei gingen die Bereiche Inneres (also Polizei, Sicherheit, Gefängnis), Information, Landwirtschaft und Erziehung. Das Programm wurde, wie bereits ausgeführt, von den Kommunisten bzw. den Sowjets keineswegs einfach den anderen Parteien aufoktroyiert, es kam vielmehr deren Vorstellungen entgegen. Die zahlenmäßig besonders starke Vertretung der Kommunisten in der Regierung war die Folge des getrennten Auftretens der Kommunistischen Partei der Tschechei und der der Slowakei. Der slowakische Nationalismus wurde in der kommunistischen Partei solange begünstigt, solange er instrumentell gegen bürgerliche Einflüsse eingesetzt werden konnte. Alsbald ersetzte man aber die slowakischen Kommunisten, die wie Husak im heimischen Widerstand gekämpft hatten und radikalere und föderalistische Forderungen stellten, durch „Moskowiter" und Zentralisten unter den Slowaken. Die Partei konnte es sich nicht leisten, das slowakische Problem ganz zu vernachlässigen. Die Slowakische Kommunistische Partei hatte während des Krieges im Widerstand eine Rolle gespielt – eine Tschechei gab es seit 1939 nicht mehr. Doch die Slowakische Kommunistische Partei war im Rahmen der Komintern nie als selbständige Partei anerkannt worden. In Moskau saß die Führungsspitze der tschechoslowakischen KP (Gottwald), die, weil sie erst nach den Säuberungen in die UdSSR (1936–38) gekommen war, physisch unversehrt blieb.

Die Situation war für die Kommunisten in der wiederentstandenen Tschechoslowakei sehr günstig; sie hatten sich nach dem 1. Weltkrieg nicht durch eine den Massen unzugängliche Politik ausmanövriert (wie die ungarische und polnische kommunistische Partei, die den Anschluß an die UdSSR und staatliche Agrarbetriebe gefordert hatten), sie stellten zwischen den beiden Weltkriegen eine starke und in der Legalität wirkende Opposition, sie hatten vor dem 2. Weltkrieg noch legal mit den anderen Parteien zusammengearbeitet bzw. um Zusammenarbeit im Rahmen einer Volksfrontstrategie geworben und das Münchner Abkommen bekämpft. An diese Politik konnte die kommunistische Partei nun bruchlos anknüpfen und trat somit legitimiert in das politische Leben des Landes ein. Sie hatte es zudem mit sozialistischen bzw. bürgerlichen Partnern zu tun, die insbesondere aufgrund der Enttäuschung über den Westen, der die Tschechoslowakei in München dem faschistischen Deutschland mehr oder weniger überlassen hatte, eine Zusammenarbeit mit der UdSSR für erforderlich hielten. Die moskau-orientierte Parteiführung setzte sich, wie in den anderen osteuropäischen Ländern auch, entgegen Strömungen in der eigenen Partei, nicht für den Aufbau einer sozialistischen Gesellschaft ein. Wie in anderen osteuropäischen Ländern stand nicht der Sozialismus, sondern die Durchführung einer demokratischen und nationalen Revolution offiziell auf der Tagesordnung der Geschichte. Diese „nationale" Politik führte zu einer breiten Massenbasis der Kommunistischen Partei der Tschechei, während die slowakische einerseits aufgrund ihrer radikaleren Forderungen, andererseits aber auch aufgrund des von den Moskowitern erzwungenen Wechsel in der Parteiführung von den einst in der Illegalität arbeitenden Kommunisten (Husak) zu den moskau-orientierten Zentralisten (Siroky) an Einfluß und Mitgliedern verlor.

In der Tschechoslowakei wurden, wie auch in Ungarn, freie Wahlen abgehalten; in diesen ersten und letzten freien Wahlen (April 1946) wurde die kommunistische Partei in der Tschechei stärkste Partei (40 %). Mit den Sozialdemokraten zusammen hätte sie, durch die Wahlen legitimiert, eine Regierung der Einheitsfront stellen können, sie zog jedoch die Bildung der Nationalen Front vor. Bald darauf setzten Auseinandersetzungen zwischen den Parteien ein, z. B. um Verstaatlichungen, die nicht mehr als antifaschistische Maßnahmen durchgeführt werden konnten. Die sozialdemokratische Partei weigerte sich, mit den Kommunisten eine Einheitsfront zu bilden (November 1947). Gegen den einstimmigen Beschluß der tschechoslowakischen Regierung (also aller Parteien), an den Verhandlungen über den Marshall-Plan in Paris teilzunehmen, intervenierte die UdSSR. Die bürgerlichen Parteien wandten sich gegen die terroristischen Methoden des Innenministeriums; zur Unterstützung ihrer Forderungen traten ihre Minister aus dem Kabinett aus. Sie glaubten, daß die Sozialdemokraten dem Beispiel folgen würden, womit Neuwahlen erforderlich geworden wären. Dieses Vorgehen zeigt, wie wenig die bürgerlichen Parteien die Situation begriffen. Da die Sozialdemokraten nicht mitzogen, kam es (im Februar 1948) zu einer neuen Regierung, in der die Kommunisten nun ganz legal die Mehrheit hatten. Im Juni wurde bereits die Fusion von Kommunisten und Sozialdemokraten vollzogen; die Gegner der Vereinigung waren zuvor ausgeschlossen worden. Kurz vorher war die neue Verfassung (in Anlehnung an die sowjetische von 1936) verkündet und die Tschechoslowakei damit formell zur volksdemokratischen Republik proklamiert worden. Der Prozeß der Machteroberung war abgeschlossen. Die wichtigsten Veränderungen, die sich im Rahmen der Volksdemokratie noch vollzogen, waren: generelle Verstaatlichung von Industriebetrieben mit mehr als 50 Beschäftigten, Verstaatlichung lebenswichtiger Betriebe auch mit weniger Beschäftigten, Zentralisierung der Banken, Einführung des Außenhandelsmonopols, Verkündung des 1. Fünfjahrplans, Kollektivierung der Landwirtschaft.

Die Tschechoslowakei war, abgesehen von der SBZ/DDR, das einzige entwickeltere Industrieland, das mit dem 2. Weltkrieg unter sowjetischen Einfluß geriet. Bereits vor dem Krieg stand in der Tschechoslowakei die Industrie- zur Agrarproduktion im Verhältnis 65:35 (dagegen Ungarn 44:56, Polen 38:62, Rumänien 35:65, Bulgarien 25:75) (Kiesewetter, 1954, S. 68). Die Eigentumsverhältnisse wurden (mit Ausnahme der SBZ/DDR) durch die Verstaatlichungen daher stärker umstrukturiert als in anderen osteuropäischen Ländern. (In Bulgarien führte nicht einmal die Landverteilung zu Umschichtungen, da es hier schon massenhaft ländliche Kleineigentümer gab.) Großbetriebe, Bergwerke, Banken und Versicherungen wurden im Oktober 1945 per Dekret verstaatlicht. Deutsches bzw. ungarisches Eigentum und solches von Kollaborateuren machte dabei einen beträchtlichen Anteil aus. Deshalb hatten die bürgerlichen Partner den Verstaatlichungsplänen im Kaschauer Programm auch zugestimmt (in den böhmischen Gebieten wurden allein aufgrund dieser Maßnahmen 45% der Industrie mit 75% der Beschäftigten verstaatlicht) (Diepenthal, S. 150).

Im Verlauf dieser Maßnahmen wurde der tschechoslowakische Staat zum größten Unternehmer des Landes, ohne daß diese Rolle des Staates in Zusammenhang gebracht wurde mit Sozialisierungsmaßnahmen nach sowjetischem Vorbild und mit Eingriffen in die Gesellschaftsstruktur. Andererseits hätte in der Tschechoslowakei – betrachtet man das erste Wahlergebnis – die Möglichkeit für einen von der Masse getragenen, bewußten gesellschaftlichen Veränderungsprozeß am ehesten bestanden.

Diese Überlegung ist allerdings insofern abstrakt, als sie eine andere kommunistische Partei voraussetzt und das Hegemonialstreben der UdSSR außer acht läßt.

Der Außenhandel der Tschechoslowakei war vor dem 2. Weltkrieg westlich orientiert. Mit den heutigen Mitgliedsländern des RGW wurden 1937 lediglich 11% des Außenhandels abgewickelt. Diese Außenhandelsverflechtung konnte nur unter schweren Verlusten kurzfristig umstrukturiert werden; die Tschechoslowakei benötigte für ihre entwickelten Wirtschaftszweige Rohstoffe und Halbwaren von einer Qualität, wie sie aus den osteuropäischen Staaten nicht geliefert werden konnten (vgl. Kiesewetter, 1954, S. 126, 171). Zu den Erschwernissen durch die amerikanische Embargo-Politik bzw. Kontingentierung kam der sowjetische Druck, den im Vergleich zum kanadischen teureren sowjetischen Weizen zu kaufen und Industrieprodukte an die UdSSR zu liefern. Diese fehlten dann als Gegenlieferungen für westliche Waren. Zwecks Erhaltung traditioneller Absatz- und Einkaufsmärkte wollte sich die Tschechoslowakei am Marshall-Plan beteiligen. Mit der Drohung, den Freundschaftsvertrag zu kündigen (was das heißt, kann man sich denken), zwang die UdSSR die tschechoslowakische Regierung ihren Beschluß zu ändern und auf eine Teilnahme an den Verhandlungen zu verzichten.

An den handelspolitischen bzw. wirtschaftlichen Auswirkungen der Politik der beiden Großmächte auf die Tschechoslowakei wird deutlich, wie die Großmächte bei der politischen Absicherung ihrer Einflußsphären und deren Nutzung für das Gedeihen ihrer eigenen Wirtschaft einander in die Hände gespielt haben. Die westliche, gegen die UdSSR gerichtete, Roll-back-Politik und das Gerede von der Freiheit dienten der Sicherung des amerikanischen Einflusses in Westeuropa und der Zurückdrängung starker sozialistischer wie kommunistischer Strömungen in einzelnen westeuropäischen Ländern. Der Antikommunismus sollte das westliche Lager stabilisieren. Diese Politik und die mit ihr verbundenen wirtschaftlichen Maßnahmen, die die Stabilisierung des kapitalistischen Weltwirtschaftssystems und damit die Öffnung von Märkten für die nordamerikanische Wirtschaft bezweckten, trafen nicht die über Rohstoffe und einen riesigen Binnenmarkt verfügende UdSSR, sondern die kleineren osteuropäischen Länder mit ihrer traditionellen außenwirtschaftlichen Verflechtung. So ging in der Tschechoslowakei aufgrund der Embargo-Politik z. B. die für die Tschechoslowakei wichtige Textil- und Lederindustrie zurück. Das Land mußte sich auch deswegen auf den „Ostmarkt" ausrichten, seine Wirtschaftsstruktur ändern und dies in einer Situation, in der hochentwickelte Industriezweige zur Stützung der gesamtwirtschaftlichen Lage dringend erforderlich gewesen wären. Eine andere Politik seitens des Westens hätte die weitere Entwicklung, die wirtschaftliche Verflechtung der osteuropäischen Staaten mit der Sowjetunion, nicht aufhalten können. Doch ist es wichtig, die bürgerlich-kapitalistische Legitimation für die Nachkriegspolitik der USA und der sie stützenden Kräfte, die mit ihr verbundenen gesellschaftlichen Interessen und die Auswirkungen auch auf die osteuropäischen Länder zu untersuchen, um zu verdeutlichen, was sich hinter den Sprüchen von der Verteidigung der Freiheit verbirgt.

In *Ungarn* waren die Ausgangsbedingungen 1945 für die kommunistische Partei viel ungünstiger als in der Tschechoslowakei. Die 1919 von der kommunistischen Partei geführte Räterepublik im weitgehend agrarischen Ungarn bezog sich abstrakt auf die wenig herausgebildete Arbeiterklasse und setzte sich weitgehend über die Interessen der Bauern hinweg. Auch aufgrund ihrer realitätsblinden Politik konnte die revolutionäre Regierung nicht lange überleben. Die kommunistische Partei mußte in die Illegalität gehen. Sie hatte zwischen den beiden Weltkriegen auch aufgrund ihres eigenen Versagens keine Chance, sich in der Bevölkerung zu verankern. Rein machtpolitisch kann die Situation nach 1945 allerdings anders betrachtet werden. Die Sowjetunion konnte direkt als Besatzungsmacht auftreten, da Ungarn auf seiten des faschistischen Deutschlands gekämpft hatte. In dem von der Roten Armee besetzten Gebiet wurde Ende 1944 – nach demselben Strickmuster wie andernorts – die Ungarische Nationale Unabhängigkeitsfront errichtet. Ihr gehörten die Kommunisten, die Sozialisten, die Partei der kleinen Landwirte und die Bauernpartei (gegen die sich zwischen den Kriegen die Partei der kleinen Landwirte gegründet hatte) an. Zwecks Gründung der Nationalen Front mußte die kommunistische Partei sich allerdings zuvor um die Neubildung der anderen drei Parteien kümmern (dasselbe Spiel beschreibt W. Leonhard für die SBZ/DDR, hier sorgten in manchen Orten Kommunisten für die Gründung der CDU, damit anschließend die in Moskau beschlossene Nationale Front erstellt werden konnte). Die Parteien der Nationalen Front einigten sich, wie in den anderen Ländern, auf ein Programm, das sich hauptsächlich durch den Namen von den Programmen anderer Nationaler Fronten – Szegeder Programm – unterschied. Die Kernpunkte waren daher Landverteilung, Verstaatlichung, Bildung von Nationalkomitees. In der auf dieser Grundlage gebildeten Regierung begnügte sich die kommunistische Partei mit zwei Ministerien, dem Innen- und dem Landwirtschaftsministerium. Da es, wie in allen osteuropäischen Staaten, unabhängig von den jeweiligen Bedingungen, offiziell um die Verwirklichung der bürgerlichen Revolution ging, war auch die Verfassung von 1946 bürgerlich-demokratisch.

Mit Wahlen war man allerdings vorsichtig, man begnügte sich erst einmal mit Gemeindewahlen in Budapest. Die Sozialdemokraten hatten sich halb freiwillig halb unter Druck auf eine Einheitsliste mit der kommunistischen Partei eingelassen. Als Wahlalternative verblieb de facto die

Partei der kleinen Landwirte und das in der Hauptstadt Budapest. Die Partei der kleinen Landwirte siegte. Für die Parlamentswahlen wurde nun von den Kommunisten eine gemeinsame Liste aller Parteien vorgeschlagen. Der sowjetische Militäroberbefehlshaber bot der Partei der kleinen Landwirte vor den Wahlen 47 % der Stimmen und Sitze an, falls sie sich an einer gemeinsamen Liste beteiligen würde. Die Partei nahm das „Angebot" nicht an. Sie mußte aber vor den Wahlen auf eine nach den Wahlen zu bildende Vier-Parteien-Koalition eingehen, weil sonst die Wahlen nicht stattgefunden hätten. Die kleinen Landwirte erhielten 57 % aller Stimmen, die Kommunisten nur 17 %, trotz der Landverteilungsmaßnahmen. Nach den Wahlen setzte die kommunistische Partei ihre Erpressungen fort. Sie war zu einer Beteiligung an der vor den Wahlen erpreßten Koalition nur bereit, falls ihr das Innenministerium zugesprochen würde.

Mit List, Tücke, Intrigen (Korab, S. 70) und Rückendeckung durch die Besatzungsmacht wurde die Partei der kleinen Landwirte aus dem Weg geräumt. Im Juni 1948 wurde die sozialdemokratische Partei mit der kommunistischen vereinigt, nachdem vorher die Gegner der Vereinigung in der sozialdemokratischen Partei ausgeschaltet worden waren. Die damit erreichte Monopolstellung der Einheitspartei wurde 1949 durch die Aufhebung der Verfassung von 1946 und die neue, an der stalinschen Verfassung der UdSSR von 1936 ausgerichteten bekräftigt. Vorher waren derartige Verfassungen schon in Jugoslawien, Albanien, Bulgarien und der Tschechoslowakei installiert worden. Sie zeugten davon, wie schnell die kommunistischen Parteien die „bürgerliche" Revolution im „Schutze" der Großmacht Sowjetunion durchzuführen vermochten. Jetzt stand die Volksdemokratie und zwar als Weg zu einem Gesellschaftssystem nach sowjetischem Vorbild auf der Tagesordnung. Der eigene ungarische Weg, kurz zuvor noch propagiert, galt jetzt als reaktionäre Forderung. Der instrumentelle Charakter der Politik der Nationalen Front, ihre Verwendung als Kampfinstrument sowohl gegen bürgerliche Kräfte als auch gegen nicht moskau-hörige Sozialisten/Kommunisten wird hieran offenkundig.

Nach dem 1. Weltkrieg hatte *Rumänien* Siebenbürgen und die Bukowina (ehemals österreichisch-ungarisch) und Bessarabien (ehemals Rußland) erhalten. Nach dem 2. Weltkrieg mußte es Bessarabien und die Nordbukowina an die UdSSR abtreten. Schon Hitler gegenüber hatte die UdSSR ihr Interesse an diesen Gebieten bekundet. Rumänien konnte sich erst nach dem 1. Weltkrieg von türkischem Einfluß befreien. Der ehemals türkische Großgrundbesitz wurde in kleine Bauernwirtschaften aufgelöst, die allerdings z. T. zu klein und damit nicht lebensfähig waren. Im 2. Weltkrieg kämpfte Rumänien auf deutscher Seite. 1939 war es genausowenig wie Polen bereit, im Kriegsfall sowjetische Truppen durch

das Land marschieren zu lassen – schließlich hatte es etwas an die UdSSR zu verlieren. Im Schutze der Roten Armee als Besatzungsmacht, wurde die Nationale Demokratische Front gebildet. Ihr gehörten neben der äußerst schwachen kommunistischen Partei die Sozialdemokraten, die Nationale Bauernpartei und die Front der Ackermänner an. Rumänien war eine Monarchie. Auf Drängen der sowjetischen Besatzungsmacht bildete der König im März 1945 eine Regierung der Nationalen Demokratischen Front. Die kommunistische Partei übernahm auch hier das Innen- und außerdem das Justizministerium. Im Laufe des Jahres 1947 wurde die bürgerliche Opposition ausgeschaltet, der König dankte ab und im Februar 1948 wurde schließlich die Einheitspartei aus Kommunisten und Sozialdemokraten gebildet. Die Nationale Demokratische Front wird in Demokratische Volksfront umgetauft, die Volksdemokratie proklamiert und eine neue Verfassung (März 1948) verkündet. Im Gegensatz zu anderen Ländern orientierte sich die neue Verfassung nicht an der sowjetischen von 1936 (das geschah erst 1952). Der Verfassung von 1948 zufolge war das Privateigentum an Produktionsmitteln noch nicht abgeschafft, obwohl die Verstaatlichung mittels finanzpolitischer Methoden schon weit vorangeschritten war. Per Gesetzesakt waren bislang nur Post, Fernmeldewesen, Eisenbahn, Lufttransport, Straßen, Wasserwege, Wälder, Bodenschätze und Energiequellen, also sozusagen die Infrastruktur und die natürlichen Ressourcen, nicht aber der industrielle Sektor zu Staatseigentum erklärt worden. Das wenige Monate später erlassene Nationalisierungsgesetz beschleunigte nur den längst in Gang gesetzten Prozeß der Verstaatlichung. Die Verstaatlichung betraf den größten Teil der Industrie sowie den Großhandel. Gleichzeitig wurde – wie in anderen Ländern – das Außenhandelsmonopol eingeführt und das ausländische Kapital enteignet. (An der Erdölindustrie waren zum Zeitpunkt der Enteignung Rumänien mit 27%, Großbritannien mit 24%, die UdSSR mit 13% – dabei handelt es sich um das ehemals deutsche Eigentum und um rumänische Reparationen –, die USA mit 12% und Frankreich mit 11% beteiligt.)
In Rumänien besaß die UdSSR in allen infrastrukturellen und industriellen Bereichen Unternehmen bzw. Anteile. Dieses ehemals deutsche Eigentum war der UdSSR in Potsdam von den westlichen Alliierten zugesprochen worden (das gilt auch für Ungarn und Bulgarien). „Ihre" Anteile brachte die Sowjetunion in die von ihr erzwungenen sogenannten gemischt-nationalen Aktiengesellschaften ein (dazu weiter unten). Da das „sowjetische Kapital" nicht enteignet wurde, führte die Verstaatlichung bzw. Nationalisierung lediglich zur Beseitigung des kapitalistischen Einflusses; eine bewußte Gestaltung der gesamtwirtschaftlichen Entwicklung war jedoch durch den sowjetischen Besitz von vornherein ausgeschlossen.

Die Wirtschaft Rumäniens war durch die Fremdherrschaft vor dem ersten Weltkrieg bedingt sehr zurückgeblieben; bis zur Weltwirtschaftskrise spielte neben der Landwirtschaft lediglich die Erdölindustrie eine Rolle. Soweit mit dem Aufbau einer eigenen Industrie begonnen wurde, geschah dies größtenteils unter Einsatz ausländischen Kapitals. In Zusammenarbeit mit Deutschland wurde 1939/40 ein Zehn-Jahres-Plan der Industrialisierung aufgestellt. Rumänien wickelte zwischen den beiden Weltkriegen über ^{2}₃ seines Außenhandels mit den späteren Marshall-Plan-Ländern ab (Conrad, 1952, S. 85, 92); es exportierte – außer Erdöl – überwiegend landwirtschaftliche Produkte. Zwischen 1928 und 1937 gingen nur 21% der Ausfuhr nach Osteuropa und nur 17% der Einfuhr kam aus Osteuropa (so viel aber immerhin). 1951 belief sich der Außenhandel mit Westeuropa nur noch auf 16% des Gesamtexports und 25% des Gesamtimports. Mit der Sowjetunion – vor dem Krieg für Rumänien ein unbedeutender Handelspartner – wickelte Rumänien 1950 dagegen die Hälfte seines Außenhandels ab. Dabei sind die von der UdSSR angewandten Methoden zu bedenken, die dazu führten, daß der rumänische Außenhandel insbesondere den gemischten Gesellschaften und damit der UdSSR zugute kam. Daß um 1950 nur noch 20% des Außenhandels mit westlichen Ländern abgewickelt wird, ist eine Folge sowohl sowjetischer als auch amerikanischer Interessen (Kiesewetter, 1960, S. 199 f.), zugleich aber auch eine Folge der Enteignung des ausländischen Kapitals.

Im Gegensatz zu den anderen osteuropäischen Ländern konnte die kommunistische Partei in *Bulgarien* mittels Bodenreform und Landverteilung keine Werbeaktion starten. Bulgarien war bereits vor dem 2. Weltkrieg ein Kleinbauernland. Im Unterschied zu Rumänien hatte es sich in der zweiten Hälfte des 19. Jahrhunderts von der Türkenherrschaft befreit. Mit dieser Befreiung war eine Aufteilung der Latifundien türkischer Großgrundbesitzer verbunden. 1934 betrug der Anteil des Großgrundbesitzes an der landwirtschaftlichen Fläche lediglich 1,6% (dagegen in Ungarn 48%, Tschechoslowakei 43%, Rumänien 32%). Der Wert der industriellen Produktion machte 1939 nur die Hälfte des Wertes der landwirtschaftlichen Produktion aus. Dabei muß noch berücksichtigt werden, daß 70% der industriellen Produktion auf Textilien, Nahrungsmittel und Tabak entfielen, d.h. die Landwirtschaft spielte sowohl als Produzent von Endprodukten wie auch als Lieferant von Rohstoffen eine überragende Rolle. Auch in Bulgarien konnte die Industrie zwischen den beiden Weltkriegen nur mit ausländischem Kapital aufgebaut werden, das 1936 40% des Aktienkapitals in Händen hielt (Rochlin, 1957, S. 62). Als Bulgarien 1944 den Krieg für beendet erklärte, wurde dem Land von der UdSSR der Krieg erklärt, gegen die Bulgarien nicht gekämpft hatte. Die UdSSR konnte auf diese Weise als Besatzungsmacht auftreten. Im

Schutz der Roten Armee wurde auch hier eine „Front" gebildet, die hier als Vaterländische Front auftrat. In ihr war die kommunistische, die sozialistische und die Bauernpartei vertreten. Das Innen- und Justizministerium fielen wieder einmal an die kommunistische Partei. Die Entwicklung zu einem Gesellschaftssystem sowjetischen Typs vollzog sich in Bulgarien nicht nur de facto, sondern auch de jure sehr rasch. Bereits 1945 fanden Wahlen mit Einheitslisten statt, denen keinerlei Experimente mit mehr oder weniger freien Wahlen vorausgegangen waren. 1947 bekam Bulgarien (in Anlehnung an die sowjetische von 1936) eine neue Verfassung und wurde zur Volksdemokratie proklamiert. Ebenfalls 1947 wurden Industrie und Banken verstaatlicht mit Ausnahme der kleineren, handwerklichen Betriebe und – natürlich – der gemischt bulgarisch-sowjetischen Aktiengesellschaften, die zugleich in den wichtigsten industriellen Bereichen angesiedelt waren. Die UdSSR beerbte nämlich auch hier das Kapital der Kriegsverlierer, in diesem Fall deutsches und italienisches Kapital. Die Entwicklung schritt auch nach der Proklamierung der Volksdemokratie schneller voran als in den anderen osteuropäischen Ländern. So konnte der Beschluß des Kominform über die Kollektivierung der Landwirtschaft (1948) bis zum „Neuen Kurs" (1953), der den Zwang zur Kollektivierung erst einmal aufhob, auf breiter Basis umgesetzt werden. In Bulgarien war bereits 1953 60% der landwirtschaftlichen Nutzfläche in Kollektiven zusammengefaßt (in der Tschechoslowakei dagegen erst 38%, Ungarn 20%, Polen 7%, Rumänien 6%). Die Durchführung des Kollektivierungsbeschlusses des Kominform erwies sich offenkundig in den Ländern, in denen die Bauern gerade erst Land zugeteilt bekommen hatten, als sehr viel schwieriger als dort, wo die Bauern schon länger über bescheidenen bis ärmlichen privaten Landbesitz verfügten.

Der bulgarische Außenhandel war bis zum 2. Weltkrieg westlich orientiert, es wurden primär landwirtschaftliche Erzeugnisse und Rohstoffe des Bergbaus exportiert. Der Anteil der osteuropäischen Länder am bulgarischen Außenhandel betrug 1937/38 lediglich um 13%, wohingegen er 1951 bei 91% lag. Bezogen auf die UdSSR sind die Unterschiede in den Außenhandelsbeziehungen vor und nach dem 2. Weltkrieg noch krasser. Betrug 1938 der sowjetische Anteil am bulgarischen Außenhandel 0,1%, so wurde die UdSSR bereits im Laufe des Jahres 1945 der wichtigste Handelspartner Bulgariens. Bulgarien war, was Schnelligkeit und Gründlichkeit des gesellschaftlichen Umwälzungsprozesses betrifft, der im Inhalt und weitgehend auch in den Methoden allen osteuropäischen Ländern gemeinsam war, Spitzenreiter. (Zu der raschen gesellschaftlichen Umstrukturierung des besonders unentwickelten Landes hat sicherlich auch die Persönlichkeit des früheren Chefs der Komintern, Dimitroff, beigetragen.)

Neben dem sowjetischen Druck spielte auch in Bulgarien die westliche Embargo-Politik bei der Umstrukturierung der Außenhandelsbeziehungen eine große Rolle. 1937 hatte Deutschland einen Anteil von 47% am bulgarischen Außenhandel. Gerade die Westzonen Deutschlands wurden durch die amerikanische „Hilfe", durch Kontrollen und Schikanen zum Kauf amerikanischer und kanadischer Waren gezwungen – zu Lasten z. B. des für die Westzonen billigeren Imports von landwirtschaftlichen Produkten aus den Balkanländern. Da diese ihre Produkte nicht wie früher im Westen absetzen konnten, fehlten ihnen die Devisen für den Import westlicher Industriewaren. Aufgrund der den osteuropäischen Ländern aufgezwungenen Industrialisierungspolitik wären allerdings die Balkanländer Osteuropas ohnehin bald nicht mehr zur Lieferung landwirtschaftlicher Produkte in der Lage gewesen. Der bulgarische Westhandel wurde zudem erschwert durch die bulgarische Enteignung ausländischen Kapitals und die Reaktion der betreffenden Staaten.

In der *sowjetisch besetzten Zone Deutschlands* (SBZ) ist im politischen wie ökonomischen Bereich grundsätzlich dieselbe Entwicklung und dieselbe Legitimationstheorie für die bolschewistische Politik der sich durchsetzenden Fraktion innerhalb der KPD/SED zu beobachten wie in den anderen osteuropäischen Ländern – mit einigen Modifikationen mehr in Anbetracht der deutschen Frage. Daß die Entwicklung in der SBZ/DDR grundsätzlich nach demselben Muster verlief wie in den anderen Ländern Osteuropas ist auch Folge der Politik der USA und der sie mittragenden westdeutschen Schichten, die zumindest in den Westzonen die überkommenen Gesellschaftsstrukturen restaurieren wollten und dafür die Teilung Deutschlands in Kauf nahmen.

Sowohl unter den generellen Aspekten des geringsten Widerstandes seitens der Bevölkerung wie der westlichen Alliierten und den Erfordernissen des sowjetischen Wiederaufbaus als auch unter den speziellen Aspekten der Reparations-, der Ruhrgebiets- und der deutschen Frage stand in der SBZ am allerwenigsten die unmittelbare Propagierung des Sozialismus im Sinne des sowjetischen Systems auf der Tagesordnung. In der unentschiedenen Situation in Deutschland wurde auch nicht eine Vaterländische oder Nationale Front propagiert. Die nationale Komponente trat zwecks Legitimation der von der KPD/SED-Führung eingeschlagenen Politik im Gegensatz zu den anderen Ländern erst einmal zugunsten der vorrangigen Betonung des Antifaschismus zurück.

Anfang Juni 1945 bereits erlaubte die Sowjetische Militäradministration (SMAD) antifaschistisch-demokratische Parteien. Zwei Tage später konstituierte sich die KPD. Die wichtigsten Programmpunkte in ihrem Aufruf waren: der explizite Verzicht, „Deutschland das Sowjetsystem aufzuzwingen", die Errichtung eines antifaschistisch-demokratischen Regimes, eine parlamentarisch-demokratische Republik, ein Block der antifaschistisch-demokratischen Parteien, „ungehinderte Entfaltung des freien Handels und der privaten Unternehmerinitiative". Es folgten die Gründungen der SPD, die „Demokratie in Staat und Gemeinde, Sozialismus in Wirtschaft und Gesellschaft" forderte, der CDU und der LDPD. Diese Parteien schlossen sich im Juli zu einem Block zusammen (mit Einigungszwang).

Die SPD in der SBZ propagierte im Gegensatz zur KPD nicht nur eine sozialistische Politik in Wirtschaft und Gesellschaft, sondern auch die Bildung einer Einheitspartei der Arbeiterklasse. Die aus Moskau kommenden KP-Führer lehnten eine sofortige Verschmelzung ab, insbesondere wohl deshalb, weil das politische Konzept der Führung in der KPD erst durchgesetzt und die Partei quantitativ verstärkt werden mußte. SPD und KPD bildeten einen Gemeinsamen Ausschuß zwecks Aktionseinheit bzw. Vorbereitung der Fusion. Im Herbst 1945 hatte es die KPD-Führung dann plötzlich eilig mit der Vereinigung der beiden Parteien. Dabei dürften die für die Kommunisten ungünstigen Wahlen in anderen Ländern die entscheidende Rolle gespielt haben. Die KPD wollte sich als KPD nicht zur Wahl stellen. So wurde im April 1946 die Sozialistische Einheitspartei (SED) konstituiert. Echter wie organisierter Druck von unten und die SMAD halfen dabei nach, da die SPD-Führung in der Zwischenzeit in dieser Frage zurückhaltend geworden war. Die Vorstände wurden paritätisch besetzt (je ein ehem. Kommunist und ein Sozialdemokrat). 1948 bereits wurde diese Form der Besetzung von Positionen als überholt bezeichnet – mit der Konsequenz, daß alsbald für Führungspositionen ehemaligen Kommunisten absolut der Vorzug gegeben wurde. Die SED wurde nun zur „Partei neuen Typs", zur „marxistisch-leninistischen Kampfpartei"; Fraktionen innerhalb der Partei wurden untersagt, Positionen von oben nach unten besetzt, die Mitglieder auf die „führende Rolle der UdSSR" verpflichtet und der besondere deutsche Weg zum Sozialismus (wie in den anderen Ländern auch) für obsolet erklärt.

Da CDU und LDPD trotz Druck, Repressalien und Absetzung von Parteiführern durch die SMAD im antifaschistisch-demokratischen Block Widerstand leisteten (insbesondere gegen die sozioökonomischen Veränderungen und die Aufnahme von SED-willfährigen Massenorganisationen in den „Block"), wurden neue Organisationsformen bzw. Parteien gegründet, die eine Schwächung von CDU und LDPD bewirken sollten: die Volkskongreßbewegung (1947) (ihre Gründung war auch außenpolitisch und national bedingt) und die National-demokratische Partei Deutschlands (NDPD) (die ehem. Mitglieder der NSDAP aufnehmen durfte) sowie die Demokratische Bauernpartei Deutschlands (DBD) (die auch als Transmissionsriemen für die Landwirtschaftspolitik der SED gedacht war [1948]). Beide Parteien hatten Vorsitzende, die vor

1933 in der KPD waren, beide Parteien befanden sich von Anfang an im Schlepptau der SED. NDPD und DBD sowie die Massenorganisationen wurden 1948 gegen Widerstand in der CDU und der LDPD in den antifaschistisch-demokratischen Block aufgenommen. CDU und LDPD hatten somit endgültig ausgespielt.

Im Mai 1949 wurde in der SBZ der III. Deutsche Volkskongreß gewählt (mit Einheitslisten). Er wählte seinerseits einen Volksrat, wobei die Verteilung der Sitze aufgrund der Einheitslisten von vornherein feststand. Sitzverteilung bei den Parteien: 90 SED, je 45 CDU und LDPD, je 15 NDPD und DBD; bei den Massenorganisationen: FDGB (Gewerkschaften) 30, je 10 DFD (Frauen), FDJ (Jugend), VVN (nationalsozialistisch Verfolgte so viele Sitze also wie die NDPD) und der Kulturbund sowie „Unabhängige". Die SED verfügte somit aufgrund der Seilschaften über die absolute Mehrheit. Dieser Volksrat konstituierte sich nach der Gründung der BRD zur Provisorischen Volkskammer der DDR. Für die Einheitslisten bei den Wahlen zur Volkskammer im Oktober 1950 gab es ebenfalls einen Verteilerschlüssel für die Sitze im Demokratischen Block (wie der Block seit 1949 hieß). Die SED bekam 25 % der Sitze; mittels NDPD, DBD und den Massenorganisationen verfügte sie jedoch – bei weitgehend gebrochenem Widerstand von CDU und LDPD – über die absolute Mehrheit.

Vor der Gründung der DDR 1949 gab es an Staatsorganen fünf Länder bzw. Länderverwaltungen (1945). Bei den Landtagswahlen erreichte die SED (trotz Vereinigung) zwar nicht die absolute Mehrheit, sie besetzte jedoch die wichtigsten Positionen (vier von fünf Ministerpräsidenten, die Innen- und Kultusminister und vier von fünf Wirtschaftsministern). Neben den Ländern gab es elf deutsche Zentralverwaltungen als Hilfsorgane der SMAD und von ihr eingesetzt (1945). In ihnen war die KPD/SED von vornherein überrepräsentiert.

Faßt man die Entwicklung im politischen Bereich zusammen, läßt sich feststellen, daß grundsätzliche Gemeinsamkeiten zur Entwicklung in den anderen sowjetisch beeinflußten Ländern vorliegen. Gemeinsam ist die Propagierung des Antifaschismus und des besonderen jeweiligen Weges, die Blockpolitik der Parteien und die Bildung höriger Massenorganisationen, die Schaffung einer Einheitspartei der Arbeiterklasse, die Besetzung von Schlüsselpositionen, die Wahl mittels Einheitslisten bei vorheriger Sitzverteilung (wenn auch erst etwas später). Der Hauptunterschied besteht (abgesehen von zeitlichen Verzögerungen aufgrund der unentschiedenen Situation in Deutschland) in der Beibehaltung des – wenn auch formellen – Mehrparteiensystems. Der Grund ist auch hier darin zu suchen, daß die UdSSR sicherlich nicht ausschließlich mit dem Konzept für die Entwicklung in der SBZ/DDR antrat, das sich dann im Zeichen der Restauration des Kapitalismus in Westeuropa und den Westzonen

Deutschlands und der Zurückdrängung sozialistischer/kommunistischer Strömungen in diesen Ländern durchsetzte.

Die Änderungen im ökonomischen Bereich (insbesondere Industrie und Landwirtschaft) standen ebenfalls offiziell nicht unter dem Vorzeichen Sozialismus (geschweige denn sowjetischer Prägung). Sie wurden unter Verweis auf das Potsdamer Abkommen antifaschistisch begründet (in den anderen Ländern ging das auch ohne Potsdam). Im Oktober 1945 wurde das Eigentum des deutschen Staates, der NSDAP und der Wehrmacht von der Besatzungsmacht beschlagnahmt. Bis zum März 1946 konnte und brauchte so erst mal aufgrund der quantitativen und strukturellen Bedeutung der beschlagnahmten Betriebe von deutscher Seite aus in der Industrie nichts unternommen zu werden (im Gegensatz zur Landwirtschaft). Die spätere Verstaatlichung wurde zu einem Besatzungsakt, der gesellschaftspolitisch nicht zu diskutieren war. Ein Teil der 9000 beschlagnahmten (die bedeutendsten) Betriebe wurde in „Sowjetische Aktiengesellschaften" (SAG) (in anderen Ländern gemischt-nationale Gesellschaften) umgewandelt. Die übrigen Betriebe unterstanden deutschen Verwaltungsorganen. Im Juni 1946 fand in Sachsen ein Volksentscheid statt, bei dem sich 77,6 Prozent der Abstimmenden für eine Überführung dieser Betriebe in Eigentum des Volkes bzw. für die „Enteignung der Kriegsverbrecher" aussprachen. Die übrigen vier Länder folgten ohne Abstimmung dem sächsischen Beispiel. Die Zahl der auf diese Weise verstaatlichten Betriebe war zwar nicht sehr groß, jedoch betrug ihr Anteil an der industriellen Bruttoproduktion 40%. Hinzu kamen die SAG's mit einem Anteil von 20%. Zwei Drittel der industriellen Produktion waren damit von Anfang an enteignet bzw. verstaatlicht bzw. beschlagnahmt bei gleichzeitiger Propagierung der freien Entfaltung der privaten Unternehmerinitiative. Zur Legitimation genügte eine spezifische Auslegung des Potsdamer Abkommens unter antifaschistischem und antimonopolistischem Vorzeichen. (Hinzu kam, daß die Banken und Versicherungen geschlossen und mit ihrer Wiedereröffnung verstaatlicht wurden.) 1950 produzierten die „volkseigenen Betriebe" bereits drei Viertel der industriellen Bruttoproduktion (die SAG, die hier einbezogen sind, ein Drittel). Der Aufbau des Sozialismus wurde aber erst 1952 auf die Tagesordnung gesetzt, also zu einem Zeitpunkt, an dem der Sozialismus sowjetischer Prägung sich in der Industrie (was Eigentumsformen und Struktur der Produktion betrifft) schon längst durchgesetzt hatte.

Wirtschaftspolitisch betrachtet war bei einer bereits 1945 so weitgehend verstaatlichten Wirtschaft eine entsprechende Leitung erforderlich. Die regionalen Landesverwaltungen entsprachen nicht dem Konzept der Verstaatlichung der Wirtschaft. So wurde 1947 von der SMAD die Deutsche Wirtschaftskommission (DWK) eingesetzt, die die Zentralverwaltungen zu koordinieren und gesamtzonal zu planen hatte. Ab März 1948 konnte die DWK verbindliche Verfügungen erlassen. Für 1949/50 wurde ein Zweijahresplan beschlossen, der im Juni 1948 vom Parteivorstand der SED verabschiedet worden war. Die zentrale Planung war die logische Konsequenz des von vornherein überwältigend hohen Anteils des staatlichen Sektors in der Industrie (und natürlich auch Konzept).

In der SBZ wurde 1945 (wie in den anderen osteuropäischen Ländern) eine Bodenreform durchgeführt. Der Grundbesitz über 100 ha wurde enteignet. 2,3 Mill. ha Land gingen an 500 000 Personen. Der zugeteilte Boden durfte nur bei sehr schlechter Qualität fünf Hektar überschreiten. Er durfte weder verkauft noch verpachtet werden. Vorhandene Traktoren und Maschinen wurden nicht verteilt, sondern den Komitees zur gegenseitigen Bauernhilfe übergeben, die Ausleihstellen einrichteten. Die Neubauern mußten sich also, wie in den anderen Ländern, mit so wenig Land zufrieden geben, daß dies kein Zustand von großer Dauer sein konnte. Die Bodenreform stand im Zeichen der Abschaffung des Junkertums als Säule einer reaktionären bzw. faschistischen Gesellschaftsordnung. Zusammen mit Justiz- und Bildungsreform (unter dem Vorzeichen der Entnazifizierung) waren damit die traditionellen Eliten in den wichtigsten Bereichen ihrer Machtstellung enthoben.

1948 erfolgte der Kollektivierungsbeschluß des Kominform, der allerdings bis 1953 (bis zum Neuen Kurs, der die Entwicklung fürs erste stoppte) in den einzelnen Ländern je nach den gesellschaftlichen Kräfteverhältnissen sehr unterschiedlich durchgesetzt wurde. Der Kollektivierungsbeschluß betraf nicht die SBZ. Hierin sehe ich neben der Beibehaltung des Mehrparteiensystems einen weiteren Unterschied von Bedeutung in der Entwicklung der SBZ/DDR im Vergleich zu den anderen osteuropäischen Staaten. Eine solche Maßnahme war in der SBZ sozusagen nicht „drin". Die SED-Führung hätte sich weder auf das Potsdamer Abkommen noch auf Grundsätze einer antifaschistischen Politik berufen können. Sie hätte die wahren Gründe benennen müssen, so wie dies in den anderen Ländern ab 1948 ja auch geschah.

Allerdings blieb auch die SED-Führung nicht untätig. Im Zusammenhang mit der Bodenreform waren ja bereits Komitees der gegenseitigen Bauernhilfe gegründet worden. Sie bzw. die Vereinigung der gegenseitigen Bauernhilfe (VdgB) verfügten über Boden und insbesondere über landwirtschaftliches Inventar zwecks „kameradschaftlicher Hilfe". Ab 1948 wurden dann die Maschinen-Ausleih-Stationen (MAS, später MTS = Maschinen-Traktoren-Stationen) als gemischt staatlich-genossenschaftliche Betriebe und die Volkseigenen Erfassungs- und Aufkaufbetriebe (VEAB) gegründet. Die SED wagte also keine Kollektivierung, versuchte jedoch über die partielle Verstaatlichung der landwirtschaftlichen Produktionsmittel und die Aufkaufbetriebe die landwirtschaftliche

Entwicklung in die gewünschte Richtung zu lenken. Die MAS wurden zu „Stützpunkten der Arbeiterklasse auf dem Lande". Offenkundige Strukturveränderungen setzen erst 1952 bei der Proklamierung des Aufbaus des Sozialismus mit der Propagierung der landwirtschaftlichen Produktionsgenossenschaften ein. Mit der Bildung von Kleineigentum an Boden, dem Verbot von Verkauf und Verpachtung von Land, der Bildung halbstaatlichen Eigentums an Produktionsmitteln und den Aufkaufbetrieben waren allerdings die Weichen gestellt.

Faßt man die Entwicklung im ökonomischen Bereich zusammen, läßt sich feststellen, daß die Führung der SED unter dem Vorzeichen des Antifaschismus, der Besatzungspolitik und von „Sachzwängen" aufgrund der Nachkriegssituation sehr schnell grundlegende Veränderungen in Industrie und Landwirtschaft (und in anderen Bereichen) vornahm und zugleich die Weichen für die Entwicklung in die von ihr gewünschte (und in Osteuropa allgemein festzustellende) Richtung so stellte, daß nur noch die Besatzungsmacht den Prozeß rückgängig machen konnte, wenn sie entsprechendes dafür bekam. Dies alles geschah bereits vor der Gründung der BRD und der DDR. Die Proklamierung des Aufbaus des Sozialismus 1952 war von den bis 1949 geschaffenen Strukturen im politischen und ökonomischen Bereich aus betrachtet überfällig. Die Praxis war der (ausgesprochenen) Theorie voraus und nahe an der der anderen osteuropäischen Ländern dran.

4. Ausbau und Festigung der Machtposition der UdSSR mit ökonomischen Mitteln und die Gründung des RGW

Die Methoden ökonomischer Ausbeutung der osteuropäischen Länder durch die Sowjetunion und die Methoden ökonomischer Anbindung an die Sowjetunion sind, insbesondere in den Jahren 1945 bis 1948, nicht einheitlich. Unterschieden wird dabei zwischen „Alliierten" (Polen, Tschechoslowakei, Jugoslawien, Albanien) und Feinden (Rumänien, Bulgarien, Ungarn, SBZ). Die UdSSR schloß mit den „Alliierten" Beistandspakte, soweit solche nicht bereits bestanden. Mit den anderen Ländern kam es lediglich zu „Wirtschaftsabkommen", die einseitig der UdSSR nutzten. Zudem war der UdSSR von ihren westlichen Alliierten der deutsche Besitz in den ehemaligen Feindstaaten zugebilligt worden. Aufgrund der Wirtschaftsverflechtungen zwischen den beiden Weltkriegen und den zusätzlichen deutschen wirtschaftlichen Aktivitäten in diesen Ländern z. Z. des 2. Weltkrieges, war der deutsche Besitz sehr bedeutend. Allein mittels der Beerbung dieses Besitzes konnte die UdSSR die Wirtschaft der ehemaligen Kriegsgegner beherrschen. Als sie dieselben Ausbeutungsmethoden, z. B. die gemischt-nationalen Gesellschaften, auf die im Krieg befreundeten Länder übertragen wollte, kam es zum Bruch mit Jugoslawien. Damit wurde die Monopolstellung der Sowjetunion im Weltkommunismus das erste Mal ernsthaft in Frage gestellt.

Um das sowjetische Vorgehen bei der ökonomischen Anbindung und Ausbeutung der osteuropäischen Länder „würdigen" zu können, muß man sich den historischen Kontext vor Augen halten. Die – partielle – Nutzung der Ressourcen ehemaliger Feindstaaten ist selbstverständlich, schließlich hatte die Sowjetunion die Hauptlast des Krieges getragen. Ihre Westgebiete, in denen die Industrie vornehmlich angesiedelt war, hatten die deutschen Truppen zerstört. Die UdSSR drängte auf Wiedergutmachung (und einiges mehr). Eine andere Position ließe sich nur von einem Land erwarten, in dem sozialistische Ideen wenigstens teilweise auch Realität sind. Gegenüber einem solchen Land, nicht gegenüber der UdSSR, ließe sich die Frage Thalheimers formulieren, inwiefern nationalstaatliche Wiedergutmachungsforderungen seitens der Sieger gegenüber den Besiegten gestellt werden können, wenn letztlich die Arbeiterklasse und die Masse der Unterprivilegierten des besiegten Landes die Rechnung begleichen müssen.

Es ist fehl am Platze, sozialistische Fragestellungen und Kriterien bei der Beurteilung des sowjetischen Vorgehens gegenüber den besiegten osteuropäischen Ländern immanent an die sowjetische Politik heranzutragen. Es ging der UdSSR und den moskau-treuen Kommunisten nach dem Krieg nicht darum, die Menschen in den osteuropäischen Ländern für sozialistische Ideen zu gewinnen. Die Beeinträchtigungen der Lebensbedingungen durch das „Mutterland" des Sozialismus kollidierten somit nicht mit konträren Gesellschaftsvorstellungen. Der Sozialismus sowjetischen Typs wurde hinterrücks über den Umweg der Nationalen Front „eingeführt". Die kommunistischen Parteiführer waren außer in Jugoslawien alle Führer von Moskaus Gnaden und die kommunistischen Parteien ohne sowjetische Hilfe außer in der Tschechoslowakei zu schwach. Sie konnten nicht ernsthaft gegen die KPdSU und gegen die ökonomische Ausbeutung aufbegehren, wenn sie sich mit sowjetischer Hilfe und dem Konzept der Nationalen Front die Macht erschlichen, wenn sie sich nur mit der UdSSR im Rücken an der Macht halten konnten.

Die wichtigsten Instrumente der ökonomischen Ausbeutung und/oder der politischen Anbindung sind:
– die Reparationen (Bulgarien, SBZ, Rumänien, Ungarn),
– gemischt-nationale Gesellschaften (Bulgarien, Rumänien, Ungarn) bzw. rein sowjetische Gesellschaften (SBZ) und die mit diesen verbundenen Benachteiligungen im Handel bzw. Beeinträchtigungen der nationalen Planung,

- das Preissystem, basierend auf der Unterbewertung der Waren aus allen osteuropäischen Staaten zugunsten der UdSSR,
- die Rolle der UdSSR als Zwischenhändler mit Waren der osteuropäischen Staaten (Erzielung von Zwischengewinnen),
- das sowjetische Grundmodell der Industrialisierung (damit verstärkte sich die ökonomische Abhängigkeit von der UdSSR, z.B. von ihren Rohstofflieferungen),
- Zwangskollektivierung der Landwirtschaft (sie führte in Verbindung mit dem sowjetischen Grundmodell der Industrialisierung zum Rückgang der landwirtschaftlichen Produktion),
- Verhinderung einer Beteiligung am Marshall-Plan (damit endeten die traditionellen Handelsbeziehungen),
- die Errichtung des Außenhandelsmonopols,
- Gründung des RGW.

Die verschiedenen Formen der *Reparationen,* von denen insbesondere - aber keineswegs ausschließlich - die besiegten Länder betroffen waren, hat K. Pritzel zusammengestellt (Pritzel, 1962, S. 15). Die Kriegsbeute, durchaus eine Form von Reparation, wird von der UdSSR nicht als Reparationsleistung anerkannt. Zu den Reparationen gehören auch die Demontagen. Sie dienen nur bedingt der ökonomischen Ausbeutung im Sinne einer Bereicherung der Siegermacht. Zu einem großen Teil sind sie einfach als politische Schikane zu werten, denn oft genug war die UdSSR gar nicht in der Lage, in ihrem Land mit den demontierten Materialien, Maschinen und Anlagen etwas anzufangen. So fielen sie dem Zahn der Zeit zum Opfer. Eine weitere Form der Reparationsleistungen stellen Warenlieferungen aus der laufenden Produktion für die Besatzungstruppen dar. (Für die führenden einheimischen Kommunisten konnten diese Leistungen wohl schwerlich als Reparationsleistungen gelten, da die Rote Armee zur Erringung bzw. Sicherung der Macht durch die Einheitspartei unabdingbar war.) Auch die Zwangsarbeit von Kriegsgefangenen und Zivilinternierten muß im Zusammenhang mit Reparationen genannt werden. Die Kriegsgefangenen wurden wie die sowjetischen Arbeitssklaven im Bergbau und beim Bau infrastruktureller Projekte in klimatisch extremen Gebieten eingesetzt. Die Zivilinternierten sollten den technischen Fortschritt in der UdSSR beschleunigen helfen. Bei der Aufzählung von Reparationsformen sind auch die gemischt-nationalen Aktiengesellschaften (in der SBZ die rein sowjetischen Aktiengesellschaften) und die Handelsgeschäfte, bei denen sich die UdSSR als Zwischenhändler einschaltete bzw. die Preise diktierte, zu nennen. Die gemischten Gesellschaften und die Handelsgeschäfte sollen jedoch - ihrer umfassenderen Bedeutung wegen und weil sie nicht auf die ehemaligen Feindstaaten beschränkt waren - gesondert behandelt werden. Ob man sowjetische Profite bei Schwarzmarktgeschäften in der schwierigen wirtschaftlichen

Situation der osteuropäischen Länder, die zur Inflation beitrugen, zu den Reparationen hinzuzählt, ist wohl ähnlich zu entscheiden wie bei der Kriegsbeute.

Die hier aufgeführten Ausbeutungsformen sind bis 1953 zugleich auch die wichtigsten Instrumente der Einbeziehung des wirtschaftlichen Potentials der Volksdemokratien in die sowjetische Wirtschaft. Sie verlieren allerdings z.T. an Bedeutung, als sich die UdSSR zur Halbierung der ihr zuerkannten Reparationen bereit erklärte (eine Regelung, von der die SBZ ausgeschlossen blieb). Die ökonomischen Ausbeutungsmethoden werden nun verfeinert und zugleich auf alle osteuropäischen Länder ausgedehnt. Ihre Exportverpflichtungen gegenüber der UdSSR erhalten die höchste Dringlichkeitsstufe. 1950 wird ein Handelsabkommen zwischen Bulgarien, Tschechoslowakei, Polen, Rumänien, Ungarn einerseits und der UdSSR andererseits abgeschlossen, dem zufolge 75% des Exports dieser fünf Länder in den nächsten Jahren in die UdSSR zu gehen haben. Ab 1948 gewinnen zudem politische Mittel der „freundschaftlichen Verbundenheit" und (nun auch offiziellen) Systemannäherung an Gewicht. Die politische und ökonomische Annäherung vermag der Große Bruder den kleinen gegenüber zu nutzen. Offenkundig politische Entscheidungen garantieren nun die politische und ökonomische Vorrangstellung der UdSSR.

Die *gemischt-nationalen Gesellschaften*, Aktiengesellschaften der UdSSR und jeweils einer der besiegten osteuropäischen Nationen, gehören zu den Reparationen. Bei dem von der UdSSR in diese Gesellschaften eingebrachten Anteil handelt es sich um ehemaliges deutsches Eigentum, das die westlichen Alliierten der UdSSR als Reparation zugestanden hatten. Die Bedeutung dieser Gesellschaften geht weit über Reparationsleistungen als Ausgleich für sowjetische Kriegslasten hinaus. Die UdSSR beherrschte mit den gemischt-nationalen Gesellschaften große Teile der Wirtschaft des betreffenden Landes in Industrie und Handel. Auf Polen und die Tschechoslowakei, in denen es keine gemischten Aktiengesellschaften gab, wirkte die UdSSR bis 1948 über Handelsverträge in ähnlicher Weise ein, allerdings war der Effekt geringer.

In die gemischt-nationalen Gesellschaften brachte die UdSSR das ihr zugefallene ausländische und/oder enteignete Eigentum der besiegten osteuropäischen Länder (Boden, finanzielle Mittel, Maschinen) ein, das jeweilige Land hatte je nach Erfordernissen die übrigen Mittel zu stellen, um die Unternehmen in Gang zu bringen. Die Gesellschaften wurden von sowjetischen Staatsbürgern geleitet. Hinzu kam, daß die Einlagen und Lieferungen der „Partner" unterschiedlich bewertet wurden: die „sowjetischen" höher als die bulgarischen, rumänischen oder ungarischen (vgl. Kiesewetter, 1951, S. 11). Die Gesellschaften besaßen praktisch exterritoriale Rechte. Sie wurden 1948 nicht wie das übrige ausländische Kapital enteignet und nationalisiert. Sie genossen Steuererleichterungen, konnten trotz Außenhandelsmonopol exportieren und importieren, wie sie wollten (auch mit westlichen Ländern), und brauchten sich nicht an die nationalen Pläne zu halten. Die Sowjetunion heimste auf diese Weise Devisen ein, wohingegen die gleichen Produkte aus rein nationalen Betrieben im jeweiligen Inland verblieben, dem jeweiligen Land also Gewinne aus Exporten verloren gingen. Die Gegenlieferungen der UdSSR für Warenlieferungen der abhängigen Länder kamen vornehmlich den gemischten Gesellschaften zugute. Die gemischten Gesellschaften wurden auch mit einer Gewinngarantie ausgestattet. Ihre Produktion richtete sich nach den Bedürfnissen der sowjetischen Wirtschaft (Conrad, S. 101). Damit wurde das Wirtschaftspotential des jeweiligen Landes unmittelbar der sowjetischen Wirtschaft zugeordnet. Die UdSSR beherrschte die Wirtschaftszweige der einzelnen Länder aufgrund ihrer Beteiligung am Bankwesen, am Handel und an der industriellen Produktion, an der Gewinnung von Bodenschätzen und ihrer Verankerung in der Infrastruktur (Verkehrswesen); einzelne Bereiche hatte sie sogar zu 100% in ihrer Hand.

Die gemischt-nationalen Gesellschaften wurden zwischen 1954 und 1956 aufgelöst. Die jeweiligen Staaten mußten den sowjetischen „Anteil" kaufen. Die Uranproduktion blieb von dieser Rückkaufaktion ausgeschlossen. So wurde in der DDR die sowjetische Aktiengesellschaft (SAG) Wismut in eine gemischte sowjetisch-deutsche Aktiengesellschaft (SDAG) umgewandelt. Die veränderten außen- wie innenpolitischen Bedingungen ließen eine so offenkundige Form der Ausbeutung der osteuropäischen Staaten nicht mehr zu (vgl. Kap. II). In einer Geheimsitzung bezeichnete Mikojan die gemischten Aktiengesellschaften als eine besonders auffällige Form der sowjetischen Einmischung in die Wirtschaftsangelegenheiten der Volksdemokratien und als Mittel wirtschaftlicher Ausbeutung (Leonhard, 1959, S. 102).

Wirtschaftliche Nachteile erwuchsen den verschiedenen osteuropäischen Ländern aber nicht nur aus den gemischten Gesellschaften. Polen und die Tschechoslowakei, die im Krieg auf der Seite der Alliierten gestanden hatten, wurden ebenfalls – zumindest auf dreierlei Weise – ökonomisch ausgebeutet: Sie unterlagen Exportverpflichtungen (Aufkäufen der UdSSR), ihre Produkte wurden unterbewertet und die UdSSR heimste als Zwischenhändler (zwischen den osteuropäischen Staaten sowie zwischen diesen und westlichen Ländern) Zwischengewinne ein. So verkaufte die UdSSR beispielsweise polnische Kohle bzw. polnisches Erz mit beträchtlichem Gewinn an die Tschechoslowakei und kaufte dort Maschinen, die sie wiederum mit zusätzlichem Gewinn in einem anderen Land absetzte (Kiesewetter, 1951, S. 36). Die Aufwertung des Rubels 1950 brachte eine weitere ökonomische Benachteiligung für die Volksdemokratien mit sich; ihre Waren wurden für die UdSSR billiger und die sowjetischen Waren für sie teurer.

In diesem Kontext muß auch das 1948 in allen osteuropäischen Staaten eingeführte *Außenhandelsmonopol* gesehen werden. Es schob unkontrolliertem Westhandel einen Riegel vor und verknüpfte die osteuropäischen Staaten ökonomisch noch stärker mit der UdSSR. Wie bereits weiter oben erwähnt, stellte Mikojan 1949 fest, daß das Außenhandelsmonopol der Verschränkung der Sowjetwirtschaft mit den Volksdemokratien dient (Pächter, S. 197). Die Installierung des Außenhandelsmonopols in allen osteuropäischen Ländern schweißte das sowjetische Imperium wirtschaftlich und politisch zusammen. Die UdSSR zog aus dem Handel mit den osteuropäischen Staaten ökonomischen Nutzen, für die osteuropäischen Staaten war dieser Handel – aufgrund des abrupten Abbruchs bzw. der radikalen Reduzierung alter Handelsbeziehungen[14] sowie der sowjetischen Forderungen und Handelsbedingungen – keineswegs von Vorteil. Gegen das Außenhandelsmonopol ist von einer sozialistischen Position aus nicht grundsätzlich etwas einzuwenden, wenn man einmal von der Frage absieht, warum es zu einem bestimmten Zeitpunkt in allen osteuropäischen Staaten eingeführt wurde. Das Außenhandelsmonopol wurde in der Sowjetunion 1918 eingeführt und in den Verfassungen von 1924 und 1936 verankert. Diese Maßnahme sollte ursprünglich die Revolution gegen kapitalistische Unterwanderungsversuche schützen. Ob dazu das Außenhandelsmonopol – und dann noch das äußerst rigide sowjetische – notwendig war (und ist), ist fraglich. Bucharin, Trotzki, Kamenjew, Sinowjew waren in den 20er Jahren gegen die Einführung des Außenhandelsmonopols und für Schutzzölle. Außenhandelsmonopole zwischen Volksdemokratien bzw. sozialistischen Staaten lassen sich nur noch machtpolitisch erklären.

Der Außenhandel diente zur Schließung von Versorgungslücken; zur Finanzierung dieser Importe bedurfte es einer gewissen Überschußproduktion. Der Außenhandel fungierte als Lückenbüßer. Hinter dieser Vorstellung vom Außenhandel stand nicht die Autarkie als Zielvorstellung, sondern das sowjetische *Grundmodell der Industrialisierung*. Das sowjetische Grundmodell besagt, daß ein Land möglichst alle wichtigen Industriezweige mit dem Schwerpunkt der Produktion von Produktionsmitteln selbst aufbaut. Die Konsumgüterindustrie wie die Landwirtschaft werden weitgehend vernachlässigt; aus der Landwirtschaft werden die Mittel für die Industrialisierung herausgepreßt. Die Landwirtschaft und die auf ihr aufbauenden Industrien der osteuropäischen Länder, die – mit Ausnahme der Tschechoslowakei und der SBZ/DDR – die Haupteinnahmequellen dieser Länder vor dem 2. Weltkrieg waren, wurden somit vernachlässigt.

Die Nachteile für die je nationale Entwicklung und für die propagierte

Zusammenarbeit der osteuropäischen Länder liegen auf der Hand. Die einheitliche Installierung eines bestimmten industriellen Entwicklungsweges führte in den verschiedenen Ländern zu parallelen Entwicklungen, die eine sinnvolle Verzahnung dieser Wirtschaften zum gegenseitigen Vorteil verhinderten. Auch unabhängig von der ökonomisch schädlichen Form des Außenhandelsmonopols und den Behinderungen des Handels durch die beiden Großmächte konnten die osteuropäischen Länder schon allein bedingt durch die ihnen aufgezwängte Form der Industrialisierung nicht mehr genügend Produkte auf dem Weltmarkt anbieten, die ihnen den Erwerb von Devisen ermöglicht hätten. Ökonomisch betrachtet konnten sie sich aufgrund ihrer kleinen Binnenmärkte und mangels finanzieller bzw. materieller Ressourcen eine derartige Industrialisierung noch weniger ungestraft leisten als die UdSSR. Bei ihnen kann sich der Außenhandel keinesfalls auf eine Lückenbüßerfunktion beschränken, sondern muß auf Arbeitsteilung basieren und damit wachstumsfördernd sein. Sie wurden auf diese Weise noch abhängiger von der UdSSR, von der sie z. B. die Rohstoffe für den Aufbau auch der Schwerindustrie benötigten. Zur Finanzierung ihrer Industrievorhaben mußten sie dann einen Großteil der Produktion wieder an die UdSSR liefern. (Aufgrund der Bedingungen, unter denen die Industrialisierung stattfand, waren die Industrieprodukte auch gar nicht von der Qualität, die einen unkomplizierten Absatz auf dem Weltmarkt möglich gemacht hätte.) Da die Wirtschaftspläne sämtlicher Länder die Schwerindustrie betonten und die Binnenmärkte klein waren, waren die Stückzahlen der einzelnen Produkte niedrig und die Produktionskosten hoch. Das alles bewirkte in Verbindung mit der Vernachlässigung der Konsumgüterindustrie und der Landwirtschaft eine Senkung des Lebensstandards bzw. seine Stagnation, womit auch noch der letzte Anstoß zu „freiwilliger" Arbeit, der materielle Anreiz, fehlte. Die Partei reagierte auf die wirtschaftlichen Schwierigkeiten mit Zwangsmaßnahmen: Erhöhung der Arbeitsnormen, Stachanow-System, Verlängerung der Arbeitszeit, Sonntagsschichten, scharfe Lohndifferenzierungen, bessere Versorgung der „Aktivisten" etc.[15]. Die Übernahme bzw. Übertragung des sowjetischen Grundmodells der Industrialisierung machte die osteuropäischen Länder von der UdSSR abhängig; als sich die westliche Embargo-Politik ab der zweiten Hälfte der 50er Jahre lockerte, konnten sie kaum hochwertige Produkte anbieten (das Problem besteht auch heute noch). Auch deshalb blieben sie einseitig an die Sowjetunion gekettet. Sie brauchten für ihre industrielle Produktion sowjetische Rohstoffe, die sie mit industriellen Produkten abgelten mußten. Nachdem diese Industrialisierungspolitik auch in der UdSSR zu nicht mehr übersehbaren wirtschaftlichen Schwierigkeiten führte, stellte Chruschtschow auf dem XX. Parteitag (1956) fest, daß die einzelnen Länder nicht mehr alle denselben

Industrialisierungsweg zu gehen brauchten, vielmehr arbeitsteilig produzieren sollen. Von dieser Arbeitsteilung im Rahmen des RGW sparte die UdSSR sich allerdings aus.

Auch die Gründung des Rats für gegenseitige Wirtschaftshilfe (RGW) 1949 gehört zu den politischen und ökonomischen Anbindungs- und Ausbeutungsmethoden, deren sich die UdSSR den osteuropäischen Ländern gegenüber bediente. Der RGW hatte keine ökonomischen Funktionen für die osteuropäischen Länder. Aufgrund der gleichgelagerten Industrialisierung, der gleichlaufend einseitigen Forcierung der Schwerindustrie bei fehlenden Rohstoffen und der Vernachlässigung der Landwirtschaft konnte dem Rat für gegenseitige Wirtschaftshilfe gar keine ökonomische Bedeutung, im Sinne einer Erleichterung der wirtschaftlichen Zusammenarbeit zwecks Wachstum, zukommen. Zum Austausch von Produkten, die offenkundig irgendwo Mangelware waren, bedurfte es keiner Institution wie der des RGW. Gehandelt wurde bilateral, also genügten auch bilaterale Handelsabkommen. Der RGW hatte für die Sowjetunion die politische Aufgabe, die Mitgliedsstaaten von der Beteiligung am Marshall-Plan abzuhalten und traditionelle Handelsbeziehungen zumindest einzuschränken. Als der RGW erst einmal gegründet und auch damit die machtpolitische Aufteilung der Welt zwischen den beiden Großmächten ein Stück weiter vorangetrieben war, spielte der Rat für gegenseitige Wirtschaftshilfe bis zu Stalins Tod keine Rolle. Die Gründung des RGW diente der Sowjetisierung der osteuropäischen Länder, nicht der wirtschaftlichen Zusammenarbeit aller Beteiligten zum gegenseitigen Vorteil. Die einzelnen Volkswirtschaften der Volksdemokratien blieben jeweils einzeln an die sowjetische Wirtschaft gekettet. Dieser Umstand kommt in dem schon erwähnten Handelsabkommen von 1950 zum Ausdruck, dem zufolge die Volksdemokratien 75 % ihres Exports mit der UdSSR abzuwickeln hatten. Nach 1952/53 ändern sich die politischen (damit aber auch die ökonomischen) Formen der Beziehungen zwischen der UdSSR und den osteuropäischen Staaten. Im dritten Kapitel werden die neuen Formen der wirtschaftlichen Beziehungen zwischen den osteuropäischen Staaten und zwischen ihnen und der UdSSR und damit die ökonomische Funktion des RGW analysiert. Das nun folgende, zweite, Kapitel skizziert die Ursachen für den Wandel der Wirtschaftsbeziehungen in Osteuropa.

II. Die Entstalinisierung und die Neuordnung der ökonomischen Beziehungen zwischen der UdSSR und den osteuropäischen Staaten. Die neue Funktion des RGW

Der RGW wurde, wie im ersten Kapitel dargestellt, in Konfrontation zum Marshall-Plan 1949 gegründet. Seine Gründung diente der politischen Anbindung der osteuropäischen Länder an die UdSSR, als ein Mittel der Blockbildung im Zeichen des Kalten Krieges (ebenso wie der Marshall-Plan und die Embargo-Politik seitens der USA). Die Blockbildung und ihre Methoden bezweckten innenpolitisch die Ausschaltung von politischen Strömungen, die der jeweiligen Hegemonialmacht und den sie tragenden politischen Kräften nicht genehm waren. Die Gründung des RGW zielte auch ab auf die Unterbindung traditioneller Wirtschaftsbeziehungen der osteuropäischen Staaten mit dem westlichen Europa. Die RGW-Gründung ist des weiteren Ausdruck des sowjetischen Bestrebens, selbständige ökonomische Beziehungen zwischen den kleineren osteuropäischen Staaten zu unterbinden (Beispiel: Ablehnung der von Jugoslawien initiierten Donauföderation). Die Länder konnten von sich aus weder politische noch ökonomische Kontakte knüpfen, noch selbständig Beziehungen untereinander entwickeln, vielmehr wurde jedes Land für sich von der UdSSR in einem einseitigen politischen Abhängigkeits- und ökonomischen Ausbeutungsverhältnis gehalten. Dem Rat für gegenseitige Wirtschaftshilfe kam weder eine ökonomische Funktion zwischen den osteuropäischen Ländern zu noch zwischen ihnen und der UdSSR. Diese bediente sich, wie aufgezeigt, direkter Ausbeutungsmethoden. Sie bedurfte dazu keiner Institutionen, in denen formal alle Mitglieder gleichberechtigt sind, ja sie konnte hierzu keine solche Institutionen gebrauchen.

Nach Stalins Tod 1953 gewinnt der RGW dann an Bedeutung, er bekommt ökonomische Aufgaben. Das ist weder zufällig noch einfach bedingt durch den Personenwechsel an der Spitze der KPdSU. Die Ursachen für die zunehmende Bedeutung des RGW und die Gründung anderer ökonomischer Organisationen der RGW-Mitgliedsländer sind vielmehr in politischen und ökonomischen Schwierigkeiten der UdSSR (und in den ökonomischen der osteuropäischen Länder) zu suchen. Auf diese – und damit auf innergesellschaftliche Probleme (mit außenpolitischen bzw. außenwirtschaftlichen Folgen) – muß kurz eingegangen werden. Nur dann werden die Unterschiede in den ökonomischen Beziehungen in Osteuropa vor bzw. nach 1953/56 (dargestellt im ersten bzw. dritten Kapitel) und der jeweilige Charakter dieser Beziehungen verständlich.

Die stalinistische Phase der UdSSR (ab Anfang der 30er Jahre) ist ökonomisch charakterisiert durch eine forcierte Industrialisierung bei absolutem Vorrang der Schwerindustrie. Die Auswirkungen dieser Industrialisierungspolitik für die in Industrie und Landwirtschaft tätigen Menschen waren katastrophal. Die Arbeiter verloren ihre für Lohn- und Arbeitsfragen zuständige Organisation; die Gewerkschaften hatten in der UdSSR nichts mehr zu sagen. Die Arbeiter durften den Arbeitsplatz nicht wechseln. Verletzten sie die sogenannte Arbeitsdisziplin (kamen sie z. B. mal zu spät), wurden sie mit drakonischen Strafen belegt (z. B. Arbeitslager). Zu Recht wird bezogen auf diese Phase der UdSSR von „Lohnsklaventum" gesprochen. Gleichzeitig wurde die Landwirtschaft „kollektiviert", um den Widerstand der selbständigen Bauern zu brechen. Aus der Landwirtschaft wurden die Akkumulationsmittel für die Industrialisierung brutal herausgepreßt. Das für die eigene Bevölkerung lebensnotwendige Getreide wurde, weil der Staat Devisen für seine Industrialisierungspolitik benötigte, exportiert. So starben 1932 Millionen Menschen den Hungertod, während die sowjetische Führung gleichzeitig den Import von Maschinen und technischem Know-how mit Getreideexporten finanzierte. Die „Kollektivierung" diente also sowohl dazu, den Widerstand der selbständigen Bauern gegen das neue Gesellschaftssystem zu brechen, als auch dazu, die Landbevölkerung bis zum letzten auszupressen. Der Widerstand der ländlichen Bevölkerung äußerte sich in einem starken Rückgang der landwirtschaftlichen Produktion sowohl im Ackerbau als auch in der Viehzucht. Die Landflucht wurde per staatlicher Gewalt verhindert, indem der Landbevölkerung die (Inlands) Pässe abgenommen wurden, wodurch sie an „ihr" Dorf gefesselt war.

Noch schlimmer als den industriellen Lohnsklaven und der Landbevölkerung in den mit staatlichen Zwangsmitteln und unmittelbarer Gewaltanwendung zustande gekommenen Kolchosen, erging es den Menschen in den Arbeitslagern, den „Gulag-Sklaven". Sie wurden bei der Errichtung infrastruktureller Projekte (z. B. Kanalbau) sowie bei der Rohstoffgewinnung in unwirtschaftlichen Gegenden unter katastrophalen Lebensbedingungen und mörderischen Arbeitsbedingungen eingesetzt. Neben der ökonomischen Funktion kam den „Gulag-Sklaven" auch noch die gesellschaftliche Rolle der Sündenböcke zu. Sie galten als die Volksfeinde, die für bestimmte gesellschaftliche Probleme und Schwierigkeiten verantwortlich gemacht wurden, deretwegen die Partei zum harten Durchgreifen „gezwungen" war, um den Aufbau des Sozialismus zu sichern.

Die brutale Industrialisierungspolitik in der UdSSR seit Anfang der 30er Jahre, mit ihrer völligen Entrechtung und ihrer totalen ökonomischen Ausbeutung der Menschen, die Millionen den Tod (durch Hunger und/oder durch die Arbeits- und Lebensbedingungen) brachte, stellt, will man es wissenschaftlich abgehoben formulieren, die Phase der sowjetischen ursprünglichen Akkumulation dar (zur ursprünglichen kapitalistischen Akkumulation und ihren Folgen für die Menschen vgl. K. Marx, Das Kapital, Bd. I). Aus den zur Arbeitskraft degradierten Menschen wurde herausgepreßt, was herauszupressen war, bis zur physischen Vernichtung der Arbeitskraft. Der so erzielte „Mehrwert"[16] wird als absoluter Mehrwert bezeichnet, er basiert auf der extensiven Ausnutzung der menschlichen Arbeitskraft. Diese Form der Industrialisierung verbindet sich, wenn ihr nicht das Privateigentum an Produktionsmitteln zugrunde liegt, notwendigerweise mit der Zentralisierung der politischen und ökonomischen Macht, mit dem staatlichen Eigentum an Produktionsmitteln und einem staatsparteilichen Entscheidungsmonopol. Die Gesellschaft wird über die ständige Androhung und Ausübung von Terror zusammengehalten. Die Gesellschaftsmitglieder sind völlig atomisiert; es bestehen keine dem Partei- und Staatsapparat nicht unterstellten bzw. untergeordneten gesellschaftlichen Organisationen.

Die extensive Form des Wirtschaftens stellt, wenn ein bestimmter ökonomischer Entwicklungsstand erreicht ist und damit verbunden das angestrebte extensive Wirtschaftswachstum nachläßt, zwangsläufig das ökonomische und damit auch das politische System in Frage. Das auf extensiver Ausbeutung von Mensch und Natur beruhende System ist auf Dauer aus mehreren Gründen „unrentabel", u. a. auch deshalb, weil die Menschen nur aus Angst und ohne eigenes Interesse arbeiten. Dadurch entstehen ökonomische Verluste. Das System geht „unrentabel" mit der Arbeitskraft um, insofern es diese sukzessive verbraucht. Die Form des Wirtschaftens, die als ursprüngliche Akkumulation bezeichnet wird, kann auch ein zentralistisches planwirtschaftliches System nicht beliebig lange durchhalten. Es kann nicht ständig auf neue Arbeitskräfte, auf neue materielle Ressourcen und hart ausgepreßte zusätzliche finanzielle Mittel zurückgegriffen und mit ihnen (extensives) Wachstum erzielt werden. Die Mittel, dazu wird hier auch die menschliche Arbeitskraft gerechnet, werden knapp, weshalb mit ihnen, auch mit den Menschen, rationeller umgegangen werden muß. Das heißt: Wachstum ist kaum noch über die Auspressung von absolutem „Mehrwert" möglich, die Produktion von relativem „Mehrwert" steht daher auf der Tagesordnung. Die knapper werdenden Mittel müssen ökonomischer eingesetzt werden. Eine solche Form der Produktion läßt sich jedoch nicht mehr allein zwanghaft und mittels Terror von oben dekretieren, sie setzt eine gewisse Arbeitsbereitschaft voraus, kann also auch nicht mehr auf Sklavenarbeit beruhen.

Anfang der 50er Jahre konnte über die wirtschaftliche Misere der UdSSR und der anderen osteuropäischen Länder (hier bedingt durch die sowjetische Ausbeutung und das aufgezwungene sowjetische Grundmodell der Industrialisierung) nicht mehr hinweggesehen werden, und die Staats- und Parteiführung konnte über sie auch nicht mehr tatenlos hinweggehen, wollte sie sich nicht selbst gefährden. Die materiellen Ressourcen wurden knapp, Arbeitskräfte konnten nicht mehr beliebig aus der Landwirtschaft in die Industrie überführt werden, Inflation herrschte bzw. sie wurde künstlich zurückgehalten; damit gingen die für die Legitimation des Systems so wichtigen Wachstumsraten zurück. Sie konnten auch nicht durch Erhöhung der Arbeitsnormen gehalten werden. Diese wirtschaftliche Misere war zweifelsohne die Ursache für Stalins Schrift „Die ökonomischen Probleme des Sozialismus in der UdSSR" (Moskau 1952). In ihr wurde die Existenz der Warenproduktion im Sozialismus und die Gültigkeit der ökonomischen Gesetze, die im Kapitalismus sich durchgesetzt hatten, konstatiert. Als absolute Gesetze können sie auch im Sozialismus nicht voluntaristisch übergangen werden. Die ökonomischen Schwierigkeiten bewirkten auch eine politische Umorientierung gegenüber dem Kapitalismus. Diese Umorientierung (nach der Sicherung des eigenen Machtbereichs) kommt in der Einberufung der „Moskauer Weltwirtschaftskonferenz" von 1952 zum Ausdruck.

Stalins Tod machte den notwendigen Wechsel in der Wirtschaftspolitik schneller möglich. Bevorstehende Säuberungen, als Reaktion auf die bestehenden gesellschaftlich-ökonomischen Probleme (Funktion der Sündenböcke) unterblieben, der Terror als Methode der Vergesellschaftung wurde zurückgenommen zugunsten der Vergesellschaftung über materielle Anreize. Dieser Wechsel wird als „Entstalinisierung" bezeichnet. Den Menschen wurden wieder bestimmte persönliche Rechte zugestanden, die sie vor völlig willkürlichen Staatszugriffen und vor der Vernichtung ihrer Existenz schützen, solange sie sich politischer Opposition enthalten bzw. sich politisch konform geben. Die Landbevölkerung bekam nun höhere Preise für ihre Produkte und mußte weniger Steuern bezahlen. Die Dekrete zur Arbeitsdisziplin und zum Verbot des Arbeitsplatzwechsels in der industriellen Produktion wurden aufgehoben, Mindestlöhne eingeführt, die Lohndifferenzierung abgebaut, die Arbeitszeit verkürzt. Die Wirtschaftsleitung wurde partiell dezentralisiert und die Konsumgüterindustrie gefördert. Es wurde auch eine Amnestie verkündet und die Arbeitslager wurden aufgelöst. Auf rechtlicher wie sozialer Ebene wurden damit minimale Voraussetzungen für eine Integration der Menschen in das System ohne permanenten Terror und für eine andere Form der Wirtschaftspolitik bei gleichbleibendem Ziel (quantitatives Wachstum) geschaffen.

Die Wirtschaftspolitik arbeitete nun nicht mehr mit den Mitteln der extensiven Ausbeutung der Arbeitskraft, der Erzwingung von Mehrarbeit auf der Grundlage des politischen Terrors. Wirtschaftliches Wachstum sollte, weil es mit den bisher verwendeten Methoden kaum mehr zu erzielen war, durch privat-materielle Anreize, durch das Versprechen eines besseren Lebensstandards für den einzelnen in Abhängigkeit von der individuellen Leistung (und Anpassung) und eine gewisse Sicherheit der Person angeregt werden. Der Wechsel von der absoluten „Mehrwertproduktion" zur Produktion von relativem „Mehrwert" war der Wechsel von der Politik des unmittelbaren staatlichen Terrors zur Politik der materiellen Anreize (bei ständiger Androhung von staatsparteilichen Zwangsmaßnahmen für den von den Herrschenden möglichst vermiedenen „Notfall")[17].

Die osteuropäischen Länder hatten ebenso wie die Sowjetunion mit massiven wirtschaftlichen Schwierigkeiten zu kämpfen. Sie waren noch durch andere zusätzliche Faktoren belastet, z.B. durch die sowjetische Ausbeutung, die Rohstoffarmut, weshalb ihnen die Form der sowjetischen Industrialisierung mit dem Aufbau einer Schwerindustrie von vornherein so teuer zu stehen kam und die kleinen Binnenmärkte, die eine rentable Produktion ohne Spezialisierung nicht ermöglichten. Auch aus diesem Grund war das sowjetische Modell der Industrialisierung – verkauft als Sozialismus – von vornherein ökonomischer Unsinn.

Der angespannten Wirtschaftslage, dem Sinken des Wirtschaftswachstums sollte mit einer Politik der materiellen Anreize begegnet werden, also damit, daß die Menschen an der Produktion und ihrer Erhöhung privat-materiell interessiert werden. Dies erforderte den Ausbau der Konsumgüterindustrie. Diese wirtschaftliche Umstellung führte erst einmal zu noch stärkeren wirtschaftlichen Belastungen, die sowjetischen Vorstellungen zufolge durch eine arbeitsteilige Produktion der osteuropäischen Länder reduziert werden sollten. Die Sowjetunion wollte die Außenwirtschaft im Sinne einer internationalen Arbeitsteilung wachstumsfördernd nutzen. Die UdSSR setzte damit die Frage nach der Rolle des RGW, der hier für sie wieder interessant wurde, auf die Tagesordnung. Chruschtschow verkündete 1956 auf dem berühmten XX. Parteitag, im Gegensatz zur vorherigen Parteiverkündung, daß es nicht erforderlich sei, daß jedes Land denselben Weg der Industrialisierung geht und jedes Land alle wichtigen Industriezweige selbst aufbaut, daß die Volksdemokratien sich vielmehr entsprechend ihrem Industrialisierungsstand und ihren natürlichen Ressourcen spezialisieren sollten, um sich gegenseitig zu ergänzen. Dementsprechend wurden 1956 im RGW Fachkommissionen für die verschiedenen Wirtschaftsbereiche gebildet, erstmals wurden Spezialisierungsmaßnahmen zwischen den Ländern vereinbart und die nationalen Fünfjahrpläne für 1956 – 1960 zeitlich synchronisiert und koordiniert (vgl. Pritzel, 1962, S. 52 ff.).

Die neuen Formen der ökonomischen Beziehungen in der Planung, der Produktion und im Außenhandel, der auch unter dem Aspekt der Wachstumsförderung und nicht mehr nur der Deckung von Defiziten betrachtet wurde, hatten politische und ökonomische Funktionen. Die ökonomische Funktion bestand vornehmlich darin, die neue innerstaatliche Wirtschaftspolitik durch arbeitsteilige (und damit billigere) Produktion zu ermöglichen. Die weniger entwickelten Länder sollten die jetzt in größeren Mengen erforderlichen Konsumgüter, insbesondere aber landwirtschaftliche Güter produzieren. Die neuen ökonomischen Beziehungen stellten im Prinzip für alle RGW-Mitgliedsländer ein wirtschaftliches Erfordernis dar, um rentabel produzieren zu können. Die politische Funktion der neuen ökonomischen Beziehungen bestand für die UdSSR darin, ihre Hegemonialstellung bzw. ihren Einflußbereich mit neuen Methoden abzusichern, nachdem die alten ihre Dienste nicht mehr taten. Die innenpolitischen Methoden der Herrschaftssicherung lassen sich von den außenpolitischen nicht trennen. Auch deshalb mußte der RGW aufgewertet werden. Deshalb bedurfte es im militärischen Bereich der Gründung der Warschauer Vertragsorganisation (1955), da auch hier die Unterordnung der Länder unter das sowjetische Kommando nicht mehr einfach mit direkten Mitteln abgesichert werden konnte. Es war nicht mehr möglich, die nationalen Schaltstellen in den Armeen mit sowjetischen Offizieren zu besetzen bzw. ohne vertragliche Formen sowjetische Truppen in den osteuropäischen Ländern stationiert zu haben. Die Anwesenheit sowjetischer Truppen in den osteuropäischen Ländern wurde auf der Grundlage der Warschauer Verträge „legalisiert".

Die Sowjetunion mußte auf den verschiedensten Ebenen den Erfordernissen einer stärkeren Gleichberechtigung der osteuropäischen Staaten Rechnung tragen und andererseits mußte sie Formen der Absicherung des sowjetischen Einflußbereichs finden, die dieser Gleichberechtigung adäquat waren. Im ökonomischen Bereich konnte die internationale Arbeitsteilung zugleich das wirtschaftliche Wachstum fördern und die Länder wirtschaftlich von der Sowjetunion abhängig halten. Chruschtschow stieß bei den Versuchen, die osteuropäischen Länder ökonomisch mit neuen Methoden zu binden, auf nationalen Widerstand und damit auf Grenzen sowjetischer Großmachtpolitik. Er wollte die einzelnen Länder auf die Produktion bestimmter Güter, entsprechend ihrem Entwicklungsstand, festlegen und die Stellung der UdSSR zusätzlich durch die Ausstattung des RGW mit supranationalen Machtbefugnissen (auch in Konfrontation zur EWG-Gründung) sichern. Ein schlichtes Diktat war aber nicht mehr möglich; die sowjetischen Vorstellungen scheiterten insbesondere am Widerstand Rumäniens. Rumänien ließ sich nicht zum „Gärtner" des RGW machen.

Die „Entstalinisierung", die innenpolitisch und bezogen auf die sowjetischen Beziehungen zu den osteuropäischen Ländern eine „Rationalisierung" bzw. „Modernisierung" der politischen Mittel (bei gleichbleibendem Zweck) darstellt, hat zweifelsohne nicht nur ökonomische, sondern auch politische Ursachen. So sind Ursachen für die sogenannte Entstalinisierung auch in den Machtkämpfen unter den Nachfolgern Stalins zu suchen. Gemeinsam war den potentiellen Nachfolgern in der Führungsgruppe und den etablierten Schichten in Partei, Staat, Wirtschaft und Armee das Interesse an persönlicher Sicherheit. Auf der Basis dieser Gemeinsamkeit ging es darum, welche Personen und welche Machtsäulen sich im Kampf um die Führung durchsetzen würden. Der Stalin-Mythos, die Begründung des bisherigen Handelns der Partei, mußte zerstört werden, um die notwendig gewordenen Veränderungen in der Gesellschaft vornehmen zu können. (Unabhängig von den Inhalten, allein auf der machtpolitischen Ebene betrachtet, erweist es sich für die Parteiführung in China heute ebenfalls als notwendig, den Mao-Mythos abzubauen, die absolute Richtigkeit seines Handelns in Frage zu stellen.) Da die „Entstalinisierung" nicht das Erkenntnis- und Handlungsmonopol der Partei in Frage stellte, es vielmehr neu begründete, mußte die veränderte Politik, die Behauptung der Richtigkeit der jetzt bezogenen Positionen und angewandten Methoden verbunden sein mit Kritik an der Person Stalins. Am System konnte bzw. durfte es nicht gelegen haben, ansonsten wäre den Nachfolgern, die ja zu Zeiten Stalins bereits mitmischten, der Boden der Herrschaft entzogen. Die Politik Stalins konnte daher nicht ökonomisch oder politisch, sondern nur mit der Person Stalins und dem Personenkult erklärt werden. (Dieses Verfahren kann als stalinistische Entstalinisierung bezeichnet werden: der Kult um die Person Stalins wird als Ursache gesellschaftlich negativer Erscheinungen angenommen, die Erklärung des Personenkults bleibt also dem Personenkult verhaftet.)

Der Stalin-Mythos mußte insbesondere von der Parteifraktion zerstört werden, die mit seiner Zerstörung innenpolitische Gegner ausschalten konnte. In diesem Sinne nutzte Chruschtschow die Entstalinisierung zur Ausschaltung von Molotow und seinem Anhang. Dieser Kampf um die Person Stalins hatte als Kampf um die Macht und damit auch um die weitere gesellschaftliche Entwicklung in der UdSSR Auswirkungen auf die Führungen der osteuropäischen Länder. Die kommunistischen Parteien und bestimmte Parteicliquen waren in Osteuropa nur durch die spezifische Sowjetisierungspolitik unter Stalin an die Macht gekommen.

Die an der Macht befindlichen Parteiführer hatten sich ihrer innerparteilichen Gegner nur mittels besonderer Subordination unter Stalin entledigen können. Die Machterhaltung im Innern mit allen Mitteln bis hin zur physischen Vernichtung des innenpolitischen Gegners und die Unterordnung unter das sowjetische Diktat gehörten zusammen. Unter dem Vorwand des Titoismus, des Nationalkommunismus und damit des Antisowjetismus wurden Säuberungen in den kommunistischen Parteien der osteuropäischen Länder durchgeführt. Weggesäubert wurden insbesondere Spanienkämpfer, Kommunisten, die in der Zeit des Faschismus im heimischen Widerstand gekämpft (also nicht in der UdSSR überwintert) hatten und solche Kommunisten, die wirklich auf einen eigenständigeren, nicht von der Sowjetunion diktierten Weg zum Kommunismus bestanden. Die Annäherung der UdSSR unter Chruschtschow an Jugoslawien, die in der innersowjetischen politischen Machtauseinandersetzung als ein Schritt gegen den prostalinistischen Flügel zu sehen ist, stellte somit für die Satellitenregierungen praktisch einen offiziellen Entzug ihrer Legitimation dar.

Die erneute Betonung des jeweils nationalen Weges zum Kommunismus, die Aussöhnung mit Tito und damit die offizielle Infragestellung der Säuberungsprozesse vom Anfang der 50er Jahre in den osteuropäischen Staaten, ihre ökonomischen Probleme, die bedingt waren durch die aufgezwungene Industrialisierungspolitik und die sowjetische Ausbeutung, lösten Unruhen in Osteuropa aus (Ungarn und Polen 1956). Eine solche Form der Auseinandersetzung konnte Chruschtschow im innenpolitischen Machtkampf nicht gelegen kommen. Einerseits war die UdSSR aufgrund der Aufstände 1956 in Ungarn und Polen gezwungen, eine Erklärung über die Neugestaltung der Beziehungen zwischen der Sowjetunion und den osteuropäischen Staaten auf der Basis der Gleichberechtigung herauszugeben (30.10.1956). Die Führung der UdSSR gestand Fehler zu und machte Ungarn und Polen ökonomische „Zugeständnisse" (so mußte Polen beispielsweise seine Steinkohle nicht mehr für einen Dollar je Tonne an die UdSSR liefern). Andererseits wurde „präzisiert", was unter dem „eigenen Weg" zu verstehen ist. Das war erforderlich aufgrund des fast überall in Osteuropa zu beobachtenden „Tauwetters", das durch die veränderte Politik der Sowjetunion ermöglicht worden war. Die Betonung des „eigenen Weges" hatte gerade auch der Integration Jugoslawiens dienen sollen − und nicht der Initiierung vieler eigener Wege. Jugoslawien sollte der Mythos und die Anziehungskraft genommen werden, die es in Teilen der osteuropäischen kommunistischen Parteien besaß, die Rolle Jugoslawiens sollte entschärft werden. Der UdSSR gelang zwar nicht die Gründung einer Nacnfolgeorganisation der Komintern (bzw. des 1956 aufgegebenen Kommform) und damit nicht die Institutionalisierung eines unmittelbar politischen Zusammenhangs in Osteuropa über die kommunistischen Parteien. Die UdSSR konnte die osteuropäischen kommunistischen Parteien also nicht zur Gründung einer Organisation zwingen, in der sie die Vorrangstellung beansprucht hätte mit dem Verweis darauf, daß sie als einziges Land sich bereits auf dem Weg zum Kommunismus befände. Wie hier im direkt politischen Bereich konnte die UdSSR auch im ökonomischen Bereich sich nicht voll durchsetzen, ihr Vorschlag der Supranationalität des RGW scheiterte. Dafür einigte man sich im RGW auf die „Grundprinzipien der sozialistischen internationalen Arbeitsteilung" (1962) und im politischen Bereich auf ein bestimmtes Verständnis von „proletarischem Internationalismus" (in den Deklarationen der kommunistischen Parteien von 1957 und 1960, vgl. Anhang). Der „proletarische Internationalismus" steckt den Rahmen ab für den in einer bestimmten Bandbreite zugestandenen „eigenen Weg". Der „proletarische Internationalismus" betont die harmonische Verbindung der Interessen jedes Landes mit denen der „sozialistischen Gemeinschaft" und beinhaltet damit zugleich die „brüderliche Hilfe". Diese kommt dann zum Tragen, wenn in einem der beteiligten Länder – nach Auffassung der UdSSR – der Sozialismus gefährdet ist. (Deswegen bekam die CSSR 1968 die „brüderliche Hilfe" zu spüren. Ihre Verkündung stellte 1957 eine nachträgliche Rechtfertigung des sowjetischen Einmarsches in Ungarn 1956 und eine Kampfansage an alle abweichenden Tendenzen in Osteuropa dar. Sie soll der UdSSR nicht genehme innenpolitische Entwicklungen in den osteuropäischen Ländern verhindern.)

Die im folgenden darzustellenden Ziele und Mittel des RGW, der ökonomischen Beziehungen der osteuropäischen Länder untereinander und zur UdSSR, wie sie sich seit der zweiten Hälfte der 50er Jahre herausgebildet haben, stellen theoretisch betrachtet eine Negation und keine Weiterentwicklung der seit 1948 gültigen Ziele und Mittel innerstaatlicher und außenwirtschaftlicher Politik dar. Die osteuropäischen Staaten konnten sich unter dem Druck der ökonomischen Probleme, aufgrund der politischen Auseinandersetzungen in der UdSSR, der politischen Unruhen in den osteuropäischen Ländern selbst, von der unverhüllt direkten Ausbeutung durch die UdSSR und partiell auch von reinen sowjetischen Marionetten in den nationalen Regierungen befreien. Das sowjetische Grundmodell der Industrialisierung (mit den für die osteuropäischen Länder verbundenen großen ökonomischen Verlusten) wurde allgemein fallen gelassen. Die Außenwirtschaft erhielt folglich die Funktion, das Wirtschaftswachstum durch Arbeitsteilung zu beschleunigen. Aufgrund dessen konnte die rigide Trennung von Produktion und Außenhandel, die sowjetische Form des Außenhandelsmonopols, auf Dauer nicht beibehalten werden.

Andere Wirtschaftsziele, andere Formen der innergesellschaftlichen

Durchsetzung der Wirtschaftspolitik und der politische Kampf um diese bzw. um die Macht führten konsequenterweise zu formal gleichberechtigten Beziehungen zwischen der UdSSR und den osteuropäischen Ländern. Damit verbunden ist die ökonomische Aktivierung des RGW. Zugleich stellt diese Institution, stellen die intensiveren ökonomischen Beziehungen der RGW-Mitgliedsländer untereinander eine modernere Form der Absicherung des sowjetischen Hegemonialanspruchs dar. Der Kampf um die Formen des Willensbildungsprozesses im RGW verweist sowohl auf den Anspruch der UdSSR wie zugleich auf Grenzen der sowjetischen Großmachtpolitik. Im folgenden sollen die Ziele, Mittel, Strukturen des RGW und der anderen ökonomischen Organisationen der RGW-Mitgliedsländer dargestellt werden. Verbunden damit soll auf die Probleme dieser Beziehungen eingegangen werden und auf die Frage, warum die in den Programmen formulierten Ziele im Realen Sozialismus sich so schwer oder gar nicht in die Praxis umsetzen lassen.

III. Struktur und Funktion des RGW und der andern ökonomischen Organisationen der RGW-Mitgliedsländer

Im abschließenden Teil des ersten Kapitels bin ich auf die ökonomischen Methoden eingegangen, mit deren Hilfe die UdSSR nach dem Ende des 2. Weltkrieges die osteuropäischen Staaten an sich gebunden hat. Dabei standen im Mittelpunkt das Wirtschaftssystem (sowjetisches Grundmodell der Industrialisierung), das Außenhandelsmonopol und seine Funktion, der Abbruch der traditionellen Handelsbeziehungen der Länder zu Westeuropa und die damit verbundene Neuorientierung auf den Warenaustausch mit der UdSSR. Im Zentrum des zweiten Kapitels stand die Frage, warum sich die Formen der Wirtschaftsbeziehungen zwischen den osteuropäischen Staaten in den 50er Jahren verändern. In diesem Kapitel analysiere ich, wie die real-sozialistischen Länder seit den 50er Jahren ihre Wirtschaftsbeziehungen untereinander organisieren bzw. organisieren wollen, welche Probleme sich bei ihrer ökonomischen Zusammenarbeit stellen und warum diese Probleme so schwerfällig oder gar nicht gelöst werden. Es wird also nach dem Stand und den Zielen, den Mitteln und den Methoden der sogenannten sozialistischen ökonomischen Integration und nach den Möglichkeiten ihrer Verwirklichung gefragt. Bei der Analyse der wirtschaftlichen Zusammenarbeit der osteuropäischen Staaten interessiert hier insbesondere die Beantwortung der Fragen, aus welchen Gründen welche Formen der Zusammenarbeit gewählt werden und warum die Zusammenarbeit so mühsam vorankommt. Insofern diese Fragen im Vordergrund stehen, gehe ich vom bisher Erreichten aus und beziehe mich auf die historische Entwicklung der Zusammenarbeit von der Mitte der 50er Jahre bis heute nur insoweit, als dies zum besseren Verständnis eines konkreten Problems beiträgt (z. B. bei der Preisgestaltung). Ausgangspunkt der Analyse ist das „Komplexprogramm für die weitere Vertiefung und Vervollkommnung der Zusammenarbeit und Entwicklung der sozialistischen ökonomischen Integration der Mitgliedsländer des RGW", das von der XXV. Tagung des Rates für gegenseitige Wirtschaftshilfe im Juli 1971 angenommen wurde (vgl. die Programmauszüge im Anhang). Das „Komplexprogramm" war kein Auftakt zu einem völlig neuen Abschnitt der ökonomischen Beziehungen zwischen den Mitgliedsländern des RGW, vielmehr Ergebnis der Kontroversen und Erfahrungen seit der zweiten Hälfte der 50er Jahre. Es ging darum, das im nationalen Rahmen Geplante nicht einfach im nachhinein entsprechend den jeweiligen Disparitäten bilateral (zweiseitig) auszutauschen, sondern auf der Grundlage einer bewußten, möglichst multilateralen (mehrseitigen) Arbeitsteilung national effektiver wirtschaften zu können. Nach der Annahme des Komplexprogramms (1971) ist die konkrete Zusammenarbeit im RGW gemessen an den programmatischen Vorstellungen nur spärlich vorangekommen. Von bedeutenden historischen Etappen der ökonomischen Zusammenarbeit läßt sich daher, was die Praxis anbelangt, nicht sprechen, wohl aber von einem zunehmend artikulierten Problembewußtsein.

Dieses Kapitel beschäftigt sich mit den Problemen, die sich aus der ökonomischen Notwendigkeit für die Länder des Realen Sozialismus ergeben, unter ihren planwirtschaftlichen Bedingungen intensives Wachstum über internationale Arbeitsteilung zu erzielen. Im Vordergrund der Analyse steht also die Frage nach der Gestaltung bilateraler oder multilateraler arbeitsteiliger Beziehungen von der Forschung über die Produktion bis zum Absatz der Produkte. Durch dieses Vorgehen könnte ein falsches Bild von der Praxis der Wirtschaftsbeziehungen in Osteuropa entstehen. Die Realität ist nämlich nach wie vor vom bilateralen Handel auf der Basis von Regierungsabkommen geprägt (vgl. Kap. III, 2); dieser Handel basiert primär auf einer naturwüchsig entstandenen „Arbeitsteilung" bzw. dem unterschiedlichen wirtschaftlichen und technologischen Niveau und nur sekundär auf einer bewußten und womöglich multilateral gestalteten Kooperation und Spezialisierung in der Produktion. Hier wird untersucht, welche Formen der Zusammenarbeit die Mitgliedsländer des RGW zwecks Steigerung der ökonomischen Effizienz anstreben, welche Entscheidungsstrukturen, ökonomische Organisationen und monetäre Beziehungen sie als Mittel zur Verwirklichung der Zielvorstellungen ansehen (und im Komplexprogramm aufführen) und was hiervon bisher ansatzweise in die Praxis umgesetzt wurde. Zu klären ist schließlich, warum sich die real-sozialistischen Länder bei der gemeinsamen Verfolgung ökonomischer Intentionen so schwer tun, warum die Praxis also nach wie vor primär durch bilaterale Handelsabkommen auf der Basis naturwüchsiger wie aufoktroyierter Wirtschaftsstrukturen bestimmt ist.

1. Zielsetzungen und Probleme der wirtschaftlichen Zusammenarbeit

Dem Komplexprogramm (Dokumente, RGW, S. 17) zufolge dient die Vervollkommnung der wirtschaftlichen und wissenschaftlich-technischen Zusammenarbeit, die Entwicklung der „sozialistischen ökonomischen Integration" folgenden Zielen:

– der schnelleren Entwicklung der Produktivkräfte, der Erzielung wissenschaftlich-technischer Höchstleistungen, dem höheren ökonomischen Nutzeffekt der Produktion und der Steigerung der Arbeitsproduktivität;

– einer verbesserten Struktur der Produktion und einem jeweils größeren Produktionsvolumen;

– der sparsameren Nutzung der natürlichen Ressourcen und deren ausreichender Förderung zwecks Deckung des wachsenden Bedarfs;

– der schrittweisen Annäherung und Angleichung des ökonomischen Niveaus der Mitgliedsländer im RGW.

Diese Ziele verdeutlichen die bereits angesprochene Funktion der außenwirtschaftlichen Tätigkeit, die sich in der 2. Hälfte der 50er Jahre durchzusetzen beginnt. Zur Veranschaulichung dieser Funktion wähle ich modellhaft extreme Zielsetzungen von Außenhandel bzw. Außenwirtschaft, die in dieser Reinheit die Realität der RGW-Mitgliedsländer allerdings nie geprägt haben (vgl. auch Kap. IV, 1). (A) Der Außenhandel hat in einem Wirtschaftssystem, das um weitgehende „Autarkie" bemüht ist, eine reine Lückenbüßerfunktion. D. h., nur das wird importiert, was aufgrund ökonomischer, klimatischer Bedingungen oder mangelnder natürlicher Ressourcen etc. nicht selbst produziert werden kann, aber unverzichtbar benötigt wird. Zur Finanzierung dieses Imports müssen über den einheimischen Bedarf hinaus Waren für den Export produziert werden. Im Vordergrund einer solchen Außenhandelstätigkeit steht die Beschaffung von Gebrauchswerten, ausgedrückt in Natural- bzw. Mengenkennziffern (Anti-Import-Produktion). Zwischenstaatliche Wirtschaftskontakte beschränken sich auf die Außenhandelstätigkeit, die durch das Außenhandelsministerium gesteuert und durch die ihm unterstellten (staatlichen) Außenhandelsunternehmen für die verschiedenen Wirtschaftszweige realisiert wird. In solcher Reinkultur wurde dieses Modell der Außenhandelstätigkeit in den osteuropäischen Ländern kaum je praktiziert: Das staatliche Außenhandelsmonopol wurde erst 1948 installiert, erst 1950 kam der Ost-West-Handel mehr oder weniger zum Erliegen und bereits ab 1956 wurden Kooperations- und Spezialisierungsvorhaben in der Produktion thematisiert und ansatzweise in Angriff genommen.

(B) Da Wachstum kaum mehr extensiv, also über die Einbeziehung vorhandener Reserven, erzielt werden konnte (z. B. über zusätzliche

Arbeitskräfte für die Industrie durch Frauenarbeit oder Freisetzung von Arbeitskräften in der Landwirtschaft, leicht erschließbare natürliche Ressourcen, Zwangssparen, verdeckte Inflation), sollte die Außenwirtschaft zur Förderung wirtschaftlichen Wachstums beitragen. Als Notwendigkeit ergab sich dies insbesondere bei den kleineren Nationalwirtschaften mit einem beschränkten Binnenmarkt. Der Austausch von Waren, die – unabhängig voneinander – in der einen oder anderen Nationalwirtschaft produziert werden, ist unökonomisch und soll daher zugunsten einer zwischen den Nationalwirtschaften arbeitsteilig organisierten und spezialisierten Produktion aufgegeben werden. Kooperation und Spezialisierung beginnen möglichst in der Forschung, um bereits hier Zeit und Mittel zu sparen und werden in der Produktion fortgesetzt, um mittels spezialisierter großer Serienproduktionen die Kosten senken zu können. Soll die Außenwirtschaft das wirtschaftliche Wachstum fördern, dann muß es um eine möglichst umfassende internationale Arbeitsteilung von der Forschung bis zum Absatz gehen. Das Ziel größtmöglicher Nutzeffekt (= Produktionsausstoß im Verhältnis zum Einsatz von Arbeitskräften, Maschinen und natürlichen Ressourcen) wird anhand von Effektivitätskennziffern ermittelt; Naturalkennziffern treten bei diesem Modell in den Hintergrund.

Wenn das Ziel der Außenwirtschaft die Förderung von Wirtschaftswachstum ist, dann kann sie nicht mehr einfach vom Außenhandelsministerium und den ihm unterstellten Außenhandelsunternehmen geleitet werden. Binnen- und Außenwirtschaft, Produktion und Außenhandel können nicht mehr wie im Modell A völlig voneinander isoliert werden. Der Außenhandel im Modell B ist Folge von zwischenstaatlich bzw. international geplanten, auf Effektivitätssteigerung ausgerichteten Prozessen insbesondere in der Produktion. Aufgrund der dem Austausch vorgelagerten Formen der Zusammenarbeit bedarf es im nationalen Rahmen der Streuung von Kompetenzen, also anderer Entscheidungsträger als im Modell A. Die Produktionsbetriebe, Kombinate und Branchenvereinigungen müssen in den Entscheidungsprozeß einbezogen werden. Je nach der Intensität ihrer Beteiligung gehen die Ergebnisse des Außenhandels in das Betriebsergebnis direkt ein oder nicht. Das staatliche Außenwirtschaftsmonopol entfällt zwar nicht, es wird jedoch anders organisiert, indem das Verhältnis von Staatsorganen, Außenhandelsunternehmen und Industriebetrieben neu bestimmt wird (Dekonzentration).

In der Realität lassen sich grob fünf unterschiedliche Formen der Kompetenzverteilung bei der Handhabung des Außenhandelsmonopols in den einzelnen Ländern feststellen (Steffens, S. 143). Die erste, aber auch die zweite Form sind der hier zu behandelnden Funktion der Außenwirtschaft fremd; sie gehören dem Modell A zu, kommen trotz der anderen Zielstellung außenwirtschaftlicher Tätigkeit aber dennoch auch heute noch vor (so bei der Gestaltung des Außenhandelsmonopols der UdSSR):

– Die Außenhandelsrechte liegen ausschließlich bei den staatlichen Außenhandelsunternehmen (Produktion und Handel sind also getrennt).

– Die Außenhandelsunternehmen sind den zuständigen Industrieministerien unterstellt. (Damit soll der Handel stärker mit der Produktion verbunden werden, ohne daß jedoch Entscheidungskompetenzen an die Wirtschaftseinheiten abgegeben werden.)

.– Die staatlichen Außenhandelsunternehmen betätigen sich als Kommissäre von Produktionsbetrieben. (Damit sollen die Produktionsbetriebe mit dem Weltmarkt verzahnt und zu Exportleistungen stimuliert werden. Der ,,Sachverstand'' soll zur Geltung kommen und gleichzeitig eine direkte staatliche Kontrolle der betrieblichen Aktivitäten erhalten bleiben.)

– Industriebetriebe und Außenhandelsunternehmen bilden gemeinsame Arbeitsgruppen. (Außenhandels- und Produktionswissen sollen zum höchstmöglichen Nutzen verschmelzen, wobei der Außenhandel und die Industrie zwecks besserer Kontrollmöglichkeiten von oben als selbständige Säulen erhalten bleiben.)

– Industriebetriebe können eigenständig im Außenhandel tätig werden. (Die Kontrolle durch staatliche Außenhandelsunternehmen entfällt, die Betriebe sind direkt mit den Außenmärkten verbunden, den Marktbedingungen ausgesetzt und orientieren sich folglich auch direkt an ihnen. Die Betriebe unterliegen weiterhin staatlichen Regelungen bzw. Kontrollen, insofern der Staats- und Parteiapparat festlegt, mit welchen Rechten sie ausgestattet oder eben nicht ausgestattet werden. Wenn beispielsweise einem hochentwickelten und hochspezialisierten Großbetrieb Außenhandelsrechte gewährt werden, so wird dessen außenwirtschaftliche Tätigkeit allein schon dadurch kontrolliert, daß die Produktion des Betriebs in die langfristige nationale Planung eingearbeitet ist. Außenhandelsrechte von Industriebetrieben können sich auch auf den Handel mit bestimmten Gütern bzw. mit überplanmäßiger Produktion beziehen. In solchen Fällen handelt es sich um kleine Brötchen, die nicht die gesamtwirtschaftlichen Strukturen bestimmen. Die staatlichen Kontrollkompetenzen werden direkt durch die Rahmenbedingungen der Planerarbeitung und Planaufstellung und/oder indirekt über die Rahmenbedingungen monetärer Stimulierungsmechanismen gesichert, jedoch nicht durch die schlichte Trennung von Produktion und Handel. Die grundsätzliche Trennung von Produktion und Handel ergibt nur dann einen [politischen] Sinn, der unter ökonomischen Aspekten sehr fragwürdig ist, wenn zentral festgestellte

Defizitgüter zu importieren sind und mittels hierfür geplanter Produktionsüberschüsse die Handelsbilanz ausgeglichen wird, während Effizienzfragen bewußt und absolut in den Hintergrund treten.)

Die zuletzt genannte Kompetenzverteilung, die Ausstattung der Betriebe mit Außenhandelsrechten, ist im Inner-RGW-Handel im Gegensatz zum Ost-West-Handel von geringerer Bedeutung. Es gibt systembedingt keinen Markt. Der Außenhandel wird vielmehr über staatliche bilaterale Handelsabkommen genau geregelt. Es fehlen ganz allgemein Waren; jenseits der bilateralen Handelsabkommen sind meist nur minderwertige Waren „frei" verfügbar. Die Kompetenzverteilung in der nationalen außenwirtschaftlichen Tätigkeit bzw. die Dekonzentration des Außenhandelsmonopols kommen also je nach Wirtschaftsgebiet – sozialistisches oder nichtsozialistisches – unterschiedlich zum Tragen.

Das „Komplexprogramm" bzw. die „sozialistische ökonomische Integration" sollen bewirken, daß die Außenwirtschaftsbeziehungen zum Träger intensiven Wirtschaftswachstums werden. Die Realität ist von dieser Vorstellung weit entfernt. Konzept und Realität fallen bei diesem Modell unvergleichbar stärker auseinander als beim Modell A, dem sogenannten Autarkiemodell. Es stellt sich aber auch die Frage, wem denn das intensive Wachstum zugute kommt? Ist der größtmögliche Nutzeffekt des Gesamtsystems gemeint? Ein solches Gesamtsystem gibt es nicht: „Es gibt kein Land, das Osteuropa heißt" (so ein ungarischer Funktionär, FAZ v. 9.10.78). Kommt aufgrund dessen der Nutzeffekt primär dem wirtschaftlich Stärkeren zugute? Ist der größtmögliche Nutzeffekt der beteiligten einzelnen nationalen Wirtschaften gemeint, dann hat er mit den potentiellen Nutzeffekten gemeinsamen Wirtschaftens wenig zu tun, die Arbeitsteilung unterliegt vielmehr nationalstaatlichen politischen Kriterien. Die beiden Modelle A und B geben, und dazu habe ich sie hier gebracht, die unterschiedlichen ökonomischen Intentionen und Tendenzen, aber auch die ökonomische Realität in verschiedenen Zeiten, wenn auch überzeichnet, wieder.

Die (o.a.) Ziele der „sozialistischen ökonomischen Integration" sollen lt. Komplexprogramm (S. 18) mit folgenden Mitteln erreicht werden:
- Gegenseitige Konsultationen zu Grundfragen der Wirtschaftspolitik (multi- und bilateral);
- intensivere Zusammenarbeit auf dem Gebiet der Planungstätigkeit: Plankoordinierung als Hauptmethode der Zusammenarbeit; Fünfjahrplankoordinierung, Koordinierung langfristiger Pläne für bestimmte Industriezweige und Produktionsarten; gemeinsame Planung einzelner Industriezweige und einzelner Produktionen (multi- oder bilateral);
- Erfahrungsaustausch über die Entwicklung der Planungs- und Leitungssysteme;

- internationale Spezialisierung und Kooperation in Produktion, Wissenschaft und Technik (multi- oder bilateral);
- „Vereinigte Anstrengungen" beim Abbau von Bodenschätzen, Bau von Produktionsobjekten und bei Forschungsarbeiten (multi- oder bilateral) (darunter sind auch Investitionsbeteiligungen der kleineren Länder an Vorhaben in der UdSSR zu verstehen);
- Erhöhung des Nutzeffekts des Handels, Verbesserung der Organisationsformen des staatlichen Außenwirtschaftsmonopols;
- Verbesserung der Währungs- und Finanzbeziehungen und des Außenhandelspreissystems;
- Direktbeziehungen zwischen staatlichen und/oder wirtschaftlichen Organen bzw. Organisationen der einzelnen Staaten (multi- oder bilateral);
- Bildung von internationalen Wirtschaftsorganisationen („Wirtschaftsvereinigungen", „gemeinsame Betriebe") (multi- oder bilateral). (Bei den Organisationen handelt es sich, wie noch zu zeigen sein wird, um Organisationen der Länder, nicht des RGW.);
- bessere Rechtsgrundlagen für die Zusammenarbeit (z. B. Vereinbarungen über materielle Sanktionen, die die Einhaltung von Verträgen geraten erscheinen lassen).

Auf all diese Mittel und Instrumentarien, die der „sozialistischen ökonomischen Integration" dienen sollen, auf ihre genauere inhaltliche Bestimmung und ihre bisherige praktische Bedeutung bzw. Wirksamkeit gehe ich im dritten Teil des Kapitels ein. Daran anschließend analysiere ich die für das System des Realen Sozialismus konstitutiven Elemente, die dem Funktionieren dieser Instrumentarien entgegenstehen. Ich zeige also auf, daß wirtschaftliches Wachstum systembedingt – aufgrund der politischen Bedingungen, denen die Planwirtschaften unterliegen – nicht wie gewünscht erzielt werden kann. Um von vornherein zu verhindern, daß die Ausführungen zu den Entscheidungsstrukturen und Instrumentarien einfach als technische, organisatorische, ökonomische Regulierungsmechanismen verstanden werden und ihre gesellschaftspolitische Relevanz nicht hinlänglich erkannt wird, verweise ich vorher auf einige gesellschaftlich-politisch-ökonomisch zentrale Probleme, die sich hinter den Zielen und Mitteln der sogenannten sozialistischen ökonomischen Integration verbergen. Solche Probleme entwicklungs- und/oder systembedingter Natur können mit folgenden Fragen skizziert werden:
- Was steckt hinter der Formulierung „sozialistische ökonomische Integration?" Der RGW ist keine supranationale Behörde; die RGW-Organe fassen zu inhaltlichen Fragen keine Beschlüsse; er kennt keine Abstimmungen nach dem Mehrheitsprinzip; neben dem RGW werden z. B. produktionsbezogene Wirtschaftsorganisationen als zusätzliche ökonomische Organisationen der RGW-Länder gegründet;

der RGW ist lediglich die wichtigste ökonomische Organisation der real-sozialistischen Länder; fast alle im Komplexprogramm aufgeführten Mittel, Instrumentarien und Organisationen sind mit dem Zusatz „mehr- und zweiseitig" bzw. mit dem Zusatz „interessierte Länder" versehen. Den ökonomisch bedingten Bestrebungen nach einer stärkeren Verzahnung der Volkswirtschaften steht also eine Zurückhaltung gegenüber verstärkter Zusammenarbeit und Integrationsprozessen entgegen, die in den angeführten und noch zu behandelnden Regelungen zum Ausdruck kommen. Die Frage ist, ob diese Widersprüchlichkeit lediglich entwicklungs- und strukturbedingt oder aber ob sie (auch) systembedingt ist. Entwicklungs- und strukturbedingte Diskrepanzen treten z. B. auf durch die politische und ökonomische Sonderstellung der UdSSR mit ihrem großen Binnenmarkt und dem Monopol an Bodenschätzen. Sie treten weiterhin auf durch die Interessen der weniger entwickelten Ländern, z. B. Bulgariens und Rumäniens, an Industrialisierung, d. h. an Produktionsverbreiterung und nicht an Spezialisierung etc... Systembedingt ist diese Diskrepanz dann, wenn die nationale Parteiführung auf die Vergesellschaftung mittels des nationalen Staatsplans trotz der damit verbundenen Effektivitätsverluste bei Strafe ihres Untergangs gar nicht verzichten kann.

– Was ist unter „größtmöglichem Nutzeffekt", dem Ziel der „Integration", zu verstehen? Schließlich gibt es kein allen Mitgliedsländern übergeordnetes allgemeines Systeminteresse des RGW, der RGW ist keine supranationale Organisation, es gibt keinen gemeinsamen RGW-Plan. Größtmöglicher Nutzeffekt kann aber auch nicht gleichgesetzt werden mit der Summierung der jeweiligen nationalen Nutzen, denn es geht ja gerade um die Gestaltung einer international arbeitsteiligen Zusammenarbeit von der Forschung bis zum Absatz. Andererseits kann die auf Zusammenarbeit ausgerichtete internationale Arbeitsteilung sich auch nicht ausschließlich an einzelwirtschaftlichen Effektivitätskriterien ausrichten, sollen die weniger entwickelten Länder nicht die Zuspätgekommenen bleiben. Die Interessen an intensivem Wachstum und/oder an nachholender Industrialisierung müssen also zwischen den Ländern ausgeglichen werden.

– Warum ist die (lockere) Plankoordinierung und nicht eine gemeinsame verbindliche Planung die Hauptmethode der Zusammenarbeit? Als wertneutralen „Sachzwang" wird man dies wohl kaum ansehen können. Vielmehr wird man in der Plankoordinierung als Form der Beziehungen von Planwirtschaften auf der Basis staatlich organisierten Eigentums einen Kompromiß sehen können zwischen den ökonomischen Erfordernissen intensiven Wachstums, den nationalen ökonomischen Entwicklungsinteressen, der Verhinderung einer noch mächtigeren Hegemonialstellung der UdSSR und den System- bzw. Herrschaftserhaltungsinteressen.

– Welche Bedeutung kann der Vertiefung des Erfahrungsaustauschs über die Entwicklung der nationalen Planungs- und Leitungssysteme als Mittel der Integration zukommen, wenn Fragen der inneren Planung von der „sozialistischen ökonomischen Integration" nicht berührt werden dürfen (Dokumente, RGW, S. 16)? Auch hier läßt sich vermuten, daß die nationalen Parteien mit dieser Bestimmung, mit der Unabhängigkeit der nationalen Planung ihr jeweiliges Revier und damit ihr jeweiliges Machtmonopol schützen wollen. Die Aufforderung zum Erfahrungsaustausch trägt der Tatsache bzw. dem Problem Rechnung, daß eine stärkere Verflechtung von der Forschung bis zum Absatz bei unterschiedlichen Planungs- und Leitungssystemen große Probleme aufwirft, z. B. dann, wenn in einem Land ein Staatsorgan, ein Ministerium, die Entscheidungskompetenzen besitzt und in einem anderen ein Wirtschaftsorgan, ein Betrieb; daraus ergeben sich Schwierigkeiten bei Vertragsgestaltungen und bei der Sicherung der Vertragsrealisierung. Wenn ein Betrieb innerhalb bestimmter Rahmenbedingungen zu außenwirtschaftlichen Vertragsabschlüssen ermächtigt ist, sind die Vorgaben der zentralen Planungsorgane überwiegend wertmäßig ausgerichtet (dem Betrieb werden Effektivitäts- bzw. monetäre und keine Naturalkennziffern vorgegeben). Hat hingegen ein Ministerium die entsprechenden Entscheidungskompetenzen, bekommt der Betrieb eher exakte Exportvorgaben (Mischformen zwischen dem ersten und dem zweiten Beispiel sind heute in der Realität am häufigsten). Die uneinheitliche Handhabung des Außenhandelsmonopols innerhalb der uneinheitlichen nationalen Planungs- bzw. Leitungssysteme erschwert die „Plankoordinierung", die „Direktbeziehungen", die Bildung „internationaler Wirtschaftsvereinigungen", die Gründung „gemeinsamer Betriebe". Eine stärkere Verflechtung zwischen den Ländern erforderte eine größere Einheitlichkeit der nationalen Planungs- und Leitungssysteme. Warum kommt es dennoch nicht zu einer Vereinheitlichung?

– Kann die angestrebte Kooperation und Spezialisierung in den verschiedenen Phasen des Reproduktionsprozesses neben der Effektivitätssteigerung auch das Problem der ökonomischen Ungleichheit zwischen den RGW-Ländern tendenziell lösen? Spezialisierung und Kooperation in der Produktion müßte ja bedeuten, gemeinsam auf dem möglichen Höchststand zu produzieren, während Handelsbeziehungen ohne Produktionsbeziehungen auf der Basis unterschiedlicher Arbeitsproduktivität stattfinden und damit notwendig Ungleichheit reproduzieren. Kann die angestrebte Kooperation und Spezialisierung zur Überwindung der Trennung von Binnen- und Außenwirtschaft beitragen, ohne daß größere Binnen- und Außenwirtschaftsreformen, größere Veränderungen der Planungs- und Leitungssysteme erforderlich wären? Schließlich betreffen Kooperation und Spezialisierung als Methoden der Zusammenarbeit und Effizienzsteigerung unmittelbar die Produktionssphäre, im Gegensatz zum Handel also den zentralen Bereich planwirtschaftlicher Systeme. Können folglich die angestrebten Formen zwischenstaatlicher Produktionsverbindungen die Widersprüche zwischen den Erfordernissen ökonomischer Effizienz und der Herrschaftserhaltung mittels eines zentralen staatlichen Plans aufheben?

– Intensives Wachstum kann insbesondere über multilaterale Beziehungen in Produktion und Handel erzielt werden. Die als Mittel der Zusammenarbeit praktizierten Spezialisierungs- und Kooperationsvorhaben sind jedoch nicht nur überhaupt rar, sie sind auch überwiegend bilateraler Natur. Obwohl die ökonomischen Nachteile der Bilateralität in Produktion und Handel bekannt sind, kommt es nicht oder kaum zu einer Multilateralisierung in der Zirkulations- und Produktionssphäre. Stehen der Multilateralität „nur" länderspezifische Hindernisse oder auch systemspezifische Grenzen entgegen? Haben multilaterale Beziehungen größere Abhängigkeiten von der UdSSR im Gefolge als bilaterale? Bewirken multilaterale Beziehungen der RGW-Mitgliedsländer eine Stärkung der RGW-Integration oder führen sie zu stärkeren Ost-West-Verbindungen der einzelnen Länder und damit zu einer relativen Lockerung der Verbindungen zwischen den RGW-Ländern (insofern die Multilateralisierung im RGW Voraussetzungen für einen unkomplizierteren Ost-West-Handel, z.B. auf monetärem Gebiet, schaffen würde)?

– Die Währungs- bzw. Finanzbeziehungen und das Außenhandelspreissystem sollen verbessert werden. Geht es darum, daß die Betriebe in zunehmendem Maße selbständiger Außenhandel betreiben sollen, und es als Voraussetzung dazu der Herstellung „richtiger" Relationen zwischen Inlands- und Weltmarktpreisen bedarf, weil anders die Betriebe weder betriebs- noch volkswirtschaftlich sinnvoll agieren können? Oder geht es primär um fundiertere Berechnungsmöglichkeiten des Nutzeffekts von Kooperations- und Spezialisierungsmaßnahmen und dessen „richtiger" Verteilung zwischen den Ländern (entsprechend ihren „Leistungen")? Oder ist die Verbesserung der Währungs- und Finanzbeziehungen überhaupt erst die Voraussetzung, um in nennenswertem Maße multilaterale Beziehungen zwischen Nationalstaaten, die an ihrem jeweiligen Nutzen interessiert sind, aufnehmen zu können? Die notwendigen Veränderungen können z.B. wie folgt vorgenommen werden: (a) Die Trennung von Inlands- und Außenhandelspreisen bleibt erhalten, aber zwischen ihnen werden die rechnerisch „richtigen" Relationen hergestellt (Verrechnungspreise); (b) die Währung bleibt zwar vom Weltmarkt abgeschirmt, aber es wird die rechnerisch „richtige" Relation zu konvertiblen Währungen, die auf den Außenmärkten benutzt werden, hergestellt (Umrechnungskoeffizient). Die nationalen Zahlungsmittel und nationalen Preise müssen im RGW untereinander vergleichbar sein, sei es in Form von Wechselkursen oder Umrechnungskoeffizienten, sei es in Form von direkt durch Weltmarktpreise beeinflußten Inlandpreisen oder aber Verrechnungspreisen. Die Notwendigkeit ergibt sich verhältnismäßig unabhängig davon, ob die Betriebe stärker als eigenständige außenwirtschaftliche Akteure auftreten, die über materielle Anreize (Gewinn, Prämien) zu effektivem Wirtschaften angehalten werden sollen, oder ob außenwirtschaftliche Kompetenzen mehr bei staatlichen Instanzen verbleiben, die ja ebenfalls im vorhinein den Nutzen ihrer Tätigkeit feststellen müssen. – Der Nichtvergleichbarkeit der nationalen Zahlungsmittel und der national festgelegten Preise zwischen den Mitgliedsländern des RGW, die in den unterschiedlichen Planungs- und Leitungssystemen der einzelnen Länder als monetäre indirekt beeinflussende oder rechnerische Instrumentarien fungieren, ist zudem das Problem vorgelagert, daß die Preise allererst einmal binnenwirtschaftlich „stimmen" müssen, daß sie also die gesellschaftlichen Kosten ausdrücken müßten. Solange das nicht der Fall ist, kann weder eine „richtige" Relation zwischen Inlands- und Außenhandelspreisen erzielt werden noch einer Vereinheitlichung der Preisbildungsprinzipien Erfolg beschieden sein. Solange die Kosten nicht in den Preisen hinlänglich zum Ausdruck kommen, kann die Effektivität keines, und schon gar keines international arbeitsteiligen Vorhabens richtig berechnet werden. Es läßt sich daher nicht die rentabelste Variante eines Vorhabens feststellen. Indirekte Planungsmethoden können nicht funktionieren, wirtschaftliche Entscheidungsträger nicht indirekt in die gewünschte Richtung gelenkt und aktiviert werden. Ohne grundsätzlich national stimmige Preise gibt es kein multilaterales Zahlungs- und Akkumulationsmittel.

– Warum wird der zeitliche Fahrplan des Komplexprogramms zur Verbesserung der Währungs- und Finanzbeziehungen bzw. des Außenhandelspreissystems nicht eingehalten (vgl. Dokumente, RGW, S. 57–63)? Warum ist die sogenannte kollektive Währung, der transferable Rubel, weder eine Währung (die man in andere umtauschen kann) noch eine multilaterale Verrechnungseinheit? Warum erfüllt der transferable Rubel weder die Funktion des allgemeinen Wertmaßes, noch die eines allgemeinen Zahlungsmittels, noch die eines Akkumulationsmittels und damit keine der Geldfunktionen, obwohl eben dieser Anspruch erhoben wird?

Betrachtet man die Mittel, die der sogenannten sozialistischen ökonomischen Integration dienen sollen, als zusammengehörigen Komplex, dann kann man – etwas pointiert – sagen, daß versucht wird, wichtige Momente der nationalen Wirtschaftsreformen auf die Wirtschaftsbeziehungen zwischen den osteuropäischen Staaten zu übertragen.

(A) Die Planungsbeziehungen, also die grundlegenden Beziehungen zwischen planwirtschaftlichen Systemen, sollen verbessert werden. Es geht dabei um eine Zusammenarbeit in der Planung, die sich nicht wie früher auf die nachträgliche Koordinierung festgelegter nationaler mittelfristiger Fünfjahrpläne und jährlicher Volkswirtschaftspläne beschränken soll. Vielmehr wird eine zukunftsorientierte Zusammenarbeit angestrebt, die sich in den nationalen Plänen effizienzsteigernd niederschlägt. Das soll erreicht werden mittels neuer Formen der Zusammenarbeit: Über „langfristige Zielprogramme", „abgestimmte Pläne multilateraler Integrationsmaßnahmen", „gemeinsame Planung", Plankoordinierungen vor der endgültigen Festlegung der nationalen Pläne. In der wirtschaftlichen Praxis schlagen sich diese Formen inhaltlich in Investitionsbeteiligungen, Spezialisierungsvorhaben, damit verbundenen Liefervereinbarungen und organisatorisch in der Zusammenarbeit von Staatsorganen (Ministerien, Ämtern) bzw. auch in der Gründung von internationalen ökonomischen Organisationen (als „zwischenstaatliche ökonomische Organisationen" oder als „internationale Wirtschaftsorganisationen" der RGW-Länder) nieder.

(B) Es geht bei den propagierten Mitteln der Zusammenarbeit um höhere ökonomische Effizienz durch die Einbeziehung des wirtschaftlichen „Sachverstandes" bzw. durch die Übertragung von Entscheidungskompetenzen bezogen auf internationale Wirtschaftsbeziehungen an verschiedene (Staats- und) Wirtschaftsorgane bzw. -organisationen. Der „Sachverstand" soll bei der wirtschaftlichen Zusammenarbeit der RGW-Länder – wie im nationalen Rahmen – stärker zur Geltung kommen, denn die nationalen zentralen Planungsorgane sind nicht in der Lage, alle Details planerisch festzulegen, zumal diese sich auch laufend ändern. Der Sachverstand ist jedoch von der Sache her begrenzt, z. B. auf einen einzelnen Industriezweig ausgerichtet. Daher bedarf es staatlicher Rahmenbedingungen. Der „Sachverstand" der Wirtschaft wird auf dreierlei Weise in die Zusammenarbeit der osteuropäischen Staaten einbezogen:

– zu Verhandlungen auf der zwischenstaatlichen Ebene werden Fachleute aus der Wirtschaft herangezogen;
– auf der zwischenstaatlichen Ebene verhandeln entweder spezielle staatliche Organe miteinander (z. B. die Chefs der staatlichen Plankommissionen) oder es werden zwischenstaatliche ökonomische Organisationen mit Koordinierungsaufgaben gegründet;
– auf der wirtschaftlichen Ebene werden internationale Organisationen

gebildet, die nicht nur Koordinierungsaufgaben übernehmen, sondern selbst wirtschaftlich tätig sind.

Die beiden zuletzt genannten Formen von Wirtschaftsbeziehungen zwischen den osteuropäischen Staaten werden als „Direktbeziehungen" bezeichnet. Sie laufen nicht einfach auf Partei-, Staats- und Regierungsebene ab in Gestalt der jeweiligen Vorsitzenden. Geschieht die Zusammenarbeit in der Planung zwecks internationaler Arbeitsteilung, dann ist die Einbeziehung von Wirtschaftseinheiten (des „Sachverstands") in die Planerstellung und Plandurchführung unerläßlich. Im nationalen Rahmen hatten die Betriebe im Zuge der Wirtschaftsreformen ebenfalls mehr Kompetenzen erhalten, als es nicht mehr einfach um die Erfüllung vorgegebener Naturalkennziffern ging, die von oben angeordnet wurden, sondern um die Ausrichtung an Effektivitätskennziffern, die nur vor Ort ermittelt werden können. Diese Vorgehensweise bleibt nicht beschränkt auf die Plandurchführung, sondern bezieht sich auch auf die Planerstellung, besonders dann, wenn es um zwischenstaatliche Wirtschaftsbeziehungen geht. „Direktbeziehungen" gibt es aufgrund der staatlichen Entscheidungs- und Eigentumskompetenzen bisher fast nur bei der Planerstellung. Bei der Plandurchführung unmittelbar bezogen auf den oder gar im Produktionsprozeß sind „Direktbeziehungen" selten. Hier sind sie auch kompliziert, wenn an den staatlich-parteilichen Verfügungskompetenzen nicht gerüttelt werden soll. Für die Analyse sind die Direktbeziehungen bezogen auf den Produktionsprozeß von besonderem Interesse, weil an ihnen die ökonomischen und die politischen Schranken bei der Zusammenarbeit der real-sozialistischen Länder besonders eindrücklich aufgezeigt werden können.

Weder die Direktbeziehungen selbst noch ihre jeweiligen Aufgabenstellungen kommen zustande aufgrund von Entscheidungen der an Direktbeziehungen Interessierten und Beteiligten (diese haben keine entsprechende Entscheidungskompetenz). Sie resultieren aus zwischenstaatlichen Vereinbarungen bzw. Abkommen und innerstaatlicher Rechtssetzung, die den Betroffenen das Recht als Pflicht zu Direktbeziehungen zugesteht. Direktbeziehungen finden entweder in wichtigen administrativen Bereichen (z. B. gemeinsame Planungen der staatlichen Planungskommissionen), infrastrukturellen Bereichen (mittels zwischenstaatlicher ökonomischer Organisationen oder internationaler Wirtschaftsorganisationen) und/oder zukunftsträchtigen Industriezweigen bzw. Teilen von Branchen (ebenfalls mittels zwischenstaatlicher ökonomischer Organisationen oder internationaler Wirtschaftsorganisationen) statt. Am ehesten kommen sie dort zustande, wo der Nutzeffekt der Zusammenarbeit für den „gesunden Menschenverstand" auf der Hand liegt, wo kein Risiko für die staatliche Souveränität besteht und/oder wo ein Partner (die UdSSR) diese Zusammenarbeit erzwingen kann. Diese Organe bzw.

Organisationen haben nach Wegen zu suchen, um die per Abkommen oder Vertrag übertragenen Aufgaben zu realisieren. Direktbeziehungen kommen also aufgrund zwischenstaatlicher Vereinbarungen zustande; Direktbeziehungen finden auf der Grundlage nationalstaatlicher Bestimmungen und Regelungen statt („Sozialistische ökonomische Integration", S. 160). Direktbeziehungen betreffen z. B. Spezialisierungs- und Kooperationsvorhaben, Plankoordinierungsaufgaben, langfristige Handelsabkommen oder Außenhandelslieferverträge. Der „Sachverstand" soll dabei instrumentell genutzt werden.

Im Komplexprogramm nehmen die Direktbeziehungen, die der Effektivierung zwischenstaatlicher Planung und praktischer wirtschaftlicher Maßnahmen dienen sollen, einen breiteren Raum ein, als aus der Inhaltsübersicht hervorgeht. In der Praxis entwickeln sie sich nur sehr mühsam. Das hat mehrere, hier als solche nur benannte Gründe:

– Die Uneinheitlichkeit der Planungs- und Leitungssysteme. (Wofür in einem Land der zuständige Industrie- oder Außenhandelsminister allein die Kompetenz besitzt, hat diese in einem anderen Land ein Betriebsdirektor. Ganz unterschiedliche Partner verhandeln folglich miteinander. Der eine verfügt über die institutionellen Kompetenzen, der andere trägt die wirtschaftliche Verantwortung. Derartig zustande gekommene Vereinbarungen sichern schwerlich gleichgerichtete Interessen und gleiche Folgen.)

– Die schwer herstellbare Übereinstimmung von einzelwirtschaftlichen und staatlichen Interessen. (Gelingt es den nationalen Planungs- und Leitungssystemen nicht, die Wirtschaftseinheiten hinlänglich auf die nationalen „Gesamtinteressen" auszurichten, dann kann – einiger Freiheitsspielraum in den Direktbeziehungen vorausgesetzt – das Interesse der beteiligten Wirtschaftseinheiten im Rahmen internationaler Wirtschaftsbeziehungen an den nationalen vorbeigehen. Bogomolow, S. 92 ff.; Proft, S. 88.)

– Das Mißverhältnis von Preisen und Kosten. (Kommen die Kosten in den Preisen nicht hinlänglich zum Ausdruck, dann kann mit ihnen bereits im nationalen Rahmen nicht richtig kalkuliert werden. International taugen sie dann erst recht nicht als Grundlage für Nutzeffektivitätsberechnungen bezogen auf die Gestaltung arbeitsteiliger Prozesse.)

Aufgrund dieser Schwierigkeiten sind Direktbeziehungen überwiegend bilaterale Beziehungen und ihre Träger vorzugsweise staatliche Organe (z. B. die Planungschefs) oder zwischenstaatliche ökonomische Organisationen, deren Kompetenzen sich im Rahmen von Direktbeziehungen ausschließlich auf Koordinierungsfunktionen und nicht auf eigene Wirtschaftstätigkeit erstrecken. Bei internationalen Wirtschaftsorganisationen, insbesondere bei gemeinsamen Betrieben, tauchen diese angedeuteten Schwierigkeiten alle zugleich auf. Infolgedessen ist in der Praxis diese Form von Direktbeziehungen am unentwickelsten, obwohl internationale Wirtschaftsorganisationen die Probleme, derentwegen Direktbeziehungen ja gerade ermöglicht wurden, abstrakt betrachtet am ehesten bewältigen könnten, wie noch zu zeigen sein wird. Die im Komplexprogramm angegebenen Mittel und Methoden sind in der Praxis der Zusammenarbeit also keineswegs problemlos anwendbar. Inwieweit sie Realität oder wie die wirtschaftlichen Probleme, die sie lösen sollen, auch noch ungelöste Probleme verkörpern (und warum), soll weiter unten analysiert werden. Damit kein falsches Bild von der Realität der Wirtschaftsbeziehungen der RGW-Mitgliedsländer dadurch entsteht, weil ich die neueren Formen der Zusammenarbeit (und ihre Mängel) darstelle, soll zuvor der Bereich skizziert werden, der die RGW-Staaten auf ökonomischem Gebiet primär verbindet: Der Inner-RGW-Handel.

2. Die Handelsbeziehungen zwischen den RGW-Mitgliedsländern

Warum der Handel in bestimmten, systembedingten Formen stattfindet (z.B. bilaterale Handelsabkommen, Investitionsbeteiligungen in Form von Warenlieferungen), wird weiter unten untersucht. Hier stehen im Mittelpunkt folgende gesamtwirtschaftlich entscheidende Bezugsgrößen: Regionalstruktur, Warenstruktur, Anteil des Inner-RGW-Handels am Gesamthandel der RGW-Mitgliedsländer, Anteil der Länder unter quantitativen (Umfang) und qualitativen (Struktur) Aspekten am Inner-RGW-Handel (= 100%), Anteil der Länder am Gesamthandel der RGW-Länder, Anteil der UdSSR am gesamten Außenhandel der RGW-Mitgliedsstaaten bzw. am Inner-RGW-Handel (= 100%), Anteil des Außenhandels am Nationaleinkommen der einzelnen Länder (Außenhandelsintensität) bzw. Anteil des Inner-RGW-Handels am Nationaleinkommen der einzelnen Länder (Integrationsgrad). Aus diesen Größen ergibt sich weitgehend das Gewicht der einzelnen Mitgliedsländer des RGW.

Anteil der Ländergruppen (Regionalstruktur: RGW, UdSSR, Nicht-sozialistisches Wirtschaftsgebiet) am Außenhandelsumsatz der einzelnen RGW-Länder (Tab. 1 und Tab. 3, Spalten 6 und 7): Aus den Tabellen wird die unterschiedliche Abhängigkeit der einzelnen Länder von der UdSSR und ihre unterschiedliche Eingebundenheit in den RGW erkennbar. Zwei Länder fallen besonders auf: Rumänien und Bulgarien. Bulgarien ist im RGW insgesamt und mit der UdSSR insbesondere überdurchschnittlich, Rumänien hingegen ist im RGW insgesamt und mit der UdSSR im speziellen unterdurchschnittlich verzahnt. Zum anderen fällt bei der Betrachtung der Zeitspanne von 1970–1976/77 auf, daß 1973/74 bei allen Ländern – wenn auch unterschiedlich ausgeprägt – die

Verflechtung im RGW am geringsten ist, danach steigt sie wieder an
– unabhängig davon, wie stark die einzelnen Länder ihre Unabhängigkeit
betonen.

Diese Entwicklung ist die Folge zweier sich gegenseitig beeinflussender
Faktoren: 1973/74 kam dem Ost-West-Handel eine besondere Bedeutung zu (vgl. Kap. IV), danach setzt die kapitalistische Weltwirtschaftskrise diesem Trend ein Ende. Des weiteren führten die Preissteigerungen
für Rohstoffe, insbesondere für Erdöl, zu einer Veränderung der terms of
trade (Austauschrelationen) im Inner-RGW-Handel zugunsten der
UdSSR (um 10–11%; vgl. Kap. III, 3c). Aufgrund der Weltwirtschaftskrise können die osteuropäischen Länder ihre Produkte nicht wie erhofft
auf dem kapitalistischen Weltmarkt absetzen (Extremfall Polen: Polen
hatte eine Wachstumspolitik betrieben, in deren Rahmen die mit
kapitalistischer Technologie und kapitalistischen Krediten produzierten
Produkte zwecks Begleichung der Schulden exportiert werden sollten.
Bolz, S. 92). Aufgrund der veränderten terms of trade müssen sie für
dieselben Rohstoffmengen mehr Waren an die UdSSR liefern. Der
Inner-RGW-Handel wird daher auf absehbare Zeit seine quantitative
Bedeutung nicht verlieren und die osteuropäischen Staaten werden sich
stärker gezwungen sehen, Arbeitsteilung im RGW – als Wachstumsfak-
tor – zu planen. Diesem wirtschaftlichen Erfordernis steht allerdings die
Sektoralstruktur, Warenstruktur des Inner-RGW-Handels, insbesondere
die im Handel der UdSSR mit den anderen RGW-Ländern entgegen
(Baumer, 1975, S. 231; Sozialistische ökonomische Integration, S. 43;
Bröll, S. 77) (Tab. 2). Die Tabelle zeigt, daß die Austauschstruktur mit
dem Haupthandelspartner innerhalb des RGW, der UdSSR, weitgehend
komplementären Charakter hat (= Handel zwischen Warengruppen,
Austausch von Defiziten; dem steht der auf Arbeitsteilung innerhalb
derselben Warengruppen basierende Austausch gegenüber). Komplementärer Handel (Rohstoffe der UdSSR gegen Maschinen der kleineren
osteuropäischen Staaten) und Handel zwecks maximalem Nutzeffekt (im
Sinne quantitativen Wachstums) schließen sich aus. Betrachtet man
allerdings die Regionalstruktur innerhalb des RGW (Tab. 3, Spalte 1)
und die Warenstruktur Export/Import (Tab. 4), dann zeigt sich, daß
zwischen den vier Ländern DDR, CSSR, Polen und Ungarn eine
ausgeglichenere und damit intensivere Verzahnung durchaus schon
besteht (vgl. die einigermaßen ausgewogenen gegenseitigen Handelsan-
teile und die Warenstruktur besonders bei Maschinen/Ausrüstungen).
Dieser Handel kann aber nur begrenzt ausgeweitet werden, da sich
aufgrund des sowjetischen Rohstoffmonopols und der von der UdSSR
erzwungenen Preispolitik im RGW an der übermächtigen Position der
UdSSR als Haupthandelspartner aller anderen osteuropäischen Länder
auf absehbare Zeit nichts ändern wird.

An der Entwicklung der Warenstruktur (Export/Import) läßt sich erkennen, ob ein weniger entwickeltes Land „aufholt", wenn beispielsweise der Exportanteil von Maschinen/Ausrüstungen am Gesamtexport zunimmt (wie z.B. bei Bulgarien im Gegensatz zur UdSSR). Aus der Warenstruktur (Export/Import) der Länder wird deutlich, ob bzw. inwieweit ein Austausch innerhalb der Warengruppen stattfindet, was auf Effektivitätssteigerungen durch Arbeitsteilung verweist (vgl. Tab. 4, das Export-Import-Verhältnis bei der DDR, CSSR und Polen: zwar bleibt der Anteil von Maschinen/Ausrüstungen am Export der DDR konstant, jedoch steigt der Importanteil dieser Warengruppe). Hingegen darf man aus der Veränderung der Warenstruktur Bulgariens nicht vorschnelle Schlüsse ziehen: Der Anstieg des Exportanteils bei Maschinen/Ausrüstungen (Tab. 4) muß verglichen werden mit der Inner-RGW-Regionalstruktur (Tab. 3). Bulgarien liefert Maschinen/Ausrüstungen überwiegend in die UdSSR, mit den entwickelteren Mitgliedsländern des RGW unterhält Bulgarien vergleichsweise geringe Handelsbeziehungen. Der technische Stand dieser Produkte steht somit dahin.

Neben der sektoralen und der regionalen Struktur des Außenhandels (bezogen auf die Weltwirtschaftsgebiete wie die einzelnen RGW-Mitgliedsländer) ist der *Anteil des Inner-RGW-Handels am gesamten Außenhandel eines Landes* (Tab. 3, Spalte 3), der *Anteil eines Landes am Inner-RGW-Handel* (Tab. 3, Spalte 4), der *Anteil eines Landes am gesamten Außenhandel der RGW-Mitgliedsländer* von Interesse. Wenn der Anteil eines Landes am Inner-RGW-Handel niedrig (Tab. 3, Spalte 4), bezogen auf seinen eigenen gesamten Außenhandel aber hoch ist (Tab. 3, Spalte 3), dann ist seine Abhängigkeit im RGW und gegenüber der UdSSR sehr hoch und seine Verhandlungsstärke gering. Es kann sich nur um ein kleineres und zugleich relativ wenig entwickeltes Land handeln, andererseits würde es, so wie die Dinge liegen, verstärkt Westhandel zwecks technischem Fortschritt betreiben wollen (Beispiel Bulgarien: Es spielt weder im Ost-West-Handel noch im Inner-RGW-Handel eine sonderliche Rolle). Wiederum kann als Gegenbeispiel die UdSSR dienen; ihre ökonomische und politische Macht kommt in folgendem Zahlenvergleich zum Ausdruck: Bei der UdSSR ist der Anteil des Inner-RGW-Handels an ihrem gesamten Außenhandel nach Rumänien der niedrigste (Tab. 3, Spalte 3), ihr Anteil am Inner-RGW-Handel hingegen der höchste. Die beiden gekennzeichneten Anteile (Tab. 3, Spalte 3 und 4) klaffen bei Bulgarien am weitesten auseinander; das zeigt die Schwäche seiner politischen und wirtschaftlichen Stellung (bezogen auf seinen Außenhandel insgesamt ist der Anteil des Inner-RGW-Handels sehr groß, aber das Volumen seines Inner-RGW-Handels ist eben sehr klein). Bei der UdSSR rücken dieselben Anteile (Tab. 3, Spalte 3 und 4) am meisten zusammen (bezogen auf den sowjetischen

Außenhandel macht der Anteil des Inner-RGW-Handels wenig mehr als die Hälfte aus, aber das Volumen des sowjetischen Inner-RGW-Handels ist eben sehr groß), das veranschaulicht die Stärke ihrer ökonomischen und politischen Stellung.

Deutlich wird die in diesen Relationen zum Ausdruck kommende Übermacht der UdSSR (aufgrund der Warenmassen, nicht des technisch-wirtschaftlichen Niveaus) auch an den *Anteilen der UdSSR am gesamten Außenhandel* und *am Inner-RGW-Handel der einzelnen Länder* (Tab. 3, Spalte 6 und 7). Rumänien ist von der UdSSR weniger abhängig als die anderen Länder. Der Anteil der UdSSR am Inner-RGW-Handel Rumäniens liegt zwar nicht niedriger als bei anderen Ländern, der Anteil des Inner-RGW-Handels am gesamten Außenhandel Rumäniens (Tab. 3, Spalte 3) ist jedoch geringer als bei den anderen Ländern. Rumäniens Abhängigkeit von der UdSSR bzw. dem RGW ist also deswegen nicht so groß, weil der Inner-RGW-Handel für Rumänien aufgrund seines umfangreicheren Westhandels eine geringere Rolle spielt als bei den anderen Ländern.

Auch der *Anteil des Außenhandels am Nationaleinkommen* eines Landes sowie der *Anteil des Inner-RGW-Handels am Nationaleinkommen* (Tab. 3, Spalte 8 und 9)[18] verweist auf die Kräfteverhältnisse im RGW bedingt durch wirtschaftliche Stärke qua Masse. So vorsichtig diese Zahlen wegen der Schwierigkeit bei der Berechnung der Bezugsgröße für den Außenhandel bzw. den Inner-RGW-Handel (Nationaleinkommen, Bruttosozialprodukt) und des Bezugsjahres wegen zu nehmen sind, so sprechen sie doch eine deutliche Sprache.[19] Die Zusammenschau der verschiedenen hier skizzierten Aspekte bezogen auf die UdSSR und deren Position innerhalb des RGW ergibt folgendes Bild:

Der Anteil des Außenhandels am Nationaleinkommen der UdSSR beträgt lediglich ca. 7% (Tab. 3, Spalte 8), der Anteil des Inner-RGW-Handels am Nationaleinkommen der UdSSR sogar nur 4% (Tab. 3, Spalte 9). Die sowjetische Außenhandelsverflechtung ist also gering. Gleichzeitig beträgt aber der Anteil der UdSSR am Inner-RGW-Handel (= 100%) 37% (Tab. 3, Spalte 4), am gesamten Außenhandel der RGW-Länder ca. 40% (Tab. 3, Spalte 5). Hinzu kommt, daß der Anteil des Inner-RGW-Handels am Außenhandel der UdSSR (nach Rumänien) am geringsten ist (Tab. 3, Spalte 3) und daß die UdSSR ca. 65% des Gesamtprodukts der RGW-Mitgliedsländer produziert. Aufgrund dessen, daß die UdSSR mit Abstand das größte Wirtschaftspotential besitzt, ist sie, bei mit weitem Abstand geringster Außenhandelsverflechtung, der Hauptwirtschaftspartner für alle RGW-Länder. Daraus ergeben sich einseitige Abhängigkeitsverhältnisse.

Betrachtet man die Tabellen eins und fünf bis sieben unter der Fragestellung, ob der Ost-West-Handel in den 70er Jahren die kleineren

Länder unabhängiger von der UdSSR gemacht hat, dann kommt man zu einem negativen Ergebnis. Der Anteil des RGW und der Sowjetunion am jeweiligen Gesamtaußenhandelsumsatz eines RGW-Mitgliedsstaates sinkt bis 1974 ab. Die RGW-Länder können 1972/73 aktive Handelsbilanzen im Austausch mit der UdSSR verbuchen. Diese positiven Salden als Ausdruck neuer mit dem Komplexprogramm eingeleiteter Tendenzen sind auch Folge von „Investitionsbeteiligungen" der kleineren RGW-Länder im Bereich der Rohstoff- und Energiegewinnung sowie der Infrastruktur der UdSSR. Die Investitionsbeteiligungen werden seit 1974 als Bestandteile des „abgestimmten Plans mehrseitiger Integrationsmaßnahmen" aufgeführt. Die in diesen Plan aufgenommenen Projekte sind fast ausschließlich auf sowjetischem Boden angesiedelt. Die aktiven Handelsbilanzen kommen somit auch dadurch zustande, daß die kleineren Länder an sowjetischen Projekten mit „Investitionen" in Form von Warenlieferungen (mangels konvertibler Währungen) bei noch unveränderten Preisen beteiligt sind. Sind die Projekte abgewickelt, dann erfolgt ein Warenstrom in umgekehrter Richtung:

Die Warenkredite werden mit Waren (meist Rohstoffe und Energie) aus eben diesen Projekten zurückgezahlt. Am wenigsten schlägt 1972/73 das Pendel bei Rumänien aus (wenn man von Bulgarien absieht, das ohnehin mit der UdSSR extrem verflochten ist), denn Rumänien ist zum einen insgesamt sehr zurückhaltend gegenüber multilateralen Maßnahmen im RGW und verfügt zum anderen über Erdölvorkommen.

Der Vergleich der Wachstumsraten im Inner-RGW-Handel von 1975 (Tab. 5) mit den Außenhandelssalden in den Tabellen sechs und sieben zeigt ein deutliches Anwachsen des Inner-RGW-Handels verbunden mit einer Verschuldung der kleineren RGW-Länder gegenüber der UdSSR (wiederum mit Ausnahme Rumäniens: Der rumänische Inner-RGW-Handel verzeichnet die geringsten Wachstumsraten, Rumänien verschuldet sich gegenüber der UdSSR nicht). Die Verschuldung der kleineren RGW-Länder gegenüber der UdSSR ist die Folge der Erhöhung der Preise für das sowjetische Erdöl, also der verschlechterten terms of trade (ca. 11% gegenüber 1974). Die RGW-Länder müssen folglich an die UdSSR mehr Waren für dieselbe Menge Erdöl liefern. Damit schnellen die Wachstumsraten im Handel mit der UdSSR 1975 (dem Jahr, in dem die neuen Preisbildungsprinzipien im RGW bzw. die für die kleineren Länder ungünstigen neuen Preise für Erdöl voll durchschlagen) in die Höhe und die Verschuldung wächst. Aus all diesen Vergleichen und Überlegungen folgt, daß sich an den politischen und ökonomischen Verhältnissen im RGW, die aus der Tabelle drei herausgelesen werden können, in den 70er Jahren wenig geändert hat (am ehesten sind Veränderungen bei Rumänien und Polen in Form höherer Anteile des

Außenhandels bzw. des Inner-RGW-Handels am Nationaleinkommen zu verzeichnen, Tab. 3, Spalte 8 und 9).

Vergegenwärtigt man sich die weiter oben dargelegte Hegemonialstellung der UdSSR unter Berücksichtigung der sowjetischen Warenstruktur (Export/Import) (Tab. 4), dann zeigt sich, daß im RGW Wirtschaftswachstum über internationale Arbeitsteilung am ehesten aus der Zusammenarbeit zwischen der DDR, CSSR, Polen und Ungarn erwachsen könnte bzw. durch Kooperations- und Spezialisierungsvorhaben auch erwächst. Anhand globaler Zahlen kann deutlich werden, daß über intensivierten Außenhandel bzw. internationale wirtschaftliche Verflechtung in den verschiedenen Phasen des Reproduktionsprozesses verstärkt Wachstum erzielt werden könnte – wenn dem die politischen Machtverhältnisse in den einzelnen Ländern und zwischen ihnen nicht im Wege stünden: Die RGW-Länder produzieren zwar 30% der Weltproduktion, ihr Anteil am Welthandel beträgt aber nur 10%. Der Anteil des Inner-RGW-Handels am Welthandel beträgt nur 6%, die jedoch 60% des Gesamthandels der RGW-Länder ausmachen, die 4% Westhandel (incl. Entwicklungsländer) also 40% des Gesamthandels der RGW-Länder. Bei den hochentwickelten kapitalistischen Ländern hingegen hat der Ost-Handel nur einen Anteil von 5% am Gesamthandel. Die Außenhandelsverflechtung (Außenhandelsumsatz bezogen auf das Nationaleinkommen) der RGW-Länder ist also im Vergleich zum ersehnten kapitalistischen Weltniveau gering. (Bei dieser Globalrechnung wirkt sich die besonders geringe außenwirtschaftliche Verflechtung der UdSSR bei gleichzeitig hohem Anteil an der Gesamtproduktion der RGW-Länder allerdings besonders aus.) Wie wenig die RGW-Länder die Außenwirtschaft – im Gegensatz zu ihren Begründungen – als Wachstumsfaktor nutzen, zeigt sich auch daran, daß nur 3–5% des Inner-RGW-Handels multilateral abgewickelt werden. Der bilaterale Handel aber widerspricht der Intention, die Außenwirtschaft als Wachstumsfaktor nutzbar zu machen insofern, als der bilaterale Handelsausgleich (im Rahmen bilateraler staatlicher Handelsabkommen zwecks einfacherer Einarbeitung in die nationalen Pläne) sich nach dem Wirtschaftspotential des schwächeren Partners richtet.

Der Inner-RGW-Handel verzeichnet aufgrund seiner sektoralen (Warenstruktur, technische Niveauunterschiede, vgl. Tab. 2 und 4), regionalen (geringere Verzahnung der höher entwickelten Länder mit Rumänien und Bulgarien, schwache Verzahnung der UdSSR mit den anderen RGW-Ländern, vgl. Tab. 3, Spalte 1) und finanziell-kommerziellen Struktur (bilateral) nur einen geringen Integrationsgrad. Dieser Mangel an Integration ist vor dem Hintergrund einer – bedingt durch die teils aufgezwungene, teils schablonenhaftem Wirtschaftsdenken in den kommunistischen Parteien Osteuropas entspringende Übernahme des sowje-

tischen Grundmodells der Industrialisierung – ähnlichen Produktionsstruktur in allen Ländern bei unterschiedlichem Grad und Niveau der
Industrialisierung zu sehen. Die ähnliche Produktionsstruktur bewirkte
Parallelproduktionen, die der Spezialisierung und Kooperation, damit
aber der Zusammenarbeit und „Integration" entgegenstehen. Kommt es
zu Spezialisierungsvereinbarungen, dann oftmals zu halbherzigen, nämlich zu von vornherein feststehenden bilateral ausbilanzierten Spezialisierungen – eine Vorgehensweise, die weniger ökonomisch, als vielmehr
politisch bedingt ist.

Tab. 1: Regionalstruktur des Außenhandels der RGW-Länder (Anteile der Ländergruppen) (in v.H.)*
Außenhandelsumsatz (Export/Import) = 100

Ländergruppen	Jahr	Bulgarien	CSSR	DDR	Polen	Rumänien	UdSSR	Ungarn
Sozialistische Länder	1970	77,8	70,0	71,6	66,2	56,0	65,2	65,1
	1973	79,3	69,4	68,7	55,7	49,6	58,5	65,8
	1974	73,0	66,1	64,1	49,4	41,2	54,1	61,9
	1976	79,0	72,0	67,1	52,5	45,7	55,6	67,4
RGW	1970	74,5	64,2	67,3	63,2	50,0	55,6	62,9
	1973	77,0	65,2	66,0	53,4	43,2	54,0	62,7
	1974	73,0	61,0	61,0	47,0	34,6	48,9	58,9
	1976	76,9	67,8	63,9	50,2	39,2	50,8	64,0
UdSSR	1970	53,0	32,5	39,0	36,5	27,0	X	33,7
	1973	53,3	30,9	35,0	28,4	21,0	X	33,8
	1974	47,0	28,5	31,5	25,5	15,8	X	30,2
	1976	54,3	33,3	35,7 (1975)	30,3 (1977)	18,6	X	34,6
NSW (Nicht-Sozialistische Länder)	1970	22,2	30,0	28,4	33,8	44,0	34,8	34,9
	1973	20,7	30,6	31,3	44,3	50,4	41,5	34,2
	1974	27,0	33,9	35,8	50,8	58,8	45,9	38,1
	1976	21,0	28,0	32,9	47,5	54,3	44,4	32,6

* Zusammengestellt aufgrund von Angaben bei Bolz, 1978, S. 39, 74, 107, 142, 187, 220, 261; Bethkenhagen/Machowski, 1976, S. 85; Steffens, 1974, S. 98; Autorenkollektiv, RGW, 1975, S. 90f.; Autorenkollektiv, Sozialistische ökonomische Integration, 1977, S. 37; Informationen Comecon, 1977, S. 25; Baumer, 1975, S. 230; Wiener Institut, RGW in Zahlen 1978, S. 386, 389, 392, 395, 398, 401, 404, 407, 410, 413, 416, 419.

Tab. 2: Außenhandel der OE-Länder mit der Sowjetunion:
Sektoralstruktur des sowjetischen Intra-Block-Handels 1970 in v.H. Anteilen*

Sektoren / Handelspartner (Rangfolge)	Gesamtvolumen im IBH Mio Rbl	vH	davon: mineral. Roh- und Brennstoffe vH von Sp. 1	landwirtschaftl. Erzeugn. vH von Sp. 1	chem. Erzeugnisse vH von Sp. 1	Maschinen und Ausrüstungen vH von Sp. 1	Textil, Möbel, and. gewerbl. Erzeugn. vH von Sp. 1	Summe der Spalten 2-6 vH
	1		2	3	4	5	6	7
Exporte der SU								
DDR	1.738	100	35	20	3	19	1	78
Polen	1.215	100	45	15	5	19	2	86
ČSSR	1.083	100	55	20	1	13	1	90
Bulgarien	844	100	39	10	4	22	2	77
Ungarn	758	100	38	14	9	22	3	86
Rumänien	445	100	38	10	5	37	3	93
Importe der SU								
DDR	1.557	100	0	1	6	57	24	88
Polen	1.135	100	18	1	3	38	19	79
ČSSR	1.110	100	12	1	5	53	25	96
Bulgarien	973	100	1	43	-	29	20	94
Ungarn	722	100	3	13	-	47	35	99
Rumänien	474	100	18	16	4	20	20	80

* IBH = Intra-Block-Handel
(Baumer, 1975, S. 231)

Tab. 3: Regionale Außenhandelsstruktur der RGW-Länder (1–7) und Verflechtungsquoten (8 + 9), 1970, in v. H.*

Handelspartner \ Berichtsgebiet	Bulgarien	CSSR	DDR	Polen	Rumänien	UdSSR	Ungarn
1 Bulgarien	x	4	5	3	4	15	3
CSSR	7	x	14	13	16	18	13
DDR	12 .	19	x	16	12	27	16
Polen	5	12	11	x	8	20	10
Rumänien	2	6	3	3	x	8	3
UdSSR	72	51	58	59	55	x	55
Ungarn	2	8	9	6	5	12	x
2 RGW (IBH)	100	100	100	100	100	100	100
3 Anteil des IBH am gesamten AH	75	64	66	63	49	55	62
4 Anteil am IBH (IBH = 100)	8	13	17	12	5	37	8
5 Anteil am gesamten AH	6	12	15	12	6	40	8
6 Anteil der SU am gesamten AH	53	33	38	37	27	x	34
7 Anteil der SU am IBH (IBH = 100)	72	51	58	59	55	x	55
8 Anteil des gesamten AH am Nationaleinkommen	40	31	32	19	22	6,8	39
9 Anteil des IBH am Nationaleinkommen	30	20	21	12	10	3,8	24

* IBH = Intra-Block-Handel = Inner-RGW-Handel
Zusammengestellt nach Baumer, 1975, S. 230; Steffens, 1974, S. 58 ff., 99 f., 150; Bethkenhagen/Machowski, 1976, S. 84; Jacobsen, 1975, S. 104; Autorenkollektiv. RGW. 1975, S. 90 f.

Tab. 4: Warenstruktur des Außenhandels der RGW-Länder (Anteile i.v.H.)*

Export

Land	Jahr	Maschinen und Ausrüstungen	Brennstoffe, Mineralien, Metalle	Nahrungsmittel	Konsumgüter	Chemische Erzeugnisse Baumaterial u.a.
Bulgarien	1960	12,9	9,2	56,4	17,9	3,6
	1973	40,0	9,8	31,9	10,4	7,9
CSSR	1960	45,7	19,1	10,3	20,4	4,4
	1974	46,2	19,4	9,1	17,4	7,9
DDR	1960	49,0	15,7	5,9	15,1	14,3
	1974	48,2	14,2	9,2	16,2	12,2
Polen	1960	28,3	34,0	23,0	10,1	4,6
	1974	37,0	25,8	13,4	15,0	8,8
Rumänien	1960	16,7	36,9	35,9	5,8	4,7
	1974	20,7	21,7	27,5	15,9	14,2
UdSSR	1960	20,7	37,6	27,3	2,9	11,5
	1974	19,2	42,9	18,1	2,9	16,9
Ungarn	1960	38,6	12,8	27,4	17,8	3,4
	1974	33,1	12,9	27,3	20,6	6,1

Import

Land	Jahr	Maschinen und Ausrüstungen	Brennstoffe, Mineralien, Metalle	Nahrungs-mittel	Konsum-güter	Chemische Erzeugnisse Baumaterial u.a.
Bulgarien	1960	43,9	24,3	16,7	7,6	7,5
	1974	40,9	28,9	15,6	5,9	8,7
CSSR	1960	21,7	27,9	37,1	3,4	9,9
	1974	36,6	22,8	21,3	8,0	11,3
DDR	1960	12,7	38,5	39,2	5,3	4,3
	1974	30,3	26,8	24,6	6,6	11,7
Polen	1960	27,1	25,3	33,9	5,5	8,2
	1974	38,5	25,4	20,3	5,6	10,2
Rumänien	1960	33,6	34,3	18,1	5,2	8,8
	1974	34,0	32,1	18,8	3,9	11,2
UdSSR	1960	31,0	20,0	23,7	16,9	8,4
	1974	32,4	17,4	25,3	14,6	10,3
Ungarn	1960	28,5	27,7	29,2	5,1	3,5
	1974	30,4	21,8	23,1	6,9	17,8

* Nach Bethkenhagen/Machowski, 1976, S. 88 f.

Tab. 5: Durchschnittliche jährliche Wachstumsrate (in v. H.) im Intra-RGW-Handel*

	1966/1970	1971/1975	1975	1976	1977
Bulgarien					
Export	11,2	14,6	29,5	15,4	14,8
Import	10,0	18,8	30,1	10,6	14,8
CSSR					
Export	6,1	11,9	21,4	16,7	10,6
Import	5,3	14,4	25,9	11,4	13,3
DDR					
Export	7,6	12,8	23,3	9,7	15,0
Import	10,9	13,2	29,3	11,9	20,0
Polen					
Export	10,2	17,7	33,5	7,2	12,2
Import	10,4	13,9	24,0	13,3	16,4
Rumänien					
Export	5,8	13,0	16,3	14,1	
Import	8,8	11,7	17,4	23,3	
UdSSR					
Export	8,3	16,3	34,7	11,7	16,9
Import	7,2	16,4	36,6	7,8	13,7
Ungarn					
Export	7,6	16,1	20,2	-0,2	17,6
Import	9,9	16,4	40,6	-5,5	13,3

* Nach B. und H. Askanas/Levcik, 1978, S. 220

Tab. 6: Außenhandelssalden der kleineren RGW-Länder untereinander und mit der UdSSR (1970–75) in Mill. $*

	Bulgarien mit RGW-L	mit UdSSR	CSSR mit RGW-L	mit UdSSR	DDR mit RGW-L	mit UdSSR	Polen mit RGW-L	mit UdSSR	Rumänien mit RGW-L	mit UdSSR	UdSSR mit europ. mit RGW-L	europ. RGW-L	Ungarn mit RGW-L	mit UdSSR
1970	+181,3	+142,7	+ 95,4	+ 30,9	- 58,4	-201,3	-225,1	- 88,8	- 16,7	+ 32,7	+264,5	+124,7	-102,8	- 40,8
1971	+ 78,0	+111,9	+120,9	- 14,8	+273,7	+ 12,8	-293,4	- 72,2	+ 33,4	+ 91,7	+ 85,6	- 17,2	-228,4	-112,2
1972	+ 50,0	+123,7	+212,0	+143,1	+684,9	+439,6	-116,2	+229,2	+ 56,1	+135,4	-503,8	-1160,1	+204,7	+ 89,6
1973	+ 33,4	+126,6	+ 61,2	+ 70,1	+391,9	+342,9	-142,5	+149,8	+277,6	+125,2	-407,4	-966,9	+485,5	+152,5
1974	-134,5	- 69,9	-144,8	+ 9,6	+120,1	- 18,3	- 26,4	-122,6	+ 85,6	+ 44,6	+636,8	+138,9	+225,0	+ 17,5
1975	-217,9	-170,2	-372,3	-169,5	-176,3	-447,2	+356,3	- 54,5	+ 84,2	+161,2	+638,8	+735,4	-309,9	- 55,3

* Nach B. und H. Askanas/Levcik. 1976, Übersicht 13

105

Tab. 7: Außenhandelssalden der kleineren RGW-Länder mit der UdSSR (1970–77) in Mill. $*

	Bulgarien	CSSR	DDR	Polen	Rumänien	Ungarn	europ. RGW-Länder
1970	+142,7	+ 30,9	-201,3	- 88,8	+ 32,7	- 40,8	- 124,6
1971	+119,9	- 14,8	+ 12,8	- 72,2	+ 91,7	-112,2	+ 17,2
1972	+123,7	+143,1	+439,6	+228,2	+135,4	+ 89,6	+1159,6
1973	+126,6	+ 70,1	+342,9	+149,8	+125,7	+152,5	+ 967,1
1974	- 69,9	+ 9,6	- 18,3	-122,6	+ 44,6	+ 17,5	- 139,1
1975	-178,0	-177,2	-467,4	- 57,0	+168,6	- 57,8	- 768,8
1976	-116,6	-129,6	-581,8	-351,8	+ 78,9	- 67,0	-1167,9
1977	-220,4	-327,1	-799,2	-434,9	+ 24,7	-142,9	-1899,8

* Nach B. und H. Askanas/Levcik, 1978, S. 221

Auf die politischen Gründe der unökonomischen Beziehungen im Bereich des Handels und der Produktion zwischen den RGW-Mitgliedsländern – unökonomisch gemessen an den Maßstäben der Herrschenden –, gehe ich weiter unten ein (vgl. Kap. III, 4, a, b, c, d).

Zwar ist die Außenhandelsverflechtung der RGW-Länder und zwischen den RGW-Ländern gering, zwar findet der Handel zu über 95 % bilateral statt, dennoch ist der Handel das ökonomische Bindeglied zwischen den einzelnen RGW-Mitgliedsstaaten. Der Anteil spezialisierter Erzeugnisse (aufgrund von Spezialisierungsabkommen) betrug 1973 am Inner-RGW-Export in Osteuropa nur 10 %, in der UdSSR 6 % (Levcik/Stankovsky, 1977, S. 31). Die Zahl der internationalen ökonomischen Organisationen und insbesondere der internationalen Wirtschaftsorganisationen ist gering (vgl. Tabelle Kap. III, 3 a).

Bilaterale Handelsbeziehungen von real-sozialistischen planwirtschaftlichen Systemen mit Außenhandelsmonopol benötigen aber keine Organisation wie den RGW noch andere ökonomische Organisationen zwischen den (bzw. der) RGW-Mitgliedsländer. Solche Systeme bedürfen keiner gemeinsamen Handelspolitik nach innen und/oder nach außen (gegenüber Drittländern). Sie brauchen keine gemeinsame Handelspolitik gegenüber Drittländern aufgrund des Außenhandelsmonopols, das Schutzzollpolitik und/oder nicht-tarifäre Handelshemmnisse mehr als ersetzt. Sie können keine gemeinsame Handelspolitik nach innen gebrauchen, da dies die nationalstaatliche Verfügungskompetenz im ökonomischen Bereich in Frage stellte. Das geht deshalb nicht, weil die nationalstaatliche ökonomische Verfügung der Partei die ökonomischen Prozesse leitet, autonome gesellschaftliche Kompetenzen, die sich nicht von dieser Verfügungsgewalt ableiten, nicht bestehen.

Ähnlich wie bei der Betrachtung der ökonomischen Zusammenarbeit zwischen Kapitalismus und Realem Sozialismus (vgl. Kap. IV) stehen also im Vordergrund der Analyse der ökonomischen Zusammenarbeit zwischen den real-sozialistischen Ländern nicht die ökonomischen Beziehungen, die quantitativ (und qualitativ) die Realität bestimmen, sondern diejenigen, die sie nach den politischen und ökonomischen Vorstellungen in den real-sozialistischen Ländern bestimmen sollen und die in der offiziellen Literatur weitgehend als Realität ausgegeben werden. Im folgenden wird danach gefragt, wie die ökonomischen Beziehungen nach den offiziellen Vorstellungen gestaltet sein bzw. werden sollen und warum einerseits und weshalb die Realität diesen Vorstellungen nicht entspricht andererseits. Damit wird mehr über die ökonomische Zusammenarbeit im RGW und ihre Probleme ausgesagt als mit einer ausführlicheren Analyse der Handelsbeziehungen, deren Grundstrukturen hier in gedrängter Form dargestellt wurden.

3. Die internationalen ökonomischen Organisationen, ihre Kompetenzen, Entscheidungsstrukturen und Instrumentarien

Die osteuropäischen Länder haben verschiedene ökonomische Organisationsformen zum Zwecke ihrer Zusammenarbeit entwickelt und gegründet. Deswegen kann sich die kritische Analyse der Zusammenarbeit in Osteuropa nicht auf den RGW beschränken. Der RGW ist eine ökonomische Organisation unter anderen, allerdings, wie bisweilen in DDR-Literatur zu lesen ist, die wichtigste. „RGW" erscheint daher seltener in Buchtiteln als die Bezeichnung „Sozialistische ökonomische Integration" oder die Benennung eines Teilbereichs der „Zusammenarbeit der *Mitgliedsländer* des RGW". Auch in einem Buch mit dem Titel „RGW, Bilanz und Perspektiven" (S. 139) wird der RGW nur als erste der „mehrseitigen ökonomischen Organisationen der sozialistischen Länder" aufgeführt. Die darin zum Ausdruck kommende relative Bedeutung des RGW ergibt sich aus der Betonung der nationalen Souveränität der einzelnen Länder. Gegenüber der eigenen Bevölkerung und nach außen, z.B. in Konfrontation mit der EG, wird dagegen die Bedeutung des RGW partiell überbetont. Diese widersprüchlichen Intentionen bewirken, daß die „östliche" Literatur (und als Folge davon auch die „westliche") eine uneinheitliche Terminologie verwendet. Oft wird z.B. nicht hinlänglich unterschieden, ob es sich um ein Organ des RGW oder eine andere ökonomische Organisation handelt. Da der RGW zeitlich die erste ökonomische Organisation der osteuropäischen Länder darstellt, sprechen die real-sozialistischen Länder bezogen auf andere gemeinsame (zwei- oder mehrseitige) ökonomische Organisationen von Organisationen der *Mitgliedsländer* des RGW. Das „Komplexprogramm" ist daher auch kein Programm *des* RGW, sondern das Programm der „Sozialistischen ökonomischen Integration der Mitgliedsländer des RGW", in dem als Institutionen und Instrumentarien auch andere ökonomische Organisationen der Mitgliedsländer des RGW aufgeführt werden (z.B. die Internationale Investitionsbank [IIB], die Internationale Bank für wirtschaftliche Zusammenarbeit [IBWZ]), die im Verzeichnis der Organe des RGW nicht auftauchen (Dokumente, RGW, S. 159 f.). Genau genommen müßte also wie folgt unterteilt werden:
– zwischenstaatliche ökonomische Organisationen (dazu gehören der RGW (mit seinen verschiedenen Organen) und neben den Banken IBWZ und IIB auch z.B. Koordinierungsorganisationen von Industriebranchen wie Interchim oder Intermetall; die Mitgliedschaft basiert auf der Eigenentscheidung der Länder);
– internationale Wirtschaftsorganisationen (die wiederum eingeteilt werden können [a] internationale Wirtschaftsvereinigungen, sozusagen Branchenvereinigungen wie Interatominstrument oder Assofoto und

[b] gemeinsame Betriebe wie Haldex oder Intransmasch; die Mitgliedschaft basiert auf der Eigenentscheidung der Länder).

Ich werde allerdings, um die Probleme besser verdeutlichen zu können, zuerst den RGW und seine Organe und dann die internationalen Wirtschaftsorganisationen behandeln. Andere zwischenstaatliche ökonomische Organisationen werden nur angesprochen, sofern ihnen eine herausragende Bedeutung hinsichtlich der Struktur der ökonomischen Beziehungen der RGW-Länder zukommt. An der Stelle, an der Probleme angesprochen werden, zu deren Lösung neben dem RGW andere zwischenstaatliche ökonomische Organisationen gegründet wurden, gehe ich auf diese ein. So behandle ich z. B. die Stellung, Funktion und Aufgaben der IBWZ und IIB, die zur Bewältigung der finanziellen Probleme der Zusammenarbeit geschaffen wurden, im Zusammenhang mit der Darstellung und Analyse der monetären Instrumentarien der RGW-Mitgliedsländer.

Die im Komplexprogramm (S. 18) aufgeführten Mittel der Zusammenarbeit und Integration, die weiter oben (Kap. III, 1) aufgeführt wurden, sind also keineswegs nur Mittel des RGW, sondern auch, ja insbesondere Instrumentarien der anderen ökonomischen Organisationen. Diese Instrumentarien sind in Abhängigkeit von der betreffenden Organisation sehr unterschiedlich – mal handelt es sich mehr um Informationssammlung und Analyse langfristiger Entwicklungen, mal auch um die Leitung wirtschaftlicher Prozesse. Die Art der Instrumentarien der jeweiligen Organisationen ist abhängig von ihren Aufgaben und Entscheidungskompetenzen.

a) Internationale ökonomische Organisationen
Der RGW als wichtigste zwischenstaatliche ökonomische Organisation
Organisationsstruktur und Willensbildung

In und mit dem Komplexprogramm wurden zwar die Ziele und Methoden der Zusammenarbeit und Integration gegenüber den „Grundprinzipien der internationalen sozialistischen Arbeitsteilung" von 1962 weiterentwickelt (vgl. Anhang), nicht hingegen die Prinzipien und Formen der Willensbildung, die das Verhältnis der Organisation zu ihren Mitgliedern und umgekehrt regeln. Diese, also die Entscheidungsstrukturen, sind niedergelegt im Statut des RGW von 1959 (vgl. Anhang). Bei der Gründung des RGW im Januar 1949 genügte, in Anbetracht der rein politischen Funktion der Gründung, ein schlichtes Gründungskommuniqué (Prawda vom 25.1.1949). Eine (nicht die erste) Neufassung des Statuts wurde 1974 erforderlich, weil der RGW nun auch als RGW mit der EG verhandeln und Handelsverträge abschließen wollte, nachdem die EG ihren Mitgliedern nicht mehr national ausgehandelte Handelsverträge zugestand (vgl. Kap. IV, 1). Eine derartige Befugnis des RGW (Statut, Art. III, 2 b) war vorher nicht erforderlich; ja sie paßt bis heute nicht zur Konstruktion, Funktion und zu den geringen Kompetenzen der Organisation. Eine weitere Änderung des Statuts war aufgrund der ab 1971 neu geschaffenen Komitees erforderlich. Sie wurden als weitere Hauptorgane des RGW ins Statut aufgenommen. Mit ihnen ändert sich jedoch nichts an der Willensbildung, es wird lediglich die Bedeutung der Gegenstandsbereiche, für die Komitees gebildet werden, dadurch herausgestrichen. Die „Hauptorgane" der Willensbildung des RGW sind (Statut Art. V):

– die Ratstagung,
– das Exekutivkomitee (es löste 1962 die „Tagung der Ländervertreter" ab),
– die Komitees (seit 1971, bisher 3),
– die ständigen Kommissionen (von 1956 ab, bisher über 20),
– das Sekretariat (mit dem Sekretär als Repräsentant des RGW an der Spitze).[20]

Organisationsstruktur des RGW

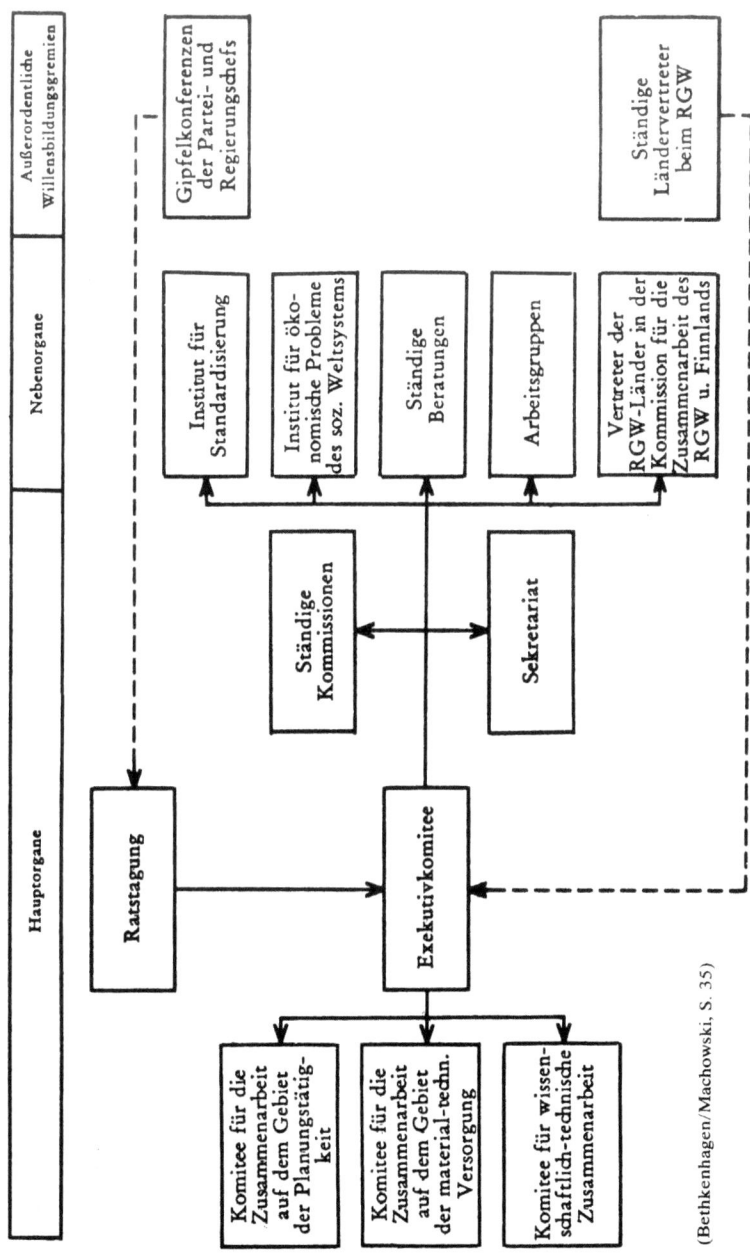

Hauptorgane	Nebenorgane	Außerordentliche Willensbildungsgremien

Hauptorgane:
- Ratstagung
- Exekutivkomitee
- Komitee für die Zusammenarbeit auf dem Gebiet der Planungstätigkeit
- Komitee für die Zusammenarbeit auf dem Gebiet der material-techn. Versorgung
- Komitee für wissenschaftlich-technische Zusammenarbeit

Nebenorgane:
- Ständige Kommissionen
- Sekretariat
- Institut für Standardisierung
- Institut für ökonomische Probleme des soz. Weltsystems
- Ständige Beratungen
- Arbeitsgruppen
- Vertreter der RGW-Länder in der Kommission für die Zusammenarbeit des RGW u. Finnlands

Außerordentliche Willensbildungsgremien:
- Gipfelkonferenzen der Partei- und Regierungschefs
- Ständige Ländervertreter beim RGW

(Bethkenhagen/Machowski, S. 35)

111

Der RGW – kollektives Organ der sozialistischen Staatengemeinschaft – Struktur des Rates

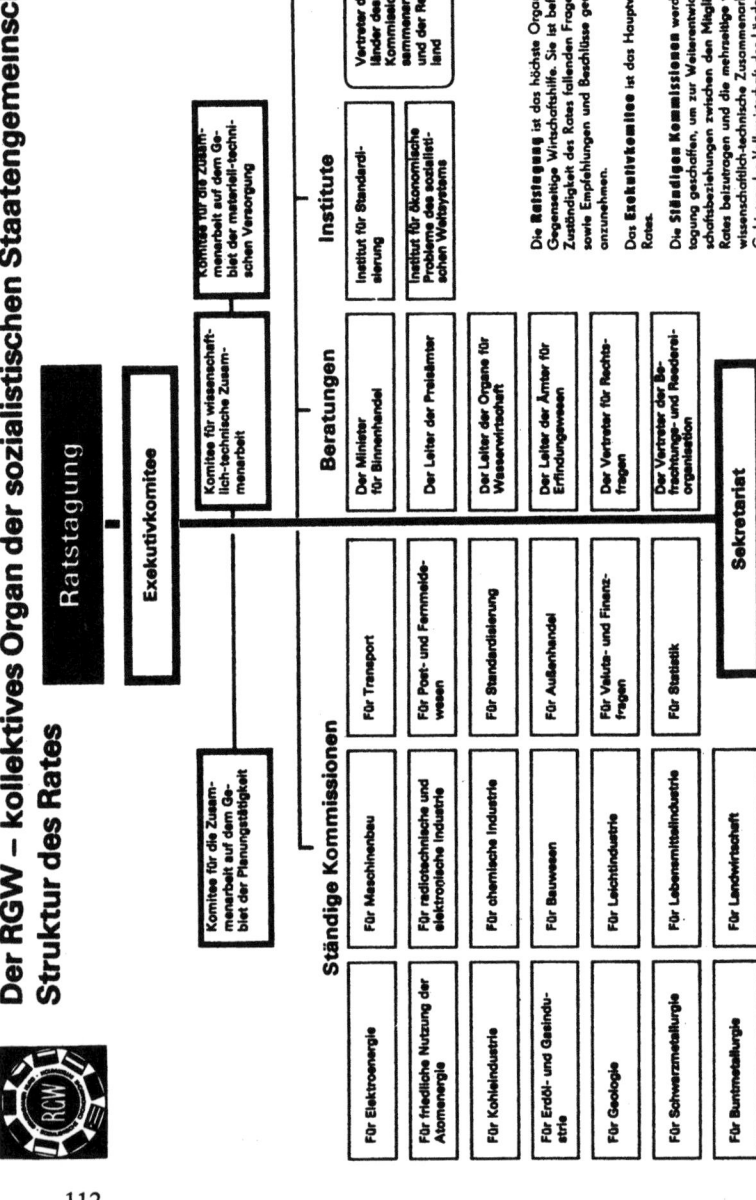

Ratstagung

Exekutivkomitee

Komitee für die Zusammenarbeit auf dem Gebiet der Planungstätigkeit

Komitee für wissenschaftlich-technische Zusammenarbeit

Komitee für die Zusammenarbeit auf dem Gebiet der materiell-technischen Versorgung

Ständige Kommissionen

Für Elektroenergie	Für Maschinenbau	Für Transport
Für friedliche Nutzung der Atomenergie	Für radiotechnische und elektronische Industrie	Für Post- und Fernmeldewesen
Für Kohleindustrie	Für chemische Industrie	Für Standardisierung
Für Erdöl- und Gasindustrie	Für Bauwesen	Für Außenhandel
Für Geologie	Für Leichtindustrie	Für Valuta- und Finanzfragen
Für Schwarzmetallurgie	Für Lebensmittelindustrie	Für Statistik
Für Buntmetallurgie	Für Landwirtschaft	

Beratungen

Der Minister für Binnenhandel

Der Leiter der Preisämter

Der Leiter der Organe für Wasserwirtschaft

Der Leiter der Ämter für Erfindungswesen

Der Vertreter für Rechtsfragen

Der Vertreter der Befrachtungs- und Reedereiorganisation

Institute

Institut für Standardisierung

Institut für ökonomische Probleme des sozialistischen Weltsystems

Vertreter der Mitgliedsländer des RGW in der Kommission für die Zusammenarbeit des RGW und der Republik Finnland

Sekretariat

Die **Ratstagung** ist das höchste Organ des Rates für Gegenseitige Wirtschaftshilfe. Sie ist befugt, alle in die Zuständigkeit des Rates fallenden Fragen zu beraten sowie Empfehlungen und Beschlüsse gemäß dem Statut anzunehmen.

Das **Exekutivkomitee** ist das Hauptvollzugsorgan des Rates.

Die **Ständigen Kommissionen** werden von der Ratstagung geschaffen, um zur Weiterentwicklung der Wirtschaftsbeziehungen zwischen den Mitgliedsländern des Rates beizutragen und die mehrseitige wirtschaftliche und wissenschaftlich-technische Zusammenarbeit auf einzelnen Gebieten der Volkswirtschaft der Länder zu organisieren.

(Anschauungsmaterial RGW, Sozialistische ökonomische Integration. Hrsg. von der Parteihochschule beim ZK der SED, S. 22)

Die *Ratstagung,* das höchste Organ des RGW, spricht Empfehlungen zu besonders wichtigen Fragen der wirtschaftlichen und wissenschaftlich-technischen Zusammenarbeit aus, faßt Beschlüsse zu organisatorischen und verfahrensmäßigen Fragen, bildet Organe, die Funktionen des Rats wahrnehmen, und behandelt den Bericht des Exekutivkomitees. Sie setzt sich aus Vertretern aller Mitgliedsstaaten zusammen, die von den nationalen Regierungen benannt werden (Art. VI).

Das Exekutivkomitee, das Hauptvollzugsorgan des Rates, leitet die Verwirklichung der mit den Empfehlungen bzw. Beschlüssen der Ratstagung verbundenen Aufgaben; kontrolliert die Erfüllung der Verpflichtungen der Mitgliedsländer, die sie durch die Annahme der Empfehlungen von Ratsorganen eingegangen sind; leitet die Arbeit bei wichtigen Aufgaben wie bei der Plankoordinierung, der Spezialisierung und Kooperation in der Produktion, der Entwicklung der Arbeitsteilung in den wichtigsten Produktionszweigen. Es leitet die Arbeit der Komitees, ständigen Kommissionen und des Sekretariats und bestimmt die Hauptrichtung der Arbeit dieser Organe. Geht es um inhaltliche Fragen, spricht es lediglich Empfehlungen aus; Beschlüsse kann es nur fassen bei rein verfahrenstechnischen Fragen. Es setzt sich zusammen aus je einem Vertreter jedes Mitgliedslandes im Rang eines Stellvertreters des nationalen Regierungschefs (Art. VII).

Die *Komitees* werden von der Ratstagung zur Durchführung „komplexer" Maßnahmen geschaffen, deren Bewältigung auf ökonomischem, wissenschaftlichem und technischem Gebiet als ganz entscheidend für die weitere Entwicklung angesehen wird. Sie können zu inhaltlichen Fragen ebenfalls lediglich Empfehlungen aussprechen und Beschlüsse nur in formalen Fragen fassen, sie können der Ratstagung und dem Exekutivkomitee Vorschläge unterbreiten, Materialien anfordern und sich Vorschläge von den ständigen Kommissionen unterbreiten lassen. Die Komitees setzen sich aus den Leitern der zuständigen Organe der Mitgliedsländer zusammen (Art. VIII). Das Planungskomitee hatte einen Vorläufer im „Büro des Exekutivkomitees für zusammenfassende Fragen der Wirtschaftspläne". Sowohl in der neuen Organisationsform als in der Benennung kommt die Bedeutung, die man der Zusammenarbeit auf diesem Gebiet heute beimißt, zum Ausdruck. Dem Komitee für wissenschaftlich-technische Zusammenarbeit war eine ständige Kommission vorausgegangen. Diese Umwandlung verweist auf das Bestreben, das Wirtschaftswachstum über internationale Arbeitsteilung (angefangen von der Forschung) zu fördern. Daß 1974 ein Komitee für die Zusammenarbeit bei der material-technischen Versorgung geschaffen wurde, verweist auf die Bedeutung der Versorgung mit Roh- und Brennstoffen. Die Gründung erfolgte im Kontext mit der sogenannten Ölkrise, in deren Gefolge die UdSSR höhere Rohstoffpreise und

Investitionsbeteiligungen der kleineren osteuropäischen Länder bei der Erschließung von Rohstoffen durchsetzen konnte. *Die ständigen Kommissionen* werden von den Ratstagungen in bestimmten Teilbereichen wirtschaftlicher oder wissenschaftlich-technischer Natur zur weiteren Entwicklung der Wirtschaftsbeziehungen, zur Planung und Organisation der Zusammenarbeit zwischen den Mitgliedern gebildet. Sie sprechen in ihrem Zuständigkeitsbereich Empfehlungen inhaltlicher Natur aus und fassen Beschlüsse nur zu formalen Fragen, sie können der Ratstagung und dem Exekutivkomitee Vorschläge unterbreiten und an der Vorbereitung entsprechender multilateraler Abkommen zwischen den Mitgliedsstaaten beteiligt sein. Sie setzen sich aus Vertretungen zusammen, die von den interessierten Mitgliedsländern bestimmt werden (Art. IX). An der Spitze einer nationalen Delegation steht der zuständige Fachminister, hinzu kommen Abteilungsleiter der entsprechenden Ministerien, aber auch Wissenschaftler und Fachleute aus der Wirtschaft.

Die Komitees werden demnach gegründet zur Bewältigung umfassender, verschiedene Teilbereiche übergreifende Probleme bei der mehrseitigen wirtschaftlichen Zusammenarbeit. Insofern sind sie Ausdruck des Willens zur – allerdings immer nationalen, nicht supranationalen – Zusammenarbeit. Die ständigen Kommissionen sind hingegen überwiegend branchenbezogen, können aber auch der Zusammenarbeit auf einzelnen Gebieten wie z. B. Statistik dienen. Die Kommissionen sind die RGW-Organe, die soweit dies im RGW geschieht, die praktisch-konkrete Arbeit leisten. Die Komitees gibt es erst ab 1971, die ersten ständigen Kommissionen hingegen seit 1956 – seit die einzelnen Länder nicht mehr unmittelbar durch die UdSSR ausgebeutet werden, seit die Länder nicht mehr vereinzelt und einseitig auf die UdSSR ausgerichtet sind, seit die negativen ökonomischen Auswirkungen des sowjetischen Grundmodells (ohne Nennung der Ursachen) und damit verbunden die ökonomischen Vorteile internationaler Arbeitsteilung im RGW thematisiert werden. Die politische und ökonomische Entwicklung erforderte indirekte Methoden der Verzahnung der osteuropäischen Länder untereinander und mit der UdSSR. Die ständigen Kommissionen gibt es, seit dem der RGW zu einem *ökonomischen* Mittel der Sicherung der politischen Vormachtsstellung der UdSSR wird und entsprechend den Vorstellungen Chruschtschows von der Supranationalität des RGW zunehmend werden sollte (vgl. Kap. II). Das heißt nicht, daß unter den Bedingungen, wie sie nun einmal nach dem 2. Weltkrieg geschaffen wurden (vgl. Kap. I), eine stärkere Zusammenarbeit im RGW nicht auch für die kleineren osteuropäischen Länder ökonomisch sinnvoll wäre.

Das Sekretariat setzt sich zusammen aus dem Sekretär (bis heute immer ein Vertreter der UdSSR), dessen Stellvertreter (de facto Vertreter der anderen Staaten) und Personal (ca. 700 Personen aus den Mitgliedsstaaten). Der Sekretär, der von der Ratstagung ernannt wird, repräsentiert den RGW; er vertritt den Rat gegenüber Personen und Organisationen. Das Sekretariat organisiert die Vorbereitung und unterstützt die Durchführung von Ratstagungen, erstellt Informationsmaterial zu wirtschaftlichen und wissenschaftlich-technischen Fragen der Zusammenarbeit, beteiligt sich an der Ausarbeitung von Entwürfen für mehrseitige Abkommen, sichtet die geleistete Arbeit der Organe des Rates und deren praktische Durchführung. Wie man sieht, kommt hier viel zusammen: Repräsentation nach außen; Aufbereitung von Information zur Vorbereitung von Abkommen und zur Lösung bestimmter Probleme. Sammeln, Sichten und Ordnen von Information zum Zweck der Übersicht über Erfolg oder Leerlauf der Arbeit der Ratsorgane, der sich daran zeigt, ob und inwieweit Empfehlungen der Ratsorgane von den Mitgliedern aufgegriffen und praktisch umgesetzt werden. Der Sekretär, seine Stellvertreter sowie das gesamte Personal handeln als Amtspersonen des RGW, nicht als Ländervertreter (Art. X). Im Gegensatz zu den anderen Ratsorganen hat das Sekretariat nicht einmal das Recht, Empfehlungen auszusprechen. In Anbetracht der umfassenden inhaltlichen Arbeitsbereiche, der Verfügung über ein Maximum an Information und der Verpflichtung der Mitarbeiter auf den RGW und nicht auf einzelne Länder, schien es den Mitgliedsstaaten offensichtlich zur Sicherung ihrer Souveränität angeraten, dem Sekretariat dieses Recht nicht zuzugestehen.

Der RGW hat als Organisation nur sehr eingeschränkte Kompetenzen. Die Organe können nur unverbindliche Empfehlungen geben (das Sekretariat nicht einmal das). Verbindlich werden die Empfehlungen erst, wenn sie von den Mitgliedsländern angenommen und dem RGW gegenüber innerhalb von 60 Tagen bestätigt werden. Die Verwirklichung der bestätigten Empfehlungen soll durch die einzelnen Länder auf Basis von zwischenstaatlichen (bilateralen oder multilateralen) Abkommen oder von Verträgen zwischen Wirtschaftsorganisationen erfolgen. Die Empfehlungen müssen einstimmig gefaßt werden. Nach langen Kämpfen um eine Supranationalität des RGW bzw. das Mehrheitsprinzip bei Beschlüssen[21] hat man sich 1967 auf das „Prinzip der interessierten Länder" geeinigt (Art. IV); d. h.: Die Empfehlungen betreffen nicht die Länder, die ihr Desinteresse an der entsprechenden Frage bekunden. Damit ist das Prinzip der Nationalstaatlichkeit bzw. der Einstimmigkeit gewahrt, zugleich aber dafür gesorgt, daß Aktivitäten interessierter Länder nicht durch nicht-interessierte Länder blockiert werden können. Die Ländervertreter in den RGW-Organen nehmen grundsätzlich im nationalen Rahmen fachlich und kompetenzmäßig entsprechende Positionen ein: Exekutivkomitee: Vertreter der Regierungschefs; Komitees: Leiter der entsprechend zuständigen nationalen Organe, also z. B. die

Leiter der staatlichen Planbehörden; ständige Kommissionen: Vertreter der Industrieministerien. Dennoch können diese derart kompetent zusammengesetzten Organe nur Empfehlungen aussprechen, die von den Ländern bestätigt werden müssen. Da sitzen z.B. die nationalen Planungschefs im Komitee für Zusammenarbeit auf dem Gebiet der Planung zusammen und können nur eine von den Ländern erst zu bestätigende Empfehlung zur Plankoordinierung aussprechen (vgl. auch Fink, 1974, S. 68 ff.). Es gibt ausführliche „wissenschaftliche" Diskussionen darüber, welche Qualität und Verbindlichkeit z.B. gemeinsame Protokolle der Planungschefs für die einzelnen Länder haben; ob die RGW-Empfehlungen mit ihrer Bestätigung völkerrechtliche Vereinbarungen darstellen, ob eine Vereinbarung völkerrechtlichen oder nur zivilrechtlichen Charakter hat, etc. Je nach Antwort ergibt sich eine unterschiedliche Verbindlichkeit für die Staaten, z.B. eine materielle Haftung. Diese juristischen Diskussionen anstelle von zwischenstaatlichen Erklärungen oder RGW-Bestimmungen verdeutlichen zweierlei: Zum einen die nationalstaatlichen Vorbehalte gegenüber stärkeren Kompetenzen des RGW und zum andern, daß Empfehlungen z.T. überhaupt nicht zur Kenntnis genommen werden (obwohl von den kompetenten Ländervertretern in den RGW-Organen angenommen), Empfehlungen trotz Bestätigung nicht praktisch umgesetzt werden oder aber bei ihrer Verwirklichung Konflikte ausbrechen (und man in weiser Voraussicht deshalb die materielle Haftung minimieren will).

Die RGW-Organe sind untereinander nicht per Weisungs- bzw. Entscheidungskompetenzen verbunden. Vielmehr gelten die Empfehlungen der einzelnen Organe jeweils als RGW-Empfehlungen. Die Beschlüsse der einzelnen Organe bekommen keine höheren Weihen dadurch, daß sie alle von einer zentralen Instanz angekommen und verabschiedet werden. Auch dadurch wird eine Aufwertung des RGW verhindert. Das Schaubild von Bethkenhagen/Machowski zeigt diese Struktur auf, insofern von den Komitees, ständigen Kommissionen und dem Sekretariat keine Pfeile zur Ratstagung bzw. zum Exekutivkomitee zurückführen.

Das Schaubild führt, neben den besprochenen Hauptorganen, noch Nebenorgane und zwei Orte der Willensbildung auf, die zwar keine RGW-Gremien sind, aber die Entwicklung im RGW ganz entscheidend bestimmen. Die *Konferenzen der Partei- und Regierungschefs* haben als solche institutionell mit dem RGW nichts zu tun, finden aber z.T. während der Ratstagungen statt und zwar dann, wenn auf ihnen entscheidende Fragen der weiteren Entwicklung im RGW zur Diskussion stehen. So war es beispielsweise, als die „Grundprinzipien der internationalen sozialistischen Arbeitsteilung" beschlossen wurden. Die „Grundprinzipien" sind ein Kompromiß zwischen den sowjetischen Wünschen nach der Supranationalität des RGW, dem allgemeinen Streben nach größerer Effizienz der gegenseitigen Wirtschaftsbeziehungen und dem Bestehen auf der nationalen Souveränität (besonders vertreten von Rumänien). Die Supranationalität blieb dabei auf der Strecke. Die „Grundprinzipien" von 1962 wurden zuerst auf einer Konferenz der kommunistischen und Arbeiterparteien der Mitgliedsländer des RGW genehmigt und dann auf der gleichzeitig stattfindenden XVI. Ratstagung angenommen. Genauso verhielt es sich 1969, als die Weichen für die Ausarbeitung des 1971 angenommenen Komplexprogramms gestellt wurden. Auch hier tagten die Partei- und Regierungschefs als Weichensteller und die XXIII. Ratstagung als Anhängsel nebeneinander. In dieser Parallelität der Tagungen der Partei- und Regierungschefs und Ratstagungen in Abschnitten, die für die weitere Entwicklung im RGW entscheidend sind, kommt der Charakter des RGW als zwischenstaatliche ökonomische Organisation zur Ausarbeitung von Vorschlägen für die Gestaltung der Wirtschaftsbeziehungen auf der Basis vorgegebener Ziele deutlich zum Ausdruck. Zielvorstellungen wie praktische Realisierung liegen außerhalb der Kompetenzen der Organisation.

Die Verbindung von Ratstagungen mit Tagungen der Regierungs- und Parteichefs hängt seit 1962 wohl auch damit zusammen, daß 1962 an die Stelle der „Tagung der Ländervertreter" als Hauptvollzugsorgan das Exekutivkomitee des RGW trat. In der Einrichtung des Exekutivkomitees kommt zum Ausdruck, daß dem RGW ein größeres Gewicht eingeräumt wird. Die gleichzeitig mit den Ratstagungen stattfindenden Konferenzen der Partei- und Regierungschefs verweisen andererseits darauf, daß dem RGW nur bei der Ausarbeitung dessen, was auf höchster Ebene im Prinzip entschieden wurde, ein verstärktes Gewicht zukommen soll.

Eine Grauzone bei der Willensbildung stellen die *„ständigen Vertreter der Mitgliedsländer beim RGW"* dar, auf die es nirgendwo offizielle Hinweise gibt. Sie „sind dennoch für die praktische Arbeit der Gemeinschaft von entscheidender Bedeutung. Das folgt aus ihrem Aufgabenbereich, der sich – nach Aussagen von ehemaligen Beamten des RGW-Sekretariats – wie folgt zusammenfassen läßt:

Sie bestimmen die Tagesordnung der Sitzungen des Exekutivkomitees; sie überwachen die Delegierten ihrer Länder in allen RGW-Organen; sie sind eine ständige Kontaktstelle zwischen ihren Ländern und der UdSSR" (Bethkenhagen/Machowski, S. 39).

Internationale Wirtschaftsorganisationen

Die internationalen Wirtschaftsorganisationen, die keine Organe des RGW sind, werden im Komplexprogramm (1971) als Formen für die weitere Vertiefung der Zusammenarbeit und Entwicklung der Integration genannt. Sie sind einerseits Ausdruck des Willens zur ökonomischen Zusammenarbeit und dokumentieren andererseits allein durch ihre Existenz, daß die RGW-Länder – jedenfalls nicht alle – dem RGW keine supranationalen Kompetenzen zugestehen wollen. Gemeinsame wirtschaftliche Tätigkeit, internationale Arbeitsteilung in Forschung, Entwicklung, Produktion und/oder Absatz, Zusammenarbeit jenseits von Informationsbereitstellung und anderer Dienstleistungen finden außerhalb des RGW statt. Den Organisationen, die genau abgrenzbare ökonomische Teilprobleme in der Praxis gestalten und lösen sollen, werden eher Entscheidungskompetenzen abgetreten als der laut Konstruktion anspruchsvolleren und umfassenderen Organisation RGW. Abgesehen von der ökonomischen Notwendigkeit dieser Formen wirtschaftlicher Zusammenarbeit ist die Übertragung von Entscheidungskompetenzen hier eher möglich, weil diese (de facto sehr bescheidenen) Kompetenzen als Instrumente von Wirtschaftsorganisationen das Prinzip der Nationalstaatlichkeit nicht zugunsten der Supranationalität unterhöhlen und jederzeit zurückgenommen werden können. Eine Abtretung staatlicher Kompetenzen an den RGW hingegen bedeutete eine praktisch irreversible Schwächung nationalstaatlicher Souveränitätsrechte.

1962 hatte sich die Situation ähnlich wie 1971 gestellt: Ökonomische Gründe erzwangen die Förderung einer engeren arbeitsteiligen Zusammenarbeit (daher die „Grundprinzipien"). Aus politischen und ökonomischen Gründen war insbesondere Rumänien entgegen den Forderungen der UdSSR auf keinen Fall bereit, nationalstaatliche Kompetenzen abzugeben. Daher wurden neben dem RGW weitere *zwischenstaatliche ökonomische Organisationen der Mitgliedsländer* ins Leben gerufen – vornehmlich solche mit Koordinierungsaufgaben in einzelnen Branchen (z.B. Intermetall), im infrastrukturellen Bereich (z.B. einen gemeinsamen Güterwagenpark zwecks Koordinierung und damit besserer Auslastung der Waggons und des Schienennetzes) und auf monetärem Sektor (z.B. die Internationale Bank für Wirtschaftliche Zusammenarbeit zwecks multilateraler Verrechnung der bilateralen Warenlieferungen). Diese zwischenstaatlichen ökonomischen Organisationen beziehen sich auf einzelne ökonomische Bereiche, deren Koordinierung sie insbesondere dienen. Der RGW (zwar ebenfalls eine zwischenstaatliche ökonomische Organisation) dagegen bezieht sich nicht auf einen einzelnen Bereich und dessen praktische Gestaltung. Gerade deswegen steht er als einzige der ökonomischen Organisationen der Mitgliedsstaaten des RGW (seien sie zwischenstaatlicher oder internationaler Natur) immer im Verdacht der Tendenz zur Supranationalität, sobald solche Bestrebungen artikuliert werden. Aufgrund der umfassenderen Aufgaben der verschiedenen Ratsorgane zusammengenommen und aufgrund seiner

Brain-storming-Rolle ohne praktische wirtschaftliche Tätigkeit ist er eine politische Organisation zur Gestaltung ökonomischer Beziehungen, während die anderen Organisationen stärker im ökonomischen Bereich verbleiben. Daher die Zurückhaltung, ihm auch noch praktische wirtschaftliche Funktionen zuzugestehen.

Die *zwischenstaatlichen ökonomischen Organisationen* bilden, soweit sie mit Koordinierungsaufgaben bezogen auf einzelne Branchen befaßt sind, sozusagen die Nahtstelle zu den *internationalen Wirtschaftsorganisationen*. Man könnte sie illustrierend als „Kartelle" bezeichnen. Die internationalen Wirtschaftsorganisationen könnte man – ebenfalls überspitzt –, soweit es sich um internationale Wirtschaftsvereinigungen handelt, „Konzerne" nennen. Sie koordinieren nicht nur, sondern sind auch gemeinsam planerisch und wirtschaftlich tätig. Die Unterschiede zwischen den „Kartellen" und den „Konzernen" sind, soweit es sich auf der einen Seite um branchenbezogene zwischenstaatliche ökonomische Organisationen und auf der anderen Seite um internationale Wirtschaftsvereinigungen handelt, nicht starr fixiert. Beide sind branchenbezogen; bei den „Kartellen" kann sich die Tätigkeit über die Koordinierung hinaus ausweiten, bei den „Konzernen" bezieht sich die Zusammenarbeit von vornherein auf einzelne oder mehrere Bereiche des Reproduktionsprozesses (z.B. Interchemiefaser: Koordinierung und partiell gemeinsame Planung der Chemiefaserproduktion) oder auf den Gesamtprozeß von der Forschung bis zum Absatz, evtl. unter Einschluß von Außenhandelsunternehmen (z.B. Interatominstrument, Interatomenergo, Intertextilmasch). Neben den internationalen Wirtschaftsvereinigungen sind die gemeinsamen Betriebe, auf die ich weiter unten zu sprechen komme, die nächst bedeutende Form internationaler Wirtschaftsorganisationen. Die internationalen Wirtschaftsorganisationen unterscheiden sich also gegenüber den zwischenstaatlichen ökonomischen Organisationen durch den Tätigkeitsbereich und damit verbundene weitergehende Kompetenzen. Im Unterschied zu den zwischenstaatlichen branchenbezogenen ökonomischen Organisationen, die ausschließlich mit Koordinierungsaufgaben befaßt sind, führen die internationalen Wirtschaftsvereinigungen auch gemeinsam Planungen, Forschung, Entwicklung, Produktion und/oder den Absatz durch und verfügen über operative Wirtschaftsbefugnisse. Erst das befähigt sie dazu, bilateral oder multilateral gemeinsam in der Produktion tätig zu sein.

„Operativ" ist das entscheidende Wort, um den Unterschied zwischen den beiden Organisationsformen zu verdeutlichen. Die Bedeutung dieses Wortes läßt sich am besten anhand der nationalen Wirtschaftssysteme vor und nach den Wirtschaftsreformen erklären (Damus, 1973). Der entscheidende Schritt der nationalen Wirtschaftsreformen war genau der, daß die Branchenvereinigungen (in der DDR die VVB) und die Betriebe (in der DDR die VEB) das Recht der operativen Leitung und damit überhaupt erst wirkliche Wirtschaftsbefugnisse erhielten, insofern ihnen ein bestimmtes Maß an Entscheidungskompetenz und damit an Eigenverantwortung zugestanden wurde. Im Rahmen des Jahresvolkswirtschaftsplans, der im Zuge der Wirtschaftsreformen auf detaillierte Vorgaben verzichtet, treffen die Betriebe bei der Plandurchführung, orientiert an betrieblicher Rentabilität, Entscheidungen. Sie sind somit zwar in die Pläne eingebunden, beschreiten aber bei der Plandurchführung die Wege, die ihnen zur Erzielung der als Richtschnur angegebenen Ergebnisse am sinnvollsten erscheinen. Ansatzweise werden diese Entscheidungsstrukturen, durch die der „Sachverstand" der Wirtschaftseinheiten gegenüber der Administration zum Tragen kommen soll, bei den internationalen Wirtschaftsorganisationen auf die Ebene der internationalen Zusammenarbeit übertragen.

Eine Voraussetzung für internationale Wirtschaftsorganisationen mit operativen Kompetenzen ist die, daß es sich bei den nationalen Wirtschaftseinheiten, die in internationalen Wirtschaftsorganisationen zusammenarbeiten, und bei den internationalen Wirtschaftsorganisationen um Organisationen mit wirtschaftlicher Rechnungsführung handelt. Solche Organisationen haben eine mehr oder weniger große wirtschaftliche Eigenverantwortung und verfügen eigenständig über den Einsatz finanzieller Mittel bzw. Fonds. Haushaltsfinanzierte Organisationen erhalten dagegen in einem bestimmten zeitlichen Rhythmus vom Staat (den Staaten) Mittel zugewiesen, die gebunden sind und abgerechnet werden müssen, um zu Beginn des neuen Zyklus wieder Mittel zugewiesen zu bekommen. Die zwischenstaatlichen ökonomischen (auch die branchenbezogenen) Organisationen sind haushaltsfinanzierte Organisationen. Auf der internationalen Ebene haben sie keine operativen Kompetenzen, obwohl sie im nationalen Rahmen – wenn auch unterschiedlich – solche Kompetenzen besitzen.

Um die internationalen Wirtschaftsorganisationen (in ihrer wichtigsten Form als Wirtschaftsvereinigung) richtig einordnen zu können, erscheint mir außer der Feststellung ihrer eigenständigen operativen wirtschaftlichen Tätigkeit und der damit verbundenen Verfügung über eigene finanzielle Fonds die Beantwortung dreier Fragen von besonderer Bedeutung: Die Frage

a) nach dem Verhältnis von nationaler Planung und Planungskompetenzen der internationalen Wirtschaftsvereinigungen, nach dem Ausmaß der gemeinsamen Wirtschaftstätigkeit mit operativen Leitungsbefugnissen;

b) nach den Entscheidungsstrukturen innerhalb der Wirtschaftsvereinigungen und danach, wie die Länder in ihnen ihre Interessen absichern (Einstimmigkeits- bzw. Mehrheitsprinzip);

c) nach den Eigentumsverhältnissen bei internationalen Wirtschaftsvereinigungen.

Zu a) Neben den Plänen für ihre eigene (eingeschränkte) Wirtschaftstätigkeit haben die internationalen Wirtschaftsvereinigungen die entsprechenden nationalen Teilpläne zu koordinieren. Bei dieser Koordinierung können die Vereinigungen keine für ihre Länder verbindlichen Entscheidungen treffen. Verbindlichkeit kommt erst dann zustande, wenn die vorgesehenen Maßnahmen Bestandteile der nationalen Pläne geworden sind. Die an der internationalen Wirtschaftsvereinigung Beteiligten bringen auf der Basis der jeweiligen nationalen Fünfjahrpläne Koordinierungsvorschläge ein. Die Vereinigung arbeitet dann den Entwurf eines Fünfjahrplanes für ihren Gegenstandsbereich aus, an dem dann Korrekturen entsprechend den Abstimmungen und Übereinkünften der Länder vorgenommen werden. Der so zustandegekommene Plan wird schließlich durch die Leitung der Vereinigung bestätigt und damit rechtlich verbindlich. Derartige Koordinierungen in einzelnen Bereichen, die sich auf die Jahres- und Fünfjahrespläne beziehen, sind zwischenstaatliche Beziehungen, bei denen die Wirtschaftsorganisationen als Organisatoren agieren.

Die Planung der eigenen „gemeinsamen" Wirtschaftätigkeit der internationalen Wirtschaftsvereinigungen unterliegt keinen verbindlichen Auflagen der Länder. Die Planentwürfe müssen aber selbstverständlich mit den Ländern bzw. deren Volkswirtschaftsplänen abgestimmt werden. Danach werden sie von der Leitung der Vereinigung bestätigt. Die Länder verpflichten sich, diese Pläne in ihren Volkswirtschaftsplänen zu berücksichtigen. Die operative Tätigkeit bei der Plandurchführung hingegen geschieht eigenverantwortlich. Die beteiligten Länder müssen daher auch nicht für evtl. entstehende Verbindlichkeiten der internationalen Wirtschaftsvereinigungen einstehen. Vielmehr kommt die wirtschaftliche Rechnungsführung der Vereinigung zum Tragen.

Zu b) Die internationalen Wirtschaftsvereinigungen verfügen über ein Leitungs- und ein Exekutivorgan. Das erstere setzt sich aus Bevollmächtigten der Beteiligten zusammen. Es ist also im Gegensatz zum sonst postulierten „Leninschen" Prinzip der Einzelleitung aus naheliegenden Gründen ein „kollektives" Leitungsorgan. So weit es überhaupt um grundsätzlichere Fragen geht, müssen sie vom Leitungsorgan einstimmig entschieden werden. Der Entscheidungsmodus bei weniger grundsätzlichen Fragen ist im Gründungsvertrag geregelt. Das Komplexprogramm sieht für die zwischenstaatlichen ökonomischen Organisationen generell das Einstimmigkeitsprinzip bei inhaltlichen Fragen vor, allerdings auf der Grundlage des Prinzips der Interessiertheit (bzw. Nicht-Interessiertheit) der beteiligten Länder. Bei den internationalen Wirtschaftsorganisationen sind dagegen auch Mehrheitsbeschlüsse möglich. Dazu bedarf es genauer Bestimmungen in den Abkommen bzw. Verträgen, die die internationalen Wirtschaftsorganisationen konstituieren. Im Gründungsabkommen von Interatominstrument ist z.B. vorgesehen, daß Entscheidungen über die Koordinierung der Wirtschaftstätigkeit nur die Mitglieder binden, die ihrer Annahme zugestimmt haben (Prinzip der Interessiertheit). Die Koordinierung muß also unter den interessierten Ländern einstimmig erfolgen. Beispiele für ein echtes Mehrheitsprinzip hinsichtlich Fragen, die sich auf die gemeinsame wirtschaftliche Tätigkeit, also einen bereits sehr eingeschränkten Bereich, beziehen, habe ich in der Literatur nicht gefunden, dafür aber die Feststellung, daß Fragen der operativen Tätigkeit mehrheitlich geregelt werden „sollten" (Sozialistische ökonomische Integration, Rechtsfragen, S. 114). Mehrheitsentscheidungen scheinen große Schwierigkeiten zu bereiten.

Die internationalen Wirtschaftsorganisationen verfügen des weiteren über ein Exekutivorgan. Über dessen Zusammensetzung ist im Komplexprogramm nichts ausgesagt. Dagegen werden über die Funktion des Exekutivorgans Aussagen gemacht. Das Exekutivorgan ist im Rahmen der ihm vom Leitungsorgan übertragenen Vollmachten für die operative Wirtschaftstätigkeit zuständig (Komplexprogramm, S. 74). Die Interessen der Länder bleiben gewahrt durch die Einstimmigkeit in Grundfragen bzw. das Prinzip der Interessiertheit und dadurch, daß das Leitungsorgan grundsätzlich ein kollektives Organ ist. Mehrheitsbeschlüsse und damit Beschlüsse gegen einzelne Länder sind nur bei der Durchführung der gemeinsamen Wirtschaftstätigkeit, also bei einzelnen Fragen nach dem Wie, nicht nach dem Was der ökonomischen Prozesse denkbar. Dennoch liegt hier der vorsichtige Versuch anderer Entscheidungsstrukturen vor.

Zu c) Die einzelnen nationalen Wirtschaftseinheiten, die zusammen eine internationale Wirtschaftsvereinigung bilden, bewahren ihre betriebliche Selbständigkeit und bleiben einzelstaatliches Eigentum. Die Mittel werden partiell zwar zur Erzielung höherer Effizienz vereinigt, verbleiben aber im Eigentum der Staaten entsprechend dem „Wesen des Sozialismus" (vgl. Kap. III, 4). Beschlüsse, die sich auf die Koordinierung der Wirtschaftstätigkeit beziehen, sind für die beteiligten interessierten Länder verbindlich, während Beschlüsse, die die gemeinsame wirtschaftliche Tätigkeit der Wirtschaftsvereinigungen betreffen, lediglich zu berücksichtigen sind. Wo also die internationalen Wirtschaftsvereinigungen etwas autonomer in ihren Beschlußmöglichkeiten sind, wird die Verbindlichkeit der Beschlüsse für die Länder eingeschränkt. Man sollte meinen, daß aufgrund der starken Beteiligung der Länder am Entscheidungsprozeß der Wirtschaftsvereinigungen weder da noch dort Schwierigkeiten auftauchen können. Hier verbergen sich jedoch große Probleme für die wirtschaftliche Zusammenarbeit der osteuropäischen Staaten,

Probleme, auf die ich insbesondere im Zusammenhang mit der Planungstätigkeit/Plankoordinierung bei Spezialisierungs- und Kooperationsvorhaben noch eingehen werde (Verhältnis von Flexibilität und Stabilität; Sanktionen bei Nicht-Einhaltung von Vereinbarungen; technisches Niveau, Qualität und Timing bei gegenseitigen Lieferungen; Synchronisation der internationalen Vereinbarungen mit den nationalen Wirtschaftsplänen; Uneinheitlichkeit der Wirtschaftssysteme).

Die internationalen Wirtschaftsvereinigungen als Vereinigungen von nationalen Industrievereinigungen oder auch Kombinaten (Großbetrieben) sind in der Praxis die vorherrschende Form internationaler Wirtschaftsorganisationen. Das ist auch im Komplexprogramm so vorgesehen. Es gibt aber auch andere Möglichkeiten und zwar neben den Handelsbüros (Komplexprogramm, S. 72) insbesondere die „gemeinsamen Betriebe" (oder „gemischten Gesellschaften"). Im Komplexprogramm heißt es hierzu vorsichtig, daß sich in der Zukunft die Bildung gemeinsamer Betriebe als zweckmäßig erweisen kann. Gemeinsame Betriebe verfügen über ein eigenes Vermögen und haften für überkommene Verpflichtungen voll mit ihrem Vermögen (Komplexprogramm, S. 74). Alles weitere soll laut Komplexprogramm durch die interessierten Partner selbst geregelt werden. Weder werden die Tätigkeitsbereiche noch die Entscheidungsstrukturen innerhalb dieser Wirtschaftsorganisationen noch das Verhältnis einer solchen Organisation zu den beteiligten Ländern, z.B. die Verzahnung mit den nationalen Plänen, dargelegt. Nur die sonst generell vermiedene internationale Verzahnung nationalen Eigentums und die daraus sich ergebenden rechtlichen Verpflichtungen werden benannt. Diese Bestimmungen hinsichtlich Eigentum und rechtlicher Verpflichtungen charakterisieren die gemeinsamen Betriebe, die eben aufgrund dieser weitreichenden Bestimmungen an Zahl klein bleiben dürften.

In der Praxis gab es bereits vor dem Komplexprogramm vereinzelt gemeinsame Betriebe bzw. befanden sie sich im Gründungsprozeß. Nach Verabschiedung des Komplexprogramms kam es nur zu sehr wenigen neuen gemeinsamen Betrieben, da diese weitaus tiefgreifendere Probleme aufwerfen als die Koordinierungszentralen (zwischenstaatliche ökonomische Organisationen von Branchen) oder als die gemeinsame Planung national selbständiger Betriebe, Kombinate und Branchenvereinigungen (internationale Wirtschaftsvereinigungen). Daß bisher gemeinsame Betriebe nahezu ausschließlich auf bilateraler Ebene gegründet wurden, liegt an den Schwierigkeiten, die sich ergeben aus

– der Unvergleichbarkeit der nationalen Preise und den unterschiedlichen Preisbildungsprinzipien (damit ergeben sich z.B. Probleme bei der Erstellung von Bilanzen und der Buchführung);

– der Uneinheitlichkeit der Planungs- und Leitungssysteme (daraus ergeben sich Probleme bei der Integration der gemeinsamen Betriebe in die nationalen Planungs- und Leitungssysteme);

– der Frage des Gewinntransfers, der Regelung der Bezahlung von Arbeitskräften (hierzu bedarf es internationaler Regelungen und/oder der Bestimmung, welche nationalen Regelungen gelten sollen etc.).

Wird versucht, diese Probleme durch übernationale, vereinheitlichte Bestimmungen und damit losgelöst von den nationalen Systemen zu regeln, werden die Betriebe zu isolierten Inseln. Soll die Vereinheitlichung mittels der Regelungen eines der beteiligten Länder erfolgen, befürchten die anderen ökonomische Nachteile und den Verlust ihrer nationalstaatlichen Kompetenzen. Wird versucht, die Regelungen der beteiligten Länder nebeneinander gleichberechtigt zu verwenden, sind die gemeinsamen Betriebe keine gemeinsamen Betriebe mehr. Die Schwierigkeiter. mit den gemeinsamen Betrieben ergeben sich daraus, daß sie als solche die nationale Planhoheit und das staatliche Eigentum, damit aber die wirtschaftlichen Säulen der Herrschaftsausübung bzw. Vergesellschaftung durch die je nationale Staatspartei in Frage stellen. 1973 wurden vom RGW-Exekutivkomitee „Musterbedingungen" für internationale Wirtschaftsorganisationen entwickelt (vgl. Anhang); allerdings wurden sie nicht rechtskräftig.

Wichtige, die Zusammenarbeit befürwortende Autoren wie Kohlmey, Kormnow und Morgenstern halten daher beim derzeitigen Entwicklungsstand zwischenstaatliche ökonomische Organisationen bzw. internationale Wirtschaftsvereinigungen für ausreichend. Sie verweisen auf die aufgeführten kaum lösbaren Schwierigkeiten bei gemeinsamen Betrieben und befürworten Methoden der Zusammenarbeit, die ohne diese Schwierigkeiten auf absehbare Zeit den angestrebten Nutzeffekt erzielen könnten. Eine solche Möglichkeit der internationalen Zusammenarbeit wäre z. B. die Umverteilung von Akkumulationsmitteln im Interesse der beteiligten Länder in Form von Investitionsbeteiligungen (bzw. Investitionskrediten in Form von Warenlieferungen) in der Grundstoffindustrie (Wanderung der finanziellen Mittel, des „Kapitals" zu den Rohstoffquellen, insoweit Standorte aufgrund der Lage der Rohstoffquellen feststehen und die Errichtung entsprechender Objekte sehr kostenintensiv ist) und/oder in Form von Kooperations- bzw. Spezialisierungsabkommen in der verarbeitenden Industrie (keine naturgegebenen Standorte, geringere „Grundfonds" – bzw. „Kapitalintensität", höhere Effizienz auf der Grundlage arbeitsteiliger Produktion). Kohlmey sieht durch diese Formen internationaler Zusammenarbeit – Investitionsbeteiligungen und Spezialisierungs- bzw. Kooperationsvereinbarungen – die für die Effektivierung notwendige Mobilität gegeben. Abstrakt ökonomisch betrachtet stimmt das, systemspezifisch erscheint mir die Aussage falsch. Der Reale Sozialismus kann nicht einfach finanzielle Mittel wandern lassen, er kann nicht eine umfassende internationale ökonomische Verzahnung im RGW durch eine Wanderung der Akkumulationsmittel zulassen, ohne daß die Formen institutionell fixiert werden. Ansonsten würde ab einer bestimmten Stufe die staatliche Planhoheit gesprengt. Kohlmey versucht Formen des kapitalistischen Weltmarkts entgegen der Formspezifik des Realen Sozialismus auf die real-sozialistischen Länder zu übertragen.

Ein Beispiel für einen gemeinsamen Betrieb, bei dem die finanziellen Fonds („Kapital") zu den Arbeitskräften wandern, ist die gemeinsame Baumwollspinnerei der DDR und Polens in Zawiercie. Die DDR leidet unter Arbeitskräftemangel, während Polen über genügend Arbeitskräfte „verfügt"; das „Wandern" der Arbeitskräfte soll jedoch vermieden werden (u. a. wegen „Gastarbeiterproblemen"). Als oberstes Leitungsorgan hat die Baumwollspinnerei einen paritätisch besetzten Verwaltungsrat, der einstimmig entscheiden muß. Seine Beschlüsse sind für den Generaldirektor (ein Pole, da auf polnischem Gebiet) – als Exekutivorgan – verbindlich. Hier gilt folglich nicht das im Realen Sozialismus innerhalb des nationalen Rahmens unsterbliche „Prinzip der leninschen Einzelleitung", denn dieses kann in einem gemeinsamen Betrieb die nationalstaatlichen von der Partei diktierten Interessen nicht sichern. Im nationalen Rahmen sichert dagegen das Prinzip der Einzelleitung die Befehlsstruktur von oben nach unten.

Wie schwer es Realsozialisten bei ihrer internationalen wirtschaftlichen Zusammenarbeit miteinander haben, das zeigt sich an der geringen Zahl solcher gemeinsamen Betriebe und daran, daß es mehr joint ventures (= gemeinsame Betriebe eines real-sozialistischen und kapitalistischen Landes mit Sitz im Realsozialismus) gibt (vgl. Kap. IV, 3). Deren Zahl ist allerdings ebenfalls sehr gering. Eher sind joint ventures in kapitalistischen Staaten oder gar in unterentwickelt gehaltenen Ländern ansässig. Im letzteren Fall sichern sich die osteuropäischen Staaten den Zugang zu Rohstoffen und/oder den Absatz ihrer Produkte, die sie in den entwickelten kapitalistischen Ländern nicht loswerden, deren Devisenerlöse jedoch Einkäufe in diesen ermöglichen.

Die Gründe für die Schwierigkeiten gemeinsamer Produktion im Realen Sozialismus sind nicht einfach auf der ökonomisch-technischen Seite zu suchen. Im vierten Teil dieses Kapitels gehe ich daher auf die sich hinter den dargestellten ökonomisch-technischen Problemen verbergenden divergierenden ökonomischen und politischen Interessen und Systembedingtheiten ein. Dann wird deutlich werden, daß unter den gegebenen Verhältnissen die ökonomischen Probleme kaum aufhebbar sind. In welcher ökonomischen und gesellschaftspolitischen Richtung auch immer eine Lösung der bestehenden ökonomischen internationalen Probleme gesucht wird, es wird in jedem Fall die abgeschlossene Nationalstaat-

Internationale ökonomische Organisationen der Mitgliedsländer des RGW (Tabellarische Zusammenstellung)

Organisation	Gründung Sitz	Tätigkeitsbereich, Aufgaben	Teilnehmer
I. Zwischenstaatliche ökonomische Organisationen			
Rat für gegenseitige Wirtschaftshilfe (RGW)	1949 Moskau	Entwicklung der Produktivkräfte, Steigerung der Arbeitsproduktivität; rationelle Nutzung der Ressourcen; Erhöhung des Lebensstandards; Annäherung und Angleichung des Entwicklungsniveaus der beteiligten Länder; Sieg im ökonomischen Wettbewerb mit dem Kapitalismus.	B. C. D. (K). (M). P. R. S. U. (V).
Zentrale Dispatcherverwaltung (ZDV) des vereinigten Energiesystems	1962 Prag	Koordinierung der Planungs- und Betriebstätigkeit der nationalstaatlichen Energiesysteme im Hinblick auf den Stromaustausch.	B. C. D. P. R. S. U.
Internationale Bank für wirtschaftliche Zusammenarbeit (IBWZ)	1963 Moskau	Multilaterale Verrechnung und kurz- bzw. mittelfristige Kreditierung des Inner-RGW-Handels.	B. C. D. P. R. S. U.
Gemeinsamer Güterwagenpark	1963 Prag	Erhöhung der Effektivität der Waggonnutzung, bessere Ausnutzung der Eisenbahnlinien.	B. C. D. P. R. S. U.
Interpodschypnik	1964 Warschau	Ausarbeitung von Maßnahmen zur besseren Bedarfsdeckung und rationelleren Kapazitätsausnutzung auf dem Gebiet der Wälzlager.	B. C. D. P. R. S. U.
Intermetall	1964 Budapest	Ausarbeitung von Maßnahmen hinsichtlich der Produktionskapazitäten der Eisen- und Stahlindustrie zwecks Bedarfsdeckung und Hebung des technisch-ökonomischen Niveaus.	B. C. D. P. S. U. vertragl. Zusammenarbeit mit Rumänien
Internationale Investitionsbank (IIB)	1970 Moskau	Lang- und mittelfristige Kreditfinanzierung gemeinsamer Investitionen.	B. C. D. P. R. S. U.
Interchim	1969 Halle	Entwicklung der Produktionsspezialisierung und -kooperation im Bereich der chemischen Industrie, Koordinierung der Produktionspläne und Austauschbeziehungen auf dem Gebiet kleintonnagiger chemischer Erzeugnisse.	B. C. D. P. R. S. U.
Interelektro	1973 Moskau	Plankoordinierung und gemeinsame Planung, Produktionsspezialisierung und -kooperation auf Teilgebieten der Elektrotechnik.	B. C. D. P. R. S. U.

Organisation	Gründung Sitz	Tätigkeitsbereich, Aufgaben	Teilnehmer
II. Internationale Wirtschaftsorganisationen (IWO)			
1. Internationale Wirtschaftsvereinigungen (IWV)			
Interatominstrument	1972 Warschau	Zusammenarbeit in Forschung, Produktion und Absatz auf dem Gebiet des kerntechnischen Gerätebaues.	Industrievereinigungen u. Außenhandelsbetriebe aus B. C. D. P. S. U.
Assofoto	1973 Moskau	Gemeinsame Planung auf dem Gebiet der fotochemischen Industrie.	Industrievereinigung u. Kombinat aus D. S.
Interatomenergo	1973 Moskau	Koordinierung der Forschung, Entwicklung und Produktion auf dem Gebiet des Atomkraftwerksanlagenbaus.	Industrievereinigungen aus B. C. D. P. R. S. U.
Intertextilmasch	1973 Moskau	Zusammenarbeit in Forschung, Entwicklung, Produktion, Absatz und Service auf Teilgebieten des Textilmaschinenbaus.	Industrievereinigungen aus B. C. D. P. R. S. U.
Domochim	1974 Moskau	Koordinierung und gemeinsame Planung auf dem Gebiet der Haushaltschemie.	Industrievereinigungen aus D. S.
Interchemiefaser	1974 Bukarest	Koordinierung und gemeinsame Planung auf dem Gebiet der Chemiefaserproduktion.	Industrievereinigungen aus B. C. D. P. R. S. U.
2. Gemeinsame Betriebe			
Haldex	1959 Kattowitz	Gewinnung von Kohle und Baumaterial durch Verarbeitung der Abraumhalden des Steinkohlebergbaus.	P. U.
Intransmasch	1964 Budapest	Forschung, Produktion und Generallieferant von Maschinen für den innerbetrieblichen Transport.	B. U.
Baumwollspinnerei	1972 Zawiercie	Produktion von Baumwollgarnen.	D. P.
Mongolsowzwetmet	1973 Ulan-Bator	Erkundung, Gewinnung und Verarbeitung von Buntmetallerzen.	M. S.

B = Bulgarien, C = CSSR, D = DDR, K = Kuba, M = Mongolei, P = Polen, R = Rumänien, S = Sowjetunion, U = Ungarn, V = Vietnam.
Die in Klammern gesetzten Teilnehmer wurden entsprechend der Struktur des Buches nicht weiter berücksichtigt.
Auswahl unter Verwendung von Bethkenhagen/Machowski, 1976, S. 90 ff. und Grunddokumente des RGW. Berlin-DDR 1978, S. 328 ff.

lichkeit und damit der Staat als Vergesellschaftungs- und Herrschaftsinstrument der (je nationalen) Parteiführung in Frage gestellt.

b) Instrumentarien und Methoden der Planungstätigkeit

Der Plan ist das entscheidende Instrument bei der Gestaltung der wirtschaftlichen Entwicklung und Struktur im nationalen Rahmen der osteuropäischen Staaten. Deswegen steht die Zusammenarbeit in der Planung auch bei den Wirtschaftsbeziehungen zwischen den osteuropäischen Staaten im Vordergrund. Wie bei den Wirtschaftsreformen seit den 60er Jahren im nationalen Rahmen so geht es im RGW-Rahmen seit dem Komplexprogramm (1971) um eine effizientere Verbindung von staatlichen Instanzen und Wirtschaftseinheiten, um die Einbeziehung der Wirtschaftseinheiten in den internationalen ökonomischen Abstimmungsprozeß. Die Einbeziehung des ,,Sachverstandes" bezieht sich insbesondere auf die Vorbereitung und Realisierung internationaler Wirtschaftsbeziehungen, nicht hingegen auf die Festlegung, was angegangen werden soll. Auch im internationalen Rahmen steht somit die Reduktion direkter Anweisungen zugunsten einer mehr indirekten Durchsetzung des zentralstaatlich-parteilichen Willens zur Diskussion. Die Einbeziehung des ökonomischen ,,Sachverstandes" der Wirtschaftseinheiten in die politisch-ökonomischen Entscheidungen staatlicher Instanzen soll der Erhöhung wirtschaftlicher Effizienz dienen. Im internationalen Rahmen ergeben sich allerdings noch vielschichtigere Probleme als im nationalen. Auf nationaler Ebene werden – wo Wirtschaftsreformen durchgeführt wurden – die zentralen Vorstellungen verstärkt über monetäre Mechanismen und damit indirekt durchgesetzt; auch die horizontalen Beziehungen zwischen den Wirtschaftseinheiten kommen über monetäre Mechanismen zustande. Im internationalen Bereich wird der Sachverstand stärker über ,,Direktbeziehungen" der verschiedensten, je nach Problemstellung gleichwertigen staatlichen und/oder wirtschaftlichen Entscheidungsträger einbezogen. Die Methoden der Zusammenarbeit sind direkt-politisch-planerischer und weniger indirekt-ökonomischer Natur. Monetäre Mechanismen sollen im RGW zwar an Bedeutung gewinnen, dennoch spielen sie als Mittel der Verbindung von Wirtschaftseinheiten untereinander und zu den staatlichen Entscheidungsträgern eine nur geringe Rolle. Die Realisierung dessen, was in zwischenstaatlichen Abkommen anvisiert wird, erfolgt nicht primär mittels indirekter monetärer Mechanismen der Beeinflussung der Wirtschaftseinheiten. Die internationalen Beziehungen der Wirtschaftseinheiten kommen über Methoden direkter Planung zustande und damit über Methoden, die im nationalen Rahmen als Methode der Verbindung von Entscheidungsträgern primär staatlichen Instanzen zukommen. Insofern unterscheiden sich die Instrumentarien staatlicher Instanzen und wirtschaftlicher Einheiten im internationalen Rahmen für's erste weniger voneinander als im nationalen. Auf den „Patriotismus" der Wirtschaftseinheiten glaubt man anscheinend im internationalen Rahmen besser setzen zu können als im nationalen. Auf der internationalen Ebene treffen die Interessen staatlicher Instanzen und Wirtschaftseinheiten stärker zusammen, der Konkurrent und Gegner liegt primär außerhalb des nationalen Rahmens – vorausgesetzt, das nationale ökonomische System ist so organisiert, daß die Wirtschaftseinheiten ein effizientes Interesse an der Außenwirtschaft haben.

Die unterschiedliche direkt-planerische bzw. indirekt-monetäre Einbindung ökonomischer Entscheidungsträger im nationalen bzw. internationalen Rahmen rührt daher, daß es im internationalen Rahmen einerseits keinen gemeinsamen Plan gibt und andererseits die ökonomischen Entscheidungsträger auch nicht die Grenzen der anderen Volkswirtschaften überspringen können. Die Akteure, ob staatliche Instanzen oder wirtschaftliche Einheiten, treten sich daher grundsätzlich als nationale gegenüber. Als Repräsentanten des jeweiligen Nationalstaates begegnen sie sich primär in direkter Planungszusammenarbeit. Den „Direktbeziehungen" der Wirtschaftseinheiten untereinander entsprechen im nationalen Rahmen indirekte Durchsetzungsmechanismen (Gewinn, Preis, Prämien) des zentral Gewollten. Das wird deutlich an den Aufgaben der Wirtschaftseinheiten im Rahmen der Direktbeziehungen bzw. im Verlauf der Entscheidungsfindung und Realisierung von Beschlüssen, die primär an anderer Stelle getroffen werden. Im nationalen Rahmen wird die Kontaktaufnahme auf horizontaler Ebene und die Plandurchführung, die Realisierung gestellter Aufgaben, stärker über indirekte (monetäre) Mechanismen gelenkt.

Der Sachverstand der Wirtschaftseinheiten soll innerhalb bestimmter Rahmenbedingungen im nationalen wie im internationalen Rahmen zwecks Steigerung des intensiven Wachstums walten. Die unterschiedliche Gewichtung der Methoden und Mechanismen kommt, wie bereits festgestellt, dadurch zustande, daß es zwar einen nationalen, aber keinen internationalen Plan – keinen RGW-Plan – gibt. Einen gemeinsamen Plan gibt es der offiziellen Begründung zufolge deswegen nicht, weil die staatliche Verfaßtheit des Eigentums an den Produktionsmitteln dem „Wesen des Sozialismus" entspricht. Demzufolge stellen die Staaten als Eigentümer von Produktionsmitteln und damit als ökonomische Entscheidungsträger die internationalen ökonomischen Beziehungen und die Planmäßigkeit der ökonomischen Zusammenarbeit her (Proft, S. 54), sie sind die „Impulsgeber" (Kormnow, S. 244). Diese legitimatorischen Ausführungen sind analytisch zutreffend: in der Tat wird im nationalen Bereich „sozialistisches" Eigentum mit staatlichem Eigentum (vornehmer: mit gesellschaftlichem Eigentum in staatlicher Form) gleichgesetzt und der Plan über die Staatsmacht organisiert. Deshalb begegnen sich logischerweise die Staaten auf der internationalen Bühne im RGW als Hauptakteure und Konkurrenten. Die Form der Zusammenarbeit im RGW steht demnach in unmittelbarem Zusammenhang mit den innergesellschaftlichen Strukturen, den real-sozialistischen Herrschaftsformen. Im Realen Sozialismus kann es daher überhaupt keine „ökonomische Integration", sondern nur staatliche Zusammenarbeit geben. Eine „sozialistische ökonomische Integration" ist keine ökonomische Integration, sondern Augenwischerei – was allein anhand der real-sozialistischen Definition vom „Wesen des Sozialismus" klar wird. Zu fragen ist nur, welche gesellschaftliche Realität diese Definition hervorruft wie andererseits verbrämt. Die Gründe dafür, warum es in den real-sozialistischen Ländern des Staates zur Herstellung des gesellschaftlichen Zusammenhangs bedarf, warum keinerlei gesellschaftliche Organisiertheit geduldet wird, die sich nicht von der staatstragenden Partei ableitet, werden offiziell ausgeblendet (vgl. hierzu Kap. III, 4).

Ist die zentralisierte Staats- und Parteimaschinerie im Innern und nach außen Träger der politischen und ökonomischen Entscheidungsprozesse, dann kann – als Mittel der Herrschaftserhaltung – auf nationalstaatliche Souveränität nicht verzichtet werden. Zusammenarbeit auf dem Gebiet der Planungstätigkeit kann deshalb vornehmlich nur bedeuten, in bestimmten Bereichen nationale Teilpläne zu koordinieren und abzustimmen und zwar auf Basis der Freiwilligkeit, nach dem Prinzip der Interessiertheit. Diese begrenzte Form internationaler Zusammenarbeit berührt nicht die staatliche Souveränität. Daher wird im Komplexprogramm die Koordinierung der Pläne als Hauptmethode der Zusammenarbeit bezeichnet. Der RGW kann folglich auch nur eine Organisation unter andern (primär bestimmt für Dienstleistungsfunktionen) sein. Je mehr es um die Gestaltung des Produktionsprozesses und der ihm vor- bzw. nachgelagerten Phasen geht, um so eher übernimmt der RGW nur noch Dienstleistungsfunktionen für die internationalen ökonomischen Organisationen, die zur Lösung bestimmter Teilaufgaben ins Leben gerufen wurden (vgl. Tab. der internationalen ökonomischen Organisationen, Kap III, 3a). Die nachfolgend dargestellten Methoden und Instrumentarien der ökonomischen Zusammenarbeit gelten daher – bei unterschiedlicher Gewichtung – nicht nur für den RGW, sondern auch für die „Direktbeziehungen" staatlicher Instanzen und/oder Wirtschaftseinheiten und die internationalen ökonomischen Organisationen der interessierten Mitgliedsländer des RGW.

Gegenseitige Konsultationen zu Grundfragen der Wirtschaftspolitik

Im Rahmen der gegenseitigen Konsultationen werden Grundfragen der wirtschaftlichen und wissenschaftlich-technischen Politik behandelt: Internationale Arbeitsteilung, „Vervollkommnung" der Zusammenarbeit, Entwicklung der „sozialistischen ökonomischen Integration", Beschleunigung der Wirtschaftsentwicklung der Mitgliedsländer des RGW insgesamt verbunden mit einer Annäherung und Angleichung der weniger entwickelten Länder. Im einzelnen handelt es sich dabei um Fragen der Zusammenarbeit in wichtigen Produktionszweigen sowie in anderen volkswirtschaftlichen Bereichen, gemeinsame Forschungen, Konzeptionen im Bereich der Investitionen. Weiterhin sollen hier Informationen über nationale Änderungen der materiellen Stimulierungsmethoden und der Finanz-, Kredit- und Preisbildungsmechanismen ausgetauscht werden. Die „Vervollkommnung" der nationalen Planungs- und Leitungssysteme soll mit der Zielsetzung vereinfachter internationaler Wirtschaftsverbindungen diskutiert werden; damit verbinden sich Fragen des Verhältnisses von Plan und Ware-Geld-Beziehungen bei der Zusammenarbeit.

Die Konsultationen finden entweder mehrseitig im Rahmen des RGW zwischen interessierten Ländern oder zweiseitig zwischen den Ländern statt. Der Schwerpunkt der Konsultationen liegt im Informationsaustausch und damit institutionell im RGW. Daraus können Vereinbarungen zwischen den interessierten Ländern hervorgehen. Handelt es sich um schriftliche Vereinbarungen (Abkommen, Protokolle), sollen sie bei der Ausarbeitung der nationalen Volkswirtschaftspläne und der weiteren Zusammenarbeit berücksichtigt werden. Der Terminus „berücksichtigen" verweist auf die Unverbindlichkeit der Konsultationen und der aus ihnen hervorgehenden Vereinbarungen. Der „Berücksichtigung" haftet keine juristisch fixierte Verbindlichkeit an. Werden die Vereinbarungen nicht berücksichtigt, erfolgen keine Sanktionen. Daran wird deutlich, daß die Mitgliedsländer den Konsultationen bzw. den gegenseitigen Informationen und den sich aus diesen ergebenden Vereinbarungen keinen allzu hohen Stellenwert beimessen.

Es gibt allerdings konkretere und verbindlichere Formen der Zusammenarbeit auf dem Gebiet der Planungstätigkeit als die Konsultationen. Sie beziehen sich bei inhaltlichen Überschneidungen auf die Lösung bestimmter Probleme. Konkretere und verbindliche Formen der Zusammenarbeit sind auch deshalb erforderlich, weil sich der Zeithorizont bezogen auf die Gestaltung ökonomischer Prozesse ausgedehnt hat, die Produktions- gegenüber den Zirkulationsbeziehungen zunehmend Vorrang erlangen, insofern im nationalen Rahmen nicht mehr hinlänglich effektiv produziert werden kann. Die internationalen wirtschaftlichen

Beziehungen müssen auch die der Produktion vorgelagerten Phasen (wie Forschung, Entwicklung) einbeziehen. Dadurch kommen im RGW die „gemeinsame Planung" (und nicht nur die Koordinierung) und die Planung mittels finanzieller Größen (und nicht nur materieller) ins Spiel. Als Formen der Zusammenarbeit auf dem Gebiet der Planungstätigkeit im (nicht des) RGW werden (im Komplexprogramm, S. 28) genannt:

– Zusammenarbeit bei Prognosen;
– langfristige Koordinierung der Pläne wichtiger Volkswirtschaftszweige bzw. Produktionsarten (partielle Sprengung des Einjahres- bzw. Fünfjahreszyklus und der nationalen gesamtwirtschaftlichen Pläne);
– „Vervollkommnung" der Koordinierung der Fünfjahrpläne (die Hauptmethode seit der Annahme der „Grundprinzipien" von 1962);
– gemeinsame Planung (nicht nur Koordinierung) von Industriezweigen und Produktionsarten durch interessierte Länder;
– Erfahrungsaustausch der Mitgliedsländer des RGW zwecks Vervollkommnung der Systeme der Planung und Leitung der Volkswirtschaft.

Zusammenarbeit bei Prognosen

Die Prognosen wurden auch bei den nationalen Wirtschaftsreformen als Teil der Planungssysteme herausgestrichen, der allen anderen Planungsetappen vorauszugehen hat. Die Betonung der Prognosearbeit wundert, insofern Prognosen per Definitionen der Planung zuzugehören scheinen. In der Praxis wurde (und wird immer noch) der Ist-Zustand mittels des Planes lediglich extrapoliert (erweitert fortgeschrieben) – und das kapitalistische Weltniveau als Vorbild genommen. In der Literatur wird beklagt, daß Spezialisierungsabkommen die naturwüchsig entstandenen Spezialisierungen oftmals lediglich fortschreiben, daß bevorzugt ausbilanzierte Spezialisierungsabkommen innerhalb eines Wirtschaftszweiges und zwischen zwei Ländern zustande kommen. Das hat aber mit der andererseits angestrebten Effektivitätssteigerung durch internationale Arbeitsteilung wenig zu tun. Die Zusammenarbeit auf dem Gebiet der Prognosen in Form von Erfahrungs- und Informationsaustausch über die nationalen Prognosemethoden und deren Ergebnisse sollen der Forcierung des technischen Fortschritts dienen. Intendiert ist dabei insbesondere die Verallgemeinerung gesammelter Erfahrungen. Die Zusammenarbeit bei den Prognosen soll über den Erfahrungs- und Informationsaustausch hinaus zu gemeinsamer Prognosearbeit der zuständigen Organe der interessierten Länder führen. Der gemeinsamen Prognosearbeit dieser Organe vorgelagert ist die Abstimmung auf der zwischenstaatlichen Ebene, die Koordinierung der Themen zwischen den interessierten Ländern. Dergestalt gerät die gemeinsame, also tendenziell supranationale prognostische Tätigkeit von vornherein nicht in Kollision mit dem

Souveränitätsprinzip. Bleibt das Souveränitätsprinzip in allen Phasen der Zusammenarbeit bei den Entscheidungen gewahrt, dann kann die inhaltlich-konkrete Arbeit getrost auch gemeinsam durchgeführt werden (abgesehen davon, daß es oft nur um Informationsaustausch geht). Die Organe des RGW sollen an der zwischenstaatlichen Prognosetätigkeit als Dienstleister teilnehmen und insbesondere die praktische Ausarbeitung organisieren. Erfahrungsaustausch und gemeinsame Prognosearbeit sollen sich auf die Gebiete Roh- und Brennstoffe, Energie, auf wichtige Produktionsarten der Schwarz- und Buntmetallurgie, wichtige Produktionsarten der Chemie, Maschinen- und Gerätesysteme in zukunftsträchtigen Branchen oder Produktionsarten (Elektronik, Automatisierung, industrieller Gerätebau, Kontroll- und Meßgeräte) erstrecken (Komplexprogramm, S. 31).

Koordinierung der längerfristigen Pläne für wichtige Volkswirtschaftszweige und Produktionsarten

Im nationalen Planungssystem der DDR Ende der 60er Jahre galt die „Strukturpolitik" als Bindeglied zwischen den langfristigen Prognosen und dem Fünfjahrplan. Zukunftsträchtige Bereiche wurden aus der beschränkenden Planung im Fünfjahreszyklus herausgelöst, über sie wurde im Sinne einer langfristigen Strukturpolitik im einzelnen zentral entschieden. Das Komplexprogramm sieht für die Zusammenarbeit der RGW-Mitgliedsländer, was den konzeptionellen Ablauf (nicht die Entscheidungsstrukturen) betrifft, ähnliches vor. Daher gilt nicht mehr (wie in den 60er Jahren) die Koordinierung der Fünfjahrespläne, sondern die Koordinierung von Plänen überhaupt als Hauptmethode der wirtschaftlichen Zusammenarbeit. Die Zusammenarbeit bei der Planung der Volkswirtschaftszweige und Produktionsarten, die als besonders wichtig angesehen werden, soll sich auf einen Zeitraum von 10–20 Jahren erstrecken. Der Zeitraum wird im einzelnen jeweils von den interessierten Ländern bestimmt. Die Gegenstandsbereiche dieser längerfristig koordinierten Teilpläne sollen sich aus den „gegenseitigen Konsultationen" und Prognosen ergeben und sich in den nationalen Fünfjahrplänen niederschlagen. Die Gebiete, die im Komplexprogramm im Zusammenhang mit der gemeinsamen Prognosetätigkeit aufgeführt werden, sind somit identisch mit den Bereichen, die längerfristig geplant werden sollen.

Die längerfristige Plankoordinierung erfolgt im Rahmen bilateraler und multilateraler Konsultationen (ein sehr schwaches Wort, wenn es um ökonomische Zusammenarbeit oder gar Integration gehen soll) von Vertretern der Planungsorgane interessierter Länder. Andere fachlich kompetente bzw. als zuständig erklärte staatliche und wirtschaftliche

Organe bzw. Organisationen sind hinzuzuziehen. Multilaterale Konsultationen können auch innerhalb der RGW-Organe erfolgen. Ergebnisse der Koordinierungen werden (analog der Regelung bei der Prognosearbeit) von den Mitgliedsländern auf der Ebene der Vorsitzenden der zentralen Planungsorgane behandelt, bevor sie möglichst in Abkommen münden. Die langfristigen Plankoordinierungen sind nur dann verbindlich, wenn sie entsprechende bilaterale oder multilaterale Abkommen zwischen den Staaten und (auf Basis dieser Abkommen) Verträge zwischen berechtigten Wirtschaftsorganisationen zur Folge haben. In den Abkommen und Verträgen werden die Verpflichtungen der Partner und die Sanktionen bei ihrer Nichterfüllung genau festgelegt. Die osteuropäischen Länder stehen solchen Abkommen und Verträgen trotz (theoretischer) Einsicht in ihre ökonomische Notwendigkeit zwecks Wachstum über außenwirtschaftliche Verflechtung mit großen Vorbehalten gegenüber. Das hat mehrere Gründe:

(a) die Länder müssen sich auf Spezialisierungsregelungen einlassen; gleichzeitig sollen diese Spezialisierungsregelungen die nationale Stärke im Ist-Zustand in die Zukunft verlängern. Spezialisierungen über verschiedene Bereiche hinweg (und damit eventuellen Produktionseinstellungen) stehen ökonomische Probleme der Nutzeffektivitätsermittlung, nationale Interessen und industrielle Teilinteressen der negativ Betroffenen entgegen. So gleicht man auf dem Weg des geringsten Widerstandes und in Verfolgung eines stupiden Souveränitätsprinzips die Spezialisierungen möglichst in derselben Branche so aus, daß auch kurzfristig keine der beteiligten Seiten Nachteile hat. Angepeilt wird also kein RGW-Nutzeffekt, denn ein solches Gesamtsystem ist nicht vorhanden. Ein RGW-Nutzeffekt wäre nicht identisch mit der Summe je nationaler Nutzeffekte von Spezialisierungsmaßnahmen. Es wird aber auch nicht der optimale langfristige nationale Nutzeffekt angepeilt, denn der Zeitraum, innerhalb dessen sich die Spezialisierung national lohnen soll, ist sehr eng. Kurzfristige nationale Einbußen (z. B. Verlagerung von Produktionen im Zusammenhang mit Spezialisierungen) könnten langfristig sinnvoll sein. In der Praxis siegt die Kurzfristigkeit und Kurzsichtigkeit der je nationalstaatlichen Interessen.

(b) Die Länder befürchten, daß Verpflichtungen nicht eingehalten werden, was zu Engpässen und Produktionsausfall im nationalen Rahmen führt. Daher werden Präzisierungen der Verpflichtungen und wirksame Sanktionen gefordert. Vertragsstrafen gibt es im RGW zwar seit der Regelung der „Allgemeinen Lieferbedingungen" (1958); sie sind jedoch so niedrig angesetzt, daß die Vertragspartner z. T. lieber Vertragsstrafen zahlen, als den Vertragsverpflichtungen nachzukommen.[22] Aufgrund von Erfahrungen werden neben dem völligen Ausbleiben der im Zusammenhang mit Spezialisierungsmaßnahmen vereinbarten Lieferungen auch die mangelhafte Qualität der Produkte sowie nicht-terminge-rechte Lieferungen befürchtet.

(c) Ein weiteres Problem für die längerfristige Koordinierung der Pläne ergibt sich aus dem Verhältnis von Stabilität und Flexibilität bei längerfristigen Plänen. Einerseits bedarf es der Fixierung langfristiger Vereinbarungen in Abkommen und Verträgen, andererseits ist in der Praxis – je langfristiger geplant wird, um so weniger – eine starre Realisierung nicht möglich. Das Komplexprogramm sieht daher vor, daß in die Abkommen und Verträge von vornherein Verfahren ihrer Modifizierung aufgenommen werden. Der „abgestimmte Plan der mehrseitigen Integrationsmaßnahmen 1976–80", der auf der XXIX. Ratstagung (1975) angenommen wurde, stellt eine Konkretisierung der im Komplexprogramm vorgesehenen Plankoordinierungen dar. Seine Genese und sein Inhalt veranschaulichen, wie multilaterale Zusammen-arbeit zwischen den RGW-Mitgliedsländern überwiegend praktiziert wird. Dem Plan gingen bilaterale Verhandlungen der einzelnen Länder insbesondere mit der UdSSR im Rahmen der Paritätischen Regierungs-kommissionen voraus, deren Ergebnis zweiseitige Abkommen waren, in denen die Verpflichtungen der Länder genau geregelt wurden. Die Mitglieder nahmen die sie betreffenden Teile in den nationalen Planteil „Sozialistische Ökonomische Integration" ihres Fünfjahrplanes auf. Dieser Planteil war den Mitgliedsländern auf der XXVII. Ratstagung (1973) für die nationalen Fünfjahrpläne 1976–80 empfohlen und in einigen Ländern bereits 1974 eingeführt worden. Bevor die XXIX. Rats-tagung den „abgestimmten Plan" (1976–80) annahm, wurde er also auf bilateraler Ebene partiell bereits praktiziert. Multilateralität ist demnach zu verstehen als eine Aneinanderreihung abgestimmter Bilateralität. Dieses Vorgehen zeigt die geringe Bedeutung des RGW und zugleich seinen Gallionscharakter. Kennzeichnend dafür ist nicht primär, daß die Abstimmung nicht von den Ratsorganen wahrgenommen wurde, sondern daß die Ratstagung des RGW als oberstes RGW-Organ die zusammenge-faßten bilateralen Abstimmungen absegnete. Damit wird eine Gemein-samkeit suggeriert, die in der Genese des „abgestimmten" Plans nicht vorzufinden ist.

Entsprechend der Genese kann der „abgestimmte Plan" seinem Inhalt nach schwerlich als multilateraler Plan begriffen werden. Er regelt Warenlieferungen der Fünfjahrpläne 1976–80 im Rahmen von Investi-tionsbeteiligungen und Spezialisierungs- bzw. Kooperationsabkommen auf der Basis zweiseitiger zwischenstaatlicher Abkommen, die dann zur Mehrseitigkeit zusammengefügt wurden. Bei Spezialisierungsabkommen ist auf diese Weise keine wirkliche Multilateralität zu erzielen. Bei Investitionsbeteiligungen kommen trotz bilateraler Vereinbarungen zwar mehrseitige Projekte zustande, von multilateraler Zusammenarbeit oder gar ökonomischer Integration kann allerdings nicht die Rede sein. Diese Projekte werden dadurch zusammengehalten, daß sie an einem Ort – auf sowjetischem Boden – abgewickelt werden, die UdSSR als Investor allein entscheidet, während die anderen lediglich zu Krediten in Form von Warenlieferungen verpflichtet sind. Von Verflechtung in der Produktionssphäre, von internationaler Arbeitsteilung kann nicht die Rede sein. Für die Zulieferer läuft ihre Investitionsbeteiligung auf einen erweiterten Produktionsausstoß, auf mehr Absatz und die Sicherung der Rohstofflieferungen durch die UdSSR hinaus. Mit Wachstum über internationale Arbeitsteilung hat das aber wenig zu tun.

Fast alle „abgestimmten" Investitionsprojekte dienen der Erschließung sowjetischer Rohstoffvorkommen.[23] „Investitionsbeteiligungen" im RGW finden einseitig auf dem Gebiet der UdSSR zu Bedingungen statt, die für die anderen Länder ungünstig sind. Die Beteiligungen der osteuropäischen Länder erfolgen in der Regel mittels Krediten in Form von Warenlieferungen, die mit Produkten aus den so finanzierten Projekten (z.B. Erdöl) bei nur 2%iger Verzinsung zurückgezahlt werden.[24] Die niedrigen Zinsen garantieren dem Investor/Eigentümer einen zusätzlichen Gewinn. Die osteuropäischen Länder müssen sich auf diese Bedingungen einlassen, weil sie aufgrund ihres Devisen- und Rohstoffmangels auf die sowjetischen Rohstofflieferungen angewiesen sind. Gesichert sind die Rohstofflieferungen allerdings nur so lange, solange die UdSSR den Warenkredit abstottert. Die sogenannte Ölkrise (1973) und die damit verbundene Steigerung der Weltmarktpreise, die sich die UdSSR ab 1974/75 durch ein neues Preisbildungssystem und neue Preise im RGW zunutze machte, stärkten die Stellung der UdSSR. Neben den neuen Preisen konnte sie nun ihren lange gehegten Wunsch nach Investitionsbeteiligungen der osteuropäischen Länder im Rahmen des „abgestimmten Plans mehrseitiger Integrationsmaßnahmen" durchsetzen und auch noch als Fortschritt bei der Koordinierung der Pläne ausgeben. „Investitionsbeteiligungen" bei niedriger Verzinsung und um 10% verschlechterte terms of trade zusammengenommen lassen sich nur als Ausbeutung der kleineren osteuropäischen Länder durch die UdSSR kennzeichnen (vgl. Bethkenhagen/Machowski, S. 69; Askanas/Askanas/ Levcik, 1976).

Auch die „langfristigen Zielprogramme" (10–15 Jahre) für die Zusammenarbeit in wichtigen Volkswirtschaftszweigen stellen eine Konkretisierung der im Komplexprogramm vorgesehenen Plankoordinierung dar. Als eine Form der Zusammenarbeit wurden sie von der XXX. Ratstagung (1976) angenommen. Die „langfristigen Zielprogramme" sollen sich auf folgende Bereiche beziehen: Energie, Brenn- und wichtige Rohstoffe, Spezialisierungen und Kooperationen im Maschinenbau, Hauptnahrungsmittel, industrielle Konsumgüter, Transportverbindungen. Die XXXII. Ratstagung (1978) segnete die inzwischen erarbeiteten langfristigen Zielprogramme (1980–1990) für die Bereiche Roh- und Brennstoffe, Landwirtschaft und ausgewählte Teile des Maschinenbaus ab. Bis 1980 sollen diese Programme konkretisiert (z. B. Termine, Mengen) und in Abkommen fixiert werden. Die Ergebnisse der „Konsultationen" und „Prognosen" sollen sich in diesen Zielprogrammen niederschlagen. Zugleich sollen die Zielprogramme den Ausgangspunkt für den „abgestimmten Plan der mehrseitigen Integrationsmaßnahmen" bilden und damit eine bessere Koordination der wichtigsten Bereiche der Fünfjahrpläne (und insbesondere der Investitionen) über den Fünfjahreszyklus hinaus ermöglichen. Der abgestimmte Plan hingegen konkretisiert und koordiniert diese Vorstellungen für die nächsten 5 Jahre – das ist die Konzeption, in der Praxis ging der erste abgestimmte Plan der Ausarbeitung und Abstimmung langfristiger Zielprogramme voraus.

Koordinierung der Fünfjahrpläne

Die Koordinierung der nationalen Fünfjahrpläne läßt sich, im Gegensatz zu den dargelegten Vorhaben, nach wie vor als die „Hauptmethode" der Zusammenarbeit bezeichnen. Die Fünfjahrpläne sollten zum ersten Mal für den Zeitraum 1956–60 koordiniert werden. Das scheiterte an den Revolutionen in Polen und Ungarn (1956), die u. a. auch durch die Folgen der sowjetischen Ausbeutung verursacht waren. Da diese Ausbeutung nun eingestellt, Polen und Ungarn zudem wirtschaftlich beigestanden werden mußte, entfielen die national geplanten Grundlagen für die Plankoordinierung der RGW-Länder (z. B. bezahlte die Sowjetunion nun die polnische Kohle, die sie vorher gegen einen symbolischen Obulus bezog). In den 70er Jahren verlor die Zusammenarbeit in Form der Fünfjahrplankoordinierung konzeptionell an Gewicht, da – wie die Erfahrung lehrte – die Zeitspanne zu kurz greift. Ohne vorgelagerte Formen der Zusammenarbeit reduziert sich die Fünfjahrplankoordinierung auf eine internationale Abstimmung von national bereits Feststehendem und damit primär auf bilateralen Warenaustausch. Die Zusammenarbeit bleibt auf den Austausch beschränkt, da Investitionsbeteiligungen, Spezialisierungs- und Kooperationsvorhaben längerfristig geplant werden müssen. Nur durch eine gemeinsame und verbindliche, den Fünfjahrplänen vorgelagerte Planung kann man die internationale Arbeitsteilung auch in der Produktion vorantreiben und die Außenwirtschaft als Wachstumsfaktor nutzen.
Mit dem Komplexprogramm versuchen die RGW-Mitgliedsländer die nationale Planaufstellung und die internationale Zusammenarbeit so zu verbinden, daß die bloße nachträgliche Abstimmung von unabhängig

voneinander erstellten und beschlossenen nationalen Plänen vermieden wird. Die Klärung der gemeinsamen Hauptprobleme soll abgeschlossen sein, bevor die Entwürfe der Fünfjahrpläne den zuständigen staatlichen Instanzen vorgelegt werden. Die Abstimmungen bzw. Vereinbarungen sollen bei den Fünfjahrplanentwürfen „berücksichtigt" werden. Die Bereitstellung der zur Erfüllung der Koordinierungsvereinbarungen erforderlichen Mittel soll „gewährleistet" sein (Komplexprogramm, S. 34). Sehr präzise ist diese Bestimmung nicht, dennoch zeigt sie das Bemühen um verstärkte Zusammenarbeit. Zum Abschluß der Koordinierungen werden bezogen auf die abgestimmten Themenpläne Abkommen bzw. Verträge abgeschlossen, die die Verbindlichkeiten sichern sollen. Folgende Themenkreise sollen im Vordergrund der Abstimmungen bzw. Vereinbarungen stehen: Die Hauptrichtungen der wissenschaftlich-technischen Entwicklung; Spezialisierung und Kooperation in der Produktion auf der Basis einheitlicher Erzeugnissysteme; Koordinierung von Investitionsvorhaben; Nomenklaturen, Volumen und Termine von Warenlieferungen.

Ein solches Programm sollte zum ersten Mal 1972/73 für die Fünfjahrplanphase 1976–80 ausgearbeitet werden. Aufgrund der sogenannten Ölkrise, der Verschlechterung der terms of trade für die rohstoffarmen osteuropäischen Länder, der kapitalistischen Weltwirtschaftskrise und der damit verbundenen Stagnation im Ost-West-Handel kam es dann zu dem „abgestimmten Plan" (für 1976–80) mit den „Investitionsbeteiligungen" der osteuropäischen Länder in der UdSSR. Die DDR weist ihre damit verbundenen Verpflichtungen bereits 1974 im Planteil „Sozialistische Ökonomische Integration" aus. Ein Beispiel, das in dem genannten gesonderten Planteil des Jahrplans 1974 ausgewiesen ist, sind die Verpflichtungen der DDR gegenüber der UdSSR im Zusammenhang mit dem Bau des Zellstoffkombinats Ust-Ilimsk (Sozialistische ökonomische Integration, S. 99). Dieses Projekt taucht dann 1975 im abgestimmten Plan der sogenannten mehrseitigen Integrationsmaßnahmen für 1976–80 auf. Der „abgestimmte Plan" dokumentiert daher weniger Multilateralität in Produktion und Handel als die Tatsache, daß es der UdSSR bedingt durch die Öl- und Weltwirtschaftskrise gelang, die osteuropäischen Länder einzeln auf die Beteiligung an der sowjetischen Rohstofferschließung zu verpflichten. De jure mag man diesen Plan unter das Etikett „multilateraler Austausch" (nicht multilaterale Arbeitsteilung in der Produktion) subsumieren. De facto handelt es sich weitgehend um bilaterale Produktionsaufträge, die später einmal auf Kompensationsbasis beglichen werden.

Der Anteil des bilateralen Handels an den Wirtschaftsbeziehungen der osteuropäischen Staaten ist überwältigend hoch, der Anteil der bilateralen oder gar multilateralen Spezialisierungs- und Kooperationsvereinbarungen in der Produktion verschwindend klein. Das steht in krassem Gegensatz zur Betonung der Multilateralität bei der Koordinierung der Fünfjahrpläne. Daraus geht auch hervor, daß die Abstimmung der gegenseitigen Lieferungen überwiegend mengenmäßig erfolgt, daß also anhand von Natural- und weniger von Effektivitätskennziffern geplant wird. Die mengenmäßige naturale Ausbilanzierung sagt jedoch über Effektivität nicht das geringste aus. Hinter solchen ausgeglichenen Bilanzen können sich, wie Kormnow zu Recht feststellt, z. B. Kleinserienfertigung und ungerechtfertigte Doppelproduktionen verbergen (vgl. Kap. III, 4 zu den Ursachen der Bilateralität). Die Koordinierung der Fünfjahrpläne (von Teilen dieser Pläne) als die nach wie vor gültige Hauptmethode der Wirtschaftsbeziehungen sagt also über Effektivität wenig aus, da der Handel meist bilateral erfolgt und die Arbeitsteilung im Produktionsprozeß gering ist.

Gemeinsame Planung einzelner Industriezweige und Produktionsarten durch interessierte Länder

Die Aufgabenstellung der gemeinsamen Planung – Planungstätigkeit bezogen auf einzelne Volkswirtschaftszweige und Produktionsarten unabhängig vom Zyklus der Fünfjahrpläne – ist dieselbe wie bei der langfristigen Koordinierung der ,,Zielprogramme" und des ,,abgestimmten Plans". Unterschiedlich hingegen soll die Form der Planungszusammenarbeit sein: Der bloßen Koordinierung und Abstimmung der nationalen Pläne steht ein von vornherein gemeinsames Planen gegenüber. Um dem Verdacht entgegenzutreten, daß mit der ,,gemeinsamen Planung" das nationalstaatliche Prinzip in Frage gestellt wird, wird in der Überschrift der entsprechenden Passagen im Komplexprogramm von den ,,interessierten Ländern" (multi- oder bilateral) gesprochen, obwohl dies Prinzip durchgängig gilt. Der Verweis schien hier notwendig, weil im Unterschied zur Koordinierung der je nationalen Pläne bei der gemeinsamen Planung die staatliche Souveränität nicht selbstverständlich ist. Wie bei den internationalen Wirtschaftsvereinigungen, die partiell gemeinsam planen, so wird auch hier explizit hervorgehoben, daß die ,,gemeinsame Planung" weder das nationale Eigentum an den Produktionsmitteln noch die Selbständigkeit der nationalen Planung in Frage stellt.
Die andere Form des Erkenntnis- und Entscheidungsprozesses impliziert auch andere, erweiterte Aufgabenstellungen. Im Unterschied zur Koordinierung einzelner Teilpläne von Zweigen und Produktionsarten zielt die gemeinsame Planung auf ein partiell gemeinsames Vorgehen im Produktionsbereich einschließlich der vor- und nachgelagerten Phasen des Reproduktionsprozesses. Der Ablauf der ,,gemeinsamen Planung" bzw. richtiger der Ablauf der Vorarbeiten hin zur gemeinsamen Planung

ist folgender: Die Koordinierung der Vorarbeiten erfolgt durch die zentralen Planungsorgane oder andere Bevollmächtigte der Länder. Die Regierungen oder andere zuständige Organe vereinbaren in Abkommen und Verträgen die Grundlagen für die gemeinsame Planung, die dann durch Verträge zwischen den befugten Wirtschaftseinheiten konkretisiert werden. Die gemeinsame Planung erfolgt also erst auf der Basis und im Rahmen von zwischenstaatlichen Abkommen, deren Schlußstein Außenhandelsabkommen bzw. Lieferverträge bilden. An Vorarbeiten für die gemeinsame Planung werden im Komplexprogramm (S. 37) inhaltlich aufgeschlüsselt: Prognosen der technischen Entwicklung; Festlegung von Thematik, Inhalt und Terminen von Forschungs- und Entwicklungsarbeiten; Standardisierungs-, Vereinheitlichungs- und Typisierungsarbeiten; Bestimmung des Bedarfs; Ausarbeitung eines abgestimmten Programms von Spezialisierungs- und Kooperationsmaßnahmen; Planung des Absatzes und Abstimmung der Lieferungen. Dieser Aufgabenkatalog und die Art seiner Bewältigung laufen streng genommen auf die Organisationsform „internationale Wirtschaftsvereinigung" hinaus.

Zwar legen alle Beteiligten Wert darauf, daß die Ergebnisse der gemeinsamen Planung in verbindliche Wirtschaftsverträge einmünden, zugleich darf aber die Selbständigkeit der nationalen Planung nicht in Frage gestellt werden. Aufgrund dessen münden die Ergebnisse der gemeinsamen Planung nicht ohne weiteres ein in entsprechende Verträge zwischen nationalen Wirtschaftseinheiten. Die Transformation vereinbarter Verpflichtungen in Abkommen bzw. Verträge zwischen Wirtschaftseinheiten ist vielmehr ein innerstaatlicher Akt. Erst dieser innerstaatliche Akt, erst die höchstinstanzliche staatliche Sanktionierung begründet Verpflichtungen. Das Komplexprogramm rät, nicht ohne Grund, die gemeinsame Planung behutsam zu erproben. Wo wirklich gemeinsam geplant wird, bilden sich tendenziell Inseln in den nationalen Planungs- und Leitungssystemen und nicht Nahtstellen des fließenden Übergangs internationaler in nationale ökonomische Prozesse (bzw. umgekehrt). Ein solch fließender Übergang widerspricht der gesellschaftlichen Funktion der spezifischen nationalstaatlichen Planung in den RGW-Ländern.

Die gemeinsame Planung ist m. E. eher als eine intensivere Form der Plankoordinierung denn als eine qualitativ höhere Form der Zusammenarbeit zu betrachten. Für diese Charakterisierung spricht, daß der gemeinsamen Planung zwischenstaatliche Koordinierungen in Form von bilateralen Abkommen vorangehen, die sich zu mehrseitiger Zusammenarbeit verdichten können. Die „gemeinsame Planung" unterscheidet sich von der Koordinierung der Pläne („abgestimmter Plan", „Zielprogramme") im Prinzip nur durch den Konkretisierungsgrad, also durch die angestrebten Produktionsverbindungen – insbesondere dann, wenn sie im Rahmen von internationalen Wirtschaftsvereinigungen stattfinden. Kommt es nicht zu dieser Konkretisierung, sehe ich in der gemeinsamen Planung nichts anderes als eine Form der Plankoordinierung, die wie andere Formen auch Spezialisierungs- und Kooperationsvereinbarungen und die Vereinheitlichung der Technologie zum Ziel hat.

Alle neuen Formen der zwischenstaatlichen bzw. internationalen Planungstätigkeit – langfristige Zielprogramme, abgestimmter Plan, gemeinsame Planung – basieren auf Regierungsabkommen und/oder Verträgen der dazu befugten nationalen Wirtschaftseinheiten. Mit dem Ziel, die internationale Arbeitsteilung zwecks Effektivierung der Wirtschaft zu fördern, sollen im Gegensatz zu früher – langfristig und zukunftsorientiert – Spezialisierungen im Produktionsbereich abgestimmt und nicht mehr einfach auf der Grundlage nationaler Pläne die erforderlichen Austauschbeziehungen unter Naturalaspekten koordiniert werden. Solche Abstimmungen können langfristig kooperationsfördernd wirken, insofern durch sie Vereinheitlichungen, partiell auch der nationalen Planungs- und Leitungssysteme, gefördert werden.

Erfahrungsaustausch der Mitgliedsländer des RGW über die Vervollkommnung der Systeme der Planung und Leitung der Volkswirtschaft

Der Erfahrungsaustausch über die Vervollkommnung der Systeme der Planung und Leitung der Volkswirtschaft findet zwischen den zentralen Planungsorganen oder für zuständig erklärten Organen statt. Er vollzieht sich bilateral und multilateral. Insofern es sich um multilaterale Konsultationen handelt, haben RGW-Organe Dienstleistungsfunktionen. Inhalte des Erfahrungsaustausches, der in der Form von regelmäßigen Konsultationen und dem Austausch wichtiger Dokumente stattfindet, können sein: Die Prognosen und ihre Nutzung; die Stellung der zentralen staatlichen Planung im System der Leitung der Volkswirtschaft; Methoden und Auswahl von Planvarianten; die Rolle der Planung und Leitung bei der Sicherung des technischen Fortschritts und erforderliche volkswirtschaftliche Strukturveränderungen; die materiellen Anreize und die Form ihrer Anwendung; Investitionsfragen; die Außenwirtschaftsbeziehungen als Bestandteil der Volkswirtschaftsplanung.

Der Erfahrungsaustausch soll der Weiterentwicklung und Intensivierung der Zusammenarbeit dienen. Dem steht die nationalstaatliche Verfaßtheit und Planhoheit der Länder entgegen. Zudem sind mit den Wirtschaftsreformen der 60er und 70er Jahre von Land zu Land unterschiedliche Planungs- und Leitungssysteme entwickelt worden, wodurch eine Zusammenarbeit, unter dem Aspekt gesamtwirtschaftlicher Effektivität und Steigerung des wirtschaftlichen Wachstums, erschwert wird. Die direkte staatliche Planung, die Entscheidungsträger bzw. deren Stellung im Planungssystem und die indirekten Mechanismen, mit denen die nationalen Zentralen die Wirtschaftseinheiten auf die Realisierung der zentralen Planvorstellungen hinzulenken versuchen (die monetären Größen Preis, Kredit, Zins etc.), das Verhältnis von direkter und indirekter Gestaltung der Wirtschaftsprozesse zueinander sind zu verschieden ausgestaltet. Einerseits erschweren die unterschiedlichen Zuständigkeiten für wirtschaftliche Entscheidungen die Zusammenarbeit auf dem Gebiet der Planungstätigkeit, andererseits stehen die national unterschiedlichen indirekten Instrumentarien der Zusammenarbeit entgegen (z. B. aufgrund mangelnder Vergleichbarkeit von Effektivität). Die Institutionalisierung des Erfahrungsaustausches soll deshalb bewirken, daß die Planungs- und Leitungssysteme „integrationsfreundlicher" werden bei Wahrung nationaler Souveränität. Es geht lediglich (aber immerhin) um die Nutzung der an anderer Stelle gesammelten Erkenntnisse entsprechend dem Ermessen eines jeden Landes.

c) Monetäre Instrumentarien

Soll die Außenwirtschaft mehr sein als ein Außenhandel, der lediglich als Lückenbüßer fungiert und unmittelbar wirksam werdende Defizite bedingt durch den Mangel an Ressourcen, einen niedrigeren technischen Stand und Fehlplanungen deckt, soll die Außenwirtschaft einen Beitrag zur Steigerung des Wirtschaftswachstums leisten, dann gewinnen monetäre Instrumentarien aus mehreren Gründen an Bedeutung:
- Der Handel muß multilateral organisiert werden, weil andernfalls die Austauschmöglichkeiten beschränkt werden durch den schwächeren Partner, z. B. wenn der wirtschaftlich stärkere Partner Guthaben beim Schwächeren hat, die ihm im Handel mit einem anderen Partner jedoch nichts nützen. Es bedarf also konvertibler Währungen oder eines multilateralen Verrechnungssystems, eines multilateralen Zahlungs- und Handelsverkehrs. Aus dieser Erkenntnis heraus wurden die „Internationale Bank für Wirtschaftliche Zusammenarbeit" (IBWZ) und der transferable Rubel als „kollektive Währung" (ab 1963/64) geschaffen (Funktion des Geldes als Zahlungsmittel, Funktion des Geldes in der Zirkulationssphäre).
- Die Produktion muß auf internationaler Ebene arbeitsteilig organisiert werden. Dabei müßte die Entscheidung darüber, in welchem Land welche Bereiche bzw. welche Spezialisierungen im Interesse der beteiligten Länder angesiedelt werden, vom größtmöglichen Nutzeffekt (Verhältnis von Aufwand und Ergebnis) her bestimmt werden. Zu dessen Berechnung bedarf es jedoch nationaler Preis- und Rechensysteme, in denen die Kosten (vergleichbar errechnet) zum Ausdruck kommen. Die nationalen Währungen müssen folglich in einem geregel-

ten Verhältnis zu einer gemeinsam genutzten Währung stehen; bei konvertiblen Währungen über die Wechselkurse, bei Binnenwährungen mittels einer internationalen Verrechnungseinheit und eines einheitlichen Umrechnungskoeffizienten (Funktion des Geldes als Wertmaß, Funktion des Geldes bei der Zusammenarbeit in der Produktionssphäre).

– Bei größeren Projekten bzw. Investitionsvorhaben muß auf Fremdmittelfinanzierung zurückgegriffen werden können. Gibt es keine konvertiblen nationalen Währungen, ist ein künstliches Mittel erforderlich, das international anerkannt als „Geld" fungiert. Da es systembedingt keinen freien Kapitalmarkt gibt, bedarf es einer Institution, die diese Mittel zugewiesen bekommt und verwaltet, bei der solche Mittel beantragt werden können. Zu diesem Zweck wurde die „Internationale Investitionsbank" (IIB) 1971 gegründet (Funktion des Geldes als Akkumulationsmittel).

Die außenwirtschaftlichen Vorstellungen, die in diesen finanzpolitischen Überlegungen zum Ausdruck kommen, sind so neu nicht im Realen Sozialismus. Die UdSSR hat beispielsweise seit eh und je versucht, sich aus dem kapitalistischen Ausland Know-how zu besorgen und den Außenhandel nicht nur als Lückenbüßer zur Beschaffung von Defizitprodukten benutzt (vgl. Kap. IV, 1). Neu hingegen ist, seit der zweiten Hälfte der 50er Jahre, daß der Außenwirtschaft explizit die Funktion der Effektivitätssteigerung zugeschrieben wird, zunehmend verbunden mit Realisierungsbemühungen im Rahmen des RGW. Diese Entwicklung wurde einerseits durch die wirtschaftlichen Probleme erzwungen und andererseits durch die politische Stabilisierung der Herrschaft der kommunistischen Parteien (vgl. Kap. I und II) innerhalb der osteuropäischen Länder ermöglicht. Für die osteuropäischen Länder wurde die außenwirtschaftliche Tätigkeit unter dem Tauschwert-(Effizienz-) Aspekt im Unterschied zum Außenhandel unter primitiven Gebrauchswertaspekten (Austausch von Defizit- bzw. Überschußprodukten) zu einem wirtschaftlichen Erfordernis, dem, innergesellschaftlich betrachtet, auch politisch nichts mehr im Wege stand.

Systembedingt werden Probleme der Zirkulationssphäre, wird der multilaterale Handel zwecks effizienzsteigernder Handelserweiterung nicht über die Steigerung der Produktion nicht-verplanter, nicht-kontingentierter Güter gelöst bzw. erreicht. Multilateralität im Handel soll vielmehr durch Koordinierung der Pläne, internationale Spezialisierung und Kooperation in der Produktion bei Wahrung der nationalen Planhoheit erreicht werden. Wird in der Produktion mehrseitig zusammengearbeitet, wird der erzielte Warenausstoß auch mehrseitig umgesetzt. Werden die Volkswirtschaftspläne (bzw. Teile von ihnen) mehrseitig koordiniert, werden die Lieferungen ebenfalls mehrseitig abgewickelt.

Im Rahmen einer zunehmend multilateralen Zusammenarbeit im Planungs- und Produktionsbereich könnte eine Lockerung des kontingentierten Handels einen gewissen Beitrag zur Multilateralisierung und damit zur Erweiterung des Handels leisten, ohne daß dies den Systembedingungen widerspräche. Insofern ist im Komplexprogramm neben Mengen- und Wertkontingenten zur Förderung der multilateralen Beziehungen auch ein nicht-kontingentierter Warenaustausch vorgesehen. Die sogenannten wichtigen Waren sollen allerdings nach wie vor kontingentiert gehandelt werden. Monetären Instrumentarien bzw. der Zirkulationssphäre kommen somit eine zwar wichtige, aber dennoch nur eine Hilfsfunktion zu. Sie haben (hat) nicht eine die Wirtschaftsbeziehungen zwischen den osteuropäischen Staaten konstituierende, sondern nur eine abgeleitete, regulierende Funktion – gemäß den inneren ökonomischen Vergesellschaftungsmechanismen über den Plan.

Die „Vervollkommnung der Valuta- und Finanzbeziehungen" (also der monetären Instrumentarien), von der im Komplexprogramm (S. 57 ff.) die Rede ist, stellt ab auf zunehmende Koordinierung der Wirtschaftspläne, Verbesserung der wissenschaftlich-technischen Zusammenarbeit, verstärkte internationale Spezialisierung und Kooperation in der Produktion und Errichtung gemeinsamer Projekte – also auf die qualitative und quantitative Verbesserung der Produktionsbeziehungen. Diese Zielvorstellungen erfordern eine mehrseitige Bilanzierung in Produktion und Handel und damit einen mehrseitigen Zahlungsverkehr. Dem entsprechend wird auch ein funktionierendes, übergreifendes Preis- und Geldsystem gefordert; das schließt ökonomisch begründete Kurse ein bzw. Umrechnungskoeffizienten der nationalen Währungen zum transferablen Rubel und untereinander (Komplexprogramm, S. 60) mit Richtung auf einen einheitlichen Kurs der je nationalen Währung. Im folgenden gehe ich auf die Gestaltung der monetären Instrumentarien und ihre Aufgaben einerseits sowie auf den Widerspruch zwischen den im Komplexprogramm formulierten Forderungen und der Praxis andererseits ein, um in Teil vier dieses Kapitels grundsätzlich auf die Ursachen für das Mißverhältnis zwischen Norm und Realität zu sprechen zu kommen.

Die aufgeführten ökonomischen Erfordernisse, die zur stärkeren Gewichtung monetärer Instrumentarien führten, verweisen in ihrer Abfolge grundsätzlich auch auf die historische Entwicklung. Die ersten Versuche, den bilateralen Charakter des Handels- bzw. wenigstens des Zahlungsverkehrs partiell aufzuheben, wurden 1957 mit dem „Clearing-Rubel" gestartet. Mittels eines Verrechnungssystems und einer Clearingstelle sollten die gegenseitigen Forderungen multilateral aufgerechnet werden (also: ein Minus im Handel mit Land A gegen ein Plus im Handel mit Land B). Theoretisch ermöglicht dieser multilaterale Verrechnungsverkehr jedem Land, Importe in Höhe des eigenen Exports aus den beteiligten Ländern zu beziehen. Der Außenhandelsüberschuß eines Landes bringt – bei der gemeinsamen (Bank oder) Verrechnungskammer als Guthaben ausgewiesen – Zinsen. Ergibt sich ein Außenhandelsdefizit, muß das betreffende Land entweder Zinsen für Verrechnungskredite bezahlen und/oder (entsprechend fixierten Regelungen) das Defizit in einem bestimmten Zyklus ausgleichen. Die Vereinbarungen von 1957 erfaßten zwecks multilateraler Verrechnung nur bilateral nicht ausgeglichene Handelsspitzen, die durch nicht-eingehaltene Verträge und nicht-kontingentierte Lieferungen entstanden. Selbst dabei erfolgte die multilaterale Verrechnung keineswegs automatisch, sondern nur nach vorheriger Vereinbarung. Der Handel erfolgte nach wie vor bilateral und wurde, soweit er bilateral ausgeglichen wurde, nicht über die Verrechnungskammer abgewickelt.

Die sowjetischen Vorstellungen, den RGW supranational zu organisieren, wurden zwar Anfang der 60er Jahre abgelehnt, dafür bemühte man sich jedoch, den Handel zwischen den Ländern durch die Beseitigung der einschränkenden Bilateralität zu erweitern (und den Prozeß der Arbeitsteilung in der Produktion in Gang zu setzen). Deshalb wurde 1963/64 die „Internationale Bank für Wirtschaftliche Zusammenarbeit" (IBWZ) gegründet. Sie sollte den Handel in transferablen Rubeln multilateral verrechnen, alle finanziellen Transaktionen aus Handelsgeschäften abwickeln und automatisch gegeneinander aufrechnen. Aus der Verrechnungskammer von 1957 wurde auch deshalb eine Bank, weil man sich auf die Vergabe von kurz- und mittelfristigen Krediten (5 Jahre) einigte. In der Praxis überwiegen bei der IBWZ die Verrechnungskredite zum Ausgleich von planwidrigen Handelsdefiziten. Kredite, die die wirtschaftliche Zusammenarbeit fördern sollen, spielen nur eine geringe Rolle.

Die IBWZ ist eine zwischenstaatliche ökonomische Organisation der Mitgliedsländer des RGW. Beschlüsse werden einstimmig gefaßt, also unabhängig von der Höhe der nationalen Einlagen, die sich nach dem jeweiligen Anteil am Inner-RGW-Handel richtet. Die Eigenmittel der Bank sind auf 300 Mill. transferable Rubel festgelegt, wovon die Mitgliedsländer 50% in konvertibler Währung (sprich: in westlichen Devisen) einzuzahlen haben. Nur etwa die Hälfte dieser Mittel ist tatsächlich einbezahlt. Die Kreditbedingungen wurden 1970 verschärft, zinslose Kredite abgeschafft und die Zinsen erhöht (bei kurzfristigen Krediten 2–3%, bei mittelfristigen bis zu 5%). Gleichzeitig wurden die Zinsen für Guthaben heraufgesetzt (1,5–4%). Kreditverschärfungen bzw. Zinserhöhungen sollen die Länder veranlassen, Liefervereinbarungen einzuhalten und insoweit keine Schulden entstehen zu lassen. Solche Maßnahmen dienen somit nicht der Steuerung zukunftsorientierter ökonomischer Entscheidungen, sondern der Sicherung des bereits

Vereinbarten. Die höheren Zinssätze für Guthaben sollen bewirken, daß transferable Rubel akkumuliert werden, um die Bedeutung des transferablen Rubel zu stärken.

Das skizzierte multilaterale Clearing begünstigt den Schuldner und bestraft den Gläubiger. Die ihm gutgeschriebenen Zinsen gleichen den Verlust, den er aufgrund von nicht termingerechter Belieferung erleidet, nicht aus. Die Höhe des Zinses wirkt insgesamt kaum auf das Wirtschaftsgeschehen ein, solange es sich überwiegend um Zinsen für Verrechnungskredite, also für Kredite handelt, die durch planwidriges Verhalten und das daraus entstehende Zahlungs-/Handelsungleichgewicht im bilateralen Handel zustande kommen. Da bei der IBWZ 80 % der Kredite Verrechnungskredite sind, wäre eine entsprechend geringere Vergabe von Krediten und damit weniger Zinserlöse ein günstigeres Ergebnis – so wie die Dinge de facto liegen (nämlich: bilateral ausgeglichener kontingentierter Güteraustausch, bei dem aufgrund von Planwidrigkeiten Ungleichgewichte entstehen, die mittels Verrechnungskrediten aufgefangen werden sollen). Solange der Handel (aufgrund der spezifischen planwirtschaftlichen Systeme und deren innergesellschaftlicher Funktion) streng bilateral kontingentiert ist, die Produktionspläne nicht multilateral koordiniert sind, kann die IBWZ von den ihr zugedachten Funktionen nur die Dienstleistung „Verrechnung" wahrnehmen, folglich Kredite kaum wachstumsfördernd einsetzen. Bei bilateral ausbilanziertem Austausch von Waren ergeben sich keine der spezifischen Bankfunktionen. Die Bank verfügt über wenig Mittel, da Geldmittel möglichst nicht stehen bleiben und schon gar nicht akkumuliert werden, insofern sich mit diesen Guthaben (in transferablen Rubeln) kaum etwas anfangen läßt. Denn: Der Güteraustausch ist weitgehend bilateral nach Warengruppen austariert, so daß Guthaben in transferablen Rubeln nur zum Kauf von nicht-kontingentierten Waren benutzt werden können. Bei diesen Waren handelt es sich jedoch um weniger nachgefragte Güter bis hin zu Ladenhütern.

Im *Umrechnungskoeffizienten* soll – ausgedrückt in monetären Größen – das Verhältnis der nationalen Arbeitsaufwendungen zu anderen nationalen Aufwendungen zum Ausdruck kommen. Der Umrechnungskoeffizient würde (und das ist auch angestrebt) darüber hinaus dann noch mehr über die Leistungsfähigkeit der nationalen Volkswirtschaften und einzelner Branchen aussagen, wenn er die nationalen Aufwendungen zu den durchschnittlichen RGW-Aufwendungen insgesamt in Beziehung setzte. Dann wäre er ein Maß für den Nutzeffekt bei internationalen Spezialisierungs- und Kooperationsvorhaben. Erforderlich wären vergleichbare bzw. einheitliche Preise, die es jedoch nicht gibt. Die Preise werden vielmehr von der Position der Stärke zwischen den einzelnen Ländern ausgehandelt, trotz der offiziellen, modifizierten Übernahme der „Weltmarktpreise" als RGW-Preise. Die Umrechnungskoeffizienten, die eine Brücke zwischen Binnenwährung und transferablem Rubel, zwischen nationalen Aufwendungen bzw. zwischen nationalen Aufwendungen und RGW-Arbeitsaufwand, schlagen sollen, sind daher je nach Handelspartner bei ein- und derselben Ware verschieden. Selbst für einzelne Vorhaben (sogar für Teile von Vorhaben) werden immer neue Umrechnungskoeffizienten „ermittelt". Mit Wachstumsförderung über internationale Arbeitsteilung im RGW hat dies nichts zu tun, wohl aber mit handfesten nationalstaatlichen Interessen, wobei in der Regel der jeweils politisch und/oder ökonomisch Stärkere seine meist kurzfristig ausgerichteten Interessen durchsetzen kann. Der Schein der formalen Gleichheit bei ökonomisch-sozialer Ungleichheit, wie er in der Rolle des Geldes in der bürgerlichen Gesellschaft zum Ausdruck kommt, entfällt hier also entsprechend dem direkten Mechanismus der Vergesellschaftung. Es gibt keinen einheitlichen „Wechselkurs", der die Struktur der Stufenleiter der universellen Arbeit (Busch, S. 89), also die Relation der je nationalen Arbeitsproduktivität und damit die je nationale ökonomische Stärke auf dem Weltmarkt bzw. dem Inner-RGW-Handel zueinander ausdrückte. (Damit die Umrechnungskoeffizienten sich binnenwirtschaftlich sinnvoll auswirken, müssen sie so gestaltet sein, daß der Export solcher Produkte angeregt wird, bei denen der nationale Arbeitsaufwand zumindest niedriger ist als der nationale Aufwand bei anderen Produkten. Noch günstiger ist – national betrachtet – die Stimulierung des Exports von Produkten, bei denen der Arbeitsaufwand bzw. die Kosten unter den RGW-Durchschnittsherstellungskosten liegen. Der „äquivalente Tausch" von Waren zwischen zwei nationalstaatlich verfaßten Gesellschaften ist für das Land von unzweideutigem Vorteil, das einen geringeren gegen einen höheren Arbeitsaufwand tauscht [vgl. zum Problem des ungleichen Tauschs bzw. der Komparativen Kostenvorteile Teil vier dieses Kapitels]).

Gerechnet bzw. berechnet wird (oder soll werden) in *transferablen Rubeln*, der sogenannten kollektiven Währung. Die nationalen Währungen, sämtlichst reine Binnenwährungen, werden über Umrechnungskoeffizienten zu dieser 1964 geschaffenen „kollektiven Währung" in Beziehung gesetzt. Laut Komplexprogramm sollen sie über einheitliche Koeffizienten bzw. Kurse zum transferablen Rubel in Beziehung gesetzt werden. Dieser angestrebte einheitliche Wertmaßstab ist Voraussetzung für den multilateralen Handel und die internationale Arbeitsteilung in der Produktion. Der transferable Rubel ist keine konvertible Währung, er kann nicht (entsprechend einem bestimmten Wechselkurs) in eine andere Währung umgetauscht werden. Er ist entgegen seinem Namen nicht ohne weiteres transferierbar (übertragbar). Guthaben in transferablen Rubeln können ohne Warenvereinbarungen nicht genutzt werden.

Der transferable Rubel ist lediglich eine Verrechnungseinheit mit dem Ziel, den Handel von den Schranken der Bilateralität dadurch zu befreien, daß Guthaben und Schulden (aus bilateralen Handelsvereinbarungen und deren Nicht-Einhaltung) miteinander verrechnet werden. Selbst in dieser Funktion kann der transferable Rubel nur sehr bedingt zur Geltung kommen, weil der Handel grundsätzlich bilateral strukturiert ist. Die Länder sind um einen bilateral ausgeglichenen Handel bemüht, unfreiwillig entstandenen Guthaben stehen keine attraktiven Warenangebote gegenüber. Ein multilateraler Zahlungsverkehr kann sich unter den genannten Bedingungen nicht entwickeln. Die Verrechnung in transferablen Rubeln wirkt nicht handelserweiternd. Nur 3–5% des gesamten Inner-RGW-Handel werden multilateral abgewickelt. Als multilaterale Verrechnungseinheit kommt der transferable Rubel eigentlich nur beim Handel mit sogenannten weichen, weniger gefragten, nicht-kontingentierten Waren in Anwendung.

Man kann den transferablen Rubel weder in der Tasche mit sich herumtragen, noch auf einer Bank einzahlen, noch in die nationale Währung transferieren – es gibt ihn nicht. Die finanziellen Grundmittel („Stammkapital") der IBWZ bestehen, was die transferablen Rubel betrifft, die von den Ländern entsprechend ihrem Anteil am Inner-RGW-Handel einbezahlt werden sollen und ihre Guthaben darstellen, nicht aus transferablen Rubeln. Vielmehr hinterlegen die Länder bei der IBWZ Warenlisten. Schließt ein Land trotz multilateraler Verrechnung mit einem negativen Saldo ab, können die Gläubiger Waren von der Warenliste des betreffenden Landes beziehen. Da die Warenlisten nicht gerade die gefragten sogenannten harten Waren, sondern weniger gefragte, sogenannte weiche Waren aufführen, lassen die Gläubiger die Guthaben in transferablen Rubeln eher stehen und verrechnen sie beim nächsten planmäßigen Handelszyklus. `

Der transferable Rubel erfüllt offiziell alle Geldfunktionen (die sich in bürgerlich-kapitalistischen Gesellschaften herausgebildet haben). Dieser offiziellen Version gegenüber, in der der Wunsch und nicht die Realität die Aussage bestimmt, ist festzuhalten, daß der transferable Rubel nichts anderes darstellt als eine fiktive Verrechnungsgröße, die nicht einmal die Funktion der multilateralen Verrechnung erfüllt. Die angestrebten Geldfunktionen des transferablen Rubels, die als Realität ausgegeben werden, sind: Geld als Wertmaß (Ausdruck der Kosten im Preis), Geld als Zahlungsmittel (automatisches Mittel zum Kauf von Waren), Geld als Akkumulationsmittel (freiwillig akkumulierte Eigenmittel und Verwendung von akkumulierten Fremdmitteln in transferablen Rubeln für Investitionen etc.). Der transferable Rubel, der als „kollektive Währung" bezeichnet wird, erfüllt keine der offiziell behaupteten Funktionen. Er kommt überwiegend nur als Verrechnungs- bzw. Zahlungsmittel in

Anwendung, wenn es um den Ausgleich planwidriger Schulden oder den Kauf nicht-kontingentierter, in der Regel weicher, Waren geht. Weshalb der transferable Rubel die ihm zugeschriebenen Funktionen nicht erfüllen kann, soll weiter unten erörtert werden.

Voraussetzung dafür, daß die Umrechnungskoeffizienten, die die Binnen- und Außenwirtschaft verzahnen sollen, und der transferable Rubel als RGW-Währungseinheit ihre Funktionen wahrnehmen können, wären einerseits national stimmige Preise (in denen die Kosten und Knappheiten zum Ausdruck kommen) und andererseits ein RGW-stimmiges Preissystem bei einheitlichen nationalen Preisbildungsstrukturen. Das ist nicht der Fall (vgl. zu den Ursachen und Problemen, Kap. III, 4, die Punkte a, b und c). Deshalb wird auf die kapitalistischen Weltmarktpreise als Grundlage für RGW-Preise zurückgegriffen, obwohl in ihnen nicht die Kosten der RGW-Länder, sondern die Produktivität und die ökonomische Machtposition der hochentwickelten kapitalistischen Länder zum Ausdruck kommen (Kohlmey, S. 199 f.; Bogomolow, 1969, S. 154 ff.). *Die* kapitalistischen Weltmarktpreise gibt es bei Gütern der verarbeitenden Industrie, im Gegensatz zu denen bei Rohstoffen, überhaupt nicht. Es wird daher hart gehandelt, bis eine Einigung darüber erzielt ist, welcher Weltmarktpreis im speziellen Fall zählt.

Diese Weltmarktpreise sollen modifiziert werden, d. h. von den Schwankungen des kapitalistischen Weltmarktes befreit werden. Dazu sind zwei Schritte erforderlich: zum einen wird der Zeitraum bestimmt, der der Bildung der modifizierten Weltmarktpreise zugrunde gelegt wird, zum andern werden die Preise in bilateralen Verhandlungen von spekulativen und konjunkturellen Schwankungen befreit. 1975 wurde vereinbart, die Preise künftig in einem jährlichen Turnus festzulegen und zwar auf der Basis der durchschnittlichen Weltmarktpreise der vergangenen fünf Jahre. Für die Preisbildung des Jahres 1975 wurde allerdings eine andere Regelung „gewählt": die Preise wurden korrigiert unter Zugrundelegung der Weltmarktpreise von 1972–1974. Die sogenannte Ölkrise wirkte sich also für die UdSSR enorm günstig aus – und dies während einer fixierten Fünfjahrplanperiode.

Diese Regelung löste die Vereinbarung von 1958 ab, derzufolge die Preise für die nächste Planperiode festgelegt wurden (also nicht jährlich). Für die abgebrochene Siebenjahrplanperiode 1958–1965 hatten die durchschnittlichen Weltmarktpreise von 1957, für die Fünfjahrplanperiode 1966–1970 die des Zeitraums 1960–1964 und für die von 1971–1974 (statt wie vereinbart bis 1975) die durchschnittlichen Weltmarktpreise von 1965–1969 gegolten. Die Entwicklung der Weltmarktpreise wurde im RGW vor 1975 also viel langsamer nachvollzogen, als es nun in Zukunft der Fall sein wird. In dieser Regelung spiegelt sich die Machtposition der UdSSR wider. Vor 1973 klafften die Weltmarktpreise für Rohstoffe und Industriegüter zugunsten der der Industriegüter auseinander – diese Entwicklung wurde im RGW nur langsam nachvollzogen zu Lasten der Produzenten von Industriegütern. Nach 1973 holten insbesondere die Erdölpreise mächtig auf – nun wird die Entwicklung auf dem kapitalistischen Weltmarkt im RGW sehr schnell mitvollzogen zugunsten des Lieferanten UdSSR.

Da diese so modifizierten Preise nach wie vor nicht die Kosten der RGW-Länder und die Knappheiten im RGW ausdrücken, den einzelnen Ländern ihre Kosten selbst nicht hinreichend bekannt sind, hochentwikkelte Qualitätsprodukte rar sind etc., erfahren die offiziellen Preise in bilateralen Verhandlungen z. T. große Veränderungen. Die modifizierten Weltmarktpreise als RGW-Preise sind somit kein Instrument, das den multilateralen Handel und die Arbeitsteilung in der Produktion förderte. Sie tragen folglich nicht zur (abstrakten) indirekten Vergesellschaftung zwischen den RGW-Ländern bei. Staatlich-direkte Funktionen in zwischenstaatlichen (bilateralen) Verhandlungen werden dadurch nicht ersetzt.

Der Finanzierung von Investitionen, insbesondere bei gemeinsamen Projekten, soll die 1970 gegründete „Internationale Investitionsbank" (IIB) dienen. Im Mittelpunkt ihrer Aufgaben steht nicht die Multilateralisierung des Handels, sondern die Internationalisierung der Produktion, die internationale Arbeitsteilung im Interesse der jeweils an den Projekten beteiligten Mitgliedsländer des RGW. Zwecks Steigerung des ökonomischen Nutzeffekts soll die Zusammenarbeit sich nicht auf den Austausch beschränken, sondern sich bereits in der Produktionssphäre vollziehen. Die IIB ist eine zwischenstaatliche ökonomische Organisation der Mitgliedsländer des RGW. Die Höhe der nationalen Einlagen ist abhängig vom nationalen Anteil am Inner-RGW-Handel. Unabhängig davon werden Beschlüsse in grundsätzlicheren Fragen einstimmig (ein Land, eine Stimme) gefaßt. In anderen Fragen gilt das Prinzip der qualifizierten Mehrheit. Die finanziellen Grundmittel betragen 1 068,3 Mrd. transferable Rubel (30 % davon in konvertiblen Währungen). Am 1. 1. 1976 waren erst 35 % dieser Grundmittel einbezahlt.

Die Höhe der nationalen Einlagen auf den nationalen Anteil am Inner-RGW-Handel zu beziehen, ist bei einer Bank, die Investitionen fördern soll, von der Sache her nicht einsichtig. Doch profitiert die UdSSR von dieser Regelung, da die über den Handelsanteil errechnete Höhe der sowjetischen Einlagen bezogen auf das sowjetische Nationaleinkommen einerseits und die gewährten Kredite andererseits vergleichsweise niedrig ist. Die durch diese Regelung geförderte Begünstigung der UdSSR wird bei einem Blick auf die Tabelle, vergleicht man die DDR mit der UdSSR, deutlich. Der nationale Anteil an den finanziellen Grundmitteln einer Bank für Investitionen hätte sich von der Sache her eher am

Nationaleinkommen auszurichten. Schließlich bestimmt die Höhe des Nationaleinkommens die Investitionsmöglichkeiten und damit natürlich auch die Inanspruchnahme von Krediten.

Internationale Investitionsbank der RGW-Länder (Stand 1. Januar 1974)

Mitgliedsland	Grundkapital		Einzahlungen auf das Grundkapital Mill. TRbl	Kreditzusagen (Zahl der Projekte) Mill. TRbl
	Mill. TRbl	Anteile in v. H.		
Bulgarien	85,1	8,0	29,8	52,7 (7)
CSSR	129,9	12,2	45,6	77,5 (1)
DDR	176,1	16,5	61,8	25,1 (2)
Kuba	15,7	1,5	–	–
Mongolei	4,5	0,4	0,8	5,5 (1)
Polen	121,4	11,4	42,6	48,8 (10)
Rumänien	52,6	4,9	18,4	78,8 (8)
UdSSR	399,3	37,4	140,0	252,4 (1)
Ungarn	83,7	7,8	29,4	47,6 (3)
Insgesamt	1068,3	100,0	368,4	588,4 (33)

(Bethkenhagen/Machowski, S. 73)

Die IIB gewährt lang- (15 Jahre) und mittelfristige (5 Jahre) Kredite für Projekte, die im Programm der „Sozialistischen ökonomischen Integration" vorgesehen und zur internationalen sozialistischen Arbeitsteilung beitragen sollen (Spezialisierungs- und Kooperationsmaßnahmen, Erweiterung der Roh- und Brennstoffbasis, Infrastruktur). Diese (angestrebte) internationale Arbeitsteilung kann überkommene Strukturen weitgehend fort- und damit festschreiben (sei es auf der Grundlage von Naturgegebenheiten wie den natürlichen Ressourcen, sei es aufgrund des nationalstaatlichen Interesses, das zu kurzfristigen und kurzsichtigen Kompromissen führt) oder Produktionsstrukturen bewußt neu und primär im gemeinsamen langfristigen Interesse gestalten. Dem Kreditantrag muß ein Verzeichnis beigefügt werden, das die Materialien, Ausrüstungen etc. aufführt, die für das Vorhaben erforderlich sind. Weiterhin müssen als Voraussetzung für die Vergabe von Krediten zwischen den beteiligten Ländern Abkommen über die jeweilige Beteiligung bei der Errichtung der Projekte sowie über den späteren Absatz der Produkte geschlossen werden. Bei Krediten in sogenannten transferablen Rubeln betragen die Zinsen 4–6%, bei Krediten in konvertiblen Währungen richten sich die Zinsen am kapitalistischen Weltmarkt aus. Weil der transferable Rubel eine fiktive Rechengröße ist, bestehen die Eigenmittel auch dieser Bank und folglich auch ihre Kredite, wenn es transferable Rubel und nicht konvertible Währungen betrifft, aus Warenlisten bzw. Güterlieferungen. Investitionskredite in transferablen Rubeln sind Warenkredite – allerdings nicht aufgrund postulierter gesellschaftlicher Wertvorstellungen. Die real-sozialistischen planwirtschaftlichen Systeme können vielmehr aus politischen und ökonomischen Gründen nicht anders handeln (vgl. Kap. III, 4). Die zumindest in dieser Dominanz nicht erwünschte Naturalwirtschaft – Tausch von Ausrüstungen gegen spätere Belieferung aus diesen Anlagen, also Kompensationsgeschäfte – zeigt, daß der transferable Rubel weder die Funktion eines Zahlungs- noch eines Akkumulationsmittels erfüllt. Solange es um Investitionen im Bereich der Roh- und Brennstofförderung (in der UdSSR) geht, ist dieses Kreditierungsverfahren auf naturalwirtschaftlicher Basis relativ einfach zu handhaben. In anderen Bereichen muß der Kreditgeber nicht nur in der Lage sein, die nachgefragten Anlagen und Ausrüstungen zu liefern, er muß ja auch die Produkte des Vorhabens in bestimmten Mengen und Zeiträumen beziehen, dafür also einen Bedarf haben. Rückzahlungen in ungebundenen nicht-kontingentierten Waren finden nicht statt.

Die Investitionsbank spielt, wie an der Höhe der bisher „einbezahlten" Grundmittel („Stammkapital") ersichtlich, keine große Rolle. Das liegt nicht nur an dem bilateralen Warenausgleich innerhalb eines bestimmten Planzyklus, sondern auch an den niedrigen Zinsen für Kreditgeber, die zu zwischenzeitlichen Verlusten an Nationaleinkommen führen können. Die Bank hat zudem deswegen nur eine geringe Bedeutung, weil die RGW-Länder der UdSSR zur Erschließung ihrer Roh- und Brennstoffvorkommen – durch die Öl- und Weltwirtschaftskrise erzwungen – Investitionskredite direkt „gewähren". Diese von den RGW-Ländern erzwungenen Kredite – bei niedrigen Zinsen einerseits und gewaltig erhöhten Preisen für die im Kompensationsgeschäft zu beziehenden Roh- und Brennstoffe andererseits, womit sich zeitweilige Verluste an Nationaleinkommen zugunsten der UdSSR verbinden – stärken, da es sich um bilaterale Direktkredite handelt, nicht die Stellung der IIB als zwischenstaatliche ökonomische Organisation. Die sowjetischen RGW-Partner würden mit der Stärkung solcher Organisationen ihre Schwäche gegenüber der UdSSR auch noch institutionalisieren, solange sie solche Organisationen nicht zum gemeinsamen Aufmucken benutzen. Der UdSSR, die zwecks Investitionsbeteiligungen der RGW-Länder an der

Investitionsbank so sehr interessiert war, kann diese Entwicklung ebenfalls recht sein. Die Begünstigung der UdSSR, das Mißverhältnis zwischen sowjetischen Einlagen und denen der anderen RGW-Länder (insofern sich die Einlagen am Handelsanteil ausrichten) in die IIB, die bevorzugte Kreditgewährung an die UdSSR für Investitionen im produktiven Bereich wird so weniger offenkundig.

Woran liegt es nun, daß die monetären Instrumentarien – das multilaterale Verrechnungssystem, der transferable Rubel, die Banken mit ihren Instrumentarien Kredit und Zins, die Preise – so wenig zur Förderung der wirtschaftlichen Zusammenarbeit der RGW-Länder beitragen? Seit 1964 bemüht man sich um eine verstärkte und – in der Internationalen Bank für Wirtschaftliche Zusammenarbeit, dem transferablen Rubel – institutionalisierte Nutzung dieser Mechanismen. Mit dem Komplexprogramm (1971) wurden die monetären Instrumentarien institutionell fortentwickelt (Gründung der IIB, Stärkung des transferablen Rubels als „kollektive Währung"). Doch kann das Funktionieren monetärer indirekter Mechanismen im Realen Sozialismus nicht durch eine „technische" Verbesserung der monetären Instrumentarien erzielt werden. Die Probleme sind nicht „technischer", sondern politischer Natur, ihre Lösung ist bei planwirtschaftlichen Systemen, auch den real-sozialistischen, grundsätzlich nicht in der Zirkulations-, sondern in der Produktionssphäre zu suchen.

4. Hindernisse und Grenzen bei der multilateralen Zusammenarbeit real-sozialistischer Planwirtschaften

Die Hindernisse bzw. Grenzen, die der ökonomischen Zusammenarbeit oder gar Integration der RGW-Länder entgegenstehen, lassen sich wie folgt aufschlüsseln:

a) Hindernisse und Grenzen aufgrund der spezifischen Form des Planungssystems,

b) Hindernisse und Grenzen aufgrund der unterschiedlichen Ausgestaltung der nationalen Planungssysteme,

c) Hindernisse und Grenzen aufgrund der unterschiedlichen Interessen bzw. des unterschiedlichen Entwicklungsstandes der Länder,

d) Hindernisse und Grenzen aufgrund der Funktion des planwirtschaftlichen Systems für die Parteivergesellschaftung mittels staatlicher Instrumentarien.

An diesen Hindernissen und Grenzen wird das Dilemma deutlich, in dem sich die Staatsparteien befinden, der Konflikt zwischen der spezifischen Form der Herrschaft und ihrer Erhaltung und der ökonomischen Effizienz im Zeichen intensiven Wachstums. Da die Partei ihre Herrschaft mit der ökonomischen Überlegenheit über den Kapitalismus, mit der Steigerung des quantitativen Wirtschaftswachstums und des privaten Wohlstands legitimiert, muß sie um entsprechende Effizienz bemüht sein. Die real-sozialistischen Formen der Vergesellschaftung bzw. Herrschaft, auf die die Parteiführung bei Strafe ihres Untergangs nicht verzichten kann, stehen dieser Effizienz, dem kapitalistischen Rentabilitätsprinzip, dem ausschließlichen Streben nach Maximierung des out-puts bei Minimierung des in-puts entgegen. Die Partei steht sich bei der Sicherung ihrer selbst gewählten (letzten) Legitimation (quantitatives Wachstum) selbst im Wege. Will sie ihre Herrschaft erhalten, kann sie die Möglichkeiten intensiven Wachstums nur bedingt nutzen. Das Ausschöpfen aller Möglichkeiten der Rentabilitätssteigerung bedeutete die Aufhebung der Parteivergesellschaftung. Die Unauflösbarkeit dieses Dilemmas erklärt das Hin und Her bei der Gestaltung der wirtschaftlichen Entscheidungsstrukturen („Wirtschaftsreformen"), bei der Suche nach (direkt-planerischen wie indirekt-monetären) Rezepten, mit denen die Beherrschten veranlaßt werden, dem Rentabilitätsprinzip entsprechend zu handeln, ohne über wichtige Entscheidungskompetenzen zu verfügen. Der Konflikt zwischen den ökonomischen und den politischen – den sich im Zweifelsfalle durchsetzenden – Erfordernissen der Herrschaftserhaltung ist der Dreh- und Angelpunkt für die nachfolgend im einzelnen skizzierten Hindernisse bzw. Grenzen bei der wirtschaftlichen Zusammenarbeit in Osteuropa. Von daher ist es immer erforderlich von den innerstaatlichen ökonomischen Problemen und Mechanismen auszugehen.

a) ... aufgrund der spezifischen Form des Planungssystems

In den ersten beiden Kapiteln bin ich darauf eingegangen, warum die Beseitigung des Privateigentums an Produktionsmitteln in den osteuropäischen Ländern stark zentralisierte planwirtschaftliche Systeme zur Folge hatte. Die kommunistischen Parteien waren (abgesehen von der Tschechoslowakei) in der Bevölkerung schwach verankert. Der „Aufbau des Sozialismus" wurde von der Bevölkerungsmehrheit nicht gewünscht und schon gar nicht getragen. Der „Sozialismus" (im Verständnis der herrschenden bolschewistischen Fraktionen in den Parteiführungen) kam über die Hintertreppe bzw. wurde von „oben" eingeführt. Die Eroberung der gesellschaftlichen und staatlichen Schaltstellen konnte auf diese Weise keine aktiven Beziehungen zwischen den Gesellschaftsmitgliedern hervorbringen. Es wurden auch keine Versuche in Richtung auf eine solche Umwälzung der Gesellschaftsverhältnisse unternommen. Die alten Herrschafts- und Vergesellschaftungsstrukturen wurden entweder einfach negiert und unterdrückt oder aber, wo es den Herrschenden erforderlich schien, übernommen (Arbeitsprozeß z.B.). An die Stelle der alten Herrschaftsstrukturen traten neue, mit anderen Formen und partiell anderen Inhalten.

Diese Einführung des „Sozialismus" von oben gegen den Willen der Bevölkerungsmehrheit (und in dieser Form auch nicht in Übereinstimmung mit den Vorstellungen vieler Parteimitglieder) führt im ökonomischen Bereich zu einer administrativen, extrem zentralisierten und zentralisierenden Planung. Das von oben eingeführte System muß, insofern es keine, wie immer motivierte, ihm entgegengesetzte gesellschaftliche Transformationsprozesse ermöglicht, auch von oben erhalten werden. Den Betrieben wird detailliert vorgeschrieben, was und wieviel sie im einzelnen zu produzieren haben. Diese Kommandowirtschaft zeitigte in den wirtschaftlich unentwickelteren Ländern solange durchaus auch Erfolge (gemessen in Wachstumsraten), solange es vorwiegend darum ging, neue Branchen aufzubauen und in bereits vorhandenen Erweiterungsinvestitionen zu tätigen, solange es also um das sogenannte extensive Wirtschaftswachstum ging. Allerdings war das sowjetische Grundmodell der Industrialisierung und die politisch bedingte spezifische Form des planwirtschaftlichen Systems einer ökonomisch optimalen Entwicklung von vornherein abträglich (vgl. hierzu R. Lorenz). Die negativen ökonomischen Folgen wurden von der Staats- und -Partei-Maschinerie (Bahro) jedoch erst zur Kenntnis genommen, als die für die Legitimation des Systems überaus wichtigen Wachstumsraten empfindlich sanken. (Die CSSR verzeichnete Anfang der 60er Jahre sogar ein Minus-Wachstum.) Der unökonomische Umgang mit den natürlichen und den finanziellen Ressourcen konnte in demselben Umfang nicht fortgesetzt werden. Das ländliche Arbeitskräftereservoir, aus dem die Industrialisierung gespeist wurde, war weitgehend ausgeschöpft. Die sich abzeichnende ökonomische Katastrophe zwang zu der Einsicht, daß Wachstum in erster Linie über den rationellen Umgang mit den vorhandenen Mitteln und Ressourcen, über Kostensenkung, Steigerung der Produktivität erzielt werden müsse (sogenanntes intensives Wachstum). Da dieses Wachstum nicht einfach von oben dekretiert werden kann, mußten Wirtschaftsreformen durchgeführt und behutsam zentrale Entscheidungskompetenzen im mikroökonomischen Bereich an die Betriebe abgegeben werden. Die Zentrale war und ist bemüht, makroökonomische Auswirkungen dieser einzelbetrieblichen (mikroökonomischen) Entscheidungen entweder direkt (z.B. über direkte Bestimmungen hinsichtlich der Höhe betrieblich eigenständiger Investitionen) zu beschränken oder aber indirekt (über Gewinn- und Preismechanismen) zu regulieren.

Die erweiterte Reproduktion, das quantitative Wachstum und sonst nichts, war und ist die Maxime des Wirtschaftens im Realen Sozialismus ebenso wie im Kapitalismus. Mit den vorhandenen Ressourcen soll größtmögliches Wachstum, ein höchstmöglicher Nutzeffekt erzielt werden. Dabei wird der Nutzeffekt, aufgrund der Ausrichtung am quantitativen Wachstum, nicht inhaltlich gefaßt. So geht es beispielsweise nicht um das Abwägen der kurz- bzw. langfristigen Vor- und Nachteile von Atomkraftwerken, sondern nur um die möglichst schnelle, kurzfristig möglicherweise billigere, an einzelwirtschaftlicher Rentabilität und am „Weltniveau" orientierte Produktion von Energie. Die Auswirkungen der Produktion auf Menschen und Natur, Fragen der langfristigen volkswirtschaftlichen Kosten gehen in dieses Rentabilitätsdenken nicht ein. Es geht bei diesem einzelwirtschaftlichen Rentabilitätsdenken um die möglichst kurzfristige Steigerung des Reineinkommens jeder Wirtschaftseinheit für sich, um zusätzlichen Gewinn über zusätzlichen Ertrag und/oder geringeren Aufwand (einzelwirtschaftlich betrachtet). Was und wie produziert wird (bzw. werden soll), wird durch das kapitalistische „Weltniveau" vorgegeben.

Wachstum und Effektivität werden zentral geplant und den Betrieben vorgegeben. Das geschieht entweder direkt mittels naturaler Bilanzen und den daraus folgenden Kennziffern oder mittels indirekter wertmäßiger Vorgaben (Bewertungen des Aufwands zur Erzielung eines bestimmten Ausstoßes auf einem gegebenen ökonomischen Entwicklungsniveau) bei materiellen Vorteilen für unterdurchschnittliche Aufwendungen. Auf der Suche nach ökonomisch effizienten und politisch ungefährlichen Entscheidungsstrukturen finden beide Vorgehensweisen Anwendung – allerdings, innerhalb bestimmter Toleranzen, von Land zu Land unterschiedlich kombiniert. Die zentralen Bilanzen dienen der Verteilung der Ressourcen entsprechend den wirtschaftspolitischen Zielen des Staats- und Partei-Apparats. Im Zusammenhang mit den Kennziffern sind sie Ausdruck der Tatsache, daß der Plan für die Partei ein Instrument ihrer ökonomischen (und politischen) Herrschaft ist. Daß den Bilanzen und Naturalkennziffern einmal eine größere, das andere Mal eine geringere Bedeutung zukommt, entspringt nicht wirtschaftlichen Erfordernissen. Der Wechsel in der Wirtschaftspolitik entspringt vielmehr dem Mißtrauen der Partei den jeweils unteren Entscheidungsträgern gegenüber; der Wechsel zeigt, wie wenig es der Partei gelingt, die Wirtschaftseinheiten anderweitig anzubinden. Sparsamkeit im Umgang mit Ressourcen, die Reduzierung des Aufwands kann kaum erzielt werden, wenn die unteren Entscheidungsträger einfach an die Kandare genommen werden. Sparsamer Umgang mit den Ressourcen läßt sich eher erreichen, wenn die ökonomischen Entscheidungsträger an ihm interessiert sind und die Lenkungsmechanismen diese Interessen fördern. Unter den gegebenen gesellschaftlichen Bedingungen motiviert ausschließlich der Gewinn. Mit den Bilanzen (als direktes Mittel, das zentral Gewollte, den Plan, durchzusetzen) einerseits und dem Gewinn (als indirektes Mittel für den gleichen Zweck) andererseits, mit dem Verhältnis dieser beiden Regulierungsmechanismen zueinander (damit der betrieblichen Entscheidungsmöglichkeiten) ist das zentrale innerstaatliche Problem angesprochen, das allen Bemühungen um eine verstärkte Zusammenarbeit im RGW vorgelagert ist. Für die Außenwirtschaft ergeben sich daraus folgende Konsequenzen:

- Das fixierte Verhältnis von Zentrale und Betrieb hat die staatliche Trennung von Binnen- und Außenwirtschaft zur Folge. (Das staatliche Außenhandelsmonopol läßt sich im RGW ja nicht mit der Gefahr der kapitalistischen Unterminierung begründen.) Sind die binnenwirtschaftlichen Entscheidungskompetenzen der Wirtschaftseinheiten sehr begrenzt, liegen die außenwirtschaftlichen Entscheidungskompetenzen konsequenterweise bei zentralen Staatsinstanzen. Daraus ergeben sich die zwischenstaatliche bilaterale Plankoordinierung und die bilateralen Außenhandelsabkommen. Auf diese Weise lassen sich die Außenwirtschaftsprozesse am einfachsten in den Plan, das ökonomische Herrschaftsinstrument, einbauen. Daraus ergibt sich auch, daß der Nutzeffekt des Handels und der Arbeitsteilung in der Produktion nicht hinreichend festgestellt werden kann, da vergleichbare Größen zwischen den nationalen Wirtschaften fehlen.
- Über die Bilanzen, die quantitativen Kennziffern und die damit verbundenen kurzfristigen Perspektiven werden die Betriebe entgegen den konzeptionellen Vorstellungen zu Mengenproduktion stimuliert und nicht zu Qualität und technischem Fortschritt. Letztere können, im Gegensatz zur Mengenproduktion, auch nicht von außen, und schon gar nicht direkt, initiiert werden. Daraus ergibt sich eine Knappheit an Gütern, insbesondere an hochwertigen, weshalb im RGW harte Waren gegen harte bzw. weiche Waren gegen weiche getauscht werden, und die im Ost-West-Vergleich zu beobachtende (systembedingte) technologische Lücke. Für Guthaben (die durch die Nicht-Einhaltung von Verpflichtungen der Partner entstehen) sind keine harten Waren zu erwerben. Guthaben bei der IBWZ in transferablen Rubeln sind daher unerwünscht. Wenn keine hochwertigen Güter zur Verfügung stehen, alles bis ins Letzte verplant wird, sind Umdispositionen nicht möglich, gibt es keine Multilateralität.[25] Konsequenz davon ist, daß nur 3–5% des Handels multilateral getätigt werden.
- Dem Versuch der Zentrale, über die Bilanzen die vorhandenen Mittel maximal zu nutzen, korrespondiert die Tendenz der Betriebe, Reserven anzulegen, um die Produktion auch bei unregelmäßigen Zulieferungen ungestört fortsetzen zu können. Die totale Verplanung und der Mangel an Warenreserven gehören zusammen. Diese geplante Mangelwirtschaft läßt nur den streng kontingentierten bilateralen Güteraustausch

zu. Knappheit herrscht, weil alle Güter ohne genügend Luft verplant werden, weshalb zwangsläufig und durchgängig im RGW kontingentiert getauscht wird.

– Erweiterte Produktion läßt sich mittels intensiven Wachstums nur erzielen, wenn die Betriebe dazu bereit sind. Diese Bereitschaft setzt einen Spielraum der betrieblichen Entscheidungsträger voraus. Bei dem absoluten Vorrang des quantitativen Wachstums führt das zu einer zunehmenden Rolle der Preise. Sie sollen auf die Betriebe als indirekte Orientierungsgrößen wirken, die Betriebe einzelwirtschaftlich wie gesamtwirtschaftlich auf Entscheidungen im Sinne intensiven Wachstums hinlenken. Dies kann nur gelingen, wenn in den Preisen zumindest die gesellschaftlich notwendigen Kosten, aber auch die Knappheiten zum Ausdruck kommen. Aus den Entscheidungen der Zentrale, z. B. darüber, welche Bereiche bevorzugt ausgebaut werden sollen, ergeben sich Gleichgewichte und Ungleichgewichte, d. h. Knappheiten. Diese, dem betrieblichen Agieren vorgelagerten, Entscheidungen müssen sich in den Preisen niederschlagen, wenn die Betriebe über den Gewinn – indirekt – auf die zentrale Plankonzeption hingelenkt werden sollen. Knappheitspreise sind auch deshalb erforderlich, weil die formale wirtschaftliche Rationalität (quantitative Wachstumssteigerung als primäres Ziel) auf maximale Einsparung bei Ausnutzung aller Mittel abzielt und damit Knappheit zur Folge hat. Die umfassende Bedürfnisbefriedigung ist zwangsläufig auf den Sankt-Nimmerleins-Tag verschoben.

– Das Ziel des Wirtschaftens (intensives Wachstum) und die angewandten real-sozialistischen Methoden beißen sich allerdings. Die Zentralisierung der Entscheidungsbefugnisse, detaillierte Vorgaben für die Betriebe vertragen sich nicht mit der erforderlichen Flexibilität. Die Preise bleiben „stabil", weil so mit ihnen besser gerechnet und besser kontrolliert werden kann. Solche Preise stellen allerdings bei betrieblichen Entscheidungen keine ausreichenden Indikatoren für intensives Wachstum dar. Sie drücken weder Knappheiten noch hinlänglich die Kosten aus. Die politisch (zwecks Aufrechterhaltung der Herrschaftsverhältnisse) und damit systembedingte Starrheit des Planungssystems und die zur Wachstumssteigerung erforderliche Flexibilität vertragen sich nicht. So bleibt, trotz gegenläufiger Intension, die Aussagekräftigkeit der Preise weitgehend auf der Strecke – und doch wird mit ihnen gerechnet und kontrolliert.

Wenn bereits auf nationaler Ebene der Nutzeffekt von Investitionen nicht ermittelt werden kann, weil in den Preisen nicht hinlänglich die Kosten und Knappheiten zum Ausdruck kommen (das trifft mehr oder weniger auf alle Volkswirtschaften im RGW zu), dann lassen sich Kosten und Nutzen auch zwischen den Ländern nicht hinreichend ermitteln. Das Preissystem steht der Multilateralisierung von Handel und Produktion und ihrer Nutzung als Wachstumsfaktor entgegen. Folgen sind der fast ausschließlich bilaterale Handel der RGW-Länder, der bilaterale Handel innerhalb bestimmter Warengruppen, die unzulängliche Spezialisierung und Kooperation in der Produktion, das Streben nach bilateraler Ausbilanzierung von Spezialisierungsvorhaben. Aufgrund der innergesellschaftlichen Probleme, die die nichtstimmigen Preissysteme hervorrufen, kann der transferable Rubel im RGW-Rahmen weder Wertmaßstab, Zahlungs- noch Akkumulationsmittel sein. Es bleibt somit beim bilateralen Tausch bestimmter Güter unter Vernachlässigung monetärer Größen, obwohl die Außenwirtschaft als intensiver Wachstumsfaktor genutzt werden soll.

– Die verstärkte Einbeziehung der Betriebe in die Außenwirtschaft löst nicht das Problem der unzulänglichen Nutzung der Außenwirtschaft zwecks Wachstumsförderung, weil die Preise nur unzulänglich die Kosten ausdrücken, Binnen- und Außenhandelspreise getrennt bleiben. Die Einbeziehung der Betriebe erfolgt, indem sie als Berater herangezogen werden, Direktbeziehungen eingehen können und/oder ihr Exportergebnis den betrieblichen Gewinn mitprägt. Die ökonomischen Probleme erzwangen die Einsicht der Staats- und Partei-Maschinerie, daß es ohne den „Sachverstand" der Wirtschaftseinheiten nicht geht. Deswegen soll das Interesse der Betriebe am Export über das „einheitliche Betriebsergebnis" geweckt werden. Die Ergebnisse der betrieblichen Exportproduktion (kontrolliert von den Außenhandelsbetrieben) werden in die betriebliche Gewinn- und Verlustrechnung einbezogen. Damit sollte der Subventionierung von Exportgütern ein Ende gesetzt und die Außenwirtschaft als Wachstumsfaktor wirksam werden. Da die RGW-Staaten nicht über eigene konvertible Währungen verfügen, die über Wechselkurse entsprechend der Stärke der nationalen Wirtschaften in bestimmten Verhältnissen zueinander stehen, da zwischen Inlands- und Außenhandelspreisen kein Zusammenhang besteht, muß der Zusammenhang zwischen Binnen- und Außenwirtschaft, zwischen Produktion und Außenhandel über Verrechnungskoeffizienten hergestellt werden. Die Verrechnungskoeffizienten eines Landes sind jedoch nicht nur bezogen auf verschiedene Länder, sondern auch von Warengruppe zu Warengruppe verschieden. Sogar innerhalb eines bilateralen Projekts muß u. U. mit unterschiedlichen Verrechnungskoeffizienten gerechnet werden – und das auf der Basis, daß die beteiligten Partner ihre Kosten ohnehin nicht exakt erfassen können. Die ohnehin nur zögernde Einbeziehung der Betriebe in die Außenwirtschaft kann deswegen zur Ermittlung des Nutzeffekts nur bedingt beitragen (die Beteiligung der Betriebe dürfte sich in der Einhaltung von Vereinbarungen bzw. in ihrer sinnvolleren Gestaltung hingegen schneller positiv niederschlagen). Die Bedeutung des offiziell festgesetzten Verhältnisses der nationalen Währungen zum transferablen Rubel wird weitgehend relativiert durch die mangelnde Erfassung der Kosten in den Preisen und die Trennung von Inlands- und Außenhandelspreisen. Damit können aber der transferable Rubel und auch die in transferable Rubel umgerechneten Weltmarktpreise bei bilateralen Verhandlungen keine gesicherte Rolle spielen.

Die aufgeführten (je nach nationaler Ausformung der ökonomischen Entscheidungsstrukturen mehr oder weniger gravierenden) Probleme sind Konsequenzen der politisch bedingten spezifischen Ausformung des Planungssystems. Sie sind Ausdruck der Schwierigkeit, das vom Kapitalismus übernommene Ziel des Wirtschaftens mit anderen Mitteln als dieser zu erreichen – mit Mitteln, mit denen die Menschen im Arbeitsprozeß von oben herab direkt oder indirekt bestimmt oder instrumentalisiert werden (sollen). Im Zeichen von Wachstum durch Intensivierung und Rationalisierung ist die direkte Bestimmung bzw. Instrumentalisierung durch zentrale Instanzen schwieriger geworden. Auch die Stimulierung bzw. indirekte Instrumentalisierung über die materielle Interessiertheit der Betriebe führt keineswegs zu den gewünschten Erfolgen, und zwar u. a. deshalb nicht, weil die unteren Entscheidungsträger in dem von oben stimulierten betrieblichen Interesse handelnd nicht gleichzeitig den Interessen der Zentrale entsprechen, wenn Diskrepanzen in den Regulierungsmechanismen dies ermöglichen. Solange die ökonomischen Entscheidungsstrukturen nicht stärker dezentralisiert werden, solange läßt sich die Effektivität, lassen sich Kosten- und Preisfragen, die bei der ökonomischen Zusammenarbeit (zwecks Wirtschaftswachstum durch Multilateralität in Handel und Produktion) eine zunehmende Rolle spielen, nicht in den Griff bekommen. Die ständigen wirtschaftlichen Probleme hängen ursächlich mit dieser Entscheidungsstruktur zusammen. Wenn hier auf das Problem der Preise im nationalen Rahmen und auf die damit verbundenen Erschwernisse für die Zusammenarbeit der osteuropäischen Länder verwiesen wird, dann um Hindernisse für die wirtschaftliche Zusammenarbeit aufzuzeigen, die in der spezifischen Form real-sozialistischer planwirtschaftlicher Systeme und deren herrschaftserhaltender Funktion begründet sind. Die Preisprobleme sind nicht Ursache für diese Hindernisse, sondern ihrerseits Auswirkungen ursächlich politischer Faktoren. Beispielsweise führt nicht die mangelnde Aussagefähigkeit der Preise über den wachstumsfördernden Einsatz finanzieller und materieller Ressourcen (Allokationsfunktionen der Preise) dazu, daß die RGW-Länder entweder die westliche Strukturentwicklung nachvollziehen oder aber politisch motivierte Investitionsentscheidungen treffen müssen (vgl. Baumer, S. 54). Die real-sozialistischen Länder haben sich vielmehr mit der Maxime quantitatives

Wachstum längst für die dem Kapitalismus nachgebildete Strukturentwicklung „entschieden" (damit verbunden für bestimmte Kommunikationsformen, für die Erzeugung und Befriedigung stumpfsinniger Kompensationsbedürfnisse in der Freizeit als Pendant zur stumpfsinnigen, ausschließlich der Zeitökonomie unterworfenen Arbeit; vgl. Damus, 1978, Kap. II). Ein anderes als das vom Kapitalismus übernommene Ziel des Wirtschaftens, z. B. qualitative Bedürfnisentfaltung in der gesellschaftlichen Sphäre, hätte das Ende des Realen Sozialismus zur Folge. Das vom Kapitalismus übernommene Ziel soll „lediglich" mit anderen Mitteln der Herrschaftserhaltung erreicht werden – daraus entstehen die Probleme.

Die Preise dürfen auch hinsichtlich ihrer Allokationsfunktion nicht überschätzt werden. Der „Markt" sagt nur etwas aus über das Verhältnis von vorhandenen Bedürfnissen bzw. über das, was als „Bedürfnisse" über die Arbeit und den Markt hervorgebracht wird, und über ihre derzeitige Befriedigung. Er gibt keine Richtschnur für die Wirtschaftsstrukturen in 20 Jahren. Der Markt und die Bedürfnisse, Angebot und Nachfrage und eine damit verbundene Preisstruktur, die dann Wirtschaftsentscheidungen beeinflußt, werden immer erst geschaffen. Marktpreise, in denen Kosten und Knappheit, vorhandener Güter bezogen auf einen vorhandenen Bedarf, zum Ausdruck kommen, sagen nichts aus über nicht-vorhandene Güter bzw. nicht-vorhandene Bedürfnisse und können über sie und ihr Verhältnis zueinander nichts bestimmen.

Systembedingte Probleme, die auf der Preisebene lediglich zum Ausdruck kommen und die Zusammenarbeit behindern, stecken z. B. auch hinter den unterschiedlichen Preisebenen. Trotz der Preisreformen der 60er Jahre und der stärkeren Betonung des privaten Konsums gibt es immer noch, wenn auch in geringerem Ausmaß, unterschiedliche Preisebenen: Die Konsumgüterpreise sind überhöht (außer bei sogenannten Grundnahrungsmitteln), die Preise für Investitionsgüter vergleichsweise niedrig angesetzt. Damit wird der Akkumulationsfonds durch einen Abzug am Konsumtionsfonds erhöht (soll erhöht werden). In dem gespaltenen Preissystem kommt das wirtschaftspolitische Ziel der zentralen Entscheidungsinstanzen (maximales quantitatives Wachstum) zum Ausdruck. Weil die Binnenpreise auch deshalb die Kosten nicht genügend wiedergeben, können sie dem Außenhandel nicht zugrundegelegt werden, sollen unerwünschte Umverteilungseffekte an Nationaleinkommen vermieden werden (deshalb mußte der unbehinderte grenzüberschreitende Verkehr zwischen Polen und der DDR wieder eingeschränkt werden). (Die beiden Preisebenen kommen durch die staatsparteilich initiierte innergesellschaftliche Umverteilung zustande. Das System weist sich durch die Befriedigung von „Grundbedürfnissen" und die Beseitigung besonderer materieller Notlagen als „sozialistisch" aus. Der

Staat heimst [entsprechend den gesellschaftlich-politischen Bedingungen] einen möglichst großen Anteil des erarbeiteten Mehrprodukts ein über eine Verteuerung der Konsumgüter, die als nicht lebensnotwendig gelten. Das kann nur in einer Situation, die von absolutem Mangel gekennzeichnet ist, sozial gerecht sein. Trotz differenzierter Einkommen gibt es keine entsprechende Steuerprogression. Die direkten Steuern sind extrem niedrig, die indirekten Steuern [Umsatzsteuer] um so höher. Gehören Kühlschrank, Fernsehen, Bohnenkaffee etc. zum normalen Lebensstandard, dann privilegiert dieses Steuersystem die ohnehin Privilegierten.)

b) ...aufgrund der unterschiedlichen Ausgestaltung der nationalen Planungssysteme

Im Rahmen der Wirtschaftsreformen gingen die einzelnen Länder die Schwierigkeiten, die sich aus der spezifischen Form des planwirtschaftlichen Systems ergaben, je nach Tradition, gesellschaftlichem und ökonomischem Entwicklungsstand, Wirtschaftsstruktur, Größe des Landes etc. – innerhalb einer bestimmten Bandbreite – unterschiedlich an. Die Unterschiedlichkeit der Lösungsversuche hat zusätzliche Probleme für die Multilateralisierung des Handels und der Produktion zur Folge. Soll der multilaterale Handel, die internationale Arbeitsteilung der Produktivitätserhöhung dienen, dann müßten die Pläne auch multilateral koordiniert und darüber hinaus gemeinsam geplant und produziert werden. Da im Realsozialismus Supranationalität mit Sozialismus als nicht vereinbar gilt, insofern das staatliche Eigentum dem „Wesen" des Sozialismus entspreche, müssen zwischen nationalen Wirtschaften, deren ausschließliches Ziel quantitatives Wachstum ist, zunehmend monetäre indirekte Instrumentarien der direkt-planerisch hergestellten Multilateralität korrespondieren. Da aber die Wirtschaftsreformen und damit ja gerade die Gestaltung der monetären Größen von Land zu Land sehr unterschiedlich sind, ergeben sich daraus für die ökonomische Zusammenarbeit Probleme, die auf denselben Ebenen wie die innerstaatlichen ökonomischen Funktionsprobleme angesiedelt sind, Hindernisse durch:
– die direkten Planungsmethoden (z. B. Bilanzierung),
– die indirekten monetären Planungsinstrumentarien (z. B. Gewinngestaltung),
– die Stellung der Betriebe im staatlichen Außenhandels- bzw. Außenwirtschaftsmonopol (unter Anwendung direkter und indirekter Instrumentarien der betrieblichen Lenkung von oben).
Die unterschiedliche Handhabung der direkt-planerischen Anbindung der Betriebe an die zentralen staatlichen Instanzen erschweren die multilaterale Plankoordinierung (vgl. Steffens, S. 195 ff.). Selbst zentrale

gesamtwirtschaftliche Kennziffern (wie „Nationaleinkommen", die zwar anders berechnete, doch analoge Größe zum kapitalistischen Bruttosozialprodukt, oder „Arbeitsproduktivität") werden national unterschiedlich berechnet. Die national unterschiedlichen Berechnungen grundlegender Kennziffern, die als Entscheidungsgrundlagen für die langfristige nationale Planung dienen, werden auf der internationalen Ebene möglichst vergleichbar gemacht. Schwierigkeiten bereitet z. B. auch die unterschiedliche Zuordnung der Erzeugnisse zu den Warenpositionen trotz der RGW-einheitlichen Erzeugnisnomenklaturen. Da nicht einzelne Erzeugnisse, sondern Erzeugnisgruppen geplant werden, führt die unterschiedliche Zuordnung zu ungenauen Aussagen über das Geplante. Unterschiede in den Planungs- und Leitungssystemen, die die internationale Plankoordinierung unter dem Aspekt der Effektivierung erschweren, bestehen auch bei den sogenannten MAK-Bilanzen (Material, Ausrüstung, Konsumgüter) (vgl. Damus, 1973, S. 94 ff., 106 ff., 128 ff.; Damus, 1978, S. 139 ff.), mit denen Aufkommen und Bedarf ausgewählter Erzeugnisse bilanziert werden. Die MAK-Bilanzen beinhalten Vorgaben an die Betriebe hinsichtlich Menge, Sortiment, Qualität und Zeitplan. Sie stehen aus verschiedenen Gründen einer Intensivierung der Zusammenarbeit entgegen.

Die Normen und Kennziffern, die diesen Bilanzen zugrundeliegen bzw. mit denen sie arbeiten, sind verschieden. Beispielsweise werden den Betrieben unterschiedliche Materialverbrauchsnormen vorgegeben (wenn sie vorgegeben werden), um die betriebliche Ausrichtung auf Mengenproduktion, die durch die MAK-Bilanzen zu Lasten von Qualität und sparsamem Umgang mit den natürlichen Ressourcen zwangsläufig entsteht, zu kompensieren. Die Bilanzen sind nicht vergleichbar, was die Zuordnung der Produkte zu Erzeugnisgruppen, die bilanzierten oder nicht-bilanzierten Produktgruppen und die zugrundeliegenden Kennziffern und Normen anbelangt. Diese Unterschiede sind einerseits bedingt durch den unterschiedlichen ökonomischen Entwicklungsstand und andererseits durch die Art, mit der die Betriebe direkt an die zentral festgestellten Erfordernisse angebunden werden.

Die MAK-Bilanzen behindern – unabhängig von ihrer (unterschiedlichen) inhaltlichen Ausgestaltung – eine verstärkte Zusammenarbeit der osteuropäischen Länder auch deswegen, weil die Verantwortung für die Bilanzierung unterschiedlich geregelt ist (Bilanzpyramide). Die unterschiedlichen Entscheidungskompetenzen sind Folge von national unterschiedlichen Gewichtungen der in die MAK-Bilanzen aufgenommenen Erzeugnisse und der unterschiedlichen Zentralisiertheit der nationalen planwirtschaftlichen Systeme. Die Verantwortung für einzelne Bilanzen kann bei der Staatlichen Plankommission, den Industrieministerien, den Industrievereinigungen oder den Großbetrieben (Kombinaten) liegen.

Die unterschiedliche nationale Ausgestaltung der direkten Planerstellungs- und Planrealisierungsmechanismen, die unterschiedlichen Verantwortlichkeiten wirtschaftlicher Einheiten oder staatlicher Instanzen erschweren die multilaterale Plankoordinierung (welche Partner können in welcher Frage zusammenarbeiten?).

Die mit den zentralen Vorgaben (hinsichtlich Menge, Sortiment, Qualität, Zeitplan) u.U. verbundene Zuteilung von Ressourcen führt zu mangelnder und unterschiedlicher Flexibilität der Betriebe. Die Bilanzanteile (die Zuteilungen) sind Ausdruck von Knappheit und bewirken ihrerseits Knappheit, sie fördern die Mengenorientierung, die Nicht-Offenlegung, das Horten von betrieblichen Ressourcen und deren Verschwendung (z.B. um den Produktionsstillstand bei fehlendem Nachschub zu vermeiden). Die administrative Zuteilung von Bilanzanteilen als solche und ihre unterschiedliche Handhabung behindern die multilaterale Plankoordinierung und tragen durch die Erzeugung von Knappheit zur bilateralen Ausbilanzierung von harten Waren gegen harte bei. (Dieser Aspekt gehört strenggenommen zu den unter a) aufgeführten Hindernissen.)

In der national unterschiedlichen Gewichtung der MAK-Bilanzen kommt die national unterschiedliche Gewichtung der politisch-ökonomischen Zentralinstanzen und der Wirtschaftseinheiten bei der Planerstellung und Planrealisierung zum Ausdruck. Da, wo Preis und Gewinn nur eine geringe Rolle spielen, ist die Bedeutung der MAK-Bilanzen um so größer. Über den Gewinn (als synthetische Kennziffer) sollen die Betriebe zu effektivem Wirtschaften angehalten werden. Den Betrieben bleibt es dabei weitgehend überlassen, ob sie Gewinne primär über die Reduktion der Kosten oder über die Steigerung des Produktionsausstoßes erzielen. Mit MAK-Bilanzen (ihren Festsetzungen von Menge, Sortiment, Qualität und Zeitplan, ihrer Zuteilung von Ressourcen) hingegen werden die Betriebe an die Erfüllung einzelner quantitativer Kennziffern jeweils für sich genommen gebunden. Sie sind also nicht gegenseitig aufrechenbar, nicht substituierbar, nicht synthetischer Natur. Diese Kennziffern legen nicht nur fest, was produziert, sondern auch wie produziert wird. Die Form der Planrealisierung wird durch detaillierte Vorgaben vorgeschrieben, zumindest vorgeprägt. Diese Plansicherungsmethode widerspricht jedoch dem Ziel der Effektivitätssteigerung im Rahmen erweiterter Reproduktion.

Die national unterschiedliche Anwendung von MAK-Bilanzen bereits als solche, die unterschiedlichen Versuche, das mit den MAK-Bilanzen verbundene Mengendenken einzuschränken, die diversen Bestimmungen des Wie der und die verschiedene Ausgestaltung der Normen, Kennziffern, Warenpositionen wie Verantwortungsbereiche führen zu (und sind zugleich Resultat von) unterschiedlich weitgehend detaillierten nationalen Plänen. Diese unterschiedliche Detailliertheit erschwert die multilaterale Plankoordinierung. Die MAK-Bilanzen und ihre uneinheitliche Ausgestaltung sind Resultat von bzw. führen zu unterschiedlichen Kompetenzen der politischen und ökonomischen Entscheidungsträger; auch dadurch wird die multilaterale Plankoordinierung behindert.

Mit den MAK-Bilanzen, dem Instrument stark zentralisierter Planwirtschaften, verbindet sich auf außenwirtschaftlicher Ebene grundsätzlich eine bilaterale Plankoordinierung. Die MAK-Bilanzen sind Ausdruck von statischem, quantitativem Denken und Verhalten, das sie wiederum reproduzieren. Sie entsprechen einer Wirtschaft, die außenwirtschaftlich darauf ausgerichtet ist, Defizite abzudecken. MAK-Bilanzen erfassen die wichtigsten Erzeugnisarten hinsichtlich Aufkommen und Bedarf getrennt. An der Verflechtung der Bilanzen und der Verzahnung der Industriezweige hapert es. Die Plankoordinierung und der Außenhandel können von daher gar nicht vorrangig unter Struktur- und Effektivitätsaspekten gestaltet werden. Die isolierte Bilanzierung von Erzeugnisgruppen eignet sich nicht als Grundlage für Spezialisierungsvorhaben und für die Nutzeffektsermittlung bei internationaler Arbeitsteilung; sie steht solchen Vorhaben sogar entgegen. Die MAK-Bilanzen wecken, wo sie im nationalen Rahmen als direktes Lenkungsinstrument eingesetzt werden, nicht das Interesse der Betriebe an technischem Fortschritt. Vielmehr engen sie betriebliche Entscheidungen über Produktionsstrukturen, Produktionsprogramme und Produktionsumverlagerungen, über das Wie der Planrealisierung ein oder machen sie zunichte. Auf diese Weise gelenkte Wirtschaftseinheiten streben international bilaterale Ausbilanzierungen innerhalb eines Industriezweiges bzw. bestimmter Warengruppen an. Die innerstaatlichen Entscheidungsstrukturen, die mehr oder weniger direkte Lenkung der nationalen Wirtschaften mittels MAK-Bilanzen bestimmen also die Kompetenzen und Interessen der Wirtschaftseinheiten im RGW-Rahmen. Die Interessen an multilateraler Plankoordinierung und multilateralen Produktionsvorhaben sind daher uneinheitlich. Zwangsläufig setzen sich aufgrund dessen die retardierenden Momente, die stärker direkt zentral gestalteten nationalen Planwirtschaften durch. Die überwiegend bilaterale Plankoordinierung, der bilaterale Außenhandel und die große Zurückhaltung bei Spezialisierungen in der Produktion sind die Folgen. Auch aus den unterschiedlich gestalteten indirekten Instrumentarien der Planung (z. B. Preis und Gewinn) ergeben sich Hindernisse für die Zusammenarbeit. Diese indirekte Instrumentarien können bei der Zusammenarbeit nur insoweit wirksam werden, insoweit sie in allen nationalen Wirtschaften angewandt werden. Die retardierenden Momente setzen sich damit auch hier durch, denn indirekte Instrumentarien können im RGW-Rahmen keine größere Rolle spielen als im jeweiligen nationalen Rahmen. Nationale Preise sollen den gesellschaftlich notwendigen Arbeitsaufwand ausdrücken. Falls sie das tun, sind sie ein brauchbares Recheninstrument für staatliche Entscheidungsinstanzen und fördern effektives betriebliches Wirtschaften. Drücken die Preise die nationalen Kosten aus, können sie als Indikator zur Ermittlung des jeweilig nationalen Nutzens bei der Gestaltung arbeitsteiliger Produktionsprozesse herangezogen werden und im Handel den Tausch von Äquivalenten ermöglichen. In der Realität erfüllen die Preise diese Funktion jedoch nicht, weil sie entgegen der Intention die Kosten nicht zum Ausdruck bringen (vgl. Hindernisse unter a]).

Nicht nur die mangelnde Widerspiegelung der Kosten in den Preisen, sondern auch die uneinheitlichen Preisbildungsprinzipien stehen einer zunehmenden Zusammenarbeit entgegen. Sowohl die Methoden der Kostenermittlung und Kostenfestsetzung als auch die Berechnung des Gewinnzuschlags, der in die Preise eingeht, sind verschieden, die Preise werden aber gebildet aus den überbetrieblich ermittelten Kosten zuzüglich eines Gewinnzuschlags. Die Methoden der Kostenermittlung haben entweder eher eine indirekt zentralisierende oder eine direkt steuernde Funktion; von dieser Funktion hängt ab, aus welchen Bestandteilen sich der Preis zusammensetzt und inwieweit die Preise Genehmigungsverfahren unterzogen sind. Soll der Preis eine indirekte Regelungsfunktion haben, dann werden die Betriebe mittels staatlicher Rahmenbedingungen für die Preis- und Gewinngestaltung indirekt auf die zentral festgestellten Erfordernisse hingelenkt, ohne daß die Preise im einzelnen genehmigt bzw. festgesetzt werden. Zu den Rahmenbedingungen gehört die Bezugsbasis für die im Preis enthaltene Gewinnrate. Die Gewinnrate (deren Höhe in Prozent festgelegt wird) wird entweder bezogen auf die laufenden Kosten des Betriebs (sogenannter Selbstkostenpreis bei einem eher direkt-steuernden Plan), auf die Anlagen (sogenannter Produktionspreis oder fondsbezogener Industriepreis bei einem stärker indirekt regelnden Planmechanismus) oder auf die Anlagen und den Lohn bzw. die Kosten für die Arbeit insgesamt, also incl. der Ausgaben für die erforderliche Ausbildung (sogenannter gemischter Produktionspreis, sozialistischer Produktionspreis oder Ressourcenpreis). Diese Preistypen finden – mit zusätzlichen Varianten – in der Realität Verwendung.

Die Bezugsbasis für den Gewinn hängt ab vom technologisch-ökonomischen Entwicklungsstand und von den Intentionen, die im nationalen Rahmen mit dem Preissystem durch die Zentralinstanzen verfolgt werden. Können Betriebe auf einem hohen Entwicklungsstand in anlagen-(„kapital"-)intensiven Branchen partiell eigenständig investieren, dann wird die Gewinnrate nicht einfach auf die laufenden Selbstkosten, sondern auch auf die Anlagen bezogen. Können die Betriebe weniger eigenständig wirtschaften und ist der technologisch-ökonomische Entwicklungsstand geprägt von arbeitsintensiven Branchen, dann wird die Gewinnrate eher auf die laufenden Kosten bezogen. Neben den unterschiedlichen Bezugspunkten für den Gewinn und der unterschiedlichen Höhe der Gewinnrate, durch die unterschiedliche Handlungsweisen der Betriebe hervorgerufen werden, kommt es zu divergierenden betrieblichen Interessen auch durch die unterschiedliche Bewertung der Anlagen, durch unterschiedliche Abschreibungssätze (der Verschleiß wird verschieden, bezogen auf das Ziel des Wirtschaftens meist zu niedrig in den Preisen zum Ausdruck gebracht).

Zu den Rahmenbedingungen einer mehr indirekt geregelten Wirtschaft gehören auch Instrumentarien, die einen sparsamen Umgang mit den betrieblichen Mitteln, z.B. den Anlagen, erzielen sollen. Ein solch sparsamer Umgang soll nicht – und kann gar nicht – direkt erwirkt werden, z.B. dadurch, daß zentral festgestellt wird, ein Betrieb, der jährlich so und so viel produziert, benötigt dafür so und so viel Maschinen, Anlagen etc. Der Betrieb soll vielmehr indirekt, z.B. durch eine Besteuerung der Anlagen, zu einem ökonomischen Umgang angeregt werden. Kann ein Betrieb bezogen auf den Ausstoß die Anlagenintensität reduzieren, dann zahlt er weniger Steuern (die sogenannte Produktionsfondsabgabe), mit dem Ergebnis, daß sein Gewinn steigt. Die Produktionsfondsabgabe ist, wo es sie gibt, verschieden hoch, geht aber dennoch in den Preis ein.

Zu den Rahmenbedingungen bei indirekter Regelung gehören auch die unterschiedlichen Preisarten: Fixe Preise, Vereinbarungspreise, freie Preise. Welche Preisarten welchen Gütern zugeordnet werden, ist von Land zu Land verschieden und hängt ab von der jeweiligen volkswirtschaftlichen Wichtigkeit bzw. Knappheit der Produkte sowie der Wirtschaftspolitik.

Die direkt steuernden Methoden der Kostenermittlung sind nicht weniger uneinheitlich als die angesprochenen Rahmenbedingungen der indirekten Mechanismen. Die Bezugsbasis des Gewinns, der ja in den Preis eingeht, ist unterschiedlich festgesetzt (vgl. weiter oben). Es gibt detaillierte Vorschriften für die betriebliche Kostenkalkulation. So wird zu bestimmen versucht, wieviel Anlagen, Maschinen, Umlaufmittel zu den notwendigen Mitteln gehören. Mit einer Produktionsfondsabgabe („Kapitalsteuer") – als indirektes Mittel zur Förderung des sparsamen Umgangs mit den betrieblichen Ressourcen – gibt man sich also bei direkter Steuerung nicht zufrieden. Diese Verbrauchsnormative, die zentral gesetzt, aber nicht zentral exakt ermittelt werden können, sollen die Betriebe zu einer hohen Auslastung der Kapazitäten anhalten, sollen die Einhaltung des gesellschaftlich notwendigen Aufwands sichern und einen unnötig hohen betrieblichen Aufwand verhindern. Die vorgebenen Normative bezogen auf Material-, Verarbeitungs- und Gemeinkosten sollen folglich nur die Kalkulation der Kosten ermöglichen, die den national durchschnittlichen Kosten entsprechen (vgl. Damus, 1973, S. 117 ff., 164 ff.). Damit will man weg von den rein betrieblichen Kostenrechnungen; die Betriebe sollen zu technischem Fortschritt gezwungen werden, die betrieblichen Polster für die problemlose Planerfüllung sollen entzogen werden. Das gelingt schon deshalb nicht, weil die Betriebe, in Industrievereinigungen und Kombinaten zusammengefaßt, nicht in Konkurrenz zueinander stehen, mehr oder weniger Monopole – Informationsmonopole – verkörpern, die sich das Leben durch Aufdecken von Reserven nicht selbst unnötig schwermachen. Die für die gewünschten „objektiven" Normative notwendigen Informationen sind daher auch über direkt kontrollierende Verfahren nicht zu ermitteln. Zudem wird die Zusammenarbeit im RGW durch die unterschiedlichen Verfahren und Vorschriften der Kostenerrechnung bzw. die unterschiedlichen Preisbildungsprinzipien behindert; sie ermöglichen keinen aussagekräftigen Preisvergleich. Preise kommen in den RGW-Ländern also unterschiedlich (mehr direkt oder indirekt) zustande, sie spielen je nach Zentralisierung des Planungssystems eine unterschiedliche Rolle. Gravierende Unterschiede von Land zu Land bestehen aber auch innerhalb der indirekten Preisbildungsmechanismen und innerhalb der direkten Preiskalkulationen.

Zu den die internationale Zusammenarbeit behindernden unterschiedlichen Preisbildungsmechanismen (z. B. Selbstkosten- bzw. Produktionspreis), Preiskalkulationen (Kostenrechnungen), Preisarten (fixe Preise etc.) kommen die weiter oben erwähnten unterschiedlichen Preisebenen von Investitions- und Konsumgüterpreise hinzu. Auf die Konsumgüter kommen (unterschiedliche hohe) indirekte Steuern, womit Wachstum über einen erzwungenen Konsumverzicht gesteigert wird. Diese indirekte Besteuerung ist genauso wie die Gewinnrate, die in den Preis eingeht, verschieden hoch. Die Folgen davon sind national unterschiedliche Preisniveaus (Preishöhen) und national unterschiedliche Preisrelationen zwischen Erzeugnissen, die nicht einfach mit dem nationalen technologisch-ökonomischen Entwicklungsstand zusammenhängen, nicht die nationale gesamtwirtschaftliche Produktivität zum Ausdruck bringen. Hinzu kommt, daß in die betrieblichen Kosten national unterschiedlich hohe Abführungen an einzelne Fonds (z. B. Wissenschaft und Technik) oder an Sozialleistungen (z. B. Sozialversicherung) eingehen.

Die unzulängliche Erfassung der Kosten in den Preisen, die Unterschiede in der Kostenstruktur und in den Ursachen der Preisverzerrungen hindern daran, die Binnenpreise dem Außenhandel oder den Nutzeffektsberechnungen bei internationalen Spezialisierungsvorhaben zugrundezulegen. Die Preise bringen nicht die unterschiedlich hohen nationalen Arbeitsaufwendungen zum Ausdruck; sie stellen daher auch keine Grundlage für nationalstaatlich rationale Entscheidungen dar, welche Produkte unter gesamtwirtschaftlichen Aspekten für den Export in Frage kommen. Sie bilden damit zugleich auch keine Grundlage für RGW-internationale Entscheidungen darüber, wie die internationale Arbeitsteilung unter national-volkswirtschaftlichem Aspekt und unter dem Aspekt des Gesamtnutzens am sinnvollsten zu gestalten wäre.

Diese Schwierigkeiten versucht man durch die Übernahme der kapitalistischen Weltmarktpreise zu „lösen". Diese Preise bilden allerdings nur den Ausgangspunkt für bilaterale Verhandlungen, stellen somit kein multilaterales Preissystem im RGW dar. Die Binnenpreise und die bilateral ausgehandelten, in transferablen Rubeln ausgedrückten, „Weltmarktpreise" werden – wie dargelegt – durch Umrechnungskoeffizienten miteinander verbunden. Für die Umrechnungskoeffizienten bieten die Binnenpreise, der genannten Verzerrungen wegen, keinen zuverlässigen Bezugspunkt. Ein „richtiger" Umrechnungskoeffizient der „Währungen" verschiedener Volkswirtschaften nützt wenig, wenn die jeweilige nationale Ausgangsbasis verzerrt ist. (Gegensätze und Probleme bei den Preiskonzeptionen, Preisfestsetzungen und Preisverhandlungen, die sich aus national unterschiedlichen Interessen, bedingt durch den ökonomischen Entwicklungsstand und partiell durch andere politische Vorstellungen, ergeben, werden unter c] behandelt.)

Mit der national unterschiedlichen Gewichtung der direkten und der indirekten Instrumentarien der Planung verbinden sich unterschiedliche betriebliche Kompetenzen im Rahmen des staatlichen Außenhandelsmonopols und eine unterschiedliche Verzahnung von Binnen- und Außenwirtschaft. Die unterschiedlichen Kompetenzen bei außenwirtschaftlichen Entscheidungen erschweren die internationale Zusammenarbeit. Die Wirtschaftsreformen beendeten (in unterschiedlichem Ausmaß) die bisherige absolute Trennung von Binnen- und Außenwirtschaft. Das Außenhandelsministerium und die ihm unterstellten Außenhandelsunternehmen tätigen seitdem nicht mehr allein die Außenhandelsgeschäfte. Wo aus Gründen der Effektivierung den Produktionsbetrieben binnenwirtschaftlich ein größerer Spielraum gewährt wurde, wurden ihnen im weiteren Verlauf auch außenwirtschaftliche Kompetenzen zugestanden, allerdings in wesentlich geringerem Ausmaß. Bis dahin konnte es den Betrieben gleichgültig sein, wo ihre Produkte abgesetzt wurden. Sie bekamen für ihre Produkte die Inlandspreise, die das zuständige Außenhandelsunternehmen eigenständig exportierte. Einnahmen aus den in der Regel überhöhten Binnenpreisen für Importgüter flossen an den Staatshaushalt ab, aus dem wiederum die erforderlichen Exportsubventionen bereitgestellt wurden. Diese Einnahmen und Ausgaben des

Staatshaushalts wurden über ein sogenanntes Preisausgleichskonto im Staatshaushalt abgewickelt.

Diese rigide Trennung der Betriebe von den Außenmärkten, die auch auf die binnenwirtschaftliche Stellung der Betriebe verweist, diese Form des staatlichen Außenhandelsmonopols besteht heute nur noch in der UdSSR. Daß die UdSSR diese strenge Trennung nach wie vor beibehält, hängt nicht nur mit der großen Zurückhaltung bei Wirtschaftsreformen und Kompetenzabgaben an die Betriebe zusammen. Die UdSSR kann sich diese Trennung auch ökonomisch „leisten", insofern der Außenhandel am Nationaleinkommen einerseits nur etwa 7% ausmacht, die einzelnen Außenhandelsgeschäfte andererseits zumeist beachtliche Größenordnungen aufweisen und der Rohstoffexport eine große Rolle spielt. Von der Sowjetunion ist die außenwirtschaftliche Verflechtung als Wachstumsfaktor, die Arbeitsteilung in der Produktion, die auf ihre Beteiligung an Spezialisierungsvorhaben hinausliefe, nicht gefragt. Der geringe Anteil des Außenhandels am Nationaleinkommen, die Struktur und das Volumen der jeweiligen Geschäfte lassen die Einbeziehung des „Sachverstands" weniger dringlich erscheinen.

Anders stellt sich die Situation für Länder mit höherem technologischem Entwicklungsstand, wenig natürlichen Ressourcen und einem kleinen Binnenmarkt. Sie haben ihre importersetzende Industrialisierungspolitik im Zuge der Wirtschaftsreformen (in unterschiedlichem Ausmaß) aufgegeben, um über den Außenhandel Wachstumseffekte zu erzielen. Damit verbindet sich eine (unterschiedlich weitgehende) Beteiligung von Wirtschaftsorganen und -organisationen an der Gestaltung außenwirtschaftlicher Prozesse, eine partielle Verzahnung von Produktion und Außenhandel. In diesem Zusammenhang wurden die Außenhandelsunternehmen z.T. den entsprechenden Industrieministerien unterstellt, die Trennung der Produktionsbetriebe von der Außenwirtschaft zumindest soweit aufgehoben, daß die Außenhandelsunternehmen auf Provisionsbasis für die Produktionsbetriebe arbeiten. Diese Maßnahmen sollen sicherstellen, daß die Kenntnisse der Produktionsbetriebe die Tätigkeit der Außenhandelsunternehmen von vornherein stärker bestimmen, daß mögliche Exportgewinne die Betriebsentscheidungen von vornherein mit beeinflussen, daß durch Einbeziehung der Betriebe von Anfang an außenwirtschaftliche Verpflichtungen abgesichert und eher eingehalten werden. Die Beibehaltung der Außenhandelsunternehmen bei gleichzeitig größerer Verantwortung der Betriebe dient der Sicherung des staatlichen Außenhandelsmonopols. Die Außenhandelsunternehmen wirken als staatliche Kontrollorgane gegenüber den Produktionsbetrieben; die Produktionsbetriebe hingegen sollen die Arbeit der Außenhandelsunternehmen effektivieren. Vereinzelt haben wichtige, hochentwikkelte, profitable Großbetriebe das Recht, Exportgeschäfte (und/oder

Importgeschäfte) ohne Zwischenschaltung von Außenhandelsunternehmen zu tätigen[26].

Die Außenwirtschaftstätigkeit soll die Betriebe zu höheren Leistungen anspornen. Deswegen erhalten sie für ihre Exportprodukte nicht mehr wie vorher die Inlandspreise, sondern die auf den Außenmärkten erzielten Preise. Damit sollen die Betriebe von unrentablem Export abgehalten, gesamtwirtschaftliche Verluste vermieden und die Produktion rentabler Exportgüter stimuliert werden. Im sogenannten einheitlichen Betriebsergebnis schlagen sich daher Gewinne und Verluste auch aus außenwirtschaftlicher Tätigkeit nieder.

Auch aus den national unterschiedlich gestalteten institutionellen wie monetären Instrumentarien des Außenhandelsmonopols ergeben sich Hindernisse für multilaterale Wirtschaftsbeziehungen. Die Betriebe sind mit außenwirtschaftlichen Kompetenzen ungleich ausgestattet: Mit gar keinen; mit außenwirtschaftlichen Kompetenzen, die national wiederum sehr unterschiedlich kontrolliert werden; mit Kompetenzen ohne direkte Kontrolle. Die unterschiedlichen Kompetenzen drücken sich auch darin aus, daß das sogenannte einheitliche Betriebsergebnis (Einbezug der Exportergebnisse in die betriebliche Rechnung) in den Ländern, die es kennen, nicht von allen Betrieben bzw. nicht bezogen auf alle Güter gebildet wird. Selbst wenn überall bezogen auf ein- und dieselben Güter das einheitliche Betriebsergebnis gebildet würde, wäre damit über außenwirtschaftliche Effektivität nichts ausgesagt. Deren Bestimmung stehen noch andere, bereits genannte, Gründe entgegen: Das Problem der Verrechnungskoeffizienten, die Ermittlung der nationalen Preise, die unterschiedlichen Preisstrukturen, die unterschiedlichen Faktoren, die in die Kosten- und Preisstruktur eingehen etc. Weil das einheitliche Betriebsergebnis primär die Exportrentabilität fördern soll, beziehen sich die außenwirtschaftlichen Kompetenzen der Betriebe, soweit sie mit solchen ausgestattet sind, vornehmlich auf den Export. Export und Import werden daher durch das einheitliche Betriebsergebnis uneinheitlich stimuliert.

Die außenwirtschaftlichen Kompetenzen der Produktionsbetriebe der kleineren osteuropäischen Länder können, eingebunden in bilaterale Außenhandelsabkommen, wenig bewirken, weil die außenwirtschaftlichen Zuständigkeiten unterschiedlich geregelt, die staatlichen Außenhandelsmonopole unterschiedlich gestaltet, die sowjetischen Produktionsvereinigungen außenwirtschaftlich nahezu unverändert inkompetent sind und die UdSSR gleichzeitig eine übermächtige Stellung einnimmt. Da die Binnenmärkte gegeneinander abgeschottet sind, kommt die (im Rahmen des staatlichen Außenhandelsmonopols) eigenständige Exporttätigkeit von Großbetrieben eher auf dem kapitalistischen Weltmarkt zum Tragen als innerhalb des RGW. Denn zwischen

RGW-Ländern muß alles im vorhinein (bilateral) koordiniert und in (bilateralen) staatlichen Außenhandelsabkommen festgelegt sein. Hier ist bisher von praktischer Bedeutung letztendlich nur die Einbeziehung von Betrieben bei der Vorbereitung außenwirtschaftlicher Tätigkeit. Daraus folgt, daß das Außenhandelsmonopol bei Wirtschaftsbeziehungen im RGW z. T. rigider gehandhabt wird als bei denen mit kapitalistischen Ländern, insbesondere was die Exporttätigkeit von Betrieben mit hoher außenwirtschaftlicher Kompetenz betrifft.

Das Außenhandelsmonopol schützt nicht nur gegen kapitalistische Unterwanderung (dies auch), es dient auch der Aufrechterhaltung der bestehenden Herrschaftsstrukturen, die auf die Erhaltung der Nationalstaatlichkeit angewiesen sind. Diese politische Funktion des Außenhandelsmonopols gerät jedoch in Kollision mit den ökonomischen Erfordernissen. Diesen soll die Einbeziehung der Betriebe in das staatliche Außenhandelsmonopol Rechnung tragen. Die Gradwanderung zwischen den wirtschaftlichen Erfordernissen (orientiert an quantitativem Wachstum) und den politischen, die der Herrschaftserhaltung dienen, findet von Land zu Land in unterschiedlichen Formen statt. Die damit zusammenhängende unterschiedliche institutionelle und monetäre Ausgestaltung des Außenhandelsmonopols ist den ökonomischen Erfordernissen abträglich und zementiert die bilateralen Wirtschaftsbeziehungen[27].

c) ...aufgrund der unterschiedlichen Interessen bzw. des unterschiedlichen Entwicklungsstandes der Länder

Zwischen den osteuropäischen Staaten bestand und besteht ein technologisch-ökonomisches Gefälle. In dem Gebiet der heutigen DDR und CSSR gab es 1945 hochentwickelte Industriezweige, in Rumänien und Bulgarien mußte die Industrialisierung erst richtig eingeleitet werden. Der ungleiche ökonomische Entwicklungsstand führt zu verstärkten Interessengegensätzen, wenn die Außenwirtschaft nicht mehr allein die Funktion hat, mittels Importen Lücken zu schließen und mittels Exporten diese zu finanzieren, sondern über multilateralen Handel und Internationalisierung der Produktion[28] das Wirtschaftswachstum zu fördern. Sind die einen an einer stärkeren Arbeitsteilung auf dem von ihnen erreichten Stand interessiert, so die andern zugleich auch noch am Aufbau einer breiteren nationalen Industriepalette. Unter Arbeitsteilung verstehen sie primär die Spezialisierung der weiterentwickelten Länder. Diese hätten demnach bestimmte Produktionsbereiche einzustellen, während sie, die weniger entwickelten Länder, erst noch zukunftsträchtige Industriezweige aufbauen, bevor sich für sie die Frage der Spezialisierung in gleicher Weise stellt.

Nachfolgend skizziere ich, wie sich die unterschiedlichen ökonomischen

Interessen, die einer Multilateralisierung des Handels und der bilateralen bzw. multilateralen Produktionsverflechtung im Wege stehen, in der Zirkulations- und Produktionssphäre auswirken. In einer Gesellschaft, in der die Arbeit unter dem Aspekt des quantitativen Wirtschaftswachstums betrachtet wird, liegt dem Tausch nicht der tatsächlich in einem Produkt vergegenständlichte Arbeitsaufwand zugrunde, sondern der gesellschaftlich durchschnittliche Arbeitsaufwand. Erreicht ein Betrieb diesen Produktivitätsstand nicht, kann er sich im kapitalistischen Wirtschaftssystem gegenüber der Konkurrenz nicht behaupten. Der (Äquivalenten)-Tausch bezieht sich also auf einen bestimmten technologisch-ökonomischen Entwicklungs- bzw. Produktivitätsstand. Wer diesen Produktivitätsstand nicht erreicht, tauscht für mehr verausgabte Arbeit weniger Arbeit ein. Innerhalb der Landesgrenzen gleichen sich Verlust und Gewinn im nationalen Rahmen, nicht für die Wirtschaftseinheiten, aus: Was der eine verliert, eignet der andere sich an.

Beim Tausch zwischen Volkswirtschaften stellt sich das Problem, trotz gewisser Modifikationen, grundsätzlich in derselben Weise. Dient der Außenhandel der Produktivitätssteigerung, der Erzielung von Wachstum und Gewinn, geht es um den Tausch von Äquivalenten. Güter werden dann nicht primär getauscht, weil der eine von bestimmten Gütern zu viele und der andere zu wenig hätte, weil ein bedarfsorientierter Verwendungszweck bestimmte Güter erforderte, sondern weil eine profitable Produktion Warenmengen erzwingt, für die die Binnenmärkte zu klein sind. Aufgrund dessen kann nicht der national oder gar betrieblich notwendige Arbeitsaufwand bei der Produktion bestimmter Waren in Rechnung gestellt werden. Sonst würde derjenige, der weniger produktiv produziert, einen größeren Arbeitsaufwand hat, höhere Preise erzielen. Das stände in völligem Widerspruch zu den Normen des Wirtschaftens in Gesellschaften, in denen (wie im Kapitalismus und Realsozialismus) der gesamte Lebensprozeß der Auspressung der eingesetzten Arbeit unterliegt. Beim Handel bzw. Äquivalententausch zwischen nationalen Gesellschaften wird folglich der Arbeitsaufwand in Rechnung gestellt, der sich als international notwendiger gesellschaftlicher Arbeitsaufwand herausbildet. Das weniger entwickelte, weniger produktive Land erhält also beim Äquivalententausch eine geringere Arbeitsmenge des höher entwickelten Landes als Äquivalent für seinen größeren Arbeitsaufwand. Verluste und Gewinne gleichen sich zwischen den Ländern nicht aus. Das reichere Land bleibt reicher, ja es beutet das ärmere aus. Der Äquivalententausch auf der Basis des international gesellschaftlich notwendigen Arbeitsaufwandes zur Erstellung bestimmter Produkte führt zu ungleichem Tausch zwischen den technologisch-ökonomisch höher und den weniger entwickelten, zwischen reicheren und ärmeren Ländern. Äquivalent ist der Tausch hinsichtlich der getauschten Werte, ungleich hingegen hinsichtlich der Arbeitsmenge. Das weniger entwickelte Land kann allerdings trotz dieser absoluten Nachteile relative Vorteile im internationalen Austausch erzielen – und zwar in doppelter Hinsicht. Ein volkswirtschaftlicher Nutzen ergibt sich durch den Export von Produkten, bei denen die nationale Produktivität dem international durchschnittlichen Stand am nächsten kommt oder diesen gar übertrifft, sowie durch den Import von Produkten, die es selbst besonders unrentabel herstellen würde. Der ökonomische Nutzen besteht für ein weniger entwickeltes Land in der Nutzung der Differenz zwischen dem geringeren Arbeitsaufwand für die Exportgüter und dem höheren, der zur Erstellung der importierten Waren erforderlich wäre. Der Nutzen ist relativ; er resultiert aus der Gestaltung der nationalen Exportproduktion unter dem Aspekt des geringsten Verlustes durch den internationalen (ungleichen) Äquivalententausch.

Für ein weniger entwickeltes Land ergibt sich, ein weiterer – relativer – Vorteil, so es in einen internationalen freien Waren- und Zahlungsverkehr eingebettet ist und sich der Fremdbestimmung durch die höher entwickelten (kapitalistischen) Länder partiell zu entziehen vermag. Es kann auf dem Weltmarkt mit Produkten auftreten, die es billiger produziert, und damit Konkurrenten höher entwickelter Länder verdrängen. Das hängt damit zusammen, daß die Stellung eines Landes auf dem Weltmarkt, durch seine nationale Durchschnittsproduktivität, durch das Verhältnis seiner Währung zu den Währungen anderer Länder (Wechselkurse) bestimmt wird. Für die arbeitsintensiveren Branchen der höher entwickelten Länder wirkt sich die starke nationale Stellung auf dem Weltmarkt, die bedingt ist durch die technologisch hochentwickelten, nicht-arbeitsintensiven Branchen und durch die sich daraus ergebenden Währungsparitäten, ungünstig aus. Durch die hohe Bewertung der Währung büßen die arbeitsintensiveren Branchen hochentwickelter Länder auf dem Weltmarkt ihre Konkurrenzfähigkeit ein. Der geringere durchschnittliche Produktivitätsstand, die geringeren Kosten, die Schwäche auf dem Weltmarkt, die Schwäche der Währung bringen für die weniger entwickelten Länder Konkurrenzvorteile bei arbeitsintensiveren Branchen mit sich, die sogenannten Komparativen Kostenvorteile.

Auch die weniger entwickelten Länder Osteuropas unterliegen den beschriebenen Mechanismen des (ungleichen) Äquivalententauschs. Das zeigt sich an der – wenn auch modifizierten – Übernahme der Weltmarktpreise. Die Weltmarktpreise sind bestimmt durch die führenden kapitalistischen Länder und deren Produktivitätsstand, weshalb eine Schere zwischen Industrie- und Landwirtschaftsgütern, zwischen Investitions- und Konsumtionsgütern besteht. Der ungleiche Tausch im RGW wird zwar nicht offen diskutiert, er wird aber auch nicht schlicht bestritten[29]. Statt vom ungleichen Tausch zu sprechen, wird auf die

Komparativen Kostenvorteile verwiesen, darauf, daß alle einen Nutzen (aber eben nicht einen gleich großen) haben müssen. Wird das Problem offener und fordernder formuliert, dann unter Verweis auf die im Komplexprogramm neben andern fixierte Zielnorm der Zusammenarbeit: Annäherung und Angleichung. Die Konflikte um die Preisgestaltung sind auf diesem Hintergrund zu sehen.

Im RGW-Rahmen können die weniger entwickelten Länder, im Gegensatz zum kapitalistischen Weltmarkt, allerdings nicht einmal mechanisch Komparative Kostenvorteile erzielen. Der Warenverkehr kann nicht verhältnismäßig ungehindert die nationalen Grenzen überschreiten. Die nationalen Überlegungen, die einen Güter massenhaft zu exportieren und die andern zu importieren, um wenigstens Komparative Kostenvorteile aus dem Tausch herauszuholen, stoßen an die Schranken des nationalen Außenhandelsmonopols der andern Länder. Theoretisch könnte das Problem über eine entsprechende Plankoordinierung verbunden mit Handelsabkommen gelöst werden. Aufgrund systembedingter Knappheiten, mangelnder Qualität und von Mängeln im technischen Niveau werden jedoch harte Waren gegen harte und weiche gegen weiche bilateral getauscht – und nur ungern arbeitsintensivere gegen hochtechnisierte Produkte. Dadurch können kaum Komparative Kostenvorteile erzielt werden. Hinzu kommt, daß Arbeitsteilung und Handel bezogen auf landwirtschaftliche Produkte und Konsumgüter nicht im Vordergrund der ökonomischen Zusammenarbeit stehen. Die Arbeitsteilung im landwirtschaftlichen Bereich wird sogar explizit abgelehnt, jedes Land soll hier weitgehend autark sein (Winter, S. 104 ff.). Daher können in diesem Bereich keine Komparativen Kostenvorteile erzielt werden. Die mangelnde Arbeitsteilung bewirkt, daß weiterhin der „weiche" Charakter dieser Produkte mit reproduziert wird und den weniger entwickelten Ländern mit günstigen natürlichen Voraussetzungen mögliche Komparative Kostenvorteile entgehen. Nur durch internationale Arbeitsteilung könnte der landwirtschaftliche Sektor zu einem Wachstumsfaktor werden.

Mögliche Komparative Kostenvorteile werden auch zunichte gemacht, weil im RGW kein multilaterales Preissystem existiert, die „Währungen" nicht in einem einheitlich geregelten Verhältnis auf der Grundlage fester oder flexibler Wechselkurse zueinander stehen. Besteht ein multilaterales Preissystem, in dem die Währungen in einem durch den nationalen Produktivitätsstand bestimmten Verhältnis zueinander stehen, dann sind arbeitsintensivere Branchen schwächerer Länder konkurrenzfähig. Im RGW allerdings würde dieser Konkurrenzfähigkeit allein mit dem Außenhandelsmonopol entgegengetreten werden können. Die von Partner zu Partner, von Warengruppe zu Warengruppe uneinheitlichen Umrechnungskoeffizienten an Stelle einheitlicher Wechselkurse sind zusätzliche Instrumente zur Erhaltung national ökonomischer Ungleichheiten, sie stehen einer internationalen Arbeitsteilung im Wege und verhindern Komparative Kostenvorteile. Es werden harte gegen harte Waren, weiche gegen weiche getauscht. Wenn ein Land harte Waren braucht, aber nur weiche liefern kann, muß es u. U. überproportional viele weiche Waren dafür geben.

Bei der Analyse des Realen Sozialismus ergeben sich scheinbare Verkehrungen „linker" Gesellschaftsvorstellungen, beispielsweise dann, wenn ich feststelle, daß die Nicht-Existenz von im Kapitalismus ausgebildeten ökonomischen Mechanismen zu ökonomischen Mängeln, zusätzlichen nationalen Ungleichheiten, Ineffizienz etc. führt (z. B. führt das Fehlen aussagekräftiger monetärer Mechanismen [Währungssystem] zu zusätzlicher nationaler Ungleichheit). Diese Ebene der Analyse ist erforderlich, weil die real-sozialistischen Länder keine andern ökonomischen Ziele kennen als die in der kapitalistischen Gesellschaft ausgebildeten. Der Reale Sozialismus steht, was den Wachstumsfetischismus betrifft, der Arbeitszeit mit stumpfsinniger Freizeit kompensiert, in der Konzeption dem Kapitalismus nicht nach. Der Reale Sozialismus kann sich jedoch nur sehr eingeschränkt kapitalistischer Instrumentarien bedienen, weil diese den Reproduktionsbedingungen der Herrschaftsverhältnisse entgegenstehen. Aufgrund der anderen Instrumentarien tut sich der Reale Sozialismus bei der Verfolgung desselben Ziels schwerer als der Kapitalismus.

Die z. T. gegensätzlichen Interessen der RGW-Länder, bedingt durch den national unterschiedlichen ökonomischen Entwicklungsstand, können also prinzipiell wie zusätzlich bedingt durch die spezifischen Beziehungen der real-sozialistischen Länder untereinander in der Zirkulationssphäre nicht ausgeglichen werden. Der Äquivalententausch bzw. der Versuch dazu erbringt einen ungleichen Nutzen. Läßt sich die Harmonisierung der Interessen und damit die Förderung der Zusammenarbeit zum gemeinsamen Nutzen eher in der Produktionssphäre erreichen? Jacobsen meint (1975, S. 134), daß der ungleiche Tausch durch die Internationalisierung der Produktion behoben wird. Demzufolge überträgt das höher entwickelte Land die von ihm erreichte Arbeitsproduktivität auf die Branche des weniger entwickelten Landes, in der es investiert. Diese Annahme dürfte für den Kapitalismus zutreffen, wenn die Investitionen nicht der Rohstoffgewinnung oder der Nutzung billiger Arbeitskräfte dienen. Auf den Realen Sozialismus läßt sich das nicht übertragen, insofern das höher entwickelte Land ja gar nicht in dem andern investiert. Es liefert vielmehr, wenn von Investitionsbeteiligung die Rede ist, Anlagen, Ausrüstungen etc. gegen spätere Warenlieferungen aus eben diesem Projekt oder die Internationale Investitionsbank (IIB) stellt, ebenfalls in Warenform, Kredite zur Verfügung. Diese „Investitionsbeteiligungen" werden nicht unter dem Aspekt der Übertragung von Produktivität betrachtet, sondern unter dem Aspekt der zeitweiligen Übertragung von Nationaleinkommen. Es wird argumentiert, der UdSSR könne nicht zugemutet werden, daß bei der Gewinnung der Rohstoffe, die von den andern RGW-Ländern ebenfalls benötigt werden, ein beträchtlicher Teil nur ihres Nationaleinkommens gebunden wird. Kredite (in Form von Waren) der IIB oder auch der IBWZ werden auch als Beitrag zur Annäherung und Angleichung betrachtet, insofern hier zeitweilig Nationaleinkommen umverteilt wird. Die weniger entwickelten Länder würden von den höher entwickelten Ländern unterstützt, weil deren Bankeinlagen größer sind (aufgrund ihres höheren Anteils am Handel)! Von einer Internationalisierung der Produktion kann bei dieser Form der Investitionsbeteiligung kaum die Rede sein; es werden lediglich Waren als Kredite, rückzahlbar in Waren, zur Verfügung gestellt. Die höher entwickelten Länder haben bei dieser Form der „Investitionsbeteiligung" an der Produktivität der Projekte nicht dasselbe Interesse wie bei eigenen Investitionen. Es gibt weder groß etwas zu gewinnen noch zu verlieren, die Vergütung steht im vorhinein fest.

Auch Spezialisierungsvorhaben führen nicht zur Internationalisierung der Produktion und zur Übertragung von Arbeitsproduktivität. Zu echten Spezialisierungsabkommen kommt es – wie auch osteuropäische Autoren betonen – kaum. Das ist begründet in den unterschiedlichen Interessen und der unterschiedlichen Industrialisierungspolitik der RGW-Länder aufgrund des unterschiedlichen technologisch-ökonomischen Entwicklungsstandes. Das ist aber auch begründet in dem Fehlen eines Instrumentariums zur Ermittlung des jeweiligen nationalen Nutzens und darin, daß der Nutzen bei den einzelnen Spezialisierungsvorhaben für alle Beteiligten immer gleich hoch sein soll. So einigt man sich – wo dies möglich ist – in der Regel darauf, daß innerhalb einer Branche der eine dies, der andere jenes Fertigprodukt produziert und liefert (Beispiel Kraftfahrzeugindustrie). Der Vorteil solcher Spezialisierungs- und Kooperationsabkommen liegt in der jeweiligen nationalen Kostensenkung aufgrund der höheren Stückzahlen. Spezialisierungsabkommen, die zur Angleichung der Arbeitsproduktivität führen und damit zur Harmonisierung der je nationalen Interessen, die also nicht nur der Erhöhung des jeweiligen nationalen Nutzens dienen, gibt es nicht. Obwohl die Zusammenarbeit aus Effektivitätsgründen zunehmen wird und muß, bewirkt die Spezialisierung keine Produktivitätsangleichung. Das ist systembedingt ausgeschlossen.

Die Spezialisierung findet auf der Basis nationalstaatlichen Eigentums statt. Das Festhalten am nationalen Eigentum, das dem angeblichen Wesen des Sozialismus entspricht, schlicht jedoch die ökonomische Säule der Parteiherrschaft darstellt, schließt eine Internationalisierung der

Produktion aus. Denn Internationalisierung der Produktion bedeutet Investitionstätigkeit im Ausland, Arbeitskräftequalifizierung, Übertragung von technischem und Managementwissen, Mitentscheidung des ausländischen Investors über die ökonomische Entwicklung, Retransfer von Gewinnen etc. Internationalisierung der Produktion setzte die Aufgabe des Außenwirtschaftsmonopols voraus, was bei nationalstaatlicher Verfaßtheit die Situation für die weniger entwickelten osteuropäischen Länder ökonomisch noch mehr erschwerte (Überfremdung). Die real-sozialistischen Spezialisierungen hingegen zielen allein ab, und anders wird dies von osteuropäischen Autoren auch nicht gesehen, auf eine Steigerung des jeweils nationalen Nutzens jedes Beteiligten durch die Aufteilung der Produktion bestimmter Produkte. Es geht nicht um die Optimierung des Gesamtnutzens der beteiligten RGW-Länder. Dieser würde sich, solange es sich um Nationalstaaten handelt, unterschiedlich vorteilhaft für die einzelnen Volkswirtschaften niederschlagen – für die höher entwickelten in der Regel vorteilhafter. Dies wiederum kann nicht die Intention eines Verbundes von Nationalstaaten bzw. der einzelnen Staaten sein, solange sie bzw. die nationalen Parteiführungen aus Gründen der Machterhaltung zur Aufgabe nationaler Souveränitätsrechte nicht bereit sind. Es geht aber auch nicht um den gleichen Nutzen für alle Beteiligten oder gar um einen größeren Nutzen für die weniger entwickelten Länder. Durch Spezialisierungen, die eine Produktion in größerem Stil ermöglichen, geringere Kosten und die Sicherung des Absatzes zur Folge haben, soll jedes Land einen (entsprechend seinen Möglichkeiten ungleichen) Nutzen erzielen. Das weniger entwickelte Land kann für seinen Spezialisierungsanteil nicht seine (höheren) Produktionskosten ersetzt bekommen, sondern nur die international durchschnittlichen Kosten (vgl. Kormnow, S. 184 ff.).

Spezialisierungs- und Kooperationsabkommen können somit zwar Komparative Kostenvorteile ermöglichen, aber keinen gleichen oder gar einen höheren Nutzen für die weniger entwickelten Länder. Das widerspräche auch dem Sinn und Zweck solcher Unternehmungen aus der Sicht der höher entwickelten Länder und es widerspräche dem Ziel des real-sozialistischen Wirtschaftens im allgemeinen. Im Gegensatz zum Handel, der aufgrund des Fehlens eines multilateralen Preis- und Währungssystems nicht einmal Komparative Kostenvorteile ermöglicht, kann sich das weniger entwickelte Land bei Spezialisierungsvorhaben auf Bereiche spezialisieren, in denen es günstiger produziert. Dafür kann es Erzeugnisse importieren, die es selbst – wenn überhaupt – nur teurer herstellen könnte. Unter diesen Umständen bekommt das weniger entwickelte Land im Rahmen von Spezialisierungsabkommen (im Gegensatz zum reinen Handel) einerseits fortgeschrittene Technologie gegen arbeitsintensivere Produkte geliefert und andererseits springen Komparative

Kostenvorteile dabei heraus. Insofern die fortgeschrittenere Technologie als Ware geliefert wird, läßt sich von einer Internationalisierung der Produktion, die dem Strukturprinzip dieser Systeme grundsätzlich entgegensteht, nicht sprechen: Jeder produziert weiterhin das ihm Mögliche.

Eine Angleichung der unterschiedlichen Produktivität durch eine Internationalisierung der Produktion wäre nur denkbar bei zumindest partieller Aufgabe von nationalen Souveränitätsrechten. Ansatzweise geschieht dies in und mit den „gemeinsamen Betrieben". In diese Betriebe bringen die Beteiligten das ein, worüber sie im konkreten Fall jeweils vornehmlich verfügen – Rohstoffe, Arbeitskräfte, Know-how, Anlagen, Kapital. Der finanzielle Gewinn wird zwar entsprechend dem nationalen Beitrag umverteilt, der Gewinn für ein Land ist aber insgesamt höher als der unmittelbare. Dieser Gewinn kann in der Qualifizierung der Arbeitskräfte, der Übertragung technischer, organisatorischer und anderer Kenntnisse, in der Übertragung von Arbeitsproduktivität bestehen. Gemeinsame Betriebe sind und bleiben jedoch, wie weiter oben dargestellt, seltene Ausnahmen.

Die angesprochenen Hindernisse, die im unterschiedlichen Entwicklungsstand der RGW-Länder begründet sind und der Multilateralisierung des Handels wie der Internationalisierung der Produktion entgegenstehen, spiegeln sich auf der Ebene der Preisbildung und Kostenberechnung wider. Zu ständigen Konflikten bei der Preis- und Kostenfestsetzung, bei der Frage, was in die Kosten bzw. Preise eingehen muß bzw. darf, kommt es aufgrund dessen, daß im nationalen Rahmen die Kosten der Produkte bzw. die Effektivität von Investitionen nicht exakt ermittelt werden können (vgl. Kap. III, 3 a); die Kosten- bzw. Preisstruktur, die Kosten- bzw. Preisbildungsprinzipien nicht vergleichbar sind (vgl. Kap. III, 3 b); aber auch aufgrund der unterschiedlichen Interessen bedingt durch den unterschiedlichen Entwicklungsstand (vgl. diesen Unterpunkt). Alle diese Faktoren zusammen bewirken auch, daß Spezialisierungsabkommen nur austariert abgeschlossen werden.

Aufgrund des sowjetischen Grundmodells der Industrialisierung spielten die Preise bis zu den Wirtschaftsreformen im nationalen wie im RGW-Rahmen nur eine geringe Rolle. Bis 1953/56 verfügte die UdSSR gegenüber den kleineren osteuropäischen Ländern über andere, nämlich direkte Anbindungs- und Ausbeutungsmethoden (vgl. Kap. I). Als aus Gründen der Effektivität dem Preissystem in der Binnen- und Außenwirtschaft ein größeres Gewicht beigemessen wurde und es zu einem indirekten Mittel zur Durchsetzung der politischen und ökonomischen Vormachtstellung der UdSSR hätte werden können, konnten die sowjetischen Vorstellungen von einem Preissystem (einer neuen RGW-eigenen Preisbasis im Gegensatz zu den Weltmarktpreisen) den anderen

RGW-Ländern nicht mehr einfach aufoktroyiert werden. Die politischen und ökonomischen Gründe, die es der UdSSR unmöglich machten, die kleineren osteuropäischen Länder weiterhin in „Friedenszeiten" (im Gegensatz zu 1956, 1968) direkt an sich zu binden und zu beherrschen (vgl. Kap. II), machten auch ein Diktat bezogen auf die inhaltliche Ausgestaltung der indirekten Methoden der Verflechtung unmöglich. So blieb es bei den Weltmarktpreisen als Basis für die RGW-Preise und den offiziellen RGW-gemeinsamen wie inoffiziellen bilateralen Modifikationen dieser Preise, obwohl die UdSSR in den 60er Jahren immer wieder darauf drängte, ein eigenes RGW-Preissystem aufzubauen – ein Preissystem, auf der Basis der durchschnittlichen Produktionskosten im RGW. In den Weltmarktpreisen kommen Produktionskosten bzw. Produktivität der hochentwickelten kapitalistischen Länder und die Abhängigkeit der unterentwickelten Länder, die ökonomischen Machtstrukturen auf dem Weltmarkt zum Ausdruck. Die Weltmarktpreise geben also nicht die Produktionskosten und die Produktionskostenstruktur im RGW wieder. Daher lassen sie sich nicht einfach beim Warenaustausch oder den Abkommen über Produktionsspezialisierung im RGW anwenden. (Da dies in der Praxis auch nicht geschieht, weichen die Preise im RGW von den Weltmarktpreisen ab. Sie weichen aber auch von den durchschnittlichen RGW-Produktionskosten ab. Folglich sind diese Preise wenig aussagekräftig, ermöglichen keinen multilateralen Außenhandel, keine Produktionsverflechtung und tragen deshalb auch zum Tausch harter Waren gegen harte bei.) Da die UdSSR der Hauptrohstofflieferant war und ist, die Weltmarktpreise sich also für sie ungünstig auswirkten, strebte sie in den 60er Jahren verständlicherweise auf der Basis durchschnittlicher Produktionskosten der RGW-Länder ein RGW-eigenes Preissystem an. Die meisten osteuropäischen Länder beharrten, ebenfalls verständlicherweise, auf der Zugrundelegung der Weltmarktpreise – die hochentwickelten deshalb, weil ihnen die kapitalistischen Weltmarktpreise unmittelbar zugute kommen, die weniger entwickelten, weil sie die mit Veränderungen verbundene Willkür und die hohen Rohstoffpreise fürchteten bzw. weil sie die Außenwirtschaft nunmehr als Wachstumsfaktor ansahen, internationale Arbeitsteilung anstrebten. Da den real-sozialistischen Plänen die dem Kapitalismus nachgebildeten Strukturen, dasselbe Wachstum- und Konsummodell zugrundeliegen, der Reale Sozialismus diesem Vorbild hinterherjapst, stände ein RGW-eigenes Preissystem im Widerspruch zu den ökonomischen Systemzielen. Im Komplexprogramm von 1971 ist von „bereinigten Weltmarktpreisen" als RGW-Preissystem die Rede. Die kleineren Länder haben als Preis für dieses „Zugeständnis" der UdSSR offenbar die sowjetischen Wünsche akzeptiert, sich an Investitionen in der extraktiven Industrie der UdSSR unmittelbar oder über die neu gegründete IIB zu beteiligen. Die sogenannte Ölkrise von 1973 brachte der UdSSR dann zusätzlich zu den Investitionsbeteiligungen auch noch bessere terms of trade. Von sowjetischer Seite wird seitdem nicht mehr der Wunsch nach Veränderung der Preisbildungsgrundlagen geäußert.

Die Außenwirtschaft kann nur dann als Wachstumsfaktor genutzt, der Handel multilateral abgewickelt und die Produktion spezialisiert betrieben werden, wenn das Preisbildungssystem vereinheitlicht wird, einheitliche Umrechnungskoeffizienten in Anwendung kommen. Damit einher ginge eine Verzahnung der Außenwirtschafts- und der Binnenpreise. Da die Weltmarktpreise in unterschiedlicher Weise die realen Produktionskosten der einzelnen Länder nicht widerspiegeln, wird man sich auf sie zwecks verbindlicher Vereinheitlichung (ohne bilaterale Modifizierung von Fall zu Fall) nicht einigen können. Sie können aber auch im Gegensatz zum kapitalistischen Weltmarkt nicht von den ökonomisch stärkeren Ländern den andern diktiert werden, da der Zusammenhang zwischen den RGW-Ländern primär über direkt-politische und nicht wie im kapitalistischen Machtbereich über indirekt-ökonomische Mechanismen verläuft. Ein RGW-eigenes Preissystem, das den geringeren Produktivitätsstand insgesamt und den der weniger entwickelten Länder, da es ja um den RGW-Durchschnitt ginge, zusätzlich zum Ausdruck brächte, steht wiederum dem Bestreben entgegen, über die Preise Produktivitätssteigerungen zu fördern. Dies ginge bereits kurzfristig zu Lasten der höher entwickelten, längerfristig aber auch zu Lasten der weniger entwickelten kleineren osteuropäischen Länder. In jedem Fall sind die Interessen uneinheitlich. Diese, vom jeweiligen Entwicklungsstand abhängigen, Interessen führen zusammen mit den weiter oben erläuterten Problemen dazu, daß ein einheitliches Preissystem, und damit die Voraussetzung für eine Multilateralisierung des Handels und eine arbeitsteilige Produktion, auf absehbare Zeit nicht zustande kommt – den im Komplexprogramm niedergelegten Zielen zum Trotz.

Der transferable Rubel wird wie bisher kein allgemeines Wertmaß sein. Die Zirkulationssphäre wird folglich weiterhin durch bilaterale Beziehungen bestimmt. Ein und dieselbe Ware eines Landes hat weiterhin je nach Stärke des Partners unterschiedliche Preise. Salden in transferablen Rubeln, die aus der Nicht-Einhaltung bilateral ausbilanzierter Verträge bei der IBWZ entstehen, haben – je nachdem gegenüber welchem Partner sie zustande kommen – einen größeren oder geringeren Wert (Kaufkraft). Sie werden daher nicht beliebig für Geschäfte mit anderen Partnern verausgabt. Allein aufgrund der geschilderten Preisprobleme, die beinhalten, daß sich weder der Gesamtnutzeffekt noch der nationale Nutzeffekt wirklich ermitteln läßt, kann sich bezogen auf die Produktionssphäre die Bereitschaft zu verstärkter internationaler Arbeitsteilung nicht entwickeln. Die Verrechnungskoeffizienten, mit denen (anstelle des

Wechselkurses bei konvertiblen Währungen) die Binnenwährung in ein Verhältnis zum transferablen Rubel gesetzt werden soll, werden weiterhin von Partner zu Partner wie auch nach Verhandlungsgegenstand uneinheitlich sein und deswegen nur partiell Aussagekraft besitzen. Die Gründe liegen in den unstimmigen Preisen, unterschiedlichen Preisstrukturen und ökonomischen Interessen, den systembedingten ökonomischen Schwierigkeiten und den unterschiedlichen Versuchen, die Schwierigkeiten zu bewältigen. Diese Schwierigkeiten resultieren letztendlich alle daraus, daß die Trennung von Binnen- und Außenwirtschaft aus politischen Gründen zwecks Herrschaftserhaltung nicht aufgehoben werden kann (und binnenwirtschaftlich im Konfliktfall die politischen gegenüber den ökonomischen Erfordernissen sich durchsetzen). Die nationalstaatliche Verfaßtheit der Wirtschaft bzw. das spezifische Planungssystem dienen der Herrschaftserhaltung und stehen der angestrebten (materiellen und) monetären Multilateralität in Form eines multilateralen einheitlichen Verrechnungssystems (geregeltes Verhältnis der nationalen Währungen zum transferablen Rubel und untereinander) oder gar der Konvertibilität des transferablen Rubels und/oder der nationalen Währungen entgegen. Die Multilateralisierung des Zahlungs- und Warenverkehrs, ein wirklich transferabler Rubel würde die nationale Abschottung der Planwirtschaften mittels des Außenhandelsmonopols, das auf der Trennung von Binnen- und Außenwirtschaft basiert, aufbrechen. Die nationalen Binnenpreise würden von den (wie auch immer zustande gekommenen) RGW-Preisen, der Wert der nationalen Währungen durch die Stärke der nationalen Wirtschaften zueinander beeinflußt. Bei festen Wechselkursen (oder Koeffizienten der nationalen Währungen zum transferablen Rubel) würden ökonomische Prozesse zwischen den Ländern die inneren Preise, bei flexiblen Kursen hingegen den Außenwert der nationalen Währungen beeinflussen. In beiden Fällen würde sich ein indirekter internationaler Preiszusammenhang herstellen, der die nationalen Wirtschaften unmittelbar beeinflußte. Dem stehen jedoch nicht nur die unterschiedlichen nationalen Interessen entgegen, sondern auch die Tatsache, daß ein internationaler indirekter Regelungsmechanismus im nationalstaatlichen Rahmen unabdingbar eine weitgehende Dezentralisierung der ökonomischen Entscheidungen voraussetzt.

d) ...aufgrund der Funktion des planwirtschaftlichen Systems für die Parteivergesellschaftung mittels staatlicher Instrumentarien

Die politischen und die ökonomischen Erfordernisse der Herrschaftserhaltung lassen sich bei der Zusammenarbeit der osteuropäischen Länder nur bedingt miteinander vereinbaren. Können sie nicht harmonisiert werden, haben die ökonomischen Erfordernisse, obwohl auch sie der

Herrschaftserhaltung dienen, gegenüber den direkt politischen zurückzustehen. Die real-sozialistischen planwirtschaftlichen Systeme steuern bzw. regeln wirtschaftliche Prozesse über die staatsparteiliche Gestaltung der Produktionssphäre. Die ökonomische Zusammenarbeit solcher Staaten (Staatswirtschaften) verläuft grundsätzlich über die Produktionsplanung bzw. die Verständigung darüber, wer was produziert. Wenn die ökonomischen Prozesse innerstaatlich nicht primär mittels Ware-Geld-Beziehungen (monetären Instrumentarien) geregelt werden, dann können sie auch nicht grundlegend die Beziehungen zwischen solchen Staaten regeln. Eine Multilateralisieru g des Zahlungs- und Warenverkehrs setzt eine langfristige und flexible multilaterale Planung und eine weitgehende internationale Arbeitsteilung (bzw. die Möglichkeit einer solchen) voraus. Die multilaterale Verflechtung in Planung und Produktion ist eine notwendige Voraussetzung zur Effektivierung der Außenwirtschaft. Ohne diese Voraussetzung würde die verstärkte Anwendung von monetären Größen die real-sozialistischen planwirtschaftlichen Systeme politisch unterhöhlen, die Herrschaftsstrukturen, die Herrschaft der Partei in Frage stellen.

Die nationalstaatliche Verfaßtheit kann, geht man von den real-sozialistischen Strukturen aus, nicht beliebig in Frage gestellt werden. Die Nationalstaatlichkeit wird nicht erst in Frage gestellt, wenn es um Supranationalität geht, sondern bereits dann, wenn es zunehmend um mehrseitige Verflechtungen und damit Verpflichtungen im Planungs- und Produktionsbereich geht. Diese Verflechtungen führten zu einer größeren Abhängigkeit der jeweiligen nationalen staatsparteilichen Instanzen voneinander. Durch diesen Abbau ihrer Stellung nach außen würde gleichzeitig ihre übermächtige innergesellschaftliche Stellung in Frage gestellt. Darüber hinaus wäre eine solche Verflechtung im RGW-Rahmen ohne eine innergesellschaftliche Dezentralisierung von Entscheidungskompetenzen gar nicht möglich. Multilateralität in der Außenwirtschaft und innergesellschaftliche Dezentralisierung gehören zusammen. Bei internationaler Arbeitsteilung müssen die Wirtschaftseinheiten außenwirtschaftliche (und damit binnenwirtschaftliche) Kompetenzen haben. Unter diesen Bedingungen nähme die Bedeutung der monetären Instrumentarien auch innergesellschaftlich zu.

Die Partei bedarf jedoch – unter politischen Gesichtspunkten – des Staates *und* – unter ökonomischen – des Plans als Mittel zur Durchsetzung ihrer Politik, als Mittel ihrer Herrschaftserhaltung. Abbau staatlicher Verfügungsgewalt (hier im ökonomischen Bereich) bedeutet immer auch Abbau der Parteiherrschaft. Die Integration kapitalistischer Wirtschaften erforderte im Prinzip „nur" die Beseitigung staatlicher Hemmnisse, damit die Mechanismen der ohnehin gesellschaftlich bestimmenden Kräfte walten können. Die ökonomische Integration im Realen

Sozialismus kann sich hingegen nicht ohne Gefahr für das System über den Abbau von staatlichen Hemmnissen vollziehen, da die Partei ja in Gestalt des Staates genuiner Träger der wirtschaftlichen Prozesse, selbst der Wirtschaftsmechanismus ist.

Die bestehenden planwirtschaftlichen Gesellschaften in Osteuropa könnten allerdings innerstaatlich stärker dezentralisieren und die Binnen- und Außenwirtschaft stärker als bisher miteinander verzahnen, ohne daß die Herrschaft der Partei zur Disposition stünde. M. E. können sie jedoch, ohne das System des Realen Sozialismus insgesamt zu gefährden, nicht alle zugleich den ungarischen Weg beschreiten (also eine weitgehende Dezentralisierung durchführen und Binnen- und Außenwirtschaft partiell miteinander verzahnen). Diesen Weg kann sich Ungarn leisten, weil ihn die andern nicht gehen. Die Abkehr von der Überzentralisierung wird im Innern in Konfrontation zu den jenseits der ungarischen Grenzen bestehenden Verhältnissen massenhaft positiv rezipiert; zugleich gibt man sich, ebenfalls aufgrund der Verhältnisse jenseits der Grenzen, mit den eigenen zufrieden. Es besteht aber auch nicht die „Gefahr", daß Ungarn in der Dezentralisierung und Verflechtung von Binnen- und Außenwirtschaft beliebig fortfährt, da dem die außenwirtschaftlichen Mechanismen der anderen RGW-Länder entgegenstehen. Insofern wird die Herrschaft der Partei in Ungarn auch von außen erhalten.

Die Funktion des Staates – des Staatsapparates, des Staatseigentums, des Staatsplans – für die Partei setzt der Dezentralisierung der Erkenntnis- und Entscheidungsprozesse und der Lockerung des Außenhandelsmonopols Grenzen. Die Funktion des Staates schließt Supranationalität von vornherein aus. Ohne Supranationalität läßt sich m. E. jedoch eine optimale Nutzung des bislang nationalstaatlich verfaßten ökonomischen Potentials im Sinne von Zeit- und Ressourceneinsparung großen Stils in Planwirtschaften nicht denken. Ohne Internationalisierung der Produktion über bewußte Planung kann es keine Integration von Planwirtschaften geben. Zur Internationalisierung der Produktion gehört aber die gemeinsame Planung auf der Basis von Mehrheitsentscheidungen und damit eine supranationale Entscheidungsstruktur. Systembedingt, d. h. ohne die Aushöhlung der staatsparteilichen Herrschaft, kann eine Verzahnung von Planwirtschaften nicht genuin über monetäre Instrumentarien erfolgen, weil die außenwirtschaftlichen Mechanismen nicht im Gegensatz stehen können zu den binnenwirtschaftlichen Mechanismen und zu den innerstaatlichen Vergesellschaftungsmechanismen im allgemeinen. Zudem würde die Internationalisierung, die Verzahnung der nationalen Planungssysteme primär über monetäre Instrumentarien (wie im Kapitalismus) zugunsten der stärkeren und zuungunsten der schwächeren Länder verlaufen.

Planwirtschaften, die staatsparteilich reguliert werden, weil die Partei auf die Verfügung über die ökonomischen Prozesse nicht verzichten kann, Planwirtschaften, die dem kapitalistischen, quantitativen Wachstum- und Konsummodell verpflichtet sind, in denen staatlich verordnet der kapitalistischen Rentabilität als Systemlegitimation hinterhergejapst wird, wobei die Vergesellschaftungsmechanismen dieser Effizienz und dem Wachstum im Wege stehen (vgl. Damus, 1978, Kap. III), solche Planwirtschaften kennen keine inhaltlich andern Beziehungen zueinander, als die auf dem kapitalistischen Weltmarkt herausgebildeten. Es geht um die Maximierung des Mehrprodukts (Mehrwerts), des real-sozialistischen Staates einerseits und des Kapitals andererseits. Die andere Form der Vergesellschaftung gerät jedoch in Widerspruch zu den vom Kapitalismus partiell übernommenen Mitteln (z. B. dem Äquivalententausch und der Internationalisierung der Produktion), mit denen das ebenfalls übernommene Ziel quantitatives Wachstum verfolgt wird. Aus innergesellschaftlichen Gründen der Herrschaftserhaltung können die von der kapitalistischen Vergesellschaftung erborgten Mittel nur bedingt übernommen werden, weshalb das Ziel, die Steigerung der Effektivität des Wirtschaftens und das damit verbundene quantitative Wachstum, nicht in gleicher Weise erreicht werden kann. (Gegenüber dem Kapitalismus bleibt als Positivum des Realen Sozialismus auf dieser Ebene nur, daß durch die Abschottung der Binnen- von der Außenwirtschaft die weniger entwickelten Länder ihren Industrialisierungsprozeß eher eigenständig bestimmen können, die Überlagerung durch die höher entwickelten verhindert wird, allerdings nicht unbedingt die Ausbeutung. An Stelle des Äquivalententauschs zwischen Ungleichen, der die Bereicherung des wirtschaftlich Stärkeren beinhaltet, wird z. B. harte Ware gegen harte, weiche Ware gegen weiche getauscht, oder die Preise werden für ein und dieselben Waren je nach Verhandlungsstärke der Partner differenziert.) Beziehungen zwischen planwirtschaftlich verfaßten Systemen, die sich als sozialistische kennzeichnen ließen, und das Produktionsziel des Realen Sozialismus – quantitatives Wachstum – im Verein mit den angewandten Mitteln schließen sich gegenseitig aus.

IV. Die wirtschaftlichen Beziehungen zwischen Realem Sozialismus und Kapitalismus

Die Organisation und die Formen der außenwirtschaftlichen Beziehungen sind abhängig von den innergesellschaftlichen Strukturen. Solange die Gesellschaften sowjetischen Typs an den bestehenden Formen der Herrschaftserhaltung, z. B. an der zentralisierenden Planwirtschaft, festhalten, solange sind Veränderungen in der Außenwirtschaft, insbesondere in den Entscheidungskompetenzen, nur begrenzt möglich. Auf diesen Zusammenhang bin ich (in Kap. III) insofern eingegangen, als sich das Problem in der Intrakooperation (RGW) nicht grundlegend anders stellt als in der Interkooperation (Ost-West). Hier kann ich mich daher weitgehend beschränken auf die Skizzierung und Analyse der historischen Entwicklung der Formen und des Standes der Ost-West-Zusammenarbeit sowie der Motive der Kooperierenden. Abschließend und zusammenfassend skizziere ich die Grenzen der Ost-West-Zusammenarbeit, insoweit sie bedingt sind durch das spezifische Herrschafts- und Gesellschaftssystem des Realen Sozialismus.

1. Die Entwicklung des Ost-West-Handels und seine Bedeutung für die UdSSR und die andern RGW-Mitgliedsländer

In der bürgerlichen Literatur, insbesondere in der politologischen, begegnet man häufig der Vorstellung, daß die UdSSR und in Abhängigkeit von dieser auch die anderen osteuropäischen Länder bis in die 50er Jahre hinein einem Autarkiedenken anhingen, also der Vorstellung einer von Außenwirtschaftsbeziehungen weitgehend unabhängigen nationalen Wirtschaft. Die offenkundigen Veränderungen der Wirtschafts- und Außenwirtschaftspolitik der 50er Jahre werden in dieser Literatur zumeist festgemacht an Stalins Tod. Die zeitweilig minimalen ökonomischen Beziehungen zwischen Kapitalismus und Realem Sozialismus gelten als Folge der Planwirtschaft schlechthin, der „Stalinschen" Autarkiepolitik und der Sowjetisierung der osteuropäischen Länder.

Inwieweit die Politik der USA und allgemeiner der hochentwickelten kapitalistischen Länder die „Autarkie" des Realen Sozialismus beflügelt bis erzwungen hat, wird selten reflektiert – was nicht wundert, wenn der Marshall-Plan der USA primär als humanitäre Hilfe ausgegeben wird. Zweifelsohne haben die wirtschaftlichen Ost-West-Kontakte – insbesondere in den letzten zehn Jahren – gemessen am Ausgangspunkt beträchtlich zugenommen, sowohl im Handel wie bei der industriellen Kooperation. Dennoch stimmen die Aussagen über das Autarkiestreben so nicht und schon gar nicht, wenn man es personell an politischen Führern festmacht.

Wie bereits im ersten Kapitel angesprochen, existiert das Außenhandelsmonopol, also das staatliche Verfügen über die außenwirtschaftlichen Prozesse auch im Detail, in der UdSSR seit dem 22.4.1918. In die Verfassung der UdSSR wurde es 1924 und 1936 aufgenommen. Anfangs war das Außenhandelsmonopol, das zeigt seine historische Entwicklung und der Umstand, daß es theoretisch sehr umstritten war, primär eine Reaktion auf die imperialistische Intervention und den Bürgerkrieg. Es war erforderlich zur Verteidigung der Revolution – nicht erst heute bringt das Kapital mit ökonomischen Mitteln antikapitalistische gesellschaftliche Entwicklungen zu Fall, wie am Beispiel Chile und Portugal „studiert" werden kann. An der theoretischen Diskussion in der UdSSR ist aber auch ablesbar, daß das Außenhandelsmonopol nicht nur dieser politischen und ökonomischen Not entsprang. In überspitzter Form verdeutlicht Lenins Vorstellung, die deutsche Kriegswirtschaft könne als Vorbild für eine sozialistische Wirtschaft gelten, die bei den Bolschewiki verbreitete Gleichsetzung von Planwirtschaft mit zentralisierter Wirtschaft. Eine solche Wirtschaftsform läßt gar keine andere Möglichkeit als die der staatlichen Verwaltung außenwirtschaftlicher Prozesse zu.

Zu einer gewissen Lockerung des Außenhandelsmonopols kam es bereits 1921/22 (Handelskonferenz in Genua). Bei dieser Lockerung spielen dieselben Faktoren eine Rolle, die in Phasen stärkerer Ost-West-Beziehungen immer wieder zu beobachten sind: (a) Das Interesse der kapitalistischen Länder an Absatzmärkten im Zeichen einer drohenden Rezession; (b) der „sozialistische" Versuch durch dezentralisierende Wirtschaftsreformen binnenwirtschaftlichen Problemen zu begegnen, wenn die Gleichsetzung von Sozialismus und ökonomischem Zentralismus schwerwiegende Wirtschaftsprobleme zeitigt. Die Phase des „Kriegskommunismus", in der man aus der Not, mit der Abschaffung der Ware-Geld-Beziehungen, eine theoretische Tugend machte, wurde abgelöst durch die Neue ökonomische Politik (NEP).

Das Außenhandelsmonopol erhält seine theoretische wie politische Relevanz erst mit der Propagierung des Sozialismus in einem Lande (1924) in Verbindung mit der forcierten Industrialisierung (ab 1928) um jeden gesellschaftlichen Preis. Mit der Zeit wird die starre Handhabung des Außenhandelsmonopols als typisch sozialistisch hingestellt, und zwar von Freund und Feind. Die nach dem verlorenen Türkenkrieg unter dem Zaren begonnene ursprüngliche kapitalistische Akkumulation fand in der UdSSR ab 1929 ihre Fortsetzung. Sie wurde noch brutaler durchgeführt, z.B. mit massenhafter Zwangsarbeit bei der Erschließung von Bodenschätzen und der Gestaltung der Infrastruktur. In Anbetracht der reichen Bodenschätze, der Weite des Landes, der menschlichen Ressourcen, des niedrigen Standes der industriellen Entwicklung und der kapitalistischen Umwelt bot sich extensives wirtschaftliches Wachstum bzw. eine extensive industrielle Entwicklung bei gleichzeitiger Abriegelung nach außen an. Damit war das sowjetische Grundmodell der Industrialisierung und des wirtschaftlichen Wachstums geboren.

Von Autarkie kann auch für die Phase ab 1928 nicht gesprochen werden. Das wird auch deutlich, wenn man die Einbindung des vorrevolutionären, nicht auf wirtschaftliche Autarkie bedachten Rußlands in den Weltmarkt betrachtet. Auch vor 1917 betrug der Anteil Rußlands am Welthandel nicht mehr als 3,5 % (Seidenzahl, S. 16). Allerdings stammte 1916 50 % des Aktienkapitals aus dem Ausland, das neben Kapital auch noch Fachkräfte „lieferte", um die industrielle Entwicklung in Gang zu bringen (Spohn, S. 253). Die Abhängigkeit und das Sichabhängigmachen vom kapitalistischen Know-how setzte sich nach 1917 ungebrochen fort, z.B. durch Vergabe von Konzessionen, in Form von technischen Hilfsverträgen, technischer Assistenz, amerikanischer Mitfinanzierung des ersten Fünfjahrplans und amerikanischer Beteiligung an der Planung des Fünfjahrplans (vgl. Brzezinski; Sutton; Spohn; Weber, S. 127, 225 f.). Bis zum ersten Fünfjahrplan (1928/29) konnte ausländisches Kapital eigenständig zusammen mit der UdSSR im Rahmen gemischter Gesellschaften Investitionen tätigen. Danach kaufte die UdSSR vornehmlich „hochwertige" Produktionsmittel und stellte ausländische Spezialisten an. Als weiteres Innovationspotential kamen die amerikanische Unterstützung im und nach dem 2. Weltkrieg durch das Lend Lease System hinzu, nach dem 2. Weltkrieg die Reparationen und die „Aneignung" von Spezialisten aus den besiegten Ländern. Die UdSSR hatte in den Jahren von 1921 bis 1925 schon 40 Handelsverträge mit 20 Staaten abgeschlossen (Weber, S. 226).

Der sowjetische Außenhandel war von seinem Volumen her unbedeutend. Er konnte auch nicht ausgeweitet werden aufgrund der zerrütteten Weltwirtschaft zwischen den beiden Weltkriegen und der damit verbundenen geringen Aufnahmefähigkeit des Weltmarktes für sowjetische Produkte (Seidenzahl, S. 17 f.) und aufgrund der Schwankungen in der sowjetischen Gesellschafts- und Wirtschaftspolitik mit ihren negativen ökonomischen und gesellschaftlichen Folgen. Strukturell aber, hinsichtlich der technischen und ökonomischen Innovation ist die kapitalistische „Hilfe" von nicht zu überschätzender Bedeutung – womit die weitere Entwicklung weitgehend vorstrukturiert war. Intentional mag zwar der Außenhandel die Funktion eines Lückenbüßers gehabt haben, bestimmte Produkte mußten vorläufig importiert werden, bis der Import aufgrund eigener Produktion entfallen konnte. Darauf stützt sich weitgehend auch die These von der Autarkiepolitik in der bürgerlichen Literatur. Dagegen ist jedoch einzuwenden: daß (a) die Partei in Anbetracht der gesellschaftlichen Bedeutung, die sie sich gab, gar nicht offen zugeben konnte, von welch struktureller Tragweite für die Entwicklung der UdSSR die Zusammenarbeit mit dem „Klassenfeind" war, dessen dauernde Drohung innergesellschaftlich als Integrationsmittel genutzt wurde; daß (b) die UdSSR auch heute, selbst im RGW, keine sonderliche Bereitschaft zu internationaler Arbeitsteilung zeigt. Insofern hat sich am sowjetischen Außenhandel und seiner Funktion als Innovationspotential bzw. Wachstumsfaktor nur graduell und in Abhängigkeit vom industriellen Stand in Verbindung mit der eingeschlagenen gesellschaftlichen Entwicklung etwas geändert.

Auf die Herausbildung der beiden Blöcke unter sowjetischer bzw. amerikanischer Hegemonie bin ich im ersten Kapitel eingegangen. Hier sei zusammenfassend noch einmal daran erinnert, daß sich die USA bereits während des 2. Weltkriegs um ein funktionierendes Weltwährungssystem für die Nachkriegsphase bemühten. Das fand 1944 seinen Niederschlag im Abkommen von Bretton-Woods, der Gründung des internationalen Währungsfonds[30] und der Weltbank. Damit war die Vorherrschaft des Dollars und der USA als der einzigen Nation, die aus dem Krieg gestärkt hervorging, abgesichert. Um das kapitalistische System und um den amerikanischen Waren- und Kapitalexport abzusichern, bedurfte es der Erhaltung des Kapitalismus in Westeuropa. Anders formuliert: Es bedurfte der Eindämmung des angeblich unermeßlichen Ausdehnungsbestrebens der UdSSR und insbesondere der Minderung des Einflusses der nationalen kommunistischen Parteien und der z. T. stark kommunistisch beeinflußten Gewerkschaften. Diesem Zweck dienten der Marshall-Plan (vgl. Kap. I, 2.) und die Gründung der OEEC.[31] Im Zeichen der Systemkonkurrenz Kapitalismus–Sozialismus erwiesen sich die USA als Vorreiter der westeuropäischen Einigung, nicht zuletzt um die deutsche Frage zu lösen.[32] Mit ihrer „uneigennützigen Hilfe" für die westeuropäischen Staaten, dem Marshall-Plan, verbanden die USA die Verpflichtung, die Kommunisten aus den Regierungen Italiens, Frankreichs und Belgiens hinauszuwerfen, die Kontrolle der Investitionstätigkeit in Westeuropa und sie erzwangen die Abnahme amerikanischer Waren. Demselben Zweck wie diese Maßnahmen diente auch die mit dem Marshall-Plan verbundene Embargo-Politik gegenüber der UdSSR und den ihrem Einfluß unterworfenen Ländern. Staaten, die Mittel aus dem Marshall-Plan bekamen und damit zur Wiederherstellung des kapitalistischen Welthandels beitrugen, hatten sich der Embargo-Politik zu unterwerfen, die durch das Cocom (coordinating commission) kontrolliert wurde. Cocom übernahm die amerikanischen Embargolisten und die Embargo-Politik, die sich in den USA im Zeichen des Korea-Krieges 1951 besonders scharf in der Battle-Act (Adler–Karlsson, 1971, S. 58 ff.) niederschlug. Da die kapitalistischen Länder Westeuropas im Gegensatz zu den USA wirtschaftlich stärker mit der UdSSR und insbesondere mit den kleineren osteuropäischen Ländern verbunden waren, haben sie diese Politik nur unter dem Zwang der amerikanischen „Hilfe" (und streng auch nur bis 1954) für ihre durch den Krieg beeinträchtigte Wirtschaft mitgemacht. Aus den osteuropäischen Ländern hatten sie insbesondere Agrarprodukte bezogen und dafür Industrieprodukte geliefert. Dem stand z. B. das amerikanische Interesse am Absatz der landwirtschaftlichen Überproduktion in Westeuropa entgegen.

Auch der UdSSR ging es, wie im ersten Kapitel ausgeführt, um die Absicherung der eigenen Gesellschaftsstruktur in den Ländern, die durch den 2. Weltkrieg in ihre Abhängigkeit geraten waren, und um die Absicherung ökonomischer Vorteile. Systembedingt herrschten auf sowjetischer Seite direkt politische Methoden vor. Zu den sowjetischen Methoden gehört die Rolle der Roten Armee, die Installierung Nationaler Fronten, die Stützung bestimmter Fraktionen in den kommunistischen Parteien und die Unterstützung der kommunistischen Parteien insgesamt, die „Vereinigung" der Arbeiterparteien, die Ausnutzung der antifaschistischen Stimmung in der Bevölkerung, die Verstaatlichung der Industrie unter nationalem Vorzeichen, die Orientierung der einzelnen kommunistischen Parteien auf die sowjetische „Mutterpartei", die Unterbindung von Aktivitäten zwischen den osteuropäischen kommunistischen Parteien (z. B. Pläne einer Donauföderation), das sowjetische Grundmodell der Industrialisierung, die Kollektivierung der Landwirtschaft, die gemischt-nationalen Gesellschaften, Preisdiktate.

Das Handeln beider Seiten war jedoch keineswegs in sich so ganz schlüssig, schließlich war die Situation bzw. das jeweils Mögliche partiell noch ungeklärt. Einerseits initiierten die USA den Marshall-Plan und die Embargo-Politik, andererseits geht auf ihre Initiative die Gründung der ECE (Economic Commission for Europe) 1947 zurück. Die ECE sollte ökonomische Aktivitäten zur Regeneration der gesamteuropäischen Wirtschaft zusammenfassen (Seidenzahl, S. 115 ff., 155 ff.; Myrdal, 1958).[33] Sie wurde, da es eine gesamteuropäische Entwicklung nicht gab, lediglich eine Institution, in der sich Ost und West trafen, in der allerdings die Kontrahenten trotz Berlin-Blockade, die mit zur Zweiteilung

Europas beitrug, trotz Korea-Krieg und Embargo-Politik zusammenblieben. 1951 wurde dann aus der ECE eine Institution der UNO. Auch von östlicher Seite aus vollzog sich die Entwicklung nicht nahtlos. Die UdSSR arbeitete während des Krieges in Bretton-Woods mit (wenn sie auch dem Abkommen nicht beitrat bzw. nicht beitreten konnte); bekundete vorerst ein Interesse am Marshall-Plan; betätigte sich in der ECE; übte auf die italienischen, französischen und belgischen Kommunisten Druck aus, sich an Koalitionsregierungen zu beteiligen; überließ Griechenland trotz einer starken kommunistischen Bewegung dem Westen; hielt sich in der Türkei und in Finnland zurück. Die ,,Koalitionsregierungen" in den sowjetisch besetzten bzw. beeinflußten Ländern bemühten sich zum Teil, mit Zustimmung der Kommunisten, um eine Beteiligung am Marshall-Plan und um die Wiederbelebung des Handels mit Westeuropa. – Solche gegenläufigen Tendenzen fanden aber immer da ihre Grenzen, wo sie die Stellung der jeweiligen Führungsmacht tangierten, deren politischer und ökonomischer Vorrangstellung der Konflikt entsprang und der der ,,Ost-West-Gegensatz" bestens bekam.

Angesichts des bevorstehenden Waffenstillstands in Korea, der wirtschaftlichen Schwierigkeiten der UdSSR und der vollzogenen Konsolidierung des eigenen Lagers (die Monopolstellung der kommunistischen Parteien in den osteuropäischen Ländern war gesichert, das Gesellschaftssystem der UdSSR übernommen, die ökonomische Abhängigkeit von der UdSSR genügend groß) wurde noch unter Stalin 1952 eine Weltwirtschaftskonferenz nach Moskau einberufen.[34] Wenn von westlicher Seite auch nur Einzelpersonen erschienen[35], fand die Konferenz doch auf ,,neutralem" Boden ihre Fortsetzung mit den Handelskonferenzen von Genf (1953 und 1954), die von der ECE unter die Fittiche genommen wurden. Die Konferenzen fanden im Westen auch deswegen großen Anklang, weil sich mit dem Ende des Korea-Krieges eine Rezession abzeichnete und weil mit dem Auslaufen der Marshall-Plan-,,Hilfe" die USA nicht mehr denselben Druck auf die westeuropäischen Länder ausüben konnten. Die Embargo-Politik wurde auf Drängen Großbritanniens und Frankreichs gelockert. Der ,,Ostmarkt" lockte, obwohl die begrenzten Möglichkeiten der UdSSR und der osteuropäischen Länder am Handel mit den neutralen Ländern abgelesen werden konnten (Seidenzahl, S. 62 ff.).

Mit der Embargo-Politik war der Kommunismus mit der UdSSR an der Spitze keineswegs in die Knie gezwungen worden. Die kleineren osteuropäischen Länder waren durch diese Politik zusätzlich an die UdSSR gekettet, von ihren Rohstofflieferungen und ihrer Warenabnahme gänzlich abhängig geworden. Die Hegemonialstellung der UdSSR wurde in ihrem Imperium gestärkt dank der Embargo-Politik der USA, die ihre Vormachtstellung in ihrem Einflußbereich stärkte. Den kleineren osteuropäischen Ländern mit einem begrenzten Binnenmarkt und zumeist wenig Rohstoffen war das sowjetische Grundmodell wirtschaftlich schlecht bekommen; das gegenwärtige industrielle Warenangebot dieser Länder, das sich auf dem kapitalistischen Weltmarkt schlecht absetzen läßt, ist auch bedingt durch diese Industrialisierungspolitik. Aus agrarischen Überschußproduzenten, die vormals ihre Produkte in Westeuropa absetzten, waren landwirtschaftliche Zuschußbetriebe geworden (Trautmann, S. 11, 14). Sie bauten extensiv Industrien auf, deren Rohstoffe sie von weither, aus der UdSSR bezogen. Der Güterausstoß war nicht für den Westexport geeignet, sondern auf den Export in die Sowjetunion angewiesen. Da alle Länder dasselbe Grundmodell der Industrialisierung verwirklichen mußten, hatten sie sich untereinander wenig anzubieten. Von einem intensiveren Austausch zwischen diesen Ländern konnte – auch nicht seit der RGW-Gründung – keine Rede sein, vielmehr waren sie alle nach kürzester Zeit einseitig auf die UdSSR ausgerichtet. Doch besteht noch 1949 ein beachtlicher Austausch mit den hochentwickelten kapitalistischen Ländern Westeuropas, da die mit dem Marshall-Plan verbundene Embargo-Politik erst etwas später griff und die laufenden Verträge von beiden Seiten eingehalten wurden.

Die Behauptung, daß der Außenhandel sich in den 50er Jahren vom Lückenbüßer (Importsubstitution) zum Wachstumsfaktor (internationale Arbeitsteilung) gewandelt habe, trifft allenfalls für die kleinere osteuropäischen Länder zu. Für sie war das sowjetische Grundmodell von Anfang an ökonomisch betrachtet barer Unsinn. Trotz der nunmehr aufkommenden Intention, über den Außenhandel Wachstum zu erzielen, gibt es in diesen Ländern jedoch nationale wie insbesondere systembedingte Widerstände gegenüber einer internationalen Arbeitsteilung (Kap. III, 4,a–d und IV, 5). Dennoch ist allein die Betonung der neuen Funktion des Außenhandels ein ähnlich bedeutsamer Unterschied zu vorher, wie der zwischen dem dezentralisierten Wirtschaftssystem der 60er Jahre und dem starren zentralistischen Planungssystem. Die Betonung des Außenhandels als Wachstumsfaktor wurde begleitet von einem Ansteigen des Ost-West-Handels. Allerdings besteht zwischen Theorie und Praxis des Außenhandels eine tiefe Kluft und für die Herrschenden ein großes Problem. Die Partei- und Staatsführung muß sich durch wirtschaftliches Wachstum legitimieren. Da dem System dasselbe Wachstummodell zugrundeliegt wie der bürgerlichen Gesellschaft, geht es auch um dieselbe ökonomische Effizienz, und die beherrscht die bürgerliche Gesellschaft allemal und von ihrer Natur her besser (Damus, 1978, Kap. III.). Insofern sind die Länder des Realen Sozialismus auf einen Austausch mit dem Westen angewiesen, besonders um an Know-how heranzukommen. Einerseits erweist sich dieser Austausch für die Herrschaftserhaltung als notwendig, andererseits setzt sie der internationalen Arbeitsteilung, sei es im RGW oder mit den kapitalistischen Ländern auch Grenzen. Dieses Dilemma bewirkt, abgesehen von andern Faktoren, eine grundlegende Kluft zwischen Theorie und Praxis.

Das Bemühen um eine Ausweitung des Austauschs, von der einen Seite getragen vom Interesse an größerer Rentabilität und technischem Fortschritt und von der andern Seite vom Interesse an Absatzmärkten, konnte erst Früchte tragen, als über die ungarischen und polnischen Aufstände Gras gewachsen war[36], die RGW-Länder in Anbetracht der EWG-Gründung[37] zusätzliche ökonomische Nachteile befürchten mußten, in den kapitalistischen Ländern die wirtschaftliche Rekonstruktion der Nachkriegszeit sich dem Ende näherte und damit der Nachkriegsboom nachließ und in den osteuropäischen Ländern die Phase der Wirtschaftsreformen (binnenwirtschaftlich und/oder außenwirtschaftlich) begann.

Mitte der 60er Jahre nimmt der Austausch zwischen den hochentwickelten kapitalistischen Ländern und den real-sozialistischen Ländern merklich zu, er erlebt zwischen 1971 und 1974 einen „Boom" und stößt dann auf erste Grenzen. Mit dieser Entwicklung geht die Anerkennung der EG durch den RGW[38] und die sogenannte Entspannungspolitik einher, die 1975 in der Konferenz für Sicherheit und Zusammenarbeit in Europa (KSZE) in Helsinki gipfelte (Lewytzkyj, S. 88 ff.). Auf dieser Konferenz bekam die wirtschaftliche Ost-West-Zusammenarbeit genauso ihren „Korb" wie die Menschenrechte.[39] Auf der Folgekonferenz in Belgrad 1977 haben die Menschenrechte dann einen ganz andern Korb bekommen: sie kamen in den Konferenzbeschlüssen nicht mehr vor – Entspannung bzw. friedliche Koexistenz (zwischen den Herrschenden) will man aber weiterhin. Insofern ist der von den real-sozialistischen Ländern genutzte Begriff Koexistenz wie die Interpretation präziser. Koexistenz wird auf politischem und insbesondere auf ökonomischem (hier braucht man den „Klassenfeind"), nicht jedoch auf „ideologischem" Gebiet gepflegt.[40] Damit wird die Funktion der Entspannungsbzw. Koexistenzpolitik deutlicher. Sie ist von beiden Seiten ökonomisch gewollt, gleichzeitig muß aus innenpolitischen Gründen der andere als Gegner und Feind erhalten bleiben. Die Entspannungs/Koexistenzpolitik trägt vornehmlich ökonomische und politische Früchte für die, denen die jeweilige Systemerhaltung nutzt.[41]

Die Entspannungseuphorie der ersten Hälfte der 70er Jahre wurde gedämpft durch die ökonomischen Probleme der kapitalistischen Weltwirtschaft, der Ost-West-Zusammenarbeit und durch die Bezugnahme oppositioneller Kräfte im Realen Sozialismus auf die Schlußakte von Helsinki. Im „freien Westen" ist man über diese Opposition gar nicht sehr begeistert; das war früher zweifelsohne anders. Im wohlverstandenen

Interesse der Regierenden beider Seiten bzw. der sie tragenden gesellschaftlichen Kräfte wird die Entspannung/Koexistenz fortgesetzt, auch wenn „der Westen" auf die Deklaration der Menschenrechte verzichten muß, die ohnehin als Infiltration und nicht als Bezugspunkt für eine kritische Opposition gedacht war. Der Unterschied zwischen Entspannungspolitik und Kalter-Kriegs-Politik ist jedoch keineswegs so bedeutend, wie suggeriert wird. Nach 1945 waren die UdSSR und die USA damit beschäftigt, ihr Gesellschaftssystem in den jeweiligen Interessensphären aufzubauen bzw. abzusichern. Zur Eliminierung des innergesellschaftlichen, z.T. mächtigen Widerstandspotentials bedurfte es eines ausgeprägten Freund-Feind-Bildes. Nachdem aber die Welt in Blöcke geteilt, das jeweilige Gesellschafts- und Herrschaftssystem abgesichert war, konnten in den westeuropäischen Ländern zurückgedrängte wirtschaftliche Interessen wieder zum Zuge kommen, konnte man im Realen Sozialismus offenkundiger vom „Gegner" profitieren wollen. Statt containement und roll-back läßt sich nun Entspannung, statt Zwei-Lager-[42] und Zwei-Welt-Märkte-Theorie[43] die friedliche Koexistenz propagieren. Die Embargo-Politik war eine Welt-Teilungs-Politik, der Antikommunismus innergesellschaftlich genauso wie die Zwei-Lager-Theorie motiviert.

Eine Politik, die in Osteuropa Erosionserscheinungen hervorruft, wird eher mit Entspannung als mit roll-back betrieben. Mit dieser Politik begannen die USA 1956 als sie Polen (trotz Embargo) einen Kredit als Belohnung für das Streben nach größerer Eigenständigkeit zukommen ließen. Diese Politik fand ihre Fortsetzung in der Päppelung Rumäniens, in der mangelnden Bereitschaft der EG, den RGW als RGW anzuerkennen, um mit den osteuropäischen Ländern einzeln verhandeln zu können.[44] Andererseits treten die EG-Länder im Handel gegenüber dem RGW nur noch als EG auf.[45] Einwirkungen auf den Realen Sozialismus sind durch ökonomische Zusammenarbeit eher gegeben als durch politische Roll-back-Politik. Die kapitalistischen Länder Westeuropas sind (auch historisch bedingt) ökonomisch und technologisch weiterentwickelt. Daraus ergibt sich eine einseitige Abhängigkeit, wenn man sich auf den Austausch mit dem Kapitalismus auf der Basis desselben Wachstummodells einläßt. Ab einer bestimmten Entwicklung und Verzahnung wird diese ökonomische und technologische Abhängigkeit irreversibel.

Die Stagnation des Ost-West-Handels bzw. der Ost-West-Kooperation ist u.a. ein Ergebnis der sogenannten Ölkrise und deren Auswirkungen auf die Weltmarktpreise. Damit verbunden haben sich auch im RGW die terms of trade verändert und zwar zugunsten der UdSSR. Die Stagnation ist des weiteren ein Ergebnis der kapitalistischen Weltrezession seit 1974/75. An dieser Krise wird die Illusion vom „Ostmarkt" als einem stabilen Absatzmarkt auch in Krisenzeiten deutlich. Die osteuropäischen Länder können nicht beliebig importieren, wenn sie ihre Waren nicht auf dem kapitalistischen Weltmarkt absetzen können. Die ohnehin bestehenden Schwierigkeiten beim Absatz von real-sozialistischen Produkten potenzieren sich in der kapitalistischen Krise. Die Stagnation ist sicherlich auch bedingt durch die negativen Zahlungsbilanzen der meisten kapitalistischen Länder Westeuropas, die zahlungskräftige Partner suchen und diese z.T. in den sogenannten Petroländern finden, so daß sich die Hoffnung auf gewinnträchtigen Handel und Kooperation auch partiell regional verlagert hat. Schließlich konnte auch die Verschuldung der osteuropäischen Länder nicht mehr in demselben Maße wachsen – Polen muß bereits 25% seines Exports für die Abtragung der Zinsen aufbringen (vgl. Kap. IV, 4; Nemschak, 1976, S. 7 ff.). Die Gesamtheit dieser Faktoren bewirkt, daß der Inner-RGW-Handel wieder etwas zunimmt, seine Bedeutung jedenfalls nicht sinkt. Das bekommt der Vormachtstellung der UdSSR[46], die aus der sogeannnten Energiekrise mit den geänderten terms of trade gestärkt hervorging, während ihre RGW-Partner abhängiger wurden.

Der Außenhandel kann nur bei den Ländern unmittelbar Wachstumsfaktor sein, die primär einen substitutiven und keinen komplementären Handel betreiben.[47] Beim Westhandel geht es den RGW-Ländern schlicht um die Gewinnung von Know-how in den verschiedensten Formen, was sich dann wachstumsfördernd auswirken soll. Man will den Welthöchststand importieren, um auf ihm aufbauend und weiterproduzierend die „technologische Lücke" zu schließen. Die Schließung der technologischen Lücke ist jedoch systembedingt nicht möglich, weder aus eigener Kraft, noch durch die Schaffung von Enklaven auf der Basis kapitalistischen Know-hows, die Wachstum und technischen Fortschritt ermöglichen sollen.

2. Die unterschiedlichen Motive für den Ost-West-Handel

Wenn im folgenden die Motive und weiter unten die verschiedenen Formen der Ost-West-Zusammenarbeit analysiert werden, so darf das geringe Volumen dieses Handels bzw. der Kooperation nicht außer acht gelassen werden. Hinzu kommt, daß die weitere Entwicklung belastet ist von der hohen Verschuldung der osteuropäischen Länder.[48] Aber auch der Standard der Produktion in den real-sozialistischen Ländern und die Krise des kapitalistischen Weltwirtschaftssystems schieben dem beiderseits vorhandenen Wunsch nach verstärktem Austausch einen Riegel vor. Sowohl bei den politischen als auch bei den ökonomischen Motiven für die Ost-West-Zusammenarbeit muß zwischen denen der UdSSR und

denen der kleineren osteuropäischen Ländern unterschieden werden. Gemeinsam ist nur das Interesse an der friedlichen Koexistenz oder anders formuliert am ungestörten Aufbau ihres Sozialismus auch mittels Handel und Kooperation mit dem „Klassenfeind", der eines fernen Tages überrundet werden soll. Mit der Proklamierung des „Aufbaus des Sozialismus in einem Lande" und der gleichzeitigen Inanspruchnahme von Innovationshilfe des Klassenfeindes ging die UdSSR zu nationaler Machtstaatspolitik über; mit der Proklamierung der friedlichen Koexistenz und der Zusammenarbeit mit dem Kapitalismus betreiben die real-sozialistischen Länder jeweils eine nationale Stabilisierungspolitik. Bei den kleineren osteuropäischen Ländern spielt als politisches Motiv für die Ost-West-Zusammenarbeit die nationale Unabhängigkeit eine große Rolle. Der Kalte Krieg und der Aufbau des Sozialismus nach sowjetischem Muster hatten diese Länder in eine direkte politische und ökonomische Abhängigkeit von der UdSSR gebracht (vgl. Kap. I; IV, 1). Im Zeichen der – stalinistischen – Entstalinisierung (vgl. Kap. II) sollte der RGW als – indirektes – Mittel der Anbindung an die UdSSR dienen. Chruschtschow schlug eine arbeitsteilige Produktion im RGW vor, an der in der Praxis die UdSSR aufgrund ihres politischen und ökonomischen Übergewichts gar nicht beteiligt gewesen wäre, womit ihre politische und ökonomische Stellung noch verstärkt worden wäre (vgl. Kap. III). Da Rumänien sich nicht zum Gärtner des RGW machen ließ, scheiterte dieser Plan. Die UdSSR muß also ihre politische Machtposition und ihre ökonomischen Vorteile als Führungsmacht im RGW nicht unbedingt politisch durchsetzen. Auch die wirtschaftliche Verzahnung stärkt ihre Vorrangstellung aufgrund ihrer Größe, ihrer Ressourcen, ihres Binnenmarktes, aufgrund dessen, daß sie auf die Außenwirtschaft, auf ihre Handelspartner im Vergleich zu diesen, wenig angewiesen ist. Die UdSSR ist der größte Handelspartner jedes einzelnen RGW-Mitgliedslandes (z. B. beträgt ihr Anteil am Außenhandel der DDR 41 %). Deren Handelsströme sind primär auf die UdSSR ausgerichtet und zwar als komplementärer Handel (Gajzago, Panorama, Sonderausgabe, 1973, S. 14 ff.).
Es muß daher das politische (und ökonomische) Bestreben dieser Länder sein, verstärkt mit andern Ländern wirtschaftlich zusammenzuarbeiten, wenn sie ihre nationale Unabhängigkeit und gleichzeitig wirtschaftliches Wachstum sichern wollen. Die Möglichkeiten für eine unabhängigere Politik sind aufgrund der Einbindung in den sowjetischen Machtbereich jedoch begrenzt und durch die Weltwirtschaftskrise, die sogenannte Energiekrise bzw. die verschlechterten terms of trade zusätzlich geschrumpft. Aufgrund dieser zusätzlichen Bedingungen konnte die UdSSR endlich die Beteiligung ihrer RGW-Partner an Investitionen in der UdSSR erreichen (Baumer, S. 91 ff.). Auch aus ökonomischen

Gründen (wenig Rohstoffe, kleinerer Binnenmarkt z.B.) sind die kleineren RGW-Länder stärker als die UdSSR auf internationale Arbeitsteilung angewiesen, die dem intensiven wirtschaftlichen Wachstum dienen soll, einem Wachstum also, das nicht auf dem Einsatz zusätzlicher Ressourcen basiert.

Im Zuge der Wirtschaftsreformen der 60er Jahre (oder auch ohne innere Wirtschaftsreformen wie in Rumänien) wurde der Außenhandel mit den kapitalistischen Staaten einer Revision unterzogen. Selbst als die inneren Wirtschaftsreformen in den 70er Jahren aufgrund politischer Unruhen und ökonomischer Schwierigkeiten partiell zurückgenommen wurden, wurden Reformversuche auf außenwirtschaftlichem Gebiet weitergeführt. Zu den politischen Motiven größerer Unabhängigkeit von der UdSSR kommt in den 70er Jahren ein weiteres hinzu. Man will im Innern weiterhin mit den bewährten Methoden schalten und walten, um das innere Gefüge nicht zu erschüttern.[49] Das politisch und ökonomisch erforderliche intensive Wirtschaftswachstum soll deshalb über die Kooperation mit hochentwickelten kapitalistischen Ländern abgesichert werden, die Ost-West-Zusammenarbeit soll Veränderungen im Innern so weit möglich erübrigen.

Das Streben nach Zusammenarbeit entspringt dem Wunsch bzw. der Notwendigkeit, die sogenannte technologische Lücke statt über innere Reformen über den Import von kapitalistischen Technologien zu schließen (Stankovsky, 1977, S. 304). Die technologische Lücke zwischen dem Realen Sozialismus und dem hochentwickelten Kapitalismus ist einerseits bedingt durch die kürzere Industrialisierungsphase der meisten RGW-Länder. Schließlich wurden einige dieser Länder erst nach dem 1. Weltkrieg (z.T. mit Unterbrechungen) oder wie Bulgarien und Rumänien erst in der zweiten Hälfte des 19. Jahrhunderts zu eigenständigen Staaten. Ihre eigenständige industrielle Entwicklung begann somit in der Phase des weltwirtschaftlichen Protektionismus zwischen den beiden Weltkriegen. Auch in der UdSSR hatte die Industrialisierung vor 1917 nur in wenigen Bereichen begonnen.

Die technologische Lücke ist andererseits aber systembedingt. Aus Gründen der Herrschaftserhaltung wird an einem weitgehend zentralisierten Planungssystem festgehalten. Das führt zu einer allgemeinen Inaktivität, wie sie oben nun auch wieder nicht gewünscht wird. Durch die partielle Übernahme des kapitalistischen Weltniveaus sollen die dadurch entstehenden Mängel aufgehoben werden.[50] Aufgrund der politischen und ökonomischen Strukturen des Systems werden die importierten Innovationen allerdings nicht oder nur unzulänglich weiterentwickelt. Ein von außen angeregtes Wirtschaftswachstum ist also nur begrenzt möglich.

Dem gleichzeitigen Interesse an politischer Stabilität und wirtschaftlichem Wachstum trägt insbesondere die seit 1964[51] initiierte industrielle Kooperation besser Rechnung als der Außenhandel. Die Zusammenarbeit in der Produktionssphäre (Kooperation) und nicht nur in der Zirkulationssphäre (Außenhandel) hat für die RGW-Länder den politischen Vorteil, daß sie an ihren Planungssystemen bzw. wirtschaftlichen Entscheidungsprozessen ungebrochen festhalten können. Die Planungssysteme sind auf die binnenwirtschaftliche Organisation der Produktion bzw. die Arbeitsteilung in der Produktion ausgerichtet. Mit der Kooperation in der Produktion wird die Trennung von Innen- und Außenwirtschaft überwunden, ohne daß am Planungssystem einschneidend etwas geändert werden müßte. Die industrielle Kooperation erstreckt sich zudem über einen längeren Zeitraum, ist von daher besser von oben her in die Pläne einzubauen (Stankovsky, 1978, S. 13 f.). Dies gilt sowohl für die kleineren osteuropäischen Länder, die Kooperation auch als Arbeitsteilung in der industriellen Fertigung suchen, als auch insbesondere für die Zusammenarbeit zwischen der UdSSR und multinationalen Konzernen. Diese Kooperation bezieht sich auf riesige Projekte mit langfristigen Perspektiven in den Bereichen Rohstoffe, Energie, Infrastruktur. Damit haben sich die richtigen Partner gefunden, beide zielen auf Kooperation in der Produktionssphäre ab.

Der politische Vorteil dieser Formen von Ost-West-Zusammenarbeit, der für den Realen Sozialismus in von außen stimuliertem Wirtschaftswachstum besteht bei Aufrechterhaltung eines für multilaterale Zusammenarbeit und intensives Wachstum aus eigener Kraft ungeeigneten ökonomischen Entscheidungsmechanismus, ist unter ökonomischen Aspekten noch genauer aufzuschlüsseln. Folgende ökonomische Vorteile und damit Motive ergeben sich aus der Kooperation in der Produktionssphäre:

– Steigerung der Arbeitsproduktivität,
– arbeitsteilige Spezialisierung, damit verbunden größere Stückzahlen und Kostensenkung,
– Aneignung von Know-how,
– rechtzeitige Umsetzung von Lizenzen,
– schnellere Überführung von Erfindungen in die Produktion,
– Verkürzung der Bauzeiten, schnellere Errichtung von Anlagen,
– Kennenlernen von Management-Methoden,
– bessere Qualität der Produkte,
– Senkung des Rohstoffverbrauchs.

In der Zirkulationssphäre ergeben sich folgende Vorteile als Ergebnis der Kooperation in der Produktionssphäre:

– zusätzlicher Export,
– Unterlaufen von Zollschranken bzw. mengen- oder wertmäßigen Kontingenten,

- günstigere Exportstruktur bzw. Hebung des Exportangebots,
- Lieferung auch nach geleisteter Schuldentilgung (bei Lieferungen aus importierten Anlagen),
- Aufteilung von Märkten,
- Vertrieb durch den kapitalistischen Partner, kein Erfordernis eines eigenen Absatznetzes[52],
- gemeinsamer Vertrieb bzw. gemeinsame Handelsgesellschaft, Kenntnisse in Marketing- und Kostenminderungsmethoden,
- Nutzung des Service-Netzes des kapitalistischen Partners,
- absatzfördernde Aufmachung der Produkte,
- gemeinsames Firmenzeichen, damit größere Konkurrenzfähigkeit und leichterer Zugang zu Märkten (Woinow, S. 40 f.),
- Import von westlichen Konsumgütern (aus Mitteln der Exporterlöse) als Mittel zur Geldabschöpfung bzw. Erhöhung der Staatseinnahmen (Bogomolow, 1977, S. 29) und als Leistungsanreiz bzw. Befriedungspolitik,
- Stärkung der Stellung im Inner-RGW-Handel durch Kooperation mit kapitalistischen Unternehmen.

Auf der Ebene der Zahlungsbilanz ergeben sich ebenfalls Vorteile aus der Kooperation in der Produktion:
- nur zeitweilige Verschuldung, da Rückzahlung mittels Gegenlieferungen,
- größere Kreditmengen und Kredite zu günstigeren Bedingungen,
- Umgehen des Devisenproblems, Reduzierung der Kapitalbarriere durch „Investitionen" des kapitalistischen Partners,
- Kooperation auf Drittmärkten, die über konvertible Währungen verfügen.

Die Motive der kapitalistischen Länder sollen wenigstens kurz benannt werden. Politisch spielt das Motiv der Infiltration, der Förderung von Erosionserscheinungen im „Ostblock" eine Rolle. Unter diesem Aspekt boten die USA Polen 1956 einen Kredit an, in der Hoffnung, daß sich die polnische Revolution zumindest negativ für die Hegemonialmacht UdSSR auswirkt. Unter demselben Gesichtspunkt wurde und wird Rumänien bevorzugt behandelt. Dabei geht es um die Förderung des rumänischen Unabhängigkeitsstrebens gegenüber der UdSSR, in Sachen innere Reformen ist Rumänien alles andere als ein Vorreiter in Osteuropa. In den 70er Jahren hat die Diskussion um die Menschenrechte die Ost-Kontakte motivisch beeinflußt: „kommunistisches" Bekenntnis zu den Menschenrechten für eine intensivere ökonomische Zusammenarbeit. In den kapitalistischen Ländern wurden die Menschenrechte in derselben Phase keineswegs besonders gefördert, vielmehr wurde beispielsweise die Einsetzung des reaktionären Regimes in Chile zwecks Absicherung des kapitalistischen Wirtschafts- und Gesellschaftssystems aktiv von außen unterstützt. Es geht den kapitalistischen Ländern bei ihrem Eintreten für die Menschenrechte im „Ostblock" um die Erzeugung bzw. Förderung von Erosionserscheinungen in den „kommunistischen" Ländern. Die sich u. a. auch auf die KSZE berufenden oppositionellen Gruppen sind in den einzelnen Ländern allerdings keineswegs einfach auf „westliche" Ideale ausgerichtet. Das hat ein ambivalentes Verhalten seitens des „Westens" zur Folge. Einerseits sollen die real-sozialistischen Länder politisch und ökonomisch, z.B. auch durch wirtschaftliche Abhängigkeit und Verflechtung unterminiert werden, andererseits haben die kapitalistischen Länder bzw. hat die kapitalistische Wirtschaft durchaus auch ein Interesse an der Erhaltung der weltpolitischen Stabilität und deswegen auch an der innergesellschaftlichen.

Gewichtiger als die politischen Motive war jedoch das Drängen der Multis auf wirtschaftliche Zusammenarbeit.[53] Aufgrund des Nachlassens der Weltkonjunktur wurden auch verhältnismäßig geringfügige Steigerungen des Austauschs wichtig, insbesondere für die betroffenen Industriezweige. Zudem hat im Verlauf der 60er Jahre die Internationalisierung der Produktion zwecks höherer Kapitalverwertung an Bedeutung gewonnen (Busch, S. 98 ff., 266 ff., 316 ff.; Deppe; Jacobsen, 1975, S. 79 ff.). Internationale ökonomische Kontakte finden zunehmend bereits in der Produktionssphäre statt, um in großem Umfang und/oder spezialisiert zu produzieren, Konkurrenz auszuschalten, Märkte aufzuteilen. Des weiteren können die jeweiligen nationalen Bestimmungen der Wirtschaftspolitik, also der jeweilige staatliche Rahmen besser genutzt, nationaler Protektionismus unterlaufen bzw. ausgenutzt werden (z. B. Wechselkurse, nationale Konjunktur- und Strukturpolitik, nationale Umweltauflagen, steuerliche Regelungen etc.). An ökonomischen Vorteilen bei der Kooperation mit den osteuropäischen Staaten einschließlich der UdSSR sind im einzelnen zu nennen:

– Schaffung zusätzlicher Absatzmöglichkeiten, insbesondere für Zeiten der Flaute (ein problematisches Argument, da die kapitalistische Rezession ja auch zu reduzierter Warenabnahme führt, die osteuropäischen Länder sich aber nicht beliebig verschulden können und auf entsprechenden Warenabsatz angewiesen sind),

– Kostenreduktion aufgrund geringerer Lohnkosten,

– Auslagerung arbeitsintensiver Produktion („Lohnveredelung"),

– Produktionssteigerungen bei geringeren Investitionen (Toldy–Ösz, Panorama, Sonderausgabe, 1977, S. 170; Woinow, S. 91),

– Ersparnis von Transportkosten durch geographische Nähe,

– Absatz von weniger rentablen Anlagen und veralteter Artikel (Levinson, S. 53),

– „Entlastung" des Arbeitsmarktes bzw. Schwächung der gewerkschaft-

lichen Verhandlungsstärke bei Lohnrunden (Woinow, S. 91),
- kein Arbeitsausfall durch Streiks,
- keine Gefahr der Enteignung im Gegensatz zu andern Billig-Lohn-Ländern, politische Stabilität des Partners (ein ambivalentes Argument, da man ihn ja gleichzeitig unterminieren will),
- Förderung von wirtschaftlichen Strukturbereinigungen, Verlagerung nicht-konkurrenzfähiger arbeitsintensiver Produktion,
- Förderung der internationalen Arbeitsteilung: Produktion von Zukunftsgütern im Kapitalismus, Produktion von Gegenwartsgütern im „Kommunismus" – d. h. Sicherung des kapitalistischen technologischen Vorsprungs,
- Auslagerung energie- und rohstoffintensiver Produktion; statt Rohstoffe und Energie werden rohstoff- und energieveredelte Produkte bezogen – auch als „Beitrag" zur Lösung des Umweltschutzproblems im Kapitalismus,
- Diversifizierung des Rohstoff- und Energieimports zwecks politischer Unabhängigkeit (vgl. die sogenannte Energiekrise 1973)[54],
- Aneignung von Kenntnissen über Entscheidungsprozesse in den Planwirtschaften,
- Eindämmung der Inflation durch östliche Billigproduktion.

Das Argument der Inflationsdämpfung und der Strukturbereinigung hat ebenfalls ambivalenten Charakter, da der kapitalistische Staat zur Sicherung der innenpolitischen Stabilität und d. h. zur Verhinderung zusätzlicher Arbeitslosigkeit protektionistisch einschreitet, die Kräfte des „Marktes" also beschränkt, was man in jüngster Zeit wieder deutlich anhand der EG-Integrationsprobleme verfolgen kann. Nicht mehr voll konkurrenzfähige Branchen werden staatlich geschützt, um innenpolitische Unruhen zu vermeiden.

Als Zollunion kennt die EG seit dem 1.1.1975 nur noch eine gemeinsame Handelspolitik gegenüber den RGW-Ländern. Da jedoch die angestrebte Wirtschafts- und Währungsunion der EG, also eine gemeinsame Wirtschaftspolitik, die auf national-staatliche Schutzmöglichkeiten verzichtet, bisher nicht zustandegekommen ist, gibt es keine verbindliche Kooperationspolitik gegenüber den RGW-Ländern. Auch deshalb bieten sich wirtschaftliche Abkommen, die sich nicht nur auf den Austausch, sondern auch auf die Produktionssphäre und die ihr vor- und nachgelagerten Phasen beziehen, an. Dadurch kann die EG-Handelspolitik im je nationalen Interesse des EG-Landes partiell unterlaufen werden. In die Kooperationsabkommen gehen handelspolitische Momente ein, die darauf hinauslaufen, Zölle, mengen- und wertmäßige Restriktionen zu umgehen.

Nach der Aufschlüsselung der ökonomischen Vorteile und Motive für eine Kooperation mit osteuropäischen Ländern möchte ich abschließend noch einmal auf die politischen Motive zurückkommen. Über die politischen Motive besteht grundsätzliche Einigkeit, anders sieht es bei den Mitteln aus, die das politisch Gewollte durchsetzen sollen. Eine Methode besteht darin, direkten politischen Druck im Zusammenhang mit bilateralen Abkommen auszuüben.[55] Die „fortschrittliche" Politikberatung rät davon ab und eröffnet damit die besseren – kapitalistischen – Perspektiven (Baumer, S. 12, 127, 160). Ihr zufolge werden langfristig politische Ziele eher durch eine enge wirtschaftliche und zwar – entsprechend dem kapitalistischen System – multilaterale Zusammenarbeit erreicht, als durch politische Erpressung. Damit wächst die Verzahnung, die Abhängigkeit und nicht zuletzt die Notwendigkeit für die real-sozialistischen Länder, ihr inneres System den außenwirtschaftlichen Erfordernissen anzupassen. Gleichzeitig reduziert sich die Verzahnung innerhalb des RGW. Kapitalistische Technologie und das damit verbundene Konsummuster tun ihr übriges zur weiteren Anpassung an das kapitalistische System. Diese ökonomische Unterwanderung anstelle politischer Erpressung ist zweifelsohne das dem Kapitalismus adäquatere und das wirksamere Instrument. Gegenüber der UdSSR allerdings tut sich diese Politik schwerer als gegenüber den andern RGW-Ländern, da es sich bei der UdSSR um verhältnismäßig wenig Großprojekte meist mit Kompensationscharakter handelt. Die wirtschaftliche Verzahnung wie die Westkontakte sind von daher strukturell unbedeutender, trotz des größeren Volumens, als bei den andern RGW-Ländern. Dieses politische Konzept stößt allerdings einstweilen an die bereits aufgeführten Schranken wie die kapitalistische Weltwirtschaftskrise, die „kommunistische" Verschuldung, das vorsichtige Vorgehen der Regierungen in den osteuropäischen Ländern mit Rücksicht auf die innenpolitische Instabilität, die im Zuge der Entspannungspolitik und der Wirtschaftsreformen sichtbar wurde. Und nicht zuletzt gibt es grundsätzliche systembedingte Hindernisse für eine enge Ost-West-Zusammenarbeit, die sich aus dem Selbsterhaltungswillen der Herrschenden im Realen Sozialismus ergeben.

Eine gewisse Abhängigkeit der RGW-Länder von den hochentwickelten kapitalistischen Ländern besteht allerdings bereits real mit der Verschuldung und der Notwendigkeit, sich weiter zu verschulden, da sich Importe nicht beliebig einstellen lassen. Sie besteht zum andern bedingt durch den ungleichen Tausch. Für den ungleichen Tausch ist es fürs erste gleichgültig, ob die Zusammenarbeit im Handel besteht oder in der industriellen Kooperation.[56] Ungleicher Tausch bezeichnet, wie bereits im dritten Kapitel dargelegt, den wirtschaftlichen Austausch zwischen Nationen mit unterschiedlicher Arbeitsproduktivität. Das weniger entwickelte Land tauscht mehr Arbeitsquanten gegen weniger des hochentwickelten Landes aus. Folglich findet im Austausch eine Einkommensumverteilung zugunsten der höher entwickelten Länder statt, womit das bestehende

Gefälle zementiert wird. Bei industrieller Kooperation fällt diese Benachteiligung keineswegs weg. Abstrakt betrachtet wird bei industrieller Kooperation die nationale Arbeitsproduktivität internationalisiert, z. B. wenn die Multis das Know-how liefern. Die kapitalistischen Partner wollen energie-, rohstoff- und arbeitsintensive Prozesse bzw. die Produktion von Gegenwartsgütern auslagern, für sich aber die höchstentwickelten technologischen Produktionsprozesse, die Produktion der Zukunftsgüter reservieren. Auch wird – soweit möglich – vermieden, die höchstentwickelte Technik zu liefern[57]; trotz Kooperation findet also nur bedingt eine Übertragung des höchstentwickelten kapitalistischen Standes der Arbeitsproduktivität statt. Und schließlich bleibt ein Gefälle zwischen „West" und „Ost" vorhanden, solange die real-sozialistischen Länder nur unzulänglich zur Innovation, zur raschen ökonomisch-technischen Umsetzung von Erfindungen und zur Weiterentwicklung importierten Know-hows fähig sind.

Trotz dieser Schranken und trotz des ungleichen Tauschs kann internationale Arbeitsteilung sinnvoll sein, dann nämlich, wenn Komparative Kostenvorteile erzielt werden: Das weniger entwickelte Land produziert das, was es noch am günstigsten produzieren kann und importiert das, was es am ungünstigsten produzieren würde. Bedingt durch den Wechselkursmechanismus bzw. das staatliche Außenhandelsmonopol kann es, wie bereits aufgezeigt, dadurch auf dem Weltmarkt Konkurrenzvorteile erzielen (Busch, S. 75 ff., 91; Jacobsen, S. 27). Der Komparative Kostenvorteil im Rahmen des ungleichen Tauschs – hier also der relative Nutzen der Beteiligung an der Weltarbeitsteilung für die osteuropäischen Länder – reduziert sich jedoch dadurch, daß die real-sozialistischen Länder systembedingt (vgl. Kap. III) nicht hinlänglich zur Messung von Kosten und Nutzen in der Lage sind. Die UdSSR wird von diesem Problem weniger tangiert, da die Kooperation mit den Multis sich vornehmlich im rohstoff-, energie- und infrastrukturellen Bereich abspielt. Aus demselben Grund ist in diesen Bereichen die Kooperation auch innerhalb des RGW am weitesten fortgeschritten. Bei der UdSSR handelt es sich primär um Kompensationsgeschäfte, während es den kleineren Ländern eher um tatsächliche industrielle Kooperation geht. Die mangelnde Fähigkeit zur Feststellung des jeweiligen Nutzen schlägt daher insbesondere bei den kleineren RGW-Ländern, die sich an der Arbeitsteilung in der Produktion zwecks Förderung wirtschaftlichen Wachstums beteiligen müssen, negativ zu Buche.

Mit der Betonung der Komparativen Kostenvorteile wird bürgerlicherseits der spezifische Ausbeutungsmechanismus des ungleichen Tauschs verschleiert. Die Komparativen Kostenvorteile werden in der Praxis zusätzlich dadurch problematisch, daß entgegen dem Gerede von der Liberalisierung des Ost-West-Handels (bezogen auf die Positionen der

Warenlisten ist der Handel zu 90 % liberalisiert) wertmäßig die Hälfte der Einfuhr aus RGW-Ländern wert- bzw. mengenmäßig kontingentiert ist. An dieser Kontingentierung wird auch die Ambivalenz einiger kapitalistischer Motive für die Kooperation mit den osteuropäischen Ländern sichtbar, die weiter oben aufgeführt wurden. So rangiert der Protektionismus bezogen auf weniger konkurrenzfähige Branchen zur Sicherung der politischen Stabilität vor Kostendämpfung und Strukturbereinigung. Die „Klage" in den kapitalistischen Ländern darüber, daß die osteuropäischen Länder nicht genügend liefern könnten und folglich den gegenseitigen Austausch behinderten, ist gleichzeitig berechtigt und nicht berechtigt. Denn dort, wo sie liefern könnten, werden nicht-tarifäre Handelshemmnisse aufgebaut, insbesondere bei Nahrungsmitteln und industriellen Konsumgütern. Damit werden mögliche Komparative Kostenvorteile der RGW-Länder beschnitten.

3. Formen der industriellen Kooperation

Ich möchte zuerst einmal knapp einige Formen der Zusammenarbeit skizzieren, wobei auf die politischen und ökonomischen Gründe für die jeweilige Kooperationsform eingegangen werden soll. Daran anschließend sollen der Stand der bisherigen Ost-West-Zusammenarbeit und die konkreten Probleme, die die Zusammenarbeit behindern, kurz dargestellt werden (Kap. IV, 4). Abschließend gehe ich auf die systembedingten Schranken[58], die einer sogenannten Liberalisierung der Ost-West-Zusammenarbeit entgegenstehen, ein (Kap. IV, 5).
Aus der Zusammenstellung der Motive für die industrielle Zusammenarbeit geht hervor, daß sich beide Seiten von ihr nicht nur Vorteile in der Produktion, sondern auch im Handel bzw. Vertrieb erhoffen (Kap. IV, 2). Für die osteuropäischen Länder spielen finanzielle Überlegungen eine zusätzliche Rolle, da sie weder über konvertible Währungen noch über genügend Devisen verfügen. In der Literatur besteht kein einheitliches Verständnis von (industrieller) Kooperation. Stankovsky (1977, S. 295) unterscheidet zwischen der staatlichen und der wirtschaftlichen Ebene. Auf der staatlichen Ebene handelt es sich um Kooperationsförderungsabkommen, auf der wirtschaftlichen um industrielle Kooperation. Industrielle Kooperation definiert die ECE (und damit handelt es sich um eine gemeinsame Ost-West-Definition) wie folgt: "Industrial co-operation in an East-West context denotes the economic relationships and activities arising from a) contracts extending over a number of years between partners belonging to different economic systems which go beyond the straight-forward sale or purchase of goods and service to include a set of complementary or reciprocally matching operations (in production, in the

development and transfer of technology, in marketing, etc.) and from
b) contracts between such partners which have been identified as
industrial co-operation by Governments in bilateral or multilateral
agreements." An Formen industrieller Kooperation sind zu nennen:
Lizenzvereinbarungen, Lieferung kompletter Anlagen, Spezialisierung,
Koproduktion, Forschung und Entwicklung, Joint Ventures, Zulieferungen, Lohnveredelung, gemeinsame Projekterstellung. Die Formen der
Zusammenarbeit in Produktion, Handel und auf monetärem Gebiet
lassen sich in der Praxis nicht so trennen, wie dies analytisch auf dem
Papier geschieht.[59]
Ich beziehe mich auf die industrielle Kooperation, obwohl es bis 1964/65
lediglich eine Zusammenarbeit im Handel gab, die quantitativ betrachtet
nach wie vor viel wichtiger ist als die Kooperation in der Produktion. Der
Anteil der Kooperationslieferungen am Ost-West-Handel beträgt
ca. 4%. Und schließlich gehe ich auf die umstrittenen Kompensationsgeschäfte ein, die weder eine Form der Kooperation auf dem Gebiet der
Produktion, des Handels noch im Finanzwesen sind. Sie betreffen all
diese Formen, da sie aus politischen und ökonomischen Gründen ein
notwendiges Mittel sind, um die Ost-West-Kooperation überhaupt zu
ermöglichen.

Regierungsabkommen sind aus verschiedenen Gründen heute nicht mehr
Handels-, sondern Kooperationsförderungsabkommen (nicht Kooperationsabkommen). Wie weiter oben bereits ausgeführt, können die
Mitgliedsländer der EG seit dem 1.1.1975 nicht mehr selbständig
Handelsabkommen abschließen; dies ist vielmehr Angelegenheit der
EG-Kommission. Dadurch sollen gleiche Bedingungen hergestellt und
die Konkurrenz zwischen den EG-Ländern im Handel mit andern, so
auch den RGW-Ländern, vermieden werden. Mit den Kooperationsförderungsabkommen umgehen die einzelnen Länder die EG-Vereinbarun-
gen bezogen auf Handelsabkommen. In den Handelsabkommen waren
die Waren aufgelistet, die sich die Partner zum Austausch anboten. Sie
enthielten westlicherseits wert- und/oder mengenmäßige Beschränkungen der grundsätzlich zum Austausch angebotenen bzw. angenommenen
Waren, um einheimische, weniger konkurrenzfähige Produkte, insbesondere Agrar- und industrielle Konsumgüter zu schützen. Die Beschränkungen konnten auch zeitlicher bzw. saisonaler Natur sein, z.B. bei
landwirtschaftlichen Produkten. Solche Produkte konnten die EG-Gren-
zen erst dann überschreiten, wenn innerhalb der EG die Boomzeit für die
Produktion ähnlicher Produkte vorüber war. Dadurch wurden (und
werden) die bedingt durch die gemeinsame Agrarpolitik teuren EG-Nah-
rungsmittel geschützt. Die Handelsabkommen enthielten zum andern die
Zusicherung der Gleichbehandlung mit jedem andern Drittland (außer
den EG-Ländern selbst), also die Meistbegünstigungsklausel, bzw. die

Zusicherung, nur solche Handelsrestriktionen wirken zu lassen, die auch für andere Nicht-EG-Länder gelten. Und schließlich konnten sie Anti-Dumping-Vorschriften enthalten (Baumer, S. 128 ff.), obwohl umstritten ist, inwieweit der Begriff Dumping überhaupt auf RGW-Länder angewendet werden kann.[60] Die Handelsabkommen wurden auch deshalb von Kooperationsförderungsabkommen abgelöst, weil wirtschaftliches Wachstum bzw. Profite im Zusammenhang mit der technologischen Entwicklung zunehmend durch Internationalisierung der Produktion erzielt werden. Der Reale Sozialismus bemüht sich um die Internationalisierung der (Mehrwert)Produktion, um sich über die internationale Arbeitsteilung Innovationen anzueignen und um die Devisenprobleme zu umgehen.

Allgemeine Rahmenrichtlinien für wirtschaftliche Zusammenarbeit und Kooperationsförderungsabkommen wurden auf der KSZE in Helsinki entwickelt (vgl. Stankovsky, 1977, S. 285 ff.). Danach werden gemischtnationale Kommissionen gebildet und ihnen untergeordnet Arbeitsgruppen für einzelne ökonomische Bereiche. In den Abkommen werden zugleich die ökonomischen Bereiche aufgeschlüsselt, denen das gemeinsame Interesse gilt, sowie mehr oder weniger vollständig die oben erwähnten Kooperationsformen. Des weiteren wird die Absicht bekundet, die Kooperationsvorhaben durch handelspolitische Begünstigungen zu unterstützen. Auch Regelungen über Kreditvergaben und Zinsbedingungen können in den Abkommen enthalten sein. Zugleich sind die EG-Länder und andere kapitalistische Länder darum bemüht, die Konkurrenz auf dem Gebiet der Zahlungsbedingungen durch Vereinbarungen zu reduzieren (Laufzeit der Kredite, Höhe der Zinsen; vgl. Kap. IV, 3, Kooperation und monetäre Probleme).

Levinson ist nicht zu Unrecht der Meinung, daß derartige Regierungsabkommen für die RGW-Länder und insbesondere für die UdSSR als Lack und schöner Schein wichtig sind (Levinson, S. 55), weil sie durch die Verlagerung auf die politische Ebene den Eindruck vermitteln, als ginge es um Entspannung und Frieden, wohingegen der wahre Grund in den ökonomischen Erfordernissen zu suchen ist (vgl. auch Lewytzky, S. 19, 36 ff.). Die ökonomischen Erfordernisse der RGW-Länder lassen sich, will man keine Wirtschaftsreformen riskieren, am besten über bilaterale Regierungsabkommen in den nationalen Wirtschaftsplan integrieren (Wilczynski, S. 216; Woinow, S. 40). In der Presse wie auch in der Fachliteratur der RGW-Länder wird so getan, als seien solche Abkommen für beide Seiten gleichermaßen von Bedeutung, als sagten sie für beide Seiten dasselbe aus. Während jedoch der RGW-Partner Regierungs- und Wirtschaftsseite zugleich repräsentiert, ist dies auf der kapitalistischen Seite nicht der Fall. Nur auf der RGW-Seite entscheidet der staatliche Verhandlungspartner darüber, inwieweit die Abkommen gefüllt werden, auf der kapitalistischen Seite zieht die Regierung die Repräsentanten der Wirtschaft heran, die autonom handeln.

Wissenschaftlich-technische Zusammenarbeit ist fast immer verbunden mit umfassenden staatlichen Abkommen. Sie wird auf Regierungsebene bzw. auf der Ebene internationaler Organisationen (z. B. der ECE), aber auch auf der ökonomischen Ebene besprochen und beschlossen. Geht es um Lizenzen (mit oder ohne Know-how, mit oder ohne Beteiligung bei der Umsetzung in die Produktion), dann kommt zumindest der westliche Partner aus der Wirtschaft. Auf der Ebene der Regierungen bzw. der internationalen Organisationen hingegen werden Probleme behandelt, für die auch im Kapitalismus der Staat zuständig ist: Umweltschutz, Energiegewinnung, Ausbau bzw. Vereinheitlichung der Infrastruktur, des Meßwesens, der Standardisierung, aber auch medizinische Fragen. Damit soll wirtschaftliches Wachstum erleichtert werden, sei es, indem der Internationalisierung der Produktion und damit der Kooperation Steine aus dem Weg geräumt werden (z. B. im Verkehrs-, Meß- und Standardisierungswesen), sei es durch Einsparung von Energie mittels eines gesamteuropäischen Energieverbundsystems, wodurch die Produktion verbilligt wird bzw. die Gewinne sich erhöhen, sei es durch den Abbau konkurrenzverzerrender Bedingungen (z. B. beim Umweltschutz). Wie sehr es sich bei alledem noch weitgehend um blankes Papier handelt, zeigt gerade das Beispiel Umweltschutz (vgl. auch Füllenbach). Kapitalistische Unternehmen intendieren, energie- und rohstoffintensive Produktionen insbesondere in die UdSSR auszulagern. Sie „bewältigen" damit Umweltschutzprobleme ohne erhöhte Kosten zu Lasten des andern Vertragspartners.

Die auf dem Papier weitreichenden Zusammenarbeitspläne vertragen sich, sollten sie umfassend umgesetzt werden, schlecht mit der Aufrechterhaltung des jeweiligen Feindbildes und dessen innergesellschaftlichen Funktion (Antikommunismus einerseits, Klassenfeind andererseits). Die ökonomischen Vorteile müssen also mit dem Interesse an innenpolitischer Stabilität, wozu das Feindbild und damit die Verteufelung der innergesellschaftlichen Kritiker einen Beitrag leistet, austariert werden. Dies gilt insbesondere für den Realen Sozialismus. Ein hübsches Beispiel für die wissenschaftlich-technische Zusammenarbeit der „Supermächte" auf dem Agrarsektor findet sich bei Levinson: Die Landwirtschaft ist in die Verträge über wissenschaftlich-technische Zusammenarbeit zwischen den USA und der UdSSR einbezogen. So war es den USA 1977 auf sowjetische Bitte hin möglich, der UdSSR wichtige Informationen über die zu erwartende sowjetische Getreideernte zu übermitteln und zwar aufgrund von Beobachtungen zweier (Spionage-)Satelliten (Levinson, S. 107).

Im Gegensatz zur wissenschaftlich-technischen Kooperation, bei der es auch um gemeinsame Forschung bzw. um den Austausch von Forschungsergebnissen geht, handelt es sich beim Kauf von *Lizenzen* um die Übernahme bereits erfolgter Erfindungen. Den osteuropäischen Ländern liegt zunehmend nicht viel an der bloßen Übernahme von Patenten, weil bei ihnen die Gefahr besteht, daß aufgrund der Schwerfälligkeit des Systems, die Patente ungenutzt bleiben oder zu spät in der Produktion angewendet werden (Woinow, S. 114). Deswegen liegt ihnen an der Übernahme technischen Know-hows und an gemeinsamer Produktion (zumindest an deren Anleitung). Die osteuropäischen Länder haben neben der Zeitfrage, den hohen Anlaufkosten und der Schwerfälligkeit des Systems noch andere Gründe für eine solche umfassendere Zusammenarbeit auf der Basis von Lizenzverträgen, so z. B. die Sicherung der Qualität und die Bezahlung der Lizenzen bzw. der wirtschaftlichen Zusammenarbeit mit Erzeugnissen, die aufgrund der Zusammenarbeit produziert wurden. Damit werden dann Devisen gespart. Devisen werden auch gespart oder gar eingenommen, wenn durch Lizenzproduktionen Importe eingeschränkt und/oder Exporte getätigt werden.

So problemlos ist die Produktion auf Basis von Lizenzen und sind die damit verbundenen technologischen Vorteile, die Devisenersparnisse bzw. Devisengewinne nun auch wieder nicht. Da das Kapital im Realen Sozialismus weder beliebig investieren, noch über Investionen und Produktionen auf der Basis der verkauften Lizenzen und des übergebenen Know-how hinlänglich verfügen kann, schützen sich die kapitalistischen Unternehmen anderweitig vor potentieller Konkurrenz. Vertragsgemäß dürfen die Lizenzen nur in bestimmten Betrieben angewendet werden, es bestehen jedoch berechtigte Zweifel an der Einhaltung dieser Bestimmung. Deswegen bemüht sich die kapitalistische Seite auch um andere Formen des Schutzes vor unerwünschter Konkurrenz. Beispielsweise gibt es die Bestimmung, daß Produkte aus Lizenzverträgen nicht auf EG-Märkten gehandelt werden dürfen. Beharrt der RGW-Partner auf dem Export in die EG, muß der Vertrag von der EG-Kommission genehmigt werden (Absatz 3 des EWG-Vertrags). Eine vergleichbare Bestimmung gibt es auf dem Gebiet der Lohnfertigung bzw. „Lohnveredelung", die von den osteuropäischen Ländern im Gegensatz zur Produktion auf Lizenzbasis nicht als erstrebenswert angesehen wird, da sie wenig Innovation und viel Ausbeutung bringt, nicht. Hier sieht man, wie sich die Interessen entgegenstehen.

Lohnfertigung bzw. Lohnveredelung bedeutet, daß ein weniger entwikkeltes Land mit niedrigeren Lohnkosten, hier also das osteuropäische Land, Erzeugnisse oder Teile von Erzeugnissen nach genauen Angaben liefert, wobei die Leistung in der Verarbeitung besteht. Der westliche Partner kann neben der Kostenersparnis dadurch zusätzliche Kapazitäten ohne zusätzliche Investitionen nutzen. Er vermag somit für sich Auswirkungen des Zyklus von Konjunktur und Rezession abzumildern. Diese Form der Zusammenarbeit findet konsequenterweise bei der Herstellung industrieller Konsumgüter, insbesondere der Textilindustrie, Anwendung. Der herausragende Vorteil für die kapitalistische Seite jedoch sind die vergleichsweise niedrigen Lohnkosten des osteuropäischen Partners. Dadurch läßt sich auch der „Import" von sogenannten Gastarbeitern reduzieren, die man in der Flaute nicht gebrauchen kann, aber schlecht wieder los wird. Bei diesen Geschäften kann es sich um reine Lohnveredelung, um den Verkauf von „Dienstleistungen" handeln (Tabaczynski, Panorama, Sonderausgabe, 1977, S. 157) oder um Lohnveredelung auf der Basis einheimischen Materials.

Die Regelungen bei Lohnfertigung[61] beziehen sich auf technische Hilfe und Maschinenausrüstung, auf die Einarbeitung der Arbeitskräfte bis hin zur Überwachung der Anlagen. Von diesen profitsichernden Maßnahmen „profitiert" auch der osteuropäische Partner. Des weiteren gibt es Qualitätsvereinbarungen auf der Basis gestellter Modelle (Muster), wie auch die Materiallieferungen inclusive Materialverbrauchsnormen vereinbart werden. Und nicht zuletzt geht es dem kapitalistischen Partner auch hier darum, die Züchtung zukünftiger Konkurrenten zu verhindern. Das Problem wird am einfachsten dadurch „gelöst", daß die neuesten technologischen Erkenntnisse geraume Zeit vor Vertragsende nicht mehr Gegenstand der Zusammenarbeit sind, nicht mehr mitgeteilt werden müssen.[62] Der RGW-Partner hat neben einem eventuellen Gewinn an Know-how einen Devisengewinn und zwar u. U. einen zusätzlichen. Die Lieferung lohnveredelter Produkte kann neben den genehmigten Kontingenten erfolgen, muß also nicht Bestandteil dieser Kontingente sein. Das ist insofern wichtig, als die Lohnveredelung Wirtschaftszweige betrifft, die im hochentwickelten Kapitalismus der mangelnden Konkurrenzfähigkeit wegen trotz (angeblicher) Liberalisierung staatlich geschützt werden, z.B. durch Mengenkontingente. Allerdings bedarf es einer staatlichen Genehmigung solcher Abmachungen. Mit Verträgen über Lohnfertigung werden Handelsbestimmungen der EG unterlaufen, insofern der Handel doch wieder national geregelt wird.

Höhere Formen der industriellen Kooperation sind *Koproduktion* und *Spezialisierung*. Spezialisierungen bei der Herstellung von Finalprodukten haben, wie die Tabelle zeigt, einen geringen Anteil an der industriellen Kooperation. Daran wird z. T. deutlich, wie wenig es sich um gleichwertige Partner auf einem gleichwertigen technologisch-wirtschaftlichen Entwicklungsstand handelt. Die Koproduktion nimmt, folgt man der Tabelle, einen breiten Raum ein. Das ist vermutlich deshalb so, weil unter die Koproduktion von Finalprodukten durch Zusammenarbeit bei der „Herstellung von Teilen" anscheinend auch Lohnfertigungen subsummiert werden. Wäre dem nicht so, müßte bei der Kooperationsform

Lohnveredelung ein bestimmter Prozentsatz eingetragen sein. In die Koproduktion gehen demnach Spezialisierungsvereinbarungen bezogen auf Teile eines Endprodukts wie die primitive Dienstleistung Lohnfertigung ein.

Struktur der Ost-West-Kooperationen nach Kooperationsformen

Kooperationsform: (Erhebungsjahr) (Anteile der einzelnen Kooperationsformen an der Gesamtzahl der Kooperationsabkommen in v. H.)	1975	1976
Lizenzvereinbarungen	26,1	24,8
(Rückzahlung durch Lizenzprodukte)		
Lieferung kompletter Anlagen	21,7	28,8
(Rückzahlung durch Produkte der Anlagen)		
Koproduktion	30,4	28,2
(Zusammenarbeit bei der Herstellung von Teilen)		
Spezialisierung	2,9	2,0
(bei der Herstellung des Finalprodukts)		
Forschung und Entwicklung	6,9 (1972)	
Joint Ventures	2,9	2,4
(Marketing einschl. Produktion)		
Zulieferungen	6,8	5,4
Lohnveredelung	–	–
Gemeinsame Projekterstellung	1,9	1,4
(im Land des Kooperationspartners)		
Kooperation in Drittländern	7,2	7,0
Insgesamt	100,0	100,0

(Vgl. hierzu Stankovsky, 1977, S. 301)

Auch ansonsten zeigt die Tabelle die technologische und wirtschaftliche Ungleichheit der Partner auf: Lizenzvereinbarungen und Lieferung kompletter Anlagen nehmen einen großen Raum ein; ihre Bezahlung erfolgt durch Rückzahlung mit davon gefertigten Produkten (man kann diese „industrielle" Kooperation auch als Kompensationsgeschäfte bezeichnen, vgl. Kap. IV, 3, zum Problem der Kompensationsgeschäfte). *Joint ventures bzw. Gemeinschaftsproduktion,* also gemeinsame Produktion eines gemeinsamen Betriebs in einem osteuropäischen Land, kommt quantitativ eine äußerst geringe Bedeutung zu. Außerdem besteht diese Kooperationsmöglichkeit bisher nur in Rumänien, Ungarn und Polen. Die Breite der Diskussion über joint ventures und die empirische Bedeutung der joint ventures stehen in einem Mißverhältnis zueinander.

Im Gegensatz dazu wird die Kooperationsform Lohnveredelung wenig diskutiert verglichen mit ihrem realen Stellenwert. Warum das so ist, soll weiter unten erörtert werden. Der Sinn der joint ventures aus real-sozialistischer Sicht besteht darin, daß auf diese Weise kapitalistische Technologie und andere betriebliche, dem Rentabilitätsdenken verpflichtete Errungenschaften am sichersten beerbt werden können. Hinzu kommt, daß für diese Form des Technologietransfers nicht nur keine Devisen benötigt, sondern Devisen eingenommen werden, falls das gemeinsame Unternehmen im Produktionsbereich angesiedelt ist.

Aus diesen Vorteilen für das betreffende osteuropäische Land lassen sich die praktischen Bedenken der Kapitalseite ableiten, weshalb hier der Rat erteilt und auch beherzigt wird, klein anzufangen, um mit geringen Kosten Erfahrungen zu sammeln (Leptin, 1974, S. 147). Praktische Schwierigkeiten für die kapitalistische Seite ergeben sich durch die Schwerfälligkeit des real-sozialistischen Verwaltungssystems und mangelnde Initiativen, bei Qualitäts- und Materialfragen, bei der Kalkulation der Produktionskosten (vgl. Ciamaga, Panorama, Sonderausgabe, 1975, S. 28) und bei der Festsetzung der Gewinn- bzw. Verlustverteilung. Die zuletzt genannten Schwierigkeiten lassen sich gar nicht aus dem Weg räumen, denn sie bestehen aufgrund der Nichtkonvertibilität der Währungen und des gespaltenen Preissystems (andere Inlands- als Auslandspreise) in den RGW-Ländern. So lassen sich das Sachkapital und die laufenden Kosten schwer exakt ermitteln. Zugleich kommt hier das Mißtrauen der RGW-Länder vor einer Übervorteilung zum Zuge, zumal das Hauptmotiv des kapitalistischen Partners neben dem Wunsch, auf diese Weise den „Ostmarkt" zu durchdringen, in der Einsparung von Kosten besteht.

Um dennoch kapitalistische Unternehmen für joint ventures zu gewinnen, werden von Rumänien, Ungarn und Polen weitgehende Zugeständnisse gemacht, betrachtet man die Regelungen für joint ventures und bedenkt dabei die Bedeutung des planwirtschaftlichen Systems als Pfeiler der Herrschaftserhaltung. Gemeinsam sind den Bestimmungen der drei Länder die Regelung des gemeinsamen Managements (mit Einigungszwang bei gewichtigen Fragen), der Gewinne und Verluste (entsprechend der Kapitalbeteiligung), des (völligen) Gewinntransfers in das Mutterland sowie der Kapitalbeteiligung der kapitalistischen Unternehmen (bis 49%), wobei Polen noch höhere kapitalistische Beteiligungen kennt.

Rumänien war auch bei den joint ventures Vorreiter der Ost-West-Beziehungen. Am rumänischen Beispiel sieht man aber auch, wie neue außenwirtschaftliche Beziehungen, die sich bei den joint ventures unmittelbar im Innern niederschlagen, und politische bzw. ökonomische Reformen im Innern durchaus bis zu einem gewissen Grad getrennt werden können. Begrenzte Änderungen der außenwirtschaftlichen Beziehungen, insbesondere zu kapitalistischen Ländern, treten hier an die Stelle von inneren Wirschaftsreformen.[63] Das rumänische Außenhandelsgesetz von 1971, das joint ventures ermöglicht, läßt eine Kapitalbeteiligung bis zu 49% und eine dementsprechende Gewinnbeteiligung des kapitalistischen Partners zu, wobei der Gewinn voll retransferiert werden kann. Die personelle Vertretung der Kapitalseite in den Entscheidungsorganen ist nicht ausgeschlossen – im Klartext, sie ist gegeben, ansonsten ließe sich wohl kaum von einem gemeinsamen Unternehmen sprechen. Der Absicherung der zentralen Entscheidungs- und Machtkompetenzen gegenüber dem ausländischen Partner und dem inländischen untergeordneten Organ dienen die Bestimmungen, daß joint ventures auf Vorschlag des Ministerrats (Kabinett) durch den Staatsrat (das „kollektive" Staatsoberhaupt) gebilligt werden und in den betrieblichen Entscheidungsgremien Vertreter des Finanzministeriums sitzen müssen. Bis 1977 haben von der Möglichkeit der joint ventures in Rumänien ganze zehn Unternehmen Gebrauch gemacht.[64]

1972 folgte Ungarn dem rumänischen Beispiel. Da in Ungarn die Bestimmungen für den kapitalistischen Partner insgesamt verhältnismäßig restriktiv waren (Levinson, S. 66 f.), kam es bis 1977 nur zu drei Abschlüssen.[65] 1977 wurden Regelungen getroffen, die es dem kapitalistischen Partner ermöglichen, die Produktion zu managen. Der kapitalistische Partner kann sich nun bei Unternehmen in der Produktion bis zu 49% am Kapital beteiligen. Der Gewinn richtet sich nach der Höhe der Kapitalbeteiligung. Reinvestitionen werden über Steuernachlässe angeregt.

Die kapitalistischen Unternehmen haben den Rat beherzigt, mit kleinen Brötchen anzufangen, das Grundkapital der bisherigen Gemeinschaftsunternehmen in Ungarn ist gering (Toldy–Ösz, S. 174). Bei joint ventures in der Zirkulationssphäre, auf die sie in Ungarn zuerst beschränkt waren, stehen sich die Interessen der Partner diametral entgegen: der kapitalistische Partner will auf den „Ostmarkt" vorstoßen, Ungarn seinen Export in Devisenländer fördern. Die kapitalistischen Interessenten bringen als mittelgroße Firmen jedoch gar nicht die Voraussetzungen mit, die zur Förderung des Exports in Devisenländer erforderlich sind. Des weiteren kollidiert das Interesse des kapitalistischen Partners an den niedrigen Lohnkosten in Ungarn mit dem Interesse des ungarischen Staates an technologischer Entwicklung. Setzt sich das Interesse des ungarischen Staates durch, verliert der Lohnaspekt an Bedeutung. Diese Interessengegensätze verschwinden keineswegs durch Ausweitung der joint ventures auf die Produktionssphäre. Sie reduzieren sich allerdings dadurch, daß Produktions- und Handelssphäre zusammen zur Disposition stehen, wodurch die niedrigeren Löhne dem kapitalistischen Partner zugute kommen und er von Anfang an die Weichen für die

Rentabilität stellen kann. Der gemeinsame Entscheidungsspielraum wächst beträchtlich durch den Einbezug der Produktionssphäre.

Polen kennt seit 1976 die Möglichkeit der joint ventures. Im Handel, Gaststätten- und Dienstleistungsgewerbe, bei Klein- und Mittelbetrieben kann das ausländische Kapital sogar 100% ausmachen, können die Unternehmen also voll in ausländischem Besitz sein. Von joint ventures läßt sich dann nicht mehr sprechen. Auch ansonsten sind die Regelungen „großzügig"; Polen setzt nicht die Schranke eines Kapitalverhältnisses von 51 zu 49% zugunsten des eigenen Staates. Da Polen stärker als Rumänien und Ungarn verschuldet ist, seine inneren Wirtschaftsreformen andererseits weniger weit als Ungarn getrieben hat, ist der Grund für die weitgehenderen „Angebote" wohl in der Verschuldung zu suchen. Dennoch sind der Realisierung von joint ventures auch in Polen Schranken gesetzt, die Gewinnspanne ist für das ausländische Kapital im Gaststätten- und Dienstleistungsbereich aufgrund des polnischen Preissystems zu gering. An solchen Problemen werden die gesellschaftlichen Konsequenzen sichtbar, die kapitalistische Investitionen mit Entscheidungs- und Eigentumsbefugnis u. U. mit sich bringen. Diese Form der Kooperation hat bisher sicherlich auch deshalb wenig Erfolg gehabt, weil die gemeinsamen Betriebe von der übrigen nationalen Wirtschaft isoliert gehalten werden. Levinson ist dennoch der Meinung, daß die joint ventures an Bedeutung gewinnen und sich auch in den andern RGW-Ländern einschließlich der UdSSR[66] durchsetzen werden. Nur bei joint ventures seien die Multis bereit, modernste kapitalistische Technologie zu liefern, weil nur dabei ihr Einfluß genügend gesichert bleibt (Levinson, S. 70). Die UdSSR hat joint ventures auch nicht einfach abgelehnt. Sie hat zwar Privateigentum auf sowjetischem Boden abgelehnt, zugleich aber Vorschläge unterbreitet, die dem Bedürfnis des Kapitals nach Entscheidungskompetenz (z. B. über Produktionstechnologie, Änderung der Produktionsprofile), Absatz- (z. B. Marketing, Preise) und Gewinnregelungen (z. B. Gewinntransfer) Rechnung tragen (Stankovsky, 1977, S. 302; Levinson, S. 171). Die Sowjetunion hat damit zugleich dankenswerterweise verdeutlicht, daß ihre negative Position zu ausländischem Eigentum an Produktionsmitteln weitgehend Gesichtsmassage ist bzw. der Legitimation dient. Für die Herrschaftserhaltung ist die Legitimation wichtig, wie für den kapitalistischen Partner die ökonomischen Kompetenzen und Einflußmöglichkeiten. Hinsichtlich des Eigentums als juristische Kategorie wahrt die UdSSR ihr Gesicht; hinsichtlich der gesellschaftlichen Auswirkungen bleibt es sich jedoch gleich, ob der ausländische Partner formal über kein Eigenkapital oder über 49% verfügt, wenn in der Direktion des Unternehmens eine gleiche Zahl von Vertretern beider Seiten sitzt und wichtige Entscheidungen einstimmig gefaßt werden müssen. Kompetenzen, die in der bürgerlichen Gesellschaft über das Eigentum gesichert sind, werden hier anders garantiert. Man ginge der herrschenden Ideologie des Realen Sozialismus auf den Leim (so Jacobsen, 1975), ließe man sich aufgrund dieser juristischen Frage auf die Diskussion ein, inwieweit damit der Sozialismus bzw. die bestehenden „kommunistischen" Systeme gefährdet seien. Das real-sozialistische Wachstumsmodell entspricht dem kapitalistischen, die Technologie, die Arbeitsabläufe sind hier wie dort dieselben, damit auch die Freizeit-, Konsum- und Verhaltensmuster. Über den Anteil des juristisch definierten Eigentums an joint ventures wird der Reale Sozialismus nicht unterminiert. Sicherheitshalber werden die joint ventures als Enklaven behandelt, sie bieten weder weitgehende politische Einwirkungs-, noch wirtschaftliche Expansionsmöglichkeiten, weshalb sie für die kapitalistische Seite auch nur punktuell attraktiv sind.

Im Gegensatz zur geringen Zahl der joint ventures in Rumänien, Ungarn und Polen gibt es in den hochentwickelten kapitalistischen Ländern und in Entwicklungsländern mehr gemeinsame Unternehmen und zwar auch von andern als den genannten osteuropäischen Ländern. Hier entfallen die ideologischen, die legitimatorischen Probleme und deren mögliche gesellschaftliche Auswirkungen. Außerhalb des RGW-Bereichs haben die joint ventures auch die für ihre volle Entfaltung adäquate Umgebung. Rumänien und Polen sind in Afrika, Südamerika und im Iran in gemischt-nationalen Gesellschaften an der Erschließung von Bodenschätzen beteiligt, die UdSSR baut in der BRD gemischte Unternehmen auf. Für joint ventures in Drittländern, insbesondere den Entwicklungsländern und besonders den Ölländern, sind alle real-sozialistischen Länder zu haben. Da hier nicht der Zwang besteht, die Ideologie zwecks Herrschaftserhaltung hochzuhalten, kennen sie keine ideologischen Skrupel hinsichtlich der rechtlichen Form der Zusammenarbeit mit dem Klassenfeind, obwohl solche Skrupel gerade in Entwicklungsländern angebracht wären. Aber schließlich betreiben die UdSSR und die andern osteuropäischen Länder keine weltrevolutionäre, sondern eine nationale, machtstaatliche Politik.

Zum Problem der Kompensationsgeschäfte

Kompensationsgeschäfte sind keine zusätzliche Form der Kooperation neben den bereits erwähnten, vielmehr können alle beschriebenen Formen Kompensationsgeschäfte beinhalten oder sein, mit Ausnahme der Lohnveredelung. Diese Kooperationsform basiert ja von vornherein darauf, daß der kapitalistische Partner die billigeren Arbeitskräfte nutzen möchte, also Warenlieferungen im Sinne von Dienstleistungen wünscht. Welche Geschäfte als Kompensationsgeschäfte[67] und damit nicht als industrielle Kooperation zu bezeichnen sind, darüber streiten sich die Geister – je nach politischer und/oder ökonomischer Interessenlage. Die ECE, eine Institution, die sich von Anfang an um Ost-West-Zusammen-

214

arbeit bemühte, bezeichnet nur solche Waren-gegen-Waren-Geschäfte als Kompensationsgeschäfte, bei denen die real-sozialistische Seite kapitalistische Leistungen mit *beliebigen* Waren ausgleicht, aber nicht mit Waren, die mit der gelieferten Technologie, den importierten Anlagen bzw. Maschinen, produziert wurden. Nach der ECE-Definition (wie im RGW-Verständnis) handelt es sich um industrielle Kooperation, wenn ein materieller Zusammenhang zwischen Lieferung und Gegenlieferung gegeben ist. Levinson hingegen faßt Kompensationsgeschäfte weiter. Als führender internationaler Gewerkschafter ist er darauf aus, negative Auswirkungen der Ost-West-Zusammenarbeit für die Arbeiterklasse im Kapitalismus ins öffentliche Bewußtsein zu heben bzw. sie zu verhindern. Levinson subsumiert alle Geschäfte, die auf Tausch basieren, bei denen Geld nur kurzfristig und nur als Überbrückung in Form von Krediten bis zur Abzahlung in Waren eine Rolle spielt, unter den (abwertenden) Begriff der Kompensation (Levinson, S. 56 ff.).[68] Definitionen sind folglich so wertneutral nicht, wie sie sich geben. Klassisch formuliert, handelt es sich bei Kompensationen also um gegenseitige Lieferungen von Waren zum gleichen Wert. Da es jedoch nun einmal Geld gibt und dessen Rolle von beiden Seiten anerkannt wird, fragt es sich, warum die real-sozialistischen Länder auf den Ausgleich mit Waren dringen bzw. warum sie vom Kapital bestimmte Technologien haben wollen und dieses mit ,,Gegenlieferungen" beglücken.

Bei den Kompensationsgeschäften (im Verständnis von Levinson) und den ihnen zugrundeliegenden Interessen ist zwischen denen der UdSSR und denen der andern osteuropäischen Länder zu unterscheiden.[69] Für die UdSSR geht es um Riesenprojekte (sogenannte gemeinsame Projekte oder Lieferung kompletter Anlagen), daher um langfristige Beziehungen, um die Abgeltung von Krediten mit Produkten aus den errichteten Projekten und u. U. um eine langfristige Lieferung dieser Produkte über die Kredittilgung hinaus. Die als wachstumsfördernde Zentren gedachten Riesenprojekte, Enklaven in der sowjetischen Wirtschaft, tangieren das planwirtschaftliche System in seinem systemerhaltenden Charakter nicht. Sie sind eingebettet in Regierungsabkommen über ökonomische und wissenschaftlich-technische Zusammenarbeit (Doneman, Panorama, Sonderausgabe, 1977, S. 42)[70] und können in die Fünfjahrpläne eingebaut werden. Die Partner auf der kapitalistischen Seite sind in der Regel Multis, denn nur sie verfügen zugleich über die Technologien, die Finanzierungsmöglichkeiten und die Möglichkeiten für den Vertrieb der z.B. mit den gelieferten Anlagen gefertigten Produkte, auch mittels speziell hierfür errichteter Handelsfirmen.[71] Die bei den osteuropäischen Ländern und insbesondere der UdSSR aus Gründen der Systemerhaltung und aus ökonomischem Unvermögen besonders beliebten langfristigen Kompensationsgeschäfte kommen im Kapitalismus vornehmlich den

Multis zugute, also den Superrepräsentanten des ideologisch bekämpften kapitalistischen Systems. Die Multis und die am spezifischen Planungssystem festhaltende Führung im Realen Sozialismus stützen sich so gegenseitig. In der BRD kämpft dafür die gegenüber dem Realen Sozialismus unkritische DKP gegen den sogenannten staatsmonopolistischen Kapitalismus, für die antimonopolistische Demokratie.

Wie weiter oben bereits ausgeführt, war die Möglichkeit von joint ventures durch die Führung der UdSSR eingehend geprüft, dann jedoch verworfen worden. In demselben Zusammenhang hatte Breschnew die Riesenprojekte und die mit ihnen verbundenen Geschäftsbedingungen als Form der Zusammenarbeit hervorgehoben. Diese Projekte und ihre Bedingungen werden von der UdSSR-Führung demnach als Ersatz für die abgelehnten joint ventures angesehen – und sie sind das auch. Solche Projekte sind in vielen Fällen ein „systemadäquater Ersatz" für Vereinbarungen, die in kapitalistischen Gesellschaften in Form von Tochtergründungen oder Kapitalbeteiligungen, Multis, zustande kommen (Stankovsky, 1978, S. 8).

Im Gegensatz zu den Kompensationsgeschäften der UdSSR streben die kleineren osteuropäischen Länder, entsprechend ihrem geringeren Wirtschaftspotential eher kurzfristige Exportausweitungen und vielfältigere Kooperationen an. Der UdSSR geht es primär um die Erschließung ihrer z.T. sehr schwer zugänglichen Rohstoffe; die kleineren Länder sind dagegen aufgrund des geringeren Binnenmarktes und der mangelnden Rohstoffe mehr auf Arbeitsteilung in der industriellen Produktion angewiesen. Ein weiterer gravierender Unterschied zwischen der UdSSR und den anderen osteuropäischen Ländern besteht darin, daß die Mammutprojekte der UdSSR vornehmlich in der weitgehend konjunkturunempfindlichen Rohstoffgewinnung angesiedelt und deshalb langfristig problemlos planbar sind. Die Konjunkturunempfindlichkeit trifft hingegen nicht auf die kleineren Projekte der andern osteuropäischen Länder zu, die in der industriellen Produktion angesiedelt sind. Das Interesse des kapitalistischen Partners, sich in Anbetracht des Auf und Ab der kapitalistischen Wirtschaft, nicht festlegen zu müssen, steht dem Interesse dieser osteuropäischen Partner entgegen, unabhängig von der Weltkonjunkturlage die Importe durch Exporte abzusichern. So wird das Ost-West-Geschäft auf beiden Seiten immer mehr zu einem Geschäft zwischen den politisch und/oder ökonomisch ganz Großen.

Mit zunehmender Verschuldung der osteuropäischen Länder haben auch die staatlichen Vorschriften hinsichtlich des Kompensationsanteils bei Export-Import-Geschäften zugenommen. Ungarn und die CSSR unterscheiden, ob es sich um geplante oder nicht geplante Importe handelt. Bei geplanten Importen spielt Kompensationsware als Gegenlieferung eine geringere Rolle als bei nichtgeplanten. In Ungarn dient diese Regelung sozusagen als indirekter ökonomischer Hebel, der den Plan sichern und zugleich betriebliche Aktivitäten ermöglichen soll.

Die Kompensationsgeschäfte sind allerdings für die UdSSR und die andern osteuropäischen Länder keineswegs so vorteilhaft, wie sie von beiden Seiten – mit unterschiedlichen Interessen – dargestellt werden. Sie bringen zeitweilige ökonomische Erleichterungen, was die Zahlungsbilanz und den Absatz betrifft. Die der kapitalistischen Seite entstehenden Vertriebskosten für Kompensationsware müssen jedoch bezahlt werden. Da man den Vertrieb delegiert, sich somit vom Markt ausschließt, kann man Marktvorteile auch nicht selbst nutzen und bleibt auf den Vertrieb durch den kapitalistischen Partner angewiesen (Leptin, S. 124; Giersch, S. 37). Die osteuropäischen Länder zahlen aber nicht nur den Vertrieb, ohne Marktvorteile zu nutzen, sie akzeptieren u. U. auch ein Importangebot von geringerer Qualität oder ungünstigerem Preis, wenn der Importeur im Gegenzug einen größeren Kompensationsanteil akzeptiert (Stankovsky, 1978, S. 13).

An der Bereitschaft ökonomische Nachteile in Kauf zu nehmen, wird deutlich, daß Kompensationsgeschäfte angestrebt werden, um Nachteile für die Systemstabilität, die mit andern Formen außenwirtschaftlicher Beziehungen verbunden sind, zu vermeiden. Die Herrschenden wollen keine außenwirtschaftlichen Reformen, die auf die innere Struktur zu sehr durchschlagen. Deswegen überlassen sie die Außentätigkeit dem kapitalistischen Partner, manchmal auch die Ermittlung geeigneter Kompensationsware, deren Produktgestaltung, die Sicherung der Lieferfristen etc. Kompensationsgeschäfte sollen also in den real-sozialistischen Ländern gegenwärtige ökonomische Schwierigkeiten lösen bzw. überbrücken und zugleich die Beibehaltung der politischen und ökonomischen Herrschaftsmechanismen ermöglichen. Langfristiges wirtschaftliches Denken wird dabei vernachlässigt und grundlegende Wirtschafts- und Gesellschaftsreformen werden verhindert. Mangelnde Effizienz und mangelnde Demokratie bilden eine Einheit.

Kompensationsgeschäfte können für die kapitalistische Seite von Vorteil sein, wenn sie der Rohstoffabsicherung dienen oder in größerem Umfang billigere Produkte durch Auslagerung von Arbeitsgängen ermöglichen. Ansonsten ist für kleinere kapitalistische Unternehmen die Kompensationsware u. U. eine solche Belastung, daß sie von solchen Geschäften Abstand nehmen. Den Unternehmen der kleineren kapitalistischen Länder sind die großen Geschäfte ebenfalls immer weniger zugänglich, insofern ihre Finanzierungsmöglichkeiten beschränkt sind, der Staat nicht für entsprechende Sicherheiten bürgen kann, und ein aufnahmefähiger Markt für die Kompensationsware fehlt. Daher schrumpft der Anteil der kleineren kapitalistischen Länder am Ostgeschäft einschließlich der neutralen Länder, die sich in den Zeiten des Kalten Krieges und der Embargo-Politik von den USA nicht hatten vereinnahmen lassen. Die Beziehungen zwischen der UdSSR und den Multis hingegen weiten sich aus, wobei einschränkend gesagt werden muß, daß die Kooperation gegenüber dem Handel eine untergeordnete Rolle spielt und auch weiterhin spielen wird; im Handel aber können sich auch die weniger großen Tiere tummeln. Doch der Trend zur Kooperation zwischen den ganz Großen ist die Realität, die als Hintergrund zu betrachten ist, vor der sich die Pflege des Antikommunismus einerseits und die Propagierung der friedlichen, nämlich ökonomischen Überwindung des Kapitalismus andererseits abspielen.

Kooperation und monetäre Probleme

Auf die grundlegenden Probleme im monetären Bereich und deren systembedingte Ursachen gehe ich hier nicht noch einmal ein (vgl. Kap. III), denn die monetären Probleme der Ost-West-Zusammenarbeit sind nicht grundsätzlich anderer Natur als die im RGW. Ohne Wandel im RGW bzw. ohne binnenwirtschaftliche und innergesellschaftliche Reformen wird sich auf diesem Sektor in der Ost-West-Zusammenarbeit nichts Wesentliches ändern.

Wie erörtert, verfügen die osteuropäischen Länder weder über nationale konvertible Währungen noch über eine RGW-Währung bzw. eine multilaterale Verrechnungseinheit. Der sogenannte transferable, aber eben nicht einfach übertragbare, Rubel findet multilateral im RGW nur im Bereich der sogenannten weichen Waren Verwendung; Guthaben in transferablen Rubeln bei der IBWZ können nicht mechanisch zum Kauf hochwertiger Waren im RGW verwendet werden. Er ist nahezu ausschließlich eine Rechengröße. Zudem verfügen die real-sozialistischen Länder aufgrund ihrer komplementären Handelsstruktur, der mangelnden Konkurrenzfähigkeit ihrer Produkte gegenüber den hochentwickelten kapitalistischen Ländern und deren Einfuhrbeschränkungen für Agrarprodukte, Textilien u. a. Konsumgütern aus Osteuropa nur über spärliche Devisen. Andererseits wollen die osteuropäischen Länder auch deshalb mehr importieren, um die Komplementarität im Handel und d. h. das Gefälle der Arbeitsproduktivität rasch zu überwinden. Der Technologieimport soll einen gleichberechtigten Austausch von Waren innerhalb derselben Warengruppen, also substitutiven Austausch ermöglichen. Damit würde die Außenwirtschaft erst wirklich zu einem bedeutenden Wachstumsfaktor.

Deswegen spielen die Kredite und deren Konditionen (Zins) eine große Rolle. Das Ost-West-Geschäft belebte sich in der ersten Hälfte der 70er Jahre viel stärker, als in den nationalen Fünfjahresplänen 1971 bis 1975 geplant. Zu Anfang bereitete es keinerlei Schwierigkeiten, Kredite zum Kauf westlicher Technologie zu bekommen – seien es Bankkredite,

Regierungskredite, Kredite mit Regierungsgarantie oder öffentlich-rechtliche Bürgschaften wie die Hermesdeckung in der BRD. Der Run auf das Ostgeschäft war nach der partiell aufgezwungenen Abstinenz[72] bei sinkenden Wachstumsraten und aufgrund des Bedürfnisses der Multis nach Internationalisierung ihrer Mehrwertproduktion groß. Die kapitalistischen Länder konkurrierten untereinander: Die einen gaben (und geben) Regierungskredite, andere nicht (BRD, USA); die einen gaben Kredite mit staatlichen Zinssubventionen, andere nicht (vgl. Zwass, S. 168; Schinkels, Panorama, Sonderausgabe, 1978, S. 118 f.; Cibulka, Panorama, Sonderausgabe, 1977, S. 38 ff.). Die Bedeutung der Zinssubventionen als Instrument im kapitalistischen Konkurrenzkampf um osteuropäische Aufträge reduzierte sich allerdings dadurch, daß die Preise der nach Osteuropa verkauften Produkte bei Zinssubventionen erhöht wurden, womit Verluste durch günstigere Zinsen wieder hereingeholt wurden. Das ganze Verfahren lief auf diese Weise partiell auf eine Gesichtspflege des Realen Sozialismus hinaus.

Um die Konkurrenz zu mildern und insbesondere um die nationalen Kosten in dem allgemeinen Wettrennen zu reduzieren, haben 1976 die wichtigsten kapitalistischen Länder ein Abkommen zwecks einheitlicher Regelungen bei staatlich unterstützten Exportkrediten geschlossen. Darin ist festgelegt, daß keine Kredite unter 7¼ % Verzinsung und über 8½ Jahre Laufzeit hinaus vergeben werden. Immerhin hatte es Kredite für die UdSSR mit Laufzeiten bis zu 15 Jahren gegeben. Daneben begannen ab 1971/72 nationale Banken der osteuropäischen Länder (mit Sitz in den kapitalistischen Industrieländern) oder auch die osteuropäischen Banken (IBWZ und IIB), Gelder auf dem Eurogeldmarkt aufzunehmen.[73] Im Jahre 1975 nahmen die osteuropäischen Länder auf diesem Markt Kredite in Höhe von 2,4 Mrd. Dollar auf.

Die übertriebenen Hoffnungen, über eine Ausweitung der Westkontakte von außen Wachstum zu induzieren, das systembedingt aus eigener Kraft nicht erzielt werden konnte, fanden 1974/75 erst einmal ein jähes Ende. Zwar kam der „Klassenfeind" in Gestalt seiner stärksten Vertreter, den Multis, den „kommunistischen" Partnern, insbesondere jedoch der UdSSR, auch weiterhin freundlich entgegen. Doch die kapitalistische Weltwirtschaftskrise und die sogenannte Energiekrise mit der enormen Verschlechterung der terms of trade für die kleineren osteuropäischen Länder führten insbesondere für eben diese Länder zu größeren Belastungen im RGW- und im West-Handel. Die Verschuldung stieg, je nach außenwirtschaftlicher Verzahnung verschieden, stark an (vgl. Zwass, S. 116 ff.; Levcik/Stankovsky, 1977, S. 5, 11).

Die nüchternere Einschätzung des „Ostmarkts" seitens des Kapitals zeigt sich daran, daß den einzelnen osteuropäischen Ländern bei den westlichen Banken und auf dem Eurogeldmarkt unterschiedliche Kreditbedingungen eingeräumt werden. Polen, das am meisten verschuldet ist, muß die höchsten Zinssätze (bis zu 11%) bezahlen.[74] Nur die UdSSR entging der zunehmenden Verschuldung, da ihr die veränderten terms of trade sowohl im RGW (veränderte Preise, Preisfestsetzungsbestimmungen) als auch im West-Handel finanziell zugute kamen. Darüber hinaus wirken sich Schwankungen der Weltkonjunktur für die UdSSR aufgrund ihrer Außenhandelsstruktur (Rohstoff- und Energielieferant) sehr viel weniger aus.

Angesichts einer Verschuldung der Länder von mindestens 40 Mrd. Dollar, die trotz Importrestriktionen weiterhin steigt, wird das Bemühen um Kompensationsgeschäfte begreiflich. Adler–Karlsson ist eine andere Lösung des Problems eingefallen, die auch von sowjetischen Autoren aufgegriffen und damit zustimmend zur Kenntnis genommen wurde (Woinow, S. 50). Die sowjetischen Autoren haben anscheinend nicht gemerkt, daß der Vorschlag eine moderne Variante des Marshall-Plans darstellt: Die osteuropäischen Länder sollen hohe Anleihen auf dem Eurogeldmarkt bei besonders günstigen Bedingungen aufnehmen können, für die sie Ausrüstungen in den USA kaufen sollen. So löst man mehrere Probleme gleichzeitig: Die Geldmengen auf dem Eurogeldmarkt, durch die die nationale Finanzpolitik der einzelnen kapitalistischen Länder unterlaufen wird, reduzierten sich; die USA könnten ihre Zahlungsbilanz verbessern; die Wachstumsbemühungen der osteuropäischen Länder würden gefördert. Wenn das kein schöner Vorschlag zur Schaffung der *einen* Weltwirtschaft ist – nur hätte das die UdSSR schon 1947 haben können.

4. Die für beide Seiten bestehenden Hindernisse für eine Ausweitung der Wirtschaftsbeziehungen

Der Handel zwischen West und Ost ist nach wie vor weitgehend komplementärer Natur: es wird nicht innerhalb einzelner, sondern zwischen Warengruppen getauscht. Die Länder Osteuropas beziehen vornehmlich hochwertige Investitionsgüter und liefern dafür Rohstoffe und Energie, landwirtschaftliche Produkte, soweit es der Agrarprotektionismus der westeuropäischen Länder zuläßt, lohnveredelte Produkte und industrielle Konsumgüter. Nur die DDR und CSSR haben nicht diese komplementäre Handelsstruktur. Das heißt aber nicht, daß bei ihnen der Import hochwertiger Investitionsgüter nicht dieselbe Rolle spielt wie bei den andern RGW-Ländern[75], schließlich ist dieser Import primär system- und erst sekundär entwicklungsbedingt. Der wertmäßige Anteil der Industriewaren (wobei Industriewaren nicht gleich Industriewaren sind) am Export der osteuropäischen Länder in die kapitalistischen beträgt 40%, am Export der kapitalistischen Länder hingegen 80%. Nur die

DDR exportiert ebenfalls zu 80% Industriewaren (Nemschak, 1976, S. 16).

Gerade der Verweis auf die DDR zeigt jedoch, daß die Einteilung in Industriewaren, Rohstoffe, landwirtschaftliche Produkte zwar wichtige Aussagen hinsichtlich des Standes einer Volkswirtschaft beinhaltet, aber nicht hinreichend ist. Vielmehr sind die Warengruppen, also hier die Gruppe der Industriewaren, einzeln genauer zu betrachten und zwar nicht nur hinsichtlich ihres technologischen Standes, sondern auch was den Vertrieb etc. betrifft, wenn es um die Frage der Konkurrenzfähigkeit auf dem Weltmarkt geht. Da in all diesen Punkten der Reale Sozialismus Wünsche offen läßt, hat auch die DDR Devisenprobleme und dies trotz der im Vergleich zu den andern osteuropäischen Ländern besonders günstigen Situation durch den innerdeutschen Handel, die Transiteinnahmen und die „Eintrittspreise" in die DDR. Die am andern Ende der Skala rangierende UdSSR hingegen liefert zu 90% Rohstoffe und Halbwaren und nur zu 3,6% Erzeugnisse der verarbeitenden Industrie (Leptin, S. 13). Auch diese Feststellung stellt keine hinreichende Aussage über die reale Marktposition der UdSSR dar. Immerhin hat die UdSSR von den veränderten terms of trade mächtig profitiert. Darüber hinaus ist der Absatz ihrer Rohstoffe weniger konjunkturempfindlich als beispielsweise der von Industriegütern für den privaten Verbrauch. Eine Exportsteigerung allerdings (und darauf aufbauend eine Steigerung des Imports) ist bei einer Außenhandelsstruktur, die vom Rohstoff- und/oder Nahrungsmittelexport geprägt ist, nur beschränkt möglich; die Nachfrage ist hier insgesamt gleichmäßig, weder sinkt noch steigt sie sehr.

Wenn die RGW-Länder mit den kapitalistischen Ländern verstärkt Handel betreiben wollen, dann muß sich also ihre Warenstruktur (und die Qualität der Waren) ändern. Die Entwicklung nach dem 2. Weltkrieg zeigt, daß die Mehrwertproduktion zunehmend internationalisiert wurde, die Arbeitsteilung in und zwischen den höher entwickelten kapitalistischen Ländern immer weiter fortschritt. Der Handel zwischen ihnen nahm damit zu, wohingegen der Handel mit den Entwicklungsländern abgenommen hat. Wollen die osteuropäischen Länder den Handel verstärken, dann muß er von ihrer Seite aus ausgewogener und gegenüber kapitalistischen Ländern gleichwertiger sein, ansonsten bleibt er umfangmäßig sehr begrenzt und führt von vornherein zur Ausbeutung der real-sozialistischen Länder durch die kapitalistischen. Der Tausch von arbeitsintensiveren einfacheren gegen hochwertige Güter mit hoher Arbeitsproduktivität beinhaltet einen ungleichen Tausch von Arbeitsquanten, d.h. eine Einkommensumverteilung zugunsten der höher entwickelten kapitalistischen Länder.

Im folgenden werden die Faktoren zusammengefaßt, die einer nennenswerten Ausweitung des Ost-West-Handels entgegenstehen:

Hindernisse auf seiten der osteuropäischen Länder:
- komplementäre Warenstruktur,
- zu geringe Exportgüterpalette,
- mangelndes Weltniveau,
- Begrenztheit der Rohstoffe aufgrund mangelnder Erschließung[76],
- der zunehmende Bedarf der eigenen Märkte, sei es der zunehmende Rohstoff- und Energiebedarf der Industrie, sei es der zunehmende Konsumgüterbedarf zwecks Erhaltung politischer Stabilität (womit mögliche Exportprodukte partiell für den Export entfallen),
- die Handelsverflechtung innerhalb des RGW (um 60%) und deren komplementäre Struktur (Dadurch, daß die DDR und die CSSR den andern RGW-Partnern überwiegend Industriegüter liefern, wird ihr Westhandel eingeschränkt. Allerdings ist fraglich, inwiefern die im RGW gebundenen Industriegüter dem Weltmarktniveau genügen[77], inwiefern den höher entwickelten osteuropäischen Ländern ihre Verzahnung im RGW-Handel nicht von daher bekommt.),
- unterentwickelter Service und Vertrieb, mangelnde Marktkenntnisse,
- die Konsumgüter werden weitgehend aus den „Bruderländern" bezogen, Außenhandelspolitik und Außenhandelsmonopol beschneiden also die Exportmöglichkeiten der kapitalistischen Länder,
- Devisenmangel und damit geringe Importmöglichkeiten,
- Krisenanfälligkeit der osteuropäischen Länder aufgrund einer stärkeren Ost-West-Verzahnung.

Hindernisse auf seiten der kapitalistischen Länder:
- der Agrarprotektionismus der EG (in seinen Auswirkungen für einzelne osteuropäische Länder noch verstärkt durch den Anschluß ehemaliger EFTA-Länder wie Großbritannien),
- die Schutzpolitik der EG-Länder für arbeitsintensive Wirtschaftszweige bzw. weiche Waren durch Kontingentierung (wertmäßig ist die Hälfte der Waren kontingentiert, amtliche Statistiken der kapitalistischen Länder beziehen sich auf Positionen, um die sogenannte Liberalisierung des Handels zu beweisen)[78],
- Vorschriften über technische Normen und Standards, die sogenannten nicht-tarifären Handelshemmnisse (sie bilden z.T. einen Ersatz für Schutzzollpolitik, entspringen somit nicht technischen Überlegungen),
- die zeitliche Einteilung der bewilligten Kontingente (Waren können dann verstärkt geliefert werden, wenn vergleichbare EG-Waren in geringeren Mengen auf den Markt gelangen. Das führt dazu, daß die zugelassenen Quoten von den osteuropäischen Ländern manchmal nicht ausgeschöpft werden können),
- die Weltwährungssituation, die damit verbundenen Spekulationen und der Zerfall des Dollar,

– die Inflation, das Steigen der Weltmarktpreise und damit die Verteuerung der kapitalistischen Industrieprodukte,

– die Energiekrise, die veränderten terms of trade und die damit verbundene Verteuerung der Rohstoffe (für die rohstoffarmen osteuropäischen Länder) und der Industriegüter.

An den aufgeführten Hindernissen, die durch die Wirtschaftspolitik der kapitalistischen Länder entstehen, wird deutlich, welche Diskrepanz zwischen dem Anspruch bürgerlicher Theorie und Propaganda und dem praktischen Handeln besteht:

– Da wird von dem Vorteil und der Notwendigkeit der internationalen Arbeitsteilung gesprochen, aber eine protektionistische Politik bezogen auf landwirtschaftliche und industrielle Konsumgüter betrieben (das sind die Produkte, die die osteuropäischen Länder liefern können).

– Da wird von den Komparativen Kostenvorteilen des internationalen Handels und der internationalen Arbeitsteilung gesprochen, doch die Schutzpolitik verhindert bzw. beschränkt die Komparativen Kostenvorteile der osteuropäischen Länder bei arbeitsintensiven Branchen.[79]

– Da wird von den Vorteilen einer strukturbereinigenden Politik im Zusammenhang mit der internationalen Arbeitsteilung gesprochen, in Wirklichkeit aber werden die arbeitsintensiven Zweige aus Furcht vor politischen Auswirkungen geschützt.

– Da wird von dem Vorteil gesprochen, daß die billigeren Güter der osteuropäischen Länder auf den nationalen Märkten preisstabilisierend bzw. preisdämpfend wirken, in Wirklichkeit aber läßt man diese Güter mengenmäßig nur begrenzt und/oder nur zu bestimmten Zeiten auf den eigenen Markt bzw. belegt man sie mit Zöllen, so daß sie kaum noch konkurrenzfähig sind (Bolz, S. 129).

5. Systembedingte Grenzen des Realen Sozialismus für eine Liberalisierung von Handel und Kooperation

Wollten die osteuropäischen Länder voll teilhaben an den „Früchten" der internationalen Arbeitsteilung, dann müßten sie auch die Regeln dieser internationalen Arbeitsteilung akzeptieren. Diese werden bestimmt durch den entwickelten Kapitalismus: Multilateraler Handels- und Zahlungsverkehr, konvertible Währungen, von der Weltmarktentwicklung bestimmte Binnenpreisstrukturen, Verzahnung von Produktion und Handel in Binnen- und Außenwirtschaft (vgl. Kap. III). Daß auch (schwächere) kapitalistische Länder nur bedingt in der Lage sind, diesen kapitalistischen „Idealen" zu entsprechen, daß der Kapitalismus in der Krise immer wieder protektionistisch wird, kann außer acht gelassen werden, da es hier nicht um eine Kritik am Kapitalismus und seinen Ideologemen geht.

Von einer sozialistischen Position aus läßt sich eine uneingeschränkte weltwirtschaftliche Verflechtung nicht befürworten, solange die weltwirtschaftlichen Verkehrsformen vom Kapitalismus bestimmt werden. Umgekehrt macht jedoch die Ablehnung der Verflechtung noch keine sozialistische Position aus, sie kann schließlich auch andere Gründe haben. Das Ideal einer umfassenden internationalen Arbeitsteilung ist unter den heutigen weltwirtschaftlich-kapitalistischen Bedingungen eine Umschreibung für die Profitmaximierung. Das beinhaltet die Gestaltung der vertikal arbeitsteiligen Arbeitsprozesse unter der Prämisse der Zeiteinsparung, der Auspressung der Arbeitskraft bzw. der Freisetzung von Arbeitskräften. Bezogen auf die natürliche Umwelt führt das die Weltmarktbeziehungen beherrschende Profitmaximierungsprinzip zum Raubbau an den natürlichen Ressourcen und gesellschaftlich zu einer grundsätzlichen Orientierung an quantitativem Wachstum, womit die Gestaltung gesellschaftlicher Beziehungen orientiert an dem Postulat „umfassende Entwicklung der gesellschaftlichen Individuen" ausgeschlossen ist (Bahro; Damus, 1978, S. 61 ff.). Die volle Eingliederung in die Weltwirtschaft mit ihren gegenwärtigen Normen und den damit verbundenen Verkehrsformen läuft im Endeffekt auf die Übernahme des kapitalistischen Wirtschafts- und Gesellschaftssystems in der einen oder andern modifizierten Weise hinaus. Man kann nicht einerseits die Wirtschaft an der kapitalistischen Rationalität orientieren, die wirtschaftliche Tätigkeit auf quantitatives Wachstum ausrichten, die Maschinerie und die Anlagen unabhängig von den Menschen nach Kosten und Nutzen (in rein quantitativem, wertmäßigen Sinn) bestimmen, damit entsprechend kapitalistischer Normen die maximale Verwertung als Prämisse des Wirtschaftens zugrunde legen und andererseits unabhängig davon neue gesellschaftliche bzw. zwischenmenschliche Beziehungen schaffen. Dies sind allerdings nicht die Überlegungen, die die Führungen der Länder des Realen Sozialismus dazu veranlassen, Zurückhaltung bei der Eingliederung in den kapitalistischen Weltmarkt zu üben. Vielmehr stimmen ganz grundsätzliche Normen der real-sozialistischen Realität mit denen der kapitalistischen Gesellschaften überein. Das Wirtschaften ist hier wie dort primär auf quantitatives Wachstum ausgerichtet; die Überlegenheit des Sozialismus gegenüber dem Kapitalismus soll auf der Ebene quantitativen Wachstums und durch die Wachstumsraten nachgewiesen werden (Damus, 1978, S. 129 ff.). Die friedliche Koexistenz soll als außenpolitische Absicherung das quantitative Überholen des Kapitalismus ermöglichen. Mit dieser dem Kapitalismus hinterherlaufenden Orientierung auf quantitatives Wachstum hängt die dem Kapitalismus entsprechende Gestaltung aller Lebensbereiche und menschlichen Beziehungen zusammen: die Gestaltung des Arbeitsprozesse allein unter dem Aspekt der Arbeitszeiteinsparung, die Zerstümmelung der meisten Menschen im Arbeitsprozeß, die kompensatorische Bedürfnisbefriedigung in der privatisierten Freizeit, die Bildung im Sinne von Ausbildung für bestimmte Tätigkeiten und damit die Verteilung von Lebenschancen in der Arbeitszeit und Nichtarbeitszeit, die Trennung in die öffentliche und private Sphäre und die Reduktion der Menschen auf ihre private Existenz, der Leistungsantrieb über Geld und privaten Konsum und das Zusammenhalten der Menschen mittels einer wie immer zustande gekommenen öffentlichen Gewaltinstanz (der Staat) und deren Regelungen.

Daher geht die „fortschrittlich" wohlwollende Position, die H. Jacobsen bei der Analyse des Realen Sozialismus einnimmt (Jacobsen, 1975, S. 137, 155; 1976, S. 77 ff., 86), an der Realität vorbei. Als Ökonom mit bürgerlichen Effizienzvorstellungen sieht Jacobsen vornehmlich Vorteile für die osteuropäischen Länder, wenn sie sich an der internationalen Arbeitsteilung beteiligen. Als politischer Mensch sieht er das Gesellschaftssystem, des (Realen) Sozialismus durch die wirtschaftliche Zusammenarbeit mit dem Kapitalismus gefährdet. In diesen Ländern ist jedoch die Entscheidung gegen eine sozialistische Entwicklung längst gefallen, insofern der Produktions- und Arbeitsprozeß denselben Normen und damit denselben Formen verpflichtet ist wie im Kapitalismus – Ökonomie und Politik lassen sich nun einmal nicht trennen. Die Zusammenarbeit der real-sozialistischen Länder mit den kapitalistischen Ländern gefährdet kein sozialistisches System. Die Intensität und die Formen dieser Zusammenarbeit machen lediglich sichtbar, ob die bestehenden Herrschaftssysteme der Länder des Realen Sozialismus sich halten können oder ob politische, ökonomische, soziale Faktoren eine andere Entwicklung erzwingen, sei es im Sinne einer Annäherung an den Kapitalismus, sei es in Richtung einer sozialistischen Gesellschaft.

Die Führungen der Länder des Realen Sozialismus sind einem quantitativen Wachstumsmodell verpflichtet, das sie nicht fallen lassen können, ohne die spezifische Form direkter Herrschaft, den Realen Sozialismus als Gesellschafts- bzw. Herrschaftssystem und damit sich selbst zu gefährden. Die grundlegende Orientierung an quantitativem Wachstum und Herrschaftsausübung (in welcher Form auch immer) gehören zusammen. Eine gesellschaftliche Entwicklung, die sich an qualitativem Wachstum orientiert, bedeutete eine grundsätzliche Umwertung der bisherigen Normen gesellschaftlicher Beziehungen und beinhaltet den Abbau von Herrschaft. Das real-sozialistische System ist einerseits an quantitatives Wachstum gebunden und andererseits aufgrund der spezifischen Form der Herrschaftsausübung nicht zu derselben Innovation fähig wie der Kapitalismus. Deswegen soll über die Außenwirtschaft, über den

Transfer von Know-how, Wachstum initiiert werden. Die Außenwirtschaft soll somit innere Veränderungsprozesse verhindern, durch die das System sich entweder stärker dem Kapitalismus nähern würde und damit ähnliche Fähigkeiten zu quantitativem Wachstum erlangte oder durch die es einen eigenständigen Mechanismus für gesellschaftlich-ökonomische Entwicklungen, orientiert an qualitativem Wachstum, herausbildete, also nicht mehr dem kapitalistischen Weltniveau hinterherjapste.

Für die Herrschenden im Realen Sozialismus ergibt sich ein Zirkel. Um das System nicht zu gefährden, werden ökonomische Reformen nur zögernd und behutsam durchgeführt; die Betriebe erhalten deshalb nur geringe Kompetenzen (vgl. Kap. III). Damit wird zugleich die angestrebte Innovation verhindert; Effizienz und Arbeitsproduktivität lassen im Vergleich mit dem Kapitalismus zu wünschen übrig. Deshalb werden über die Außenwirtschaft beim „Klassenfeind" Anleihen gemacht, die intensives Wachstum initiieren sollen. Dieses Vorgehen stößt jedoch an dieselben Schranken wie die inneren Reformen. Soll die Außenwirtschaft für die Wachstumsförderung voll zum Tragen kommen, dann müßten diejenigen mehr Kompetenzen haben, die über die relevanten Kenntnisse verfügen, also die Betriebe. Der innergesellschaftliche Entscheidungsprozeß über ökonomische Angelegenheiten müßte also große Veränderungen erfahren.

Die sich abzeichnende Entwicklung der außenwirtschaftlichen Entscheidungsprozesse entspricht der Gestaltung der innergesellschaftlichen Entscheidungsprozesse und ihrer Entwicklung. Das Dilemma des Systems, einerseits intensives quantitatives Wachstum zwecks Legitimation der Partei und Erhaltung ihrer Herrschaft erzielen zu müssen und andererseits mit dem spezifischen Herrschaftssystem das angestrebte Wachstum zu behindern, bewirkt das Hin und Her bei der Gestaltung außenwirtschaftlicher Entscheidungsprozesse. Sei es, daß man die außenwirtschaftlichen Entscheidungsprozesse praktisch unverändert läßt wie in der UdSSR, die sich dieses Verharren aufgrund ihres großen Binnenmarktes, ihrer Ressourcen, des geringen Anteils des Außenhandels am Nationaleinkommen und der riesigen Dimensionen der Geschäfte, die sie international tätigt, noch leisten kann; sei es, daß man in Rumänien den Betrieben im Außenhandel partiell mehr Kompetenzen als im Binnenhandel zugesteht (zugestand); sei es, daß man wie in Polen und insbesondere in Ungarn verstärkt ein dezentrales Planungssystem (gelenkt über ökonomische Indikatoren) in der Binnen- und Außenwirtschaft einführt. Die Grenze für Wirtschaftsreformen[80] ist erreicht, wenn das Entscheidungsmonopol der Partei grundsätzlich in Frage gestellt wird und wenn die Wirtschaftsreformen soziale Auswirkungen wie Preissteigerungen mit sich bringen, die politische Instabilität bewirken. Das geschieht spätestens dann, wenn der einzige positive systemspezifische

Unterschied des Realen Sozialismus gegenüber dem Kapitalismus – die Sicherung eines Grundlebensstandards und die soziale Sicherheit insgesamt – berührt wird. Eine Öffnung zum Weltmarkt wirkt sich aber zwangsläufig in diese Richtung aus. Produzenten- bzw. Konsumentenunruhen (die z.B. ihren Grund in Preissteigerungen haben) und politische Kritik, primär seitens der Intellektuellen, zusammen werden von den Herrschenden im Realen Sozialismus gefürchtet. So wird es der inneren Stabilität wegen weitgehend bei der bilateralen Zusammenarbeit, möglichst auf dem Gebiet der verschiedenen Kooperationsformen, bleiben (Levinson, S. 24 f.).

Die Öffnung zum Weltmarkt hat, wie gesehen, tiefe gesellschaftliche Wurzeln, die in der (dem Kapitalismus und Realem Sozialismus gemeinsamen) Orientierung an quantitativem Wachstum zum Ausdruck kommen. Die Öffnung des Realen Sozialismus zum Weltmarkt hat aber auch politische Schranken, die in der Vergesellschaftung durch den Staat – als Instrument der Partei – begründet sind. Die Überschreitung der nationalen Grenzen im Rahmen wirtschaftlicher Zusammenarbeit ist im Gegensatz zum Kapitalismus immer primär eine staatliche Entscheidung der Partei. Der Entscheidungsspielraum, bezogen auf die Öffnung zum Weltmarkt, wird begrenzt durch das politische Erfordernis, den Staat als zentrales Vergesellschaftungsorgan der Partei zu erhalten.

Anmerkungen

1 Ich verwende (wie andere Autoren, z.B. Bahro) diesen Terminus in Anlehnung an die offizielle Bezeichnung. Der Unterschied besteht allerdings darin, daß die Verfechter des Realen Sozialismus diesen Begriff positiv füllen und Sozialismus jenseits des Realen Sozialismus für sie eine intellektuelle (existenzgefährdende) Spinnerei darstellt. Diejenigen, die diesen Begriff in einer kritisch-sozialistischen Analyse benutzen, höhlen hingegen die offizielle Verwendbarkeit des Begriffs bzw. die damit verbundenen Intentionen aus. Der Begriff ist zum andern praktisch, insofern man nicht die Bezeichnung sozialistisch dauernd in Anführungszeichen setzen muß und jeder weiß, was mit ihm gemeint ist.

2 Bei meiner Betrachtung des RGW bleiben Albanien (das sich im Zusammenhang mit der Annäherung an China herausgelöst hat), Kuba, die Mongolei und

227

das jüngste Mitglied Vietnam unberücksichtigt. Das ergibt sich aus der Gesamtanlage und der Intention der Arbeit. Die geringe ökonomische Bedeutung der genannten Länder stellt auch von der ökonomischen Seite her der politischen Absicht nichts in den Weg. Wenn ich von den osteuropäischen Ländern spreche, dann meine ich also die RGW-Mitglieder Bulgarien, CSSR, DDR, Polen, Rumänien und Ungarn. Die Hegemonialmacht im RGW, die UdSSR wird nicht unter diesen Begriff gefaßt und meist direkt angesprochen. Die – mögliche – Bezeichnung RGW-Länder gebrauche ich deshalb nicht durchgehend, um nicht durch eine Bezeichnung einer Organisation verbal eine Bedeutung zukommen zu lassen, die sie nicht hat.

3 Vgl. Damus, 1978. (Genaue Titelangaben sind in der Literaturliste zu finden.)

4 Seit der Proklamierung des Aufbaus des „Sozialismus in einem Land" (1924), nämlich in der UdSSR, war die Kommunistische Internationale (Komintern, gegr. 1919) ein internationales Interessenvertretungsorgan der UdSSR. Dem Aufbau des Sozialismus in der UdSSR hatten sich alle nationalen Interessen unterzuordnen, weshalb man bald nur noch die Vision UdSSR anzubieten hatte. Zur Legitimation für diese Politik konnte auf die kapitalistische Einkreisung und den drohenden Faschismus verwiesen werden. Vgl. Wagner, 1959; Rosenberg, 1975; Schapiro, 1961; Ruffmann, 1975; Claudin, 1977; Elleinstein, 1977; Birchall, 1977. „Sozialismus in einem Land": Im Gegensatz zu Trotzkis Theorie der permanenten Revolution und Weltrevolution, in der es keinen nationalen Sozialismus bei kapitalistischer Umwelt geben kann, also auch keine Vorrangstellung der UdSSR in der kommunistischen Bewegung, impliziert die Konzeption vom Sozialismus in einem Land, daß sich alle kommunistischen Kräfte in den Dienst des ersten sozialistischen Staates zu stellen haben, des Garanten der Weltrevolution. Daraus leitet sich der sowjetische Führungsanspruch ab und damit tradierte Methoden der Außenpolitik. Die These vom Hort des Sozialismus und russisches Sendungsbewußtsein vermischen sich, bis in den 30er Jahren immer mehr nur noch der Sowjetpatriotismus mit seinen Normen Vaterland, Heimat, Erde etc. übrig bleibt (als reales Motiv), während der Marxismus nur noch der Legitimation dient.

5 Vgl. Die linke Opposition, in der Sowjetunion.Texte von 1923 bis 1928. Hg. U. Wolter. 5 Bde. Berlin-West 1976.

6 Die Neue ökonomische Politik (NÖP oder NEP) bezeichnet die Wirtschaftskonzeption zwischen 1921 und 1928, die entwickelt wurde, nachdem die Hoffnung auf die Weltrevolution einstweilen aufgegeben werden mußte. Damit war klar, daß die alten Wirtschafts- und Gesellschaftsstrukturen nur langsam überwunden werden konnten. Statt der unmittelbaren Abschaffung von Ware-Geld-Beziehungen, des Handels, des privaten Eigentums in Industrie und Landwirtschaft – wie im Kriegskommunismus, also in einer Notsituation, die unter diesem Aspekt als Idealzustand gepriesen wurde – gab man sich mit den „Kommandohöhen", den wirtschaftlichen Schaltstellen, notgedrungen zufrieden.

7 Die UdSSR war allerdings schon seit den 20er Jahren auf den Import von kapitalistischem Know-how angewiesen. Vgl. Spohn, 1975.

8 40% der Güter, die die USA 1950 aus der UdSSR einführten, waren nicht-sowjetischen Ursprungs. Die UdSSR verdiente also an den osteuropäischen Ländern. Vgl. Pächter, 1970, S. 197.

9 Im Gegenteil: die Johnson Act von 1934 verbot jegliche finanziellen Transaktionen mit der UdSSR.

10 Nur bezogen auf die westlichen Besatzungszonen Deutschlands funktionierte diese Politik von Anfang an. Für diese schloß nämlich eine Behörde der westlichen Alliierten, die JEIA (Joint Export and Import Agency), die Handelsverträge.

11 Nach Kiesewetter (1960, S. 30) betrug 1937 der Anteil der heute zur sogenannten freien Welt gehörenden Länder am Außenhandel Bulgariens 88 %, der Tschechoslowakei 89 %, Polens 92 %, Rumäniens 82 %, Ungarns 87 %.

12 Die europäische Wirtschaftskommission der UNO (Economic Commission for Europe, ECE) bezifferte die Ersparnisse bei Wiederherstellung des Ost-West-Handelsniveaus von 1938 auf jährlich 300 Mill. $. Nach Trautmann (1954, S. 90) hätte diese Summe einer Erhöhung der europäischen Ausfuhr nach den USA um 15 % entsprochen.

13 Die Auswirkungen der Politik der Großmächte werden an folgenden Zahlen deutlich:

Außenhandelsumsatz (Einfuhr plus Ausfuhr) mit dem Westen:

Mill. $, Kaufkraft 1958	1937	1958	Index 1958 (1937 = 100)
Sowjetunion	1 530	2 270	148
Osteuropäische Volksdemokratien	5 670	3 050	54
	7 200	5 320	74

Während also vor dem 2. Weltkrieg der Anteil der späteren europäischen Volksdemokratien am Außenhandelsumsatz (UdSSR und europäische Volksdemokratien = 7 200) 79 % und der der UdSSR 21 % ausmachte, ist das Verhältnis 1958 (= 5 320) 57 %: 43 %. Der Umsatzrückgang bei den Volksdemokratien betrug fast die Hälfte, während die UdSSR eine Steigerung um die Hälfte registrieren konnte.

Der Außenhandelsumsatz der osteuropäischen Länder bzw. Volksdemokratien schlüsselt sich auf die einzelnen Länder wie folgt auf:

Mill. $	1937	1958	Index 1958 (1937 = 100)
Bulgarien	190	143	75
Tschechoslowakei	1 370	848	62
Polen	900	944	105
Rumänien	600	208	35
Ungarn	530	381	76

Vgl. hierzu Kiesewetter, 1960, S. 254.
Bei Polen muß man die Päppelung seitens der „freien Welt" nach 1956
berücksichtigen. Vgl. hierzu Kap. IV, 1.

Der Osthandel ausgewählter kapitalistischer Länder:

	Exporte		Importe	
	1938	1953	1938	1953
	(in Mill. $ zu den Preisen von 1953)			
Großbritannien	310	73	564	203
Frankreich	93	46	121	44
Holland	65	39	124	42
Italien	78	46	125	40
Schweiz	73	27	90	29
Belgien–Luxemburg	93	56	124	33

Vgl. hierzu Trautmann, 1954, S. 27.

Demgegenüber wuchs der *Anteil Osteuropas am Außenhandelsumsatz der
nachstehenden Länder* wie folgt (gesamter Außenhandelsumsatz = 100):

Land	1937	1948	1949	1950
Bulgarien	9,6	74,5	82,3	88,2
Tschechoslowakei	11,2	30,2	45,5	53,0
Polen	7,1	34,4	43,3	59,2
Rumänien	17,7	70,6	81,8	83,3
Ungarn	13,3	34,1	46,5	61,4

Vgl. hierzu Pritzel, 1962, S. 48.

┤ *Anteil der UdSSR am Außenhandel der Länder in Prozent:*

	1937	1948	1953	Steigerung v. 1948–53 in %
Bulgarien	0,0	61,8	51,4	–
Tschechoslowakei	1,0	15,9	35,5	123
Polen	0,8	22,0	33,5	52
Rumänien	0,0	31,1	46,3	49
Ungarn	0,0	15,9	33,8	112

Anteil des Westhandels in Prozent:

	1948	1953
Bulgarien	17	14
Tschechoslowakei	67	22
Polen	54	30
Rumänien	29	16
Ungarn	66	24

Vgl. hierzu Kiesewetter, 1960, S. 36 f.

15 In diesem Zusammenhang ist noch eine andere Auswirkung von gesellschaftlicher Bedeutung zu sehen (Kiesewetter, 1954, S. 168): Da das Verhältnis des Wachstums von Schwerindustrie, Leichtindustrie und Landwirtschaft – zugunsten der Schwerindustrie – nicht ausgeglichen ist, werden Einkommen erzielt, die von den Beziehern nicht ausgegeben werden können, da sie sie nicht in derselben Produktionsbranche verausgaben. Es gibt somit Kaufkraft, die nicht befriedigt werden kann. Damit entsteht zum einen die Gefahr der Inflation – und diese Länder haben ja in der Tat bis 1953 nicht nur eine Währungsreform erlebt – und zum andern sinkt die Leistungsbereitschaft, was mangelnde Produktivität zur Folge hat.

16 Exakter müßte von Mehrarbeit oder Mehrprodukt gesprochen werden, da es sich bei der UdSSR ja nicht um eine kapitalistische Gesellschaft handelt.

17 Vgl. hierzu u. a. Birchall, 1977; Pächter, 1970; Leonhard, 1959; Medwedew/Havemann/Steffen u. a., 1977.

18 Diese Spalten sind, was die Exaktheit der Zahlen anbelangt, die ungesichertsten. Hier sind in der Literatur voneinander abweichende Aussagen anzutreffen (abgesehen davon, daß einmal der Export, dann der Import, dann der gesamte Außenhandel bzw. der Inner-RGW-Handel auf das Nationaleinkommen oder aber auf das Bruttosozialprodukt bezogen wird). Die Schwierigkeit liegt hauptsächlich an der Berechnung des Nationaleinkommens, das nicht identisch ist mit dem Bruttosozialprodukt in der kapitalistischen volkswirtschaftlichen Gesamtrechnung. (Das Nationaleinkommen ist das Nettoprodukt des gesellschaftlichen Gesamtprodukts, das nach Ersatz der verbrauchten Mittel verbleibt. Im Nationaleinkommen ist der ganze Bereich der Dienstleistungen nicht enthalten, da hier ja keine Werte geschaffen werden.) Anteile, die auf das Nationaleinkommen bezogen werden, liegen also höher als Anteile bezogen auf das Bruttosozialprodukt. – Auch die Zahlen der andern Spalten sind nicht so eindeutig, wie sie erscheinen. Da ich mit diesen Zahlen politische und ökonomische Strukturen aufzeigen möchte, genügt jedoch der Grad an „Exaktheit".

19 Die größte Veränderung dürfte bei Polen, bedingt durch die starke Forcierung des Westhandels ab 1971, zu verzeichnen sein, allerdings mit einer Verlangsamung ab 1976. (Vgl. Tabelle 1) Tabelle 1 und der Ablauf zwischen 1970 und 1977 sagt zwar über die absolute Höhe des Inner-RGW-Handels bzw. des Außenhandels am Nationaleinkommen nichts aus, wohl aber über die Relation

zwischen Inner-RGW-Handel und Außenhandel und insofern dürfte die größte Veränderung bei Polen zu verzeichnen sein. Die nächst größere Veränderung in der Relation von Außenhandel zum Inner-RGW-Handel bezogen auf das Nationaleinkommen dürfte sich bei Rumänien ergeben haben. Rumänien hatte aber schon vor 1970 seine Westhandelsoffensive eingeleitet. Auch Ungarn hat die entsprechende Außenhandelsentwicklung schon vor 1970 begonnen. Bulgariens Außenhandelsverflechtung im Inner-RGW-Handel, insbesondere mit der UdSSR ist sehr hoch; es zeigt selbst im Boomjahr des Ost-West-Handels 1973/74 wenig Ambitionen. Die DDR und CSSR wiederum waren schon immer die höchst entwickelten Länder und zugleich in einen komplementären Austausch mit der UdSSR eingepreßt. Veränderungen im Westhandel sind von daher nur sehr begrenzt möglich. Die Verflechtungsquoten sind allgemein etwas gestiegen, da der Außenhandel allgemein stärker als das Nationaleinkommen gestiegen ist – schließlich soll über ihn (intensives) Wachstum induziert werden (vgl. Bolz, 1978, die Seiten 35, 69, 102, 136, 182, 215, 257). Sie schwanken heute zwischen 45 (Ungarn) und 28 (Polen) – die UdSSR ausgenommen. Da der Westhandel im Vergleich zum Inner-RGW-Handel bei allen Ländern bis 1973/74 stärker gestiegen ist und danach stagnierte (bzw. der Inner-RGW-Handel wieder stärker zunahm) (vgl. Tabelle 1), ist die Bezugsgröße 1970 (mit den erwähnten Einschränkungen) für den vorliegenden Zweck nach wie vor brauchbar.

20 Der Vergleich der beiden Schaubilder, die die Organisationsstruktur des RGW verdeutlichen (sollen), ist sehr erhellend: Im Gegensatz zu dem Schaubild von Bethkenhagen/Machowski zählt das Schaubild aus dem Material der Parteihochschule der DDR nur auf, was es so gibt. Wie das Ganze zusammenhängt, wird in dem Anschauungsmaterial RGW nicht aufgezeigt.

21 Das Mehrheitsprinzip stand wieder auf der Tagesordnung der XXXII. Ratstagung des RGW (Juni 1978). Die UdSSR konnte sich erneut nicht durchsetzen.

22 Zur Frage der Gültigkeit und Verbindlichkeit der Planungszusammenarbeit vgl. Autorenkollektiv, Zusammenarbeit in der Planung, 1977, die Seiten 38, 66, 96 f., 100 ff., 131.

23 Es handelt sich um folgende Projekte:
„1. Erdgasvorkommen bei Orenburg, Aufbau der Aggregate und Bau der Gasrohrleitungen von Orenburg bis zur Westgrenze der UdSSR..., nach Fertigstellung Lieferung von ...Erdgas an die beteiligten Länder...
2. Ausbau des Energieverbundnetzes ‚Mir': Übertragung von elektrischer Energie... von Vinica/UdSSR nach Albertirsa/Ungarn...
3. Ausbau einer 2. Rohöl-Rohrleitung von Polock nach der Westgrenze der UdSSR.
4. Zellulose-Kombinat in Ust-Ilimsk/UdSSR.
5. Kombinat für Förderung und Verarbeitung von Asbest in Kijembajev/UdSSR.
6. Ausbau der Produktion von Eisenerzsurrogaten und Eisenlegierungen in der UdSSR.
7. Betrieb zur Erzeugung von Futterhefen aus reinen Paraffinen in Mozyr/UdSSR.
8. Aufbau eines integrierten automatisierten Fernmeldesystems der Mitgliedstaaten des RGW.

9. Errichtung eines Zentrums für gemeinsame Schulung von Flug-, flugtechni-
schem- und Dispatcher-Personal.

10. Kapazitätsausbau in der Nickelproduktion auf Kuba Askanas/Askanas/
Levcik, 1976, letzte Seite.

24 Eine solche Abzahlungsmethode ist problemlos bezogen auf die künftigen
Warenlieferungen nur bei Projekten der Rohstoffgewinnung möglich; diese
Güter werden nun einmal ganz sicher gebraucht. Daher ist auch im Ost-West-
Handel diese Form von Kompensationsgeschäften kaum umstritten. Die
kapitalistischen Länder brauchen Rohstoffe und können Investitionsgüter
absetzen. Die Verzinsung von Krediten erfolgt natürlich bei solchen Geschäften zwischen der UdSSR und kapitalistischen Ländern in anderer Höhe! Die
kapitalistischen Länder sichern sich nicht nur die Rohstoffe, sondern sie
machen bei diesen Kompensationsgeschäften handfeste Gewinne – im Gegensatz zu den osteuropäischen Ländern. Vgl. Kap. IV, 3.

25 Vgl. hierzu Autorenkollektiv, Internationale sozialistische Währung, 1974,
S. 64 f.; Morgenstern, 1972, S. 223; Kohlmey, 1973, S. 178; Proft, 1973, S. 62.

26 In der DDR: VEB Carl Zeiss Jena (optische Industrie); VEB Uhren- und
Maschinenkombinat Ruhla; VEB Schiffbau, an die der volkseigene Außenhan-
delsbetrieb (AHB) Schiffskommerz angeschlossen ist. Vgl. hierzu Autorenkollektiv, Außenwirtschaftliche Tätigkeit, 1974, S. 177 ff.

27 In kapitalistischen Ländern gibt es zwar auch unterschiedliche staatliche
Rahmenbedingungen. Dort können sie jedoch z. T. vom Kapital ausgenutzt
werden (und sollen dies auch), das sich – je nachdem – anlagert oder eben nicht.
Im Realen Sozialismus ist diese Ausnutzung unterschiedlicher staatlicher
Steuerungen bzw. Regelungen nicht möglich. Hier hindern sie nur, weil sie nicht
zur Ausnutzung gedacht sind, jeder Benachteiligungen fürchtet und objektive
Maßstäbe eben auch aufgrund der geschilderten Unterschiede fehlen.

28 Internationalisierung im Sinne von zwischen nationalen Gesellschaften getrof-
fenen Spezialisierungsvereinbarungen. Finanzielle Mittel können sich im RGW
nirgendwo beliebig anlagern, wie im Kapitalismus Grenzen überschreiten und
sich insofern internationalisieren.

29 Vgl. hierzu Autorenkollektiv, Die wirtschaftliche Rechnungsführung, 1974,
S. 32 ff.; Kormnow, 1974, S. 184 f., 192 ff.; Morgenstern, 1972, S. 24, 35 f.;
Bogomolow, 1969, S. 111 ff.; 147 f.

30 Der IWF vergibt Kredite zu günstigen Zinsen – mit Auflagen, z. B. Portugal mit
Auflagen hinsichtlich einer weitgehenden Unterlassung von tiefgreifenden
Agrarreformen. Bis 1967 hatten die USA einen Stimmenanteil, der zum Veto
ausreichte. Der IWF strebt die Multilateralisierung des Außenhandels durch
Konvertierbarkeit der Währungen und geordnete Wechselkurse an, daher ist
bis heute erst Rumänien Mitglied dieser Organisation, mittels des Ausnahme-
artikels XIV.

31 Organisation for European Economic Cooperation. Gegründet am 16. 4. 1948.
Mitglieder sind die 16 Mitgliedsländer des Marshall-Plans. Sie war einerseits
ein Verteilungsorgan der Marshall-Plan-Lieferungen und andererseits eine
Organisation, die den multilateralen Austausch von Waren und Dienstleistungen im kapitalistischen Westeuropa in Gang bringen sollte.

32 Vgl. Deppe, S. 115 ff. Der gemeinsame westeuropäische Markt war von den USA schon 1948/49 propagiert worden; es kam jedoch nur zur OEEC-Gründung.

33 Polen sprach auf der ersten Versammlung der ECE 1947 davon, daß die Errichtung gegensätzlicher wirtschaftspolitischer Machtgruppen sehr bedauerlich wäre.

34 Die internationale Wirtschaftskonferenz. Moskau 3.–12. April 1952. Reden und Materialien. Hrsg. v. Komitee in der DDR zur Förderung des Welthandels. Berlin (DDR) 1952.

35 So mußte der „Ostausschuß der deutschen Wirtschaft" (Nachfolgeorganisation des Rußlandausschusses) auf Intervention der Bundesregierung zurückstecken und fernbleiben.

36 Einen direkten Eindämmungsversuch starteten die USA 1956 in Polen, als sie trotz Embargo-Politik der polnischen Regierung in Anbetracht der polnischen Unabhängigkeitsbestrebungen einen Kredit anboten. Dem damaligen amerikanischen Vizepräsidenten zufolge diente der Kredit zur Schaffung der „Sprengkraft der Freiheit hinter dem Eisernen Vorhang" (vgl. Seidenzahl, S. 257). Dazu Brzezinski (der Sicherheitsberater des amerikanischen Präsidenten Carter): falls sich ein Land ökonomisch unabhängig machen will, muß es belohnt, falls es liberaler werden will, muß es gefördert werden.

37 Vgl. Deppe, S. 115 ff. Um die EWG zu verhindern, bot die UdSSR in der ECE eine verstärkte multilaterale gesamteuropäische Zusammenarbeit an, die letztendlich aber doch wiederum weitgehend bilateral war (vgl. Seidenzahl, S. 132, 139). In Zusammenhang mit der Diskussion über die Arbeitsteilung im RGW wurden 1962 dann neue Töne angeschlagen, nun war die Rede von den „beiden Vereinigungen" (vgl. Boettcher, S. 100). Nach GATT (General Agreement on Tarifs and Trade, gegründet 1947), einer Institution zur Multilateralisierung des Handels über Abbau von Handelsbeschränkungen, insbesondere von Zöllen, brauchen Zollunionen (also auch die EWG) und Freihandelszonen die Vergünstigungen, die sich die Mitgliedsländer untereinander gewähren, nicht auf andere zu übertragen. D. h.: Die Forderung, auch des GATT, jedem Handelspartner die Meistbegünstigung zuzugestehen, greift im Vergleich von Mitglieds- und Nicht-Mitgliedsländern nicht. Um diese Meistbegünstigung ging es sicherlich auch, als die EWG von der UdSSR unter Beschuß genommen wurde. Vom RGW gehörte allerdings nur die CSSR zu den Gründungsmitgliedern des GATT. Seit 1967 Polen, 1971 Rumänien, 1973 Ungarn.

38 Vgl. Boettcher, S. 86 ff. Wenn Chruschtschow 1962 von der Zusammenarbeit zwischen den beiden Vereinigungen spricht (RGW/EWG), dann ist dies m. E. allerdings sehr stark im Zusammenhang mit seinen Bemühungen um internationale Arbeitsteilung im RGW zu sehen. Ähnlich 1971: Die EG wird vom RGW in dem Augenblick anerkannt, als es im RGW um die verstärkte „Integration" im Rahmen des Komplexprogramms geht (vgl. Kap. III). Seit 1972 wird einerseits die EG nicht mehr als „imperialistisch" bezeichnet und andererseits auch bezogen auf den RGW von „Integration" gesprochen. Heute ist die Rede von den beiden Vereinigungen mit Integrationscharakter (vgl. Woinow, S. 28).

39 Vgl. Stankovsky, 1977, S. 285 ff. Korb II: Rahmenrichtlinien für den Ausbau der Zusammenarbeit in Handel und Kooperation. Dabei handelt es sich um Absichtserklärungen, die als Grundlage für bilaterale und multilaterale Vereinbarungen dienen.

40 Von Koexistenz und kollektiver Sicherheit war auch schon in den 30er Jahren die Rede, sie ist also keine Erfindung Chruschtschows. Bezweckte sie in den 30er Jahren den Schutz der UdSSR vor dem Faschismus, so ab den 50er Jahren den ungestörten Aufbau des Sozialismus in Osteuropa, wie in den 20er Jahren den Aufbau des Sozialismus in einem Lande. Zum andern sollte die Koexistenz-Offensive sicherlich die westeuropäische Integration verhindern, die ja auch durch die Systemkonfrontation zustande kam. War die Koexistenz-politik nicht neu, so doch die Betonung ihres permanenten Charakters (in Anbetracht der Atombombe). Revolutionäre Veränderungen entwickeln sich nach dieser Konzeption im Zustand der Koexistenz und des friedlichen ökonomischen Wettbewerbs, den der Sozialismus ja ohnehin gewinnt.

41 Vgl. Levinson, S. 160 ff., 220. Äußere Entspannung und innere Verhärtung gehen Levinson zufolge in den kapitalistischen Ländern Hand in Hand. Unter Führung der Entspannungseliten der Macht, die früher z. T. die profiliertesten Kalten Krieger waren, soll die Entspannung den beschränkten Interessen hierarchischer Gruppen dienen. Auch nach Lewytzkyi (S. 19) sind die verläßlichsten Anhänger der Entspannung die jeweiligen Wirtschaftskreise – im Westen die Multis, die überwiegend die Kooperation mit der UdSSR betreiben, was dieselben Multis nicht hindert, in der Rüstungsindustrie mächtig zu verdienen.

42 Vgl. Shdanows weltpolitische Analyse 1947 aus Anlaß der Kominform-Gründung. In: Weingartner, S. 73 ff.

43 Der Begriff wurde 1951 von Stalin geprägt. Zur genaueren Bestimmung vgl. Pommer, S. 146.

44 Früher hieß es immer, der RGW müsse die Realität der EWG anerkennen. Das hat der RGW getan, indem er im Februar 1976 der EG einen Vertragsentwurf (EG und RGW) zukommen ließ (vgl. Anhang). Dazu bedurfte es 1974 einer Statutenänderung (vgl. Anhang, Art. III, 2b), wodurch der RGW die Befugnis erhielt, mit internationalen Organisationen und dritten Ländern Abkommen abzuschließen. Die EG hatte ihrerseits im November 1974 ein Muster-Handelsabkommen genehmigt, das sie den *einzelnen* RGW-Ländern zustellte. Offiziell wird die Nichtbereitschaft zu einem Vertragsabschluß mit dem RGW damit begründet, daß die beiden Organisationen über qualitativ unterschiedliche Kompetenzen verfügen. Der RGW sei keine Organisation mit Integrations-, sondern lediglich ein Koordinationszweck (vgl. Lebahn, 1973, S. 30). Wegen der „Atmosphäre" wird es wohl zu einem Rahmenabkommen kommen (Fink, Panorama, Sonderausgabe, 1977, S. 58). In diese Richtung verweist ja eigentlich bereits das *Muster*-Abkommen, das an die einzelnen Länder verschickt wurde, das von der EG als Gesamtheit mit den einzelnen RGW-Ländern dann je verschieden ausgestaltet werden könnte. In Wirklichkeit geht es um die Stärkung des westlichen Einflusses, weshalb man die Unabhängigkeit der kleineren RGW-Länder von der UdSSR fördern will. Eine stärkere ökonomische Unabhängigkeit ist zweifelsohne auch im Sinne dieser Länder (vgl. Baumer, S. 131 ff., 153 ff.).

45 Entsprechend § 113 der Römischen Verträge können ab 1.1.1975 Handelsabkommen mit den RGW-Ländern nur von der EG-Kommission im Namen der EG geschlossen werden. Damit soll auch Konkurrenz unter den EG-Ländern reduziert werden, dennoch wird diese Bestimmung durch die EG-Länder aus Konkurrenzgründen unterlaufen, woraus Frankreich keinen Hehl macht. Vgl. Deppe, S. 265; Ciamaga, S. 24 f.

46 Mit der Entspannungseuphorie und dem steigenden Ost-West-Handel war die Hoffnung einiger RGW-Länder auf größere Unabhängigkeit von der UdSSR einhergegangen. So verpflichtete sich Polen beim Eintritt in das GATT 1967, seinen Import aus kapitalistischen Ländern jährlich um 7% zu steigern (!); Rumänien verpflichtete sich 1971, seinen Import aus GATT-Ländern proportional zum Gesamtimport zu steigern und Ungarn 1973 dazu, die GATT-Länder stärker bei der Importplanung zu berücksichtigen. Die beiden letzten Verpflichtungen sind durchaus Modi, die diese Länder auch selbst wollten, nämlich verstärkten Ost-West-Handel.

47 Komplementär ist der Tausch ungleicher Güter, Rohstoffe bzw. Agrarprodukte gegen Industriegüter, verschiedener Warengruppen – im Gegensatz zum arbeitsteiligen Austausch innerhalb einer Warengruppe (Substitutionshandel).

48 Der volumensmäßige Anteil des Ost-West-Handels am Welthandel betrug 1976 ca. 4%. Auf die kapitalistischen hochentwickelten Industrieländer entfielen 1975 rund 60% der Weltproduktion und 67% des Welthandels; auf den RGW 30% der Weltproduktion und 10% des Welthandels (davon ca. 60% auf den Inner-RGW-Handel). Vgl. Nemschak, S. 5. Für den RGW ist der Ost-West-Handel von wesentlich größerer Bedeutung als für die kapitalistischen Industrieländer. Bei ihnen entfallen ca. 5% ihres Gesamthandels auf den Ost-Handel.
Von noch geringerer Bedeutung ist die industrielle Kooperation; ihr Anteil am Handel betrug 1973 1,5–2%, 1975 5%. 1974 bestanden ca. 1000 solcher Kooperationsverträge (Levinson, S. 51), 1975/76 nahm diese Zahl wieder etwas ab (Stankovsky, 1977, S. 296). Innerhalb der industriellen Kooperation haben wiederum die höheren Kooperationsformen, wie die joint ventures, die geringste Bedeutung. Die Verschuldung der RGW-Länder betrug 1975/76 ca. 40 Mrd. $ (Levcik/Stankovsky, 1977, S. 3; Askanas/Levcik, 1977, S. 6). Nach Levinson (S. 32) schätzt die NATO intern die Verschuldung auf 50 Mrd. $, offiziell jedoch nur auf 35 Mrd. $. 1975 betrug die Wachstumsrate der Verschuldung 50% (Levcik/Stankovsky, 1977, S. 5). Die RGW-Länder werden ein Mittelding suchen müssen: Weder dürfen sie sich so wie bisher verschulden (fänden auch nicht mehr die Kreditgeber), noch können sie die Verschuldung schlicht einstellen (Importabhängigkeit). Es kann „nur" darum gehen, daß das Tempo der Verschuldung abnimmt, wobei die Gesamtverschuldung trotz Importrestriktionen ab 1976 noch steigen wird. Bogomolow, 1977, (S. 30) spielt das Problem mit dem Verweis auf die Verschuldung Italiens und Großbritanniens herunter. Zum anderen sei der Westen ganz schön an der Verschuldung mitschuldig wegen der Rezession. Und schließlich wüßte der Westen sowieso nicht, wohin mit dem viele Geld. Vgl. dagegen M. Schmitt, FAZ vom 2.5.1978, der zum Auftakt des Breschnew-Besuchs in der BRD das Problem herunterspielt, indem er nur auf die UdSSR und auch nur auf das

Handelsdefizit eingeht. Solange systembedingt der Import – und nicht wie in den kapitalistischen Industrieländern der Export – der „Motor" der Außenwirtschaft ist, muß es auch systembedingt immer wieder zur Verschuldung kommen. Vgl. auch Stankovsky, 1972.

49 Polen und Ungarn waren partiell gezwungen, Wirtschaftsreformen zurückzunehmen, um politische Unruhen – im Zusammenhang mit der Verschlechterung des Lebensstandards durch Preissteigerungen – aufzufangen.

50 Vgl. Damus, 1978 (Kap. III); Nötzold; Sager; Schmiederer; Weber (S. 134–178). Gründe für und Erscheinungsformen der technologischen Lücke: Für die Betriebe ist es trotz der Wirtschaftsreformen vorteilhafter, weiterhin die bewährte Technik anzuwenden (Leptin, S. 55); Betriebe wenden neue Verfahren ungern an, sie bleiben lieber bei den bewährten Produkten (wobei die Ursache dafür nicht in den Betrieben zu suchen ist); Know-how wird nicht rechtzeitig angewendet (Levinson, S. 189); Lizenzen bleiben liegen; aus der Übernahme von Lizenzen erfolgt keine Weiterentwicklung; Innovationen im militärischen Bereich schwappen auf die anderen Bereiche aus machtpolitischen Gründen nicht über. Es geht allerdings nicht nur um das Problem mangelnder Spitzenprodukte, sondern auch um das der breiten Produktion und dabei um Probleme wie hohe Reparaturkosten, zuviele Instandhaltungsarbeiten, hohe Ausfallzeiten, hoher Verschleiß (vgl. Lewytzkyj, S. 46 ff.).

51 1964 rief der RGW zu bilateraler technischer Kooperation auf zwecks Beschleunigung der Wirtschaftsentwicklung.

52 Ostexporte werden so zu „Westkäufen", vgl. Giersch, S. 37.

53 Vgl. Stankovsky, 1977, S. 304 ff. Allein die Multis können die Wünsche der RGW-Länder bezogen auf Produktion, Handel und Finanzen erfüllen.

54 Vgl. Bogomolow, 1977, S. 28 ff. Die UdSSR lieferte an die USA unter fremder Flagge während der sog. Energiekrise 1973 Öl, obwohl sie verbal die arabischen Staaten unterstützte.

55 Als berühmtes Beispiel steht hierfür das nicht zustandegekommene Handelsabkommen zwischen der UdSSR und den USA, weil die Vergünstigungen des Handelsabkommens in den USA verknüpft wurden mit der Forderung, die Juden aus der UdSSR ausreisen zu lassen (vgl. Lewytzkyj, S. 71 ff.).

56 Vgl. dagegen Jacobsen, 1975, S. 26 ff., 39 f., 126, 134, 139. Unter dem Aspekt der Übertragung von Innovation ist natürlich die industrielle Kooperation der sinnvollere Weg.

57 Vgl. Sammlung rechtlich bedeutsamer Klauseln aus abgeschlossenen Kooperationsverträgen. Hrsg. v. Ostausschuß der Deutschen Wirtschaft. Köln 1975, S. 8, 11 f. Hierbei geht es um vertragliche Regelungen, die das Technologiemonopol der kapitalistischen Seite erhalten sollen. Vgl. auch Levinson (S. 61 ff., 191): Solange sich die Multis im RGW nicht nach Belieben niederlassen können, die Kapitalbeteiligungen und Verfügungsrechte nicht gesichert sind, solange also das Vertragsende bereits immer in Sicht sei, lieferten kapitalistische Unternehmen entweder überhaupt nicht die neueste Technologie oder aber sie stoppten damit rechtzeitig vor Vertragsende. Nach Vertragsende besteht keine zureichende Kontrolle mehr, weshalb man rechtzeitig die Züchtung eines Konkurrenten verhindern will (vgl. auch Leptin, S. 28, 30).

58 Sie wurden ausführlich in Kap. III behandelt.

59 Vgl. die folgende Tab.:

Probleme einzelner Formen der wirtschaftlichen Zusammenarbeit zwischen West und Ost.

Probleme Formen	1 Finanzierung	2 Transferierbarkeit spezifischer Technologien	3 Partizipation des RGW-Landes am techn. Fortschritt	4 Übermittlung von Know-how und organisator. Wissen
1 Investitionsgüterimporte (in Verbindung mit Kredit- u. Kompensationsgeschäften als »Gemeinsame Projekte«)	Begrenzungen durch Verfügbarkeit von Devisen bzw. Kreditaufnahmefähigkeit auf der Basis von Kompensationsgeschäften	Verfahren und Produkte, die sich in Eigentums- u. Kontrollrechten befinden (»proprietary technology«), sind nicht erwerbbar	Gefahr des technisch. Veraltens nach Ausreifezeit der Investition	Nur wenn mit techn. Dienstleistungsabkommen verbunden
2 Lizenznahme	Wie bei Investitionsgüterimporten (1)	»Proprietary technology« durch Lizenznahme erwerbbar	Partizipation nur bei eigentumsmäßig und organisatorisch verbundenen Unternehm.	Wie bei Investitionsgüterimporten (1)
3 Subkontrakte / Lohnveredelung	Keine Begrenzungen aus der Verfügbarkeit von Devisen	Kann mit Übergabe von Lizenzen verbunden sein	Kaum	Kann mit Übergabe von Know-how verbunden sein
4 Investitionsgüterleasing	Substitution von Fremdkapital, aber erhebliche fixe Belastung	Bewegliche Anlagen, »proprietary technology«	Anlage kann unter Umständen gegen die jeweils modernere umgetauscht werden	Unter Umständen mit Wartung durch Vermieter verbunden
5 Betriebliche Kooperation	Wie bei Subkontrakten / Lohnveredelung (3)	Nicht geeignet für in Raum und Zeit schlecht teilbare Produktionsverfahren	In erster Linie bei enger Verbindung der Kooperationspartner	In erster Linie bei den intensiven Formen der Kooperation; Erhöhung des östlichen Qualitätsstandards
6 Direktinvestitionen	Durch Kapitaltransfer in den RGW-Bereich	Alle Technologien transferierbar	Zumeist	Ja. Bereitschaft steigt mit zunehmendem Einfluß auf Unternehmensfürung

Formen / Probleme	5 Verbesserung der Exportfähigkeit des RGW-Landes	6 Weiterentwicklung importierten Fortschritts	7 Mitbestimmungsrechte des westl. Partners	8 Persönliche Kontakte zwischen den Transferpartnern
1 Investitionsgüterimporte in Verbindung mit «Gemeinsamen Projekten»)	Mit Einschränkungen. Eher für Roh- u. Halbwaren als für industrielle Fertigerzeugnisse	Wenig effiziente Gestaltung des Innovationsprozesses hemmt Weiterentwicklung	Geringes Mitwirkungsinteresse	Gering – Nur in Verbindung mit Dienstleistungsabkommen
2 Lizenznahme	Mit Einschränkungen. Am ehesten in Zusammenhang mit industrieller Kooperation	Wie bei Investitionsgüterimporten. Ausnahme: rechtl. u. organisatorisch verbundene Unternehmen	Wie bei Investitionsgüterimporten (1)	Wie bei Investitionsgüterimporten (1)
3 Subkontrakte / Lohnverredelung	Unmittelbar	Nicht relevant	Höheres Mitwirkungsinteresse bei anspruchsvolleren Zulieferungen	Ohne größere Bedeutung
4 Investitionsgüterleasing	Durch Bindung an die Erzeugnisse des Vermieters	Verbesserung der östl. Abschreibungspolitik	Einwirkung auf Verwendung	Bei Wartung durch Vermieter
5 Betriebliche Kooperation	Ja. Beteiligung an den Absatzkanälen westlicher Unternehmen	Bei Formen engerer Kooperation verbunden mit Kooperation in Forschung und Entw.	Mitbestimmungsinteresse um so höher, je enger und langfristiger die betriebl. Kooperation	Von erheblicher Bedeutung. Intensität abhängig vom Charakter der Kooperation
6 Direktinvestitionen	Ja. Beteiligung an den Absatzkanälen westl. Investitionen	Unternehmer-Interesse an Modernisierung des Anlagevermögens	Mitbestimmungsrechte u. U. in Abhängigkeit vom Kapitalanteil	Von erheblicher Bedeutung (gemeinsame Unternehmen)

Jacobsen, 1975, S. 148 f.

60 Man versteht unter Dumping eine starke Diskrepanz zwischen Inlands- und Auslandspreis eines Produktes bis dahin, daß der Auslandspreis die Selbstkosten nicht mehr deckt. Dieser oft von strukturschwachen Branchen in kapitalistischen Ländern erhobene Vorwurf läßt sich entweder gar nicht oder nur ganz prinzipiell nachweisen. Weber (S. 241) und Jacobsen (1975, S. 132) sind der Meinung, daß Dumping nicht nachgewiesen bzw. nicht davon gesprochen werden könne, da die Selbstkosten gar nicht feststehen und nur bedingt feststellbar sind. Der Wechselkurs ist nicht aussagekräftig, Binnenpreise werden aus innergesellschaftlichen Gründen weitgehend autonom gebildet. Levinson (S. 75 ff.) hingegen räumt zwar ebenfalls ein, daß Dumping schwer feststellbar sei, spricht aber von institutionalisiertem Dumping, da die RGW-Länder im Rahmen der Ost-West-Zusammenarbeit primär billigere Arbeitskräfte anzubieten hätten. Dem läßt sich durchaus grundsätzlich zustimmen, andererseits ist derselbe Vorgang aus der Sicht einzelner Kapitalfraktionen schlicht eine Ausnutzung von Konkurrenzvorteilen. Das von Levinson hervorgehobene institutionalisierte Dumping ist somit aus kapitalistischer Sicht partiell gewollt, geradezu Sinn der Internationalisierung der Mehrwertproduktion. Man geht nicht unter die Selbstkosten im betreffenden RGW-Land, sondern unter die des kapitalistischen Mutterlandes.

61 Vgl. Ostausschuß, S. 16 ff. In dieser Sammlung vertraglicher Regelungen nimmt die Beschreibung von Lohnfertigungsgeschäften den breitesten Raum ein, was sicherlich kein Zufall ist.

62 Vgl. Ostausschuß, S. 11 f. Diese Regelungen, bei denen es generell darum geht, daß der RGW-Partner zu Vertragsende den neuesten Stand der technischen Entwicklung nicht mehr kennt (falls er ihn je vorher kannte, was in einem Teil der Literatur ohnehin bestritten wird, z. B. von Levinson), beziehen sich auf alle möglichen Kooperationsformen. Sicherlich kommt ihnen nicht gerade bei der Lohnveredelung privater Gebrauchsgüter die größte Bedeutung zu, da hier ja nicht die zukunftsträchtige Spitzentechnologie gehandelt wird.

63 Solche Reformen wurden erst in der ersten Hälfte des Jahres 1978 in Rumänien eingeleitet.

64 Beispiele: Romcontroldata (westl. Partner: Control Data/USA; gegr. 1973; Produktion von Computerelementen), Resita-Renk (westl. Partner: Renk Zahnradfabrik/BRD; gegr. 1973; Produktion von Schiffsgetrieben).

65 Beispiel: Volcom (westl. Partner: Volvo/Schweden; gegr. 1974; Produktion von Geländefahrzeugen).

66 Nach eingehender Prüfung der joint ventures wurden sie 1976 von der UdSSR abgelehnt.

67 Kompensation ist ein westlicher Begriff, die RGW-Länder sprechen von Gegenlieferungen oder gütermäßigen Kreditrückzahlungen (vgl. Bogomolow, 1977, S. 27).

68 Vgl. FAZ vom 27.4.1978, S. 15. Dieser Meldung zufolge protestierte der Internationale Dachverband der Chemiearbeitergewerkschaft ICEF (Generalsekretär Levinson) gegen Investitionen des amerikanischen Firestone-Reifenkonzerns in der UdSSR wegen der niedrigen Löhne. Diese Investitionen führen zur Betriebsstillegung einer Konzernniederlassung in der Schweiz (betroffen sind 600 Arbeiter).

69 Stankovsky (1978, S. 12) zufolge beträgt der Anteil an Kompensationen bezogen auf den Gesamtexport im Schnitt 25–30%. Er kann im Extremfall bis 150% hochgehen.

70 Solche Großprojekte fanden auch im Korb II der KSZE von Helsinki unter der Bezeichnung „Projekte gemeinsamen Interesses" ausdrücklich Erwähnung.

71 Auf seiten der RGW-Länder gibt es Außenhandelsgesellschaften, die speziell mit der Durchführung von Kompensationsgeschäften beauftragt sind, allerdings nicht in der UdSSR. Vgl. Stankovsky, 1978, S. 11.

72 Die BRD durfte nach alliierten Bestimmungen bis 1963 keine Kredite an osteuropäische Länder außer an Polen vergeben.

73 Der Euro-Markt entwickelte sich im Zusammenhang mit der defizitären Zahlungsbilanz der USA (sog. Euro-Dollar-Geldmarkt und Euro-Kapitalmarkt; vgl. K. Busch/F. Seelow: Leitfaden zur politischen Ökonomie des Geldes. Kursbuch 36, S. 38 f). Dieser Markt ist insbesondere für die Multis wichtig, da er sich der Kontrolle der nationalen Regierungen bzw. nationalen Zentralbanken entzieht, womit die je nationale Politik also zum Vorteil der Riesenunternehmen unterlaufen werden kann.

74 Der Zinsendienst Polens schluckt immerhin 25–30% seiner Exporterlöse. Polen ließ es sich 1975 wegen eines größeren USA-Privatkredits gefallen, daß vor der Kreditbewilligung seine Finanzen einer scharfen Kontrolle unterzogen wurden (inklusive sog. Staatsgeheimnisse, Levinson, S. 196).

75 Stankovsky, 1977, S. 291; Jacobsen, 1975, S. 105 s. Tab. S. 242 u. 243.

76 Die UdSSR bezieht z.B. aus Afghanistan und dem Iran mehr Erdgas, als sie selbst exportiert (Leptin, S. 94).

77 Die Exportindustrien richten sich am Standard des sowjetischen Marktes aus, da die UdSSR in vielen Fällen der Hauptbezieher ist. Die „Weltmarktpreise" werden zudem bilateral ausgehandelt, wobei Preisunterschiede von z.T. über 50% entstehen – je nach Verhandlungsstärke (Baumer, S. 29 f.), was der DDR und CSSR ja nicht schlecht bekommen muß. 1976 zahlte die DDR 32,1 Transferrubel je Tonne Öl, Ungarn 44,7.

78 Leptin, S. 123; Baumer, S. 134. Bei sensiblen Waren sind die Preise stark marktbestimmend, die RGW-Länder mit ihren niedrigeren Löhnen also potentielle Konkurrenten. Da die einfuhrbeschränkenden Maßnahmen z.T. kurzfristig erfolgen, können die RGW-Länder nicht längerfristig planen (Giersch, S. 38).

79 Güter der Textil-, Leder-, Glas-, Porzellan-, Haushaltsgeräteindustrien.

80 Daneben und damit zusammenhängend gibt es noch andere einschränkende Faktoren, wie die Eingebundenheit in die RGW bzw. die hegemoniale Rolle der UdSSR im RGW.

Die Warenstruktur des Ost-West-Handels (Anteile in % der jeweiligen Gesamtausfuhr bzw. -einfuhr).

Länder bzw. Jahre		SITC-Warengruppen[1]			
		0–4	5–8	0–4	5–8
		Ausfuhr		Einfuhr	
Bulgarien	1960	82,5	16,4	14,7	84,5
	1969	63,0	36,0	14,6	84,6
	1971	53,8	45,4	11,1	88,6
ČSSR	1960	38,5	60,6	25,2	74,0
	1969	35,8	62,9	21,6	77,5
	1971	31,1	67,7	25,5	73,9
DDR	1960	24,0	74,2	38,8	60,7
	1969	26,0	73,7	38,3	61,5
	1971	18,7	81,0	28,2	71,6
Polen	1960	77,9	20,7	47,3	51,0
	1969	69,8	29,5	21,1	77,7
	1971	63,1	35,4	28,7	70,8
Rumänien	1960	87,7	11,8	14,8	84,5
	1969	65,4	34,3	12,3	87,3
	1971	54,9	44,8	14,9	84,8
UdSSR	1960	81,5	18,3	10,8	88,7
	1969	68,3	30,8	9,0	90,7
	1971	75,5	23,9	14,3	85,4
Ungarn	1960	67,0	30,1	24,0	74,9
	1969	57,5	41,4	19,5	79,9
	1971	52,6	46,4	18,9	80,6
RGW	1960	70,1	29,1	24,8	74,3
	1969	60,4	38,8	15,6	83,8
	1971	59,8	39,5	19,4	80,2

[1] Ohne Warengruppe 9 (nicht aufgegliederte Waren). SITC-Warengruppen 0–4: Nahrungs- und Genußmittel sowie Roh- und Brennstoffe; 5–8: Industrieerzeugnisse. Ohne innerdeutschen Handel.

Quelle: Jacobsen, 1975, S. 105

Warenstruktur des Ost-West-Handels 1972 und 1975

1. Exporte aus dem Westen¹ nach dem Osten (Anteile in v. H.)

	1972 aus dem Westen insgesamt	1975 Nach allen Oststaaten aus Westeuropa	aus Nordamerika	Nach der UdSSR aus dem Westen insgesamt	Nach Osteuropa² aus dem Westen insgesamt
Nahrungsmittel	16,9	12,0	5,3	62,3	14,6	9,4
davon Getreide	10,6	8,2	–	–	11,9	4,8
Rohstoffe, Brennstoffe	8,4	4,9	4,8	6,8	2,5	7,2
Chem. Erzeugnisse	11,1	11,5	13,0	2,8	8,4	14,3
Eisen, Stahl	10,0	16,1 ⎫	⎫		19,6	12,9
Textilien	5,5	4,3 ⎬ 33,2	⎬ 2,6		3,7	5,0
And. Fertigwaren³	9,5	9,8 ⎭	⎭		8,1	11,2
Investitionsgüter	33,2	36,1	37,8	23,9	37,0	35,3
davon Ind. Maschinen	24,2	23,7	–	–	24,4	23,0
Elektr. Masch.	5,2	5,6	–	–	5,1	6,1
Verkehrsmittel	3,8	6,8	–	–	7,5	6,2
Konsumnahe Fertigw.	5,0	4,7	5,3	1,4	5,6	3,9
Alle Waren	100,0	100,0	100,0	100,0	100,0	100,0
(Mill. US-$)	(9 396)	(27 278)	(21 689)	(3 389)	(13 094)	(14 184)

2. Importe des Westens¹ aus dem Osten (Anteile in v. H.)

	1972 nach dem Westen insgesamt	1975 Aus allen Oststaaten nach Westeuropa	nach Nordamerika	Aus der UdSSR nach dem Westen insgesamt	Aus Osteuropa² nach dem Westen insgesamt
Nahrungsmittel	18,2	10,9	10,9	20,2	3,3	18,2
Rohstoffe	18,2	15,3	13,0	6,7	22,2	8,7
Brennstoffe	20,3	34,9	36,6	20,7	50,8	19,6
davon Erdöl, -produkte	13,1	23,4	–	–	41,5	6,1
Kohle, Koks	6,7	9,9	–	–	6,5	13,2
Chem. Erzeugnisse	5,1	5,3	5,4	4,3	3,6	6,9
Eisen, Stahl	6,0	5,0 ⎫	⎫		2,0	8,0
And. Fertigwaren⁴	13,7	11,7 ⎭ 16,3	⎭ 24,7		11,9	11,4
Investitionsgüter	9,1	9,4	10,0	9,7	5,1	13,5
Konsumnahe Fertigw.	8,3	7,0	7,2	13,2	0,7	13,0
Alle Waren	100,0	100,0	100,0	100,0	100,0	100,0
(Mill. US-$)	(8 011)	(19 650)	(17 381)	(887)	(9 599)	(10 051)

¹ OECD-Länder ohne Australien, Neuseeland, 1975 auch ohne Türkei; ² Ohne der UdSSR;
³ Metallwaren, Papier, NE-Metalle u. a.; ⁴ Wie Anm. 3 sowie Textilien;
Q. OECD Foreign Trade, Series B; ECE, Economic Bulletin for Europe, Vol. 28.
Quelle: Stankovsky, 1977, S. 291

Literaturverzeichnis

Die Auswahl der Literatur entspricht der Intention des Buches, einen breiteren Leserkreis insbesondere im Bereich der Politischen Bildung, Schule und Universität anzusprechen. Daher habe ich auf die Auflistung von schwer zugänglicher, sehr spezieller, primär forschungsorientierter und/oder fremdsprachlicher Literatur sowie Zeitschriftenaufsätze verzichtet.

Osteuropa
Westliche Literatur:
1. Osteuropäische Länder, Geschichte, allgemein.

R. Bahro: Die Alternative. Zur Kritik des real existierenden Sozialismus. Köln 1977.

G. Bartsch: Wende in Osteuropa? Revolution und Gegenrevolution in Osteuropa seit 1948. Krefeld 1978.

I. Birchall: Arbeiterbewegung und Parteiherrschaft. Zur Geschichte des internationalen Kommunismus seit 1943. Gießen 1977.

E. Birke, R. Neumann, E. Lemberg (Hg.): Die Sowjetisierung Ost-Mitteleuropas. Untersuchungen zu ihrem Ablauf in den einzelnen Ländern. Frankfurt 1959.

W. Brus: Sozialisierung und politisches System. Frankfurt 1975.

F. Claudin: Die Krise der kommunistischen Bewegung von der Komintern zur Kominform. 2 Bde. Berlin-West 1977.

R. Damus: Der reale Sozialismus als Herrschaftssystem am Beispiel der DDR. Gießen 1978.

W. Diepenthal: Drei Volksdemokratien. Ein Konzept kommunistischer Machtstabilisierung und seine Verwirklichung in Polen, der Tschechoslowakei und der Sowjetischen Besatzungszone Deutschlands 1944–1948. Köln 1974.

I. Ellenstein: Geschichte des Stalinismus. Berlin-West 1977.

F. Fejtö: Die Geschichte der Volksdemokratien. 2 Bde. Graz–Wien–Köln 1972.

H. Heiter: Vom friedlichen Weg zum Sozialismus zur Diktatur des Proletariats. (Volksdemokratiekonzept 1945–1949). Frankfurt 1977.

J.K. Hoensch: Sowjetische Osteuropapolitik 1945–1975. Kronberg 1977.

E. Hösch: Geschichte der Balkanländer. Stuttgart 1968.

B. Kiesewetter: Das sowjetische Vorbild in der Wirtschaftsentwicklung der Oststaaten. Berlin-West 1951.

ders.: Der Ostblock. Außenhandel des östlichen Wirtschaftsblocks einschließlich China. Berlin-West 1960.

A. Korab: Die Entwicklung der kommunistischen Parteien in Ost-Mitteleuropa. I. Teil. Polen–Ungarn–Tschechoslowakei. Hamburg 1962.

P. Lendvai: Die Grenzen des Wandels. Spielarten des Kommunismus im Donauraum. Zürich 1977.

W. Leonhard: Kreml ohne Stalin. Frankfurt 1962.

R. Medwedew, R. Havemann, J. Steffen u. a.: Entstalinisierung. Der XX. Parteitag der KPdSU und seine Folgen. Frankfurt 1977.

R. Neumann: Soziale und wirtschaftliche Strukturwandlungen in Ost-Mitteleuropa nach 1945. Marburg 1951.

H. Pächter: Weltmacht Rußland. Tradition und Revolution in der Sowjetpolitik. München 1970.

G. v. Rauch, G. Stökl, Th. Arnold: Vom Zarenreich zum Sowjetstaat (1856–1964). München 1964.

A. Rosenberg: Geschichte des Bolschewismus. Frankfurt 1975.

K.-H. Ruffmann: Sowjetrußland. München 1975.

L. Schapiro: Die Geschichte der kommunistischen Partei der Sowjetunion. Frankfurt 1961.

W. Wagner: Die Teilung Europas. Geschichte der sowjetischen Expansion bis zur Spaltung Deutschlands 1918–1945. Stuttgart 1959.

Th. Weingartner: Die Außenpolitik der Sowjetunion seit 1945. Gütersloh 1974.

2. Osteuropäische Länder, Geschichte, einzelne Länder oder Ländergruppen

T. Aczel, T. Meray: Die Revolte des Intellekts. Die geistigen Grundlagen der ungarischen Revolution. München o. J.

A. Anderson: Die ungarische Revolution 1956. Hamburg 1976.

Th. Auerbach, W. Hinkeldey u.a.: DDR – konkret. Berlin-West 1978.

B. Balla (Hg.): Soziologie und Gesellschaft in Ungarn. 4 Bde. Stuttgart 1974.

A. Carlo: Politische und ökonomische Struktur der UdSSR (1917–1975). Berlin-West 1972.

H. Conert: Der Kommunismus in der Sowjetunion. Frankfurt 1971.

H. Duhnke: Stalinismus in Deutschland. Die Geschichte der sowjetischen Besatzungszone. Köln 1955.

G. Erbe u. a.: Politik, Gesellschaft und Wirtschaft in der DDR. Studientexte für die politische Bildung. Opladen 1978.

D. Frenzke: Rumänien, der Sowjetblock und die europäische Sicherheit. Die völkerrechtlichen Grundlagen der rumänischen Außenpolitik. Berlin-West 1975.

D. Geyer (Hg.): Osteuropa-Handbuch. Sowjetunion. Außenpolitik 1917–1955. Köln–Wien 1972.

B. Gleitze, P. Ludz, K. Merkel, K. Pleyer, K.-C. Thalheim: Die DDR nach 25 Jahren. Berlin-West 1975.

J. K. Hoensch: Geschichte der tschechoslowakischen Republik 1918–1978. Stuttgart 1978.

E. Jahn (Hg.): Sozioökonomische Bedingungen der sowjetischen Außenpolitik. Frankfurt–New York 1975.

K. Kaplan: Der tschechoslowakische Weg zum kommunistischen Machtmonopol 1945–1948. München 1979.

E. Kiraly: Die Arbeiterselbstverwaltung in Ungarn. Aufstieg und Niedergang 1956–1958. München 1961.

G. Konrad, I. Szelenyi: Die Intelligenz auf dem Weg zur Klassenmacht. Frankfurt 1978.

A. Lehar: Erinnerungen. Gegenrevolution und Restaurationsversuche in Ungarn 1918–1921. München 1973.

W. Leonhard: Die Revolution entläßt ihre Kinder. Köln o. J.

G. Leptin (Hg.): Die Rolle der DDR in Osteuropa. Berlin-West 1974.

N. Lobkowicz, S. Prinz (Hg.): Tschechoslowakei 1945–1970. München 1978.

R. Lorenz: Sozialgeschichte der Sowjetunion 1 (1917–1945). Frankfurt 1976.

P. Ch. Ludz: DDR-Handbuch. Köln 1975.

C. A. Macartney: Geschichte Ungarns. Stuttgart 1971.

V. S. Matatey, R. Luza (Hg.): Geschichte der Tschechoslowakischen Republik 1918–1948. Köln 1978.

G. Meyer: Bürokratischer Sozialismus. Eine Analyse des sowjetischen Herrschaftssystems. Stuttgart 1977.

I. P. Nettl: Die deutsche Sowjetzone bis heute. Frankfurt 1953.

ders.: Der Aufstieg der Sowjetunion. Wien–München–Zürich 1972.

E. R. Raphael: „Entwicklungsland" Rumänien. Zur Geschichte der Umdefinierung eines sozialistischen Staates. München 1977.

H. Rausch, Th. Stammen (Hg.): DDR – Das politische, wirtschaftliche und soziale System. München 1974.

E. Richard: Das zweite Deutschland. Ein Staat, der nicht sein darf. Gütersloh 1964.

H. Roos: Geschichte der polnischen Nation. 1918–1978. Stuttgart 1978.

P. W. Schulze: Herrschaft und Klassen in der Sowjetgesellschaft. Die historischen Bedingungen des Stalinismus. Frankfurt 1978.

F. Sikora: Sozialistische Solidarität und nationale Interessen. Polen–CSSR–DDR. Köln 1977.

I. Slama: Sie sozio-ökonomische Umgestaltung der Nachkriegs-Tschechoslowakei. Zur Politik des kommunistischen Machtmonopols. Wiesbaden 1977.

H. Smith: Die Russen. Bern–München 1976.

W. Sperling: Landeskunde DDR. Eine annotierte Auswahlbibliographie. München 1978.

D. Staritz: Sozialismus in einem halben Lande 1945–1952. Von der SBZ zur DDR. Berlin 1976.

M. Tomala: Polen nach 1945. Stuttgart 1977.

P. Unger: Die Ursachen der politischen Unruhen in Polen im Winter 1970/71. Eine ökonomische und politische Analyse. Frankfurt 1975.

H. Weber: DDR. Grundriß der Geschichte 1945–1976. Hannover 1976.

U. Wolter: Grundlagen des Stalinismus – Die Entwicklung des Marxismus von einer Wissenschaft zur Ideologie. Berlin-West 1975.

K. Böger, H. Kremendahl: Demokratie in beiden deutschen Staaten. Stuttgart 1978.

Bundesministerium für innerdeutsche Beziehungen (Hg.): Bericht der Bundesregierung und Materialien zur Lage der Nation. Bonn 1971 ff.

W. Cornides: Die Weltmächte und Deutschland. Geschichte der jüngsten Vergangenheit 1945–1955. Tübingen 1957.

E. Deuerlein, H. W. Schmollinger: Deutschland 1963–1970/Deutschland 1970–1977. Hannover 1978.

K. G. Fischer, E. Heide, D. Zitzlaff: Vergleich der Wirtschaftssysteme in beiden deutschen Staaten – Ein Unterrichtsmodell. Stuttgart 1976.

H. Freiwald, G. Moldenbauer, D. Hoof, H.-I. Fischer: Das Deutschlandproblem in Schulbüchern der Bundesrepublik. Opladen 1973.

A. Grosser: Geschichte Deutschlands seit 1945. München 1974.

H. Hamel (Hg.): BRD–DDR. Soziale Marktwirtschaft und sozialistische Planwirtschaft im Systemvergleich. München 1977.

G. Leptin: Die deutsche Wirtschaft nach 1945. Ein Ost-West-Vergleich. Opladen 1970.

H. Siegler: Wiedervereinigung und Sicherheit Deutschlands. 2 Bde. 1944–1967. Bonn 1967.

H. Winkel: Die Wirtschaft im geteilten Deutschland. Wiesbaden 1974.

3. Osteuropäische Länder, Wirtschaft

F.-A. Altmann, I. Keck, D. Keese: Die Wirtschaft der Tschechoslowakei und Polens. Lage und Aussichten. München 1968.

E. Antal: Das Wirtschaftslenkungssystem des ungarischen Sozialismus. Entwicklungen seit 1968. München 1976.

B. Askanas: Die Wirtschaft Polens 1945–1972. Wiener Institut für Internationale Wirtschaftsvergleiche. Forschungsbericht Nr. 12. 1974.

K. Bolz (Hg.): Die wirtschaftliche Entwicklung in Osteuropa zur Jahreswende 1977/78. Hamburg 1978.

L. Bress, K.P. Hensel u.a.: Wirtschaftssysteme des Sozialismus im Experiment – Plan oder Markt. Frankfurt 1972.

W. Bröll: Die Wirtschaft der DDR. München–Wien 1973.

W. Brus: Ziele, Methoden und politische Determinanten der Wirtschaftspolitik Polens 1970–1976. Bundesinstitut für osteuropäische und internationale Studien. 49/1978.

G.I. Conrad: Die Wirtschaft Rumäniens von 1945–1952. Berlin-West 1952.

R. Damus: Entscheidungsstrukturen und Funktionsprobleme in der DDR-Wirtschaft. Frankfurt 1973.

U. Dietsch: Außenwirtschaftliche Aktivitäten der DDR. Hamburg 1976.

R. Dietz: Die Wirtschaft der DDR 1950–1974. Wiener Institut für internationale Wirtschaftsvergleiche. 1976.

Autorenkollektiv des DIW: DDR-Wirtschaft. Eine Bestandsaufnahme. Reinbek 1978.

W. Gumpel, H. Vogel: Die Wirtschaft Ungarns, Bulgariens und Rumäniens. München 1968.

H. Haumann: Grundlagen der sowjetischen Wirtschaftsverfassung. Kronberg 1977.

H.H. Höhmann (Hg.): Die Wirtschaft Osteuropas am Beginn der 70er Jahre – Rückblick und Ausblick. Stuttgart 1972.

M. Kaser: Wirtschaftspolitik der Sowjetunion. München 1970.

B. Kiesewetter: Die Wirtschaft der Tschechoslowakei seit 1945. Berlin-West 1954.

J. Kosta: Sozialistische Planwirtschaft. Theorie und Praxis. Opladen 1974.

ders.: Abriß der sozialökonomischen Entwicklung der Tschechoslowakei 1945–1977. Frankfurt 1978.

J. Kosta, J. Meyer, S. Weber: Warenproduktion im Sozialismus. Frankfurt 1973.

E. Lieser-Triebnigg: Das Recht des Außenhandels in der DDR. Organisation und Arbeitsweise. Köln 1978.

F. Müller: Die Außenwirtschaftstheorie in der Planwirtschaft. Berlin-West 1975.

P. Mitzscherling u.a.: System und Entwicklung der DDR-Wirtschaft. Berlin-West 1974.

K.H. Nattland: Der Außenhandel in der Wirtschaftsreform der DDR. Berlin-West 1973.

N. Nemeth: Die Wirtschaft Ungarns 1945–1972. Wiener Institut für Internationale Wirtschaftsvergleiche. 1973.

Ostausschuß der Deutschen Wirtschaft: Handbuch der Kooperation zwischen Unternehmen in der BRD und der VR Ungarn. Köln–Budapest 1975.

W. Piper: Grundprobleme des wirtschaftlichen Wachstums in einigen südost-europäischen Ländern in der Zwischenweltkriegszeit. Berlin-West 1961.

H. Raupach: Geschichte der Sowjetwirtschaft. Reinbek 1964.

ders.: System der Sowjetwirtschaft. Reinbek 1968.

R. P. Rochlin: Die Wirtschaft Bulgariens seit 1945. Berlin-West 1957.

ders.: Die Wirtschaft Polens 1945–1952. Berlin-West 1953.

M.-E. Ruban, H. Machowski: Wirtschaftsreform und Wirtschaftsentwicklung in der Sowjetunion 1965–1975. Berlin-West 1972.

C. Schwartau: Von Plan zu Plan – 25 Jahre ökonomischer Entwicklung der DDR. Herford–Berlin-West 1974.

K. C. Thalheim, H.-H. Höhmann: Wirtschaftsreformen in Osteuropa. Köln 1968.

H. Vogel, H. Kontetzki, P. Schütterle: Betrieb und zentrale Planung in der UdSSR nach den Wirtschaftsreformen vom Herbst 1965. München 1966.

H.-I. Wagener: Die Wirtschaft der Sowjetunion 1950–1973. Wiener Institut für Internationale Wirtschaftsvergleiche. 1974.

J. Wilczynski: Das sozialistische Wirtschaftssystem. Köln 1974.

Th. D. Zotschew: Die außenwirtschaftlichen Verflechtungen der Sowjetunion. Tübingen 1969.

Ost-West-Beziehungen

1. Ökonomische und politische Beziehungen, allgemein

U. Albrecht u. a.: Durch Kooperation zum Frieden? München 1974.

O. W. v. Amerongen (Hg.): Rechtsfragen der Integration und Kooperation in Ost und West. Berlin-West 1976.

St. Graf Bethlen (Hg.): Osthandel in der Krise. München 1976.

E. Boettcher (Hg.): Ostblock, EWG und Entwicklungsländer. Stuttgart 1963.

K. Bolz, P. Plötz: Erfahrungen aus der Ost-West-Kooperation. Hamburg 1974.

K. Busch: Die multinationalen Konzerne. Frankfurt 1974.

D. Cornelsen, H. Machowski, K.-E. Schenk: Perspektiven und Probleme wirtschaftlicher Zusammenarbeit zwischen Ost- und Westeuropa. Berlin-West 1976.

F. Deppe (Hg.): Europäische Wirtschaftsgemeinschaft (EWG). Reinbek 1975.

H. Giersch (Hg.): Möglichkeiten und Grenzen einer Verbesserung des Ost-West-Handels und der Ost-West-Kooperation. Tübingen 1974.

H.-D. Jacobsen: Die wirtschaftlichen Beziehungen zwischen West und Ost. Reinbek 1975.

ders.: Die Internationalisierung der Produktion und ihre Bedeutung für die Ost-West-Wirtschaftsbeziehungen. Vom Handel zur Kooperation. Ebenhausen 1976.

Perspektiven der Kooperation zwischen kapitalistischen und sozialistischen Ländern. Jahrbuch für Friedens- und Konfliktforschung. Bd. III. Düsseldorf 1973.

H.-H. Karry (Hg.): Osthandel. Stuttgart 1977.

H. Lange-Prollius: Praxis des Ost-West-Handels. Die Wirtschaftsbeziehungen 1977–1990. Düsseldorf 1977.

A. Lebahn: Sozialistische Wirtschaftsintegration und Ost-West-Handel im sowjetischen internationalen Recht. Berlin-West 1976.

G. Leptin (Hg.): Handelspartner Osteuropa. Berlin-West 1974.

F. Levcik, J. Stankovsky: Industrielle Kooperation zwischen Ost und West. Wien 1977.

Ch. Levinson: Wodka–Cola. Die gefährliche Kehrseite der wirtschaftlichen Zusammenarbeit zwischen Ost und West. Reinbek 1978.

B. Lewytzkyj: Sowjetische Entspannungspolitik heute. Stuttgart 1976.

W. v. Lingelsheim-Seibicke: Handbuch für den Osthandel. Köln 1977.

F. Nemschak: Perspektiven der wirtschaftlichen Beziehungen zwischen Ost und West, unter besonderer Berücksichtigung Österreichs. Wiener Institut für Internationale Wirtschaftsvergleiche. 1976.

Ost-Wirtschaftsreport-Digest 1978. Düsseldorf 1978.

Panorama. Sonderausgabe 1975 ff. Gesellschaft für Ost- und Südostkunde. Linz 1975 ff.

M. Schmitt: Industrielle Ost-West-Kooperation. Stuttgart 1974.

ders.: Handel-Kooperation-Integration zwischen Ost und West. Beiträge zur Wirtschafts- und Sozialpolitik. Heft 3/1977. Köln 1977.

K.-H. Standke: Der Handel mit dem Osten. Baden-Baden 1972.

R. Steffens: Die Praxis des Osthandels. Hamburg 1973.

A. Weber: Sowjetwirtschaft und Weltwirtschaft. Berlin-West 1959.

H. Zorn: Das Ostgeschäft. Wien 1976.

2. Geschichte

G. Adler-Karlsson: Der Fehlschlag. Wien 1971.

W. W. Kretzschmar: Auslandshilfe als Mittel der Außenwirtschafts- und Außenpolitik. Eine Studie über die amerikanische Auslandshilfe von 1945–1956. München 1964.

U. Küntzel: Dollar-Imperialismus. Luchterhand 1968.

Mendelsohn, Claude, Ulbricht: Die Weltherrschaftspläne des US-Imperialismus. Münster 1972.

G. Myrdal: Internationale Wirtschaft – Probleme und Aussichten. Berlin-West 1978.

F. Seidenzahl: Geschäfte mit dem Osten. Düsseldorf 1957.

W. Spohn: Die technologische Abhängigkeit der Sowjetunion vom Weltmarkt. In: Prokla 19/20/21. 1975. S. 225 ff.

A. C. Sutton: Western Technology and Soviet Economic Development 1917–65. 3 Bde. Stanford 1968, 1971, 1973.

W. Trautmann: Osthandel. Ja oder Nein? Stuttgart 1954.

Th. Weingartner: Die Außenpolitik der Sowjetunion seit 1945. Gütersloh 1974.

3. Einzelne Aspekte der ökonomischen Beziehungen

J. Langer: Der Betrieb in Ost und West. Ein Abriß seiner sozialen und institutionellen Bedingungen. Klagenfurt 1977.

W. v. Lingelsheim-Seibicke: Kooperation mit Unternehmen in Staatshandelsländern Osteuropas. Köln 1974.

F. Levcik: Ostverschuldung und Ost-West-Wirtschaftsbeziehungen. Wiener Institut für Internationale Wirtschaftsvergleiche. Reprint Nr. 27. 1977.

J. Nötzold: Untersuchungen zur Durchsetzung des technischen Fortschritts in der sowjetischen Wirtschaft. Ebenhausen 1972.

Ostausschuß der Deutschen Wirtschaft: Sammlung rechtlich bedeutsamer Klauseln aus abgeschlossenen Kooperationsverträgen. Köln 1975.

T. Sager: Die technologische Lücke zwischen Ost und West. Bern 1971.

U. Schmiederer: Weder Antagonismus noch Konvergenz: Zur Analyse von sozialistischer Gesellschaft und internationaler Politik als Systemkonfrontation und Systemkonkurrenz. In: G. Zellentin: Annäherung, Abgrenzung und friedlicher Wandel in Europa. Boppard 1976. S. 121 ff.

E. Schulz: Moskau und die europäische Integration. München 1977.

E. Schulz (Hg.): Die Ostbeziehungen der Europäischen Gemeinschaft. Von nationalstaatlicher Politik zu gemeinsamer Verantwortung. München 1977.

J. Stankovsky: Folgewirkungen der KSZE für den Ost-West-Handel und die industriellen Kooperationen. Wiener Institut für Internationale Wirtschaftsvergleiche. Reprint Nr. 29. 1977.

ders.: Die Kompensationen im Ost-West-Handel. Wiener Institut für Internationale Wirtschaftsvergleiche. Reprint Nr. 32. 1978.

A. Zwass: Zur Problematik der Währungsbeziehungen zwischen Ost und West. Wien–New York 1974.

Osteuropa, Ost-West-Beziehungen

Östliche Literatur:

Autorenkollektiv: Die Große Sozialistische Oktoberrevolution und der revolutionäre Weltprozeß. Bd. 2. Die Große Sozialistische Oktoberrevolution und die nachfolgenden sozialistischen Revolutionen. Berlin-DDR 1978.

A. W. Kirsanow: Die USA und Westeuropa. Berlin-DDR. 1968.

R. Medwedew: Die Wahrheit ist unsere Stärke. Frankfurt 1973.

M. R. Sachnatowa: Die Expansion des USA-Privatkapitals nach Westeuropa. Berlin-DDR 1968.

E. Schomburg: Der Aufbau des Sozialismus in den europäischen Ländern der Volksdemokratie. Berlin-DDR 1974.

Probleme der Wirtschaftsbeziehungen zwischen Sozialismus und Kapitalismus. Berlin-DDR 1977. IWP-Forschungshefte 2/1977.

A. M. Woinow, W. J. Jochin, L. A. Rodina: Wirtschaftsbeziehungen zwischen sozialistischen und kapitalistischen Ländern. Berlin-DDR 1977 (Frankfurt 1977).

RGW

1. RGW, allgemein

Westliche Literatur:

M. Baumer: Zur Multilateralisierung des Außenhandels der RGW-Mitgliedsstaaten. Ebenhausen 1975.

J. Bethkenhagen, H. Machowski: Integration im Rat für gegenseitige Wirtschaftshilfe. Berlin-West 1976.

W. Bröll: Comecon (RGW). München 1975. (Bayerische Landeszentrale für politische Bildungsarbeit)

G. Elsholz, F. W. Dörge: Comecon. Wirtschaftliche Zusammenarbeit im Ostblock. Opladen 197 .
Informationen zur politischen Bildung: Comecon. Der RGW. 170. Bonn 1977.
F. J. Pascaly: Internationale Arbeitsteilung in EWG und Comecon. München 1973.
R. Steffens: Integrationsprobleme im Rat für gegenseitige Wirtschaftshilfe. Hamburg 1974.
A. Uschakow: Der Rat für gegenseitige Wirtschaftshilfe. Köln 1962.
Wiener Institut für Internationale Wirtschaftsvergleiche: RGW in Zahlen. CMEA Data 1978. Wien 1978.
H. Winter: Institutionalisierung, Methoden und Umfang der Integration im RGW. Stuttgart 1976.

Östliche Literatur:

Autorenkollektiv: Wertgesetz und Wertkategorien in der sozialistischen Planwirtschaft. Berlin-DDR 1979.
Autorenkollektiv: Außenwirtschaftliche Tätigkeit in Produktions- und Außenhandelsbetrieben. Berlin-DDR 1974.
Autorenkollektiv: Sozialistische ökonomische Integration und Betrieb. Berlin-DDR 1977.
Autorenkollektiv: Die sozialistische ökonomische Integration – Ihre Leitung, Planung und Stimulierung. Berlin-DDR 1974.
Autorenkollektiv: Zusammenarbeit und Annäherung in der sozialistischen Gemeinschaft. Berlin-DDR 1977.
Autorenkollektiv: Sozialistische ökonomische Integration. Grundlagen und Aufgaben. Berlin-DDR 1977.
O. T. Bogomolow: Theorie und Methodologie der internationalen sozialistischen Arbeitsteilung. Berlin-DDR 1969.
Dokumente RGW. Über die Vertiefung und Vervollkommnung der Zusammenarbeit und Entwicklung der sozialistischen ökonomischen Integration. Berlin-DDR 1971.
Grunddokumente des RGW. Berlin-DDR 1978.
N. W. Faddejew: Der Rat für gegenseitige Wirtschaftshilfe. Berlin-DDR 1975.
Internationales Institut für ökonomische Probleme des sozialistischen Weltsystems und das Sekretariat des RGW (Hg.): Der RGW: Bilanz und Perspektiven. Berlin-DDR 1975.
G. Kohlmey: Vergesellschaftung und Integration im Sozialismus. Berlin-DDR 1973.
J. F. Kormnow: Spezialisierung und Kooperation der Produktion der RGW-Länder. Berlin-DDR 1974.
H. Koziolek (Hg.): Probleme der sozialistischen Integration der Mitgliedsländer des RGW – Verbindung der Integrationsprozesse mit der planmäßigen proportionalen Entwicklung der Volkswirtschaft sowie ihrer Leitung, Planung und ökonomischen Stimulierung in der DDR. Berlin-DDR 1974.
K. Morgenstern: Sozialistische Internationale Arbeitsteilung. Berlin-DDR 1972.
ders.: Internationale Spezialisierung und Kooperation im RGW. Berlin-DDR 1977.

Anschauungsmaterial RGW. Hg. Parteihochschule beim ZK der SED. Berlin-DDR 1974.

M. W. Senin: Sozialistische Integration. Berlin-DDR 1972.

W. Vogt: Integration – Politik und Ökonomie. Zu einigen politischen Aspekten der sozialistischen ökonomischen Integration der Mitgliedsländer des RGW. Berlin-DDR 1979.

Wissenschaftlicher Rat für Fragen der sozialistischen ökonomischen Integration (Hg.): Ergebnisse, Aufgaben, Perspektiven des RGW. Berlin-DDR 1976.

2. RGW, Geschichte

Westliche Literatur:

O. v. Gajzago: Der sowjetische Außenhandel mit den kommunistischen Ländern. Berlin-West 1962.

J. Hacker, A. Uschakow: Die Integration Osteuropas 1961–1965. Köln 1968.

B. Kiesewetter: Der Ostblock. Außenhandel des östlichen Wirtschaftsblocks einschließlich China. Berlin-West 1960.

E. Klinkmüller, M. E. Ruban: Die wirtschaftliche Zusammenarbeit der Ostblockstaaten. Berlin-West 1960.

H. J. Pommer: Politik und Wirtschaft im Sowjetblock. Dargestellt am Beispiel des Rates für gegenseitige Wirtschaftshilfe. Mainz 1966.

K. Pritzel: Die Wirtschaftsintegration Mitteldeutschlands. Köln 1969.

K. E. Schenk: Arbeitsteilung im Rat für gegenseitige Wirtschaftshilfe. Berlin-West 1964.

Östliche Literatur:

Institut für internationale Beziehungen an der Deutschen Akademie für Staats- und Rechtswissenschaft „Walter Ulbricht" (Hg.): Sozialistische Staatengemeinschaft. Die Entwicklung der Zusammenarbeit und der Friedenspolitik der sozialistischen Staaten. Berlin-DDR 1972.

Institut für die Wirtschaft des sozialistischen Weltsystems an der Akademie der Wissenschaften der UdSSR (Hg.): Sozialistisches Weltwirtschaftssystem. Bd. 1–4. Berlin-DDR 1967 ff.

K. Keller, E. Kieyossy-Schmidt: Hauptkennziffern der wirtschaftlichen Entwicklung der europäischen RGW-Länder 1960–1975. Berlin-DDR 1974.

3. RGW, einzelne Aspekte

Westliche Literatur:

H. Fink: Sozialistisches internationales Wirtschaftsrecht. Berlin-West 1974.

P. Lorenz: Multinationale Unternehmen sozialistischer Länder. Berlin-West 1978.

F. Madl: Juristische Fragen der Entwicklung einer wirtschaftlichen Integration in den Comecon-Ländern. Stuttgart 1971.

D. Stelzl: Die internationalen Banken des Rats für gegenseitige Wirtschaftshilfe. München–Wien 1973.

A. Zwass: Die Währung im Außenhandel der RGW-Länder. Wiener Institut für Internationale Wirtschaftsvergleiche. Wien 1973.

Östliche Literatur:

Autorenkollektiv: Internationale sozialistische Währung der Mitgliedsländer des RGW. Berlin-DDR 1974.

Autorenkollektiv: Sozialistische ökonomische Integration – Rechtsfragen. Potsdam-Babelsberg 1974.

Autorenkollektiv: Forschung und Entwicklung im RGW. Berlin-DDR 1975.

Autorenkollektiv: Die wirtschaftliche Rechnungsführung im Außenhandel der DDR. Kategorien, Formen, Methoden. Berlin-DDR 1974.

Autorenkollektiv: Zusammenarbeit der RGW-Länder in der Planung. Rechtsfragen. Berlin-DDR 1977.

Autorenkollektiv: Sozialistische ökonomische Integration – Wissenschaft und Technik. Berlin-DDR 1976.

M. M. Boguslawski: Aktuelle Rechtsfragen der Wirtschaftsbeziehungen sozialistischer Länder. Berlin-DDR 1973.

G. Gräbig, G. Brendel, H.-J. Dubrowsky: Ware-Geld-Beziehungen in der sozialistischen ökonomischen Integration. Berlin-DDR 1975.

G. Kraft: Die Zusammenarbeit der Mitgliedsländer des RGW auf dem Gebiet der Investitionen. Berlin-DDR 197).

G. Proft, H. Liebsch, K. Werner: Planung in der sozialistischen ökonomischen Integration. Berlin-DDR 1973.

L. Rüster: Funktion und Rechtsstellung internationaler Industriezweigsvereinigungen im Prozeß der sozialistischen Wirtschaftsintegration. Potsdam-Babelsberg 1973.

4. RGW, Wirtschaft

Westliche Literatur:

Wiener Institut für Internationale Wirtschaftsvergleiche: Die Wirtschaft Osteuropas und der UdSSR 1971–1973. Ausblick bis 1975. Reprint Nr. 13. 1974.

B. Askanas, H. Askanas, F. Levcik: Die Wirtschaft Osteuropas und der UdSSR im Jahre 1974. Wiener Institut für Internationale Wirtschaftsvergleiche. Reprint Nr. 19. 1975.

dies.: Der Außenhandel der RGW-Länder 1960–1974. Wiener Institut für Internationale Wirtschaftsvergleiche. Reprint Nr. 16. 1975.

dies.: Die Wirtschaft der RGW-Länder 1971 – 1975 und die geplante Entwicklung bis 1980. Wiener Institut für Internationale Wirtschaftsvergleiche. Reprint Nr. 22. 1976.

dies.: Die Wirtschaft der RGW-Länder in der 2. Hälfte der siebziger Jahre. Wiener Institut für Internationale Wirtschaftsvergleiche. Reprint Nr. 34, 1978.

dies.: Die Wirtschaft und der Außenhandel der RGW-Länder 1976/77 im Lichte ihrer Fünfjahrpläne. Wiener Institut für Internationale Wirtschaftsvergleiche. Reprint Nr. 30. 1977.

dies.: Wirtschaftsentwicklung im RGW-Raum 1970–1980 – eine vergleichende Bilanz. Wiener Institut für Internationale Wirtschaftsvergleiche. Reprint Nr. 38. 1978.

Wiener Institut für Internationale Wirtschaftsvergleiche: Beiträge zur Wirtschaftslage im RGW zur Mitte des Planjahrfünfts 1976–1980. Reprint Nr. 39. 1979.

Anhang

Kommuniqué vom 25. Januar 1949 über die Errichtung des Rates für gegenseitige Wirtschaftshilfe[1]

Im Januar dieses Jahres wurde in Moskau eine Wirtschaftskonferenz abgehalten, an der Vertreter Bulgariens, Ungarns, Polens, Rumäniens, der UdSSR und der Tschechoslowakei teilnahmen.

Die Konferenz stellte bemerkenswerte Erfolge in den zwischen den erwähnten Ländern herrschenden wirtschaftlichen Beziehungen fest, die besonders in einem vermehrten Warenaustausch zur Geltung gekommen sind. Dank der Schaffung solcher wirtschaftlicher Beziehungen und der Verwirklichung einer gemeinsamen Politik der wirtschaftlichen Zusammenarbeit haben die volksdemokratischen Länder und die UdSSR die Möglichkeit erhalten, den Wiederaufbau und die Entwicklung ihrer nationalen Wirtschaften zu beschleunigen.

Die Konferenz hat weiter festgestellt, daß die Regierungen der Vereinigten Staaten und Großbritanniens sowie die Regierungen verschiedener anderer westeuropäischer Staaten dem Sachverhalt nach einen wirtschaftlichen Boykott gegen die volksdemokratischen Länder und gegen die UdSSR verhängt haben, weil es diese Länder nicht für möglich erachten, sich dem Diktat des Marshallplans zu unterwerfen, da dieser Plan die Souveränitätsrechte der Länder sowie die Interessen ihrer nationalen Wirtschaft verletzt.

Unter Berücksichtigung dieser Sachlage hat die Konferenz über die Frage der möglichen Organisation einer weitergehenden wirtschaftlichen Zusammenarbeit zwischen den volksdemokratischen Ländern und der UdSSR beraten.

Zum Zwecke der Verwirklichung dieser weitergehenden wirtschaftlichen Zusammenarbeit zwischen den volksdemokratischen Ländern und der UdSSR hat die Konferenz die Errichtung eines Rates für gegenseitige Wirtschaftshilfe als notwendig erachtet. Dieser Rat wird sich aus gleichberechtigten Vertretern aller an der Konferenz beteiligten Länder zusammensetzen. Seine Aufgaben werden im Austausch von wirtschaftlichen Erfahrungen, Gewährung gegenseitiger technischer Hilfe und gegenseitigen Beistandes beim Austausch von Rohstoffen, Nahrungsmitteln, Maschinen und Ausrüstungsgegenständen bestehen.

Die Konferenz ist übereingekommen, den Rat für gegenseitige Wirtschaftshilfe für eine offene Organisation zu erklären, der auch andere europäische Staaten beitreten können, die sich mit den Prinzipien des Rates einverstanden erklären und an einer weitgehenden wirtschaftlichen Zusammenarbeit mit den obengenannten Ländern teilzunehmen wünschen. Der Rat für gegenseitige Wirtschaftshilfe wird nur beim vorhandenen Einverständnis der interessierten Länder Beschlüsse fassen.

Der Rat wird in bestimmten Abständen Tagungen in den Hauptstädten der beteiligten Länder abhalten, wobei den Vorsitz der Vertreter desjenigen Landes führen wird, in dessen Hauptstadt die Tagung abgehalten wird.

---

1 *Quelle: A. Uschakow: Der Rat für gegenseitige Wirtschaftshilfe (Comecon), Köln 1962, S. 86.*

Erklärung der Beratung von Vertretern der kommunistischen und Arbeiterparteien der sozialistischen Länder (1957)[1]

Die Grundlage der Beziehungen zwischen den Ländern des sozialistischen Weltsystems und zwischen allen kommunistischen und Arbeiterparteien sind die durch das Leben erprobten Prinzipien des Marxismus-Leninismus, die Prinzipien des proletarischen Internationalismus. Gegenwärtig entspricht es den Lebensinteressen der Werktätigen aller Länder, die Sowjetunion und alle sozialistischen Länder zu unterstützen, weil sie eine Politik der Erhaltung des Weltfriedens durchführen und Bollwerk des Friedens und des sozialen Fortschritts sind. Die Arbeiterklasse, die demokratischen Kräfte und die Werktätigen aller Länder sind daran interessiert, unermüdlich um der gemeinsamen Sache willen die brüderlichen Verbindungen zu stärken. In ihrem Interesse liegt es, die historischen, politischen und sozialen Errungenschaften, die in der Sowjetunion, dem ersten und mächtigsten sozialistischen Staat, in der Volksrepublik China und in allen sozialistischen Staaten überhaupt erzielt worden sind, gegen alle Ränke der Feinde zu verteidigen. Auch für sie ist es von Bedeutung, daß diese Errungenschaften erweitert und gefestigt werden.

Die sozialistischen Länder gestalten ihre Beziehungen zueinander nach den Prinzipien der vollen Gleichberechtigung, der Respektierung der territorialen Integrität, der staatlichen Unabhängigkeit und Souveränität, der Nichteinmischung in die inneren Angelegenheiten des anderen. Das sind wichtige Prinzipien. Doch damit ist das Wesen der Beziehungen zwischen den sozialistischen Ländern noch nicht erschöpft. Unabdingbarer Bestandteil ihrer Beziehungen ist die brüderliche gegenseitige Hilfe. In dieser gegenseitigen Hilfe kommt das Prinzip des sozialistischen Internationalismus wirksam zur Geltung.

Auf der Grundlage voller Gleichberechtigung, gegenseitigen Vorteils und kameradschaftlicher gegenseitiger Hilfe haben die sozialistischen Staaten eine umfassende wirtschaftliche und kulturelle Zusammenarbeit entwickelt. Sie spielt bei der Festigung der wirtschaftlichen und politischen Unabhängigkeit eines jeden der sozialistischen Länder und der gesamten sozialistischen Gemeinschaft überhaupt eine große Rolle. Die sozialistischen Staaten werden ihre wirtschaftliche und kulturelle Zusammenarbeit auch künftig erweitern und vervollkommnen.

Geschlossenheit und feste Einheit der sozialistischen Länder sind eine sichere Garantie der nationalen Unabhängigkeit und Souveränität eines jeden sozialistischen Landes. Die Festigung der brüderlichen Beziehungen und der Freundschaft zwischen den Ländern des Sozialismus erheischt eine marxistisch-leninistische, internationalistische Politik der kommunistischen und Arbeiterparteien, Erziehung aller Werktätigen im Geiste der Verbindung von Internationalismus und Patriotismus, entschlossenen Kampf für die Überwindung der Überreste des bürgerlichen Nationalismus und des Chauvinismus. Alle Fragen der Beziehungen zwischen den sozialistischen Ländern können in vollem Umfang durch kameradschaftliche Erörterung auf der Grundlage strikten Festhaltens an den Prinzipien des sozialistischen Internationalismus entschieden werden.

Die Beratung hat die Einmütigkeit der Auffassungen der kommunistischen und Arbeiterparteien über die grundlegenden Fragen der sozialistischen Revolution und des sozialistischen Aufbaus bestätigt. Die Erfahrungen der UdSSR und der anderen sozialistischen Länder haben vollkommen die Richtigkeit der These der marxistisch-leninistischen Theorie gezeigt, wonach die Prozesse der sozialistischen Revolution und des sozialistischen Aufbaus auf einer Reihe von grundlegenden Gesetzmäßigkeiten beruhen, die allen Ländern, welche den Weg des Sozialismus einschlagen, eigen sind. Diese Gesetzmäßigkeiten wirken überall, doch gibt es eine Vielfalt von nationalen Besonderheiten und Traditionen, die sich geschichtlich herausgebildet haben und die unbedingt berücksichtigt werden müssen. Solche allgemeingültigen Gesetzmäßigkeiten sind: Die Führung der werktätigen Massen durch die Arbeiterklasse, deren Kern die marxistisch-leninistische Partei ist, bei der Durchführung der proletarischen Revolution in dieser oder jener Form und bei der Errichtung der Diktatur des Proletariats in dieser oder jener, Form; das Bündnis der Arbeiterklasse mit der Hauptmasse der Bauernschaft und anderen Schichten der Werktätigen; die Beseitigung des kapitalistischen Eigentums und die Herstellung des gesellschaftlichen Eigentums an den wichtigsten Produktionsmitteln; die allmähliche sozialistische Umgestaltung der Landwirtschaft; die planmäßige, auf den Aufbau des Sozialismus und Kommunismus und auf die Hebung des Lebensstandards der Werktätigen gerichtete Entwicklung der Volkswirtschaft; die Verwirklichung der sozialistischen Revolution auf dem Gebiet der Ideologie und Kultur und die Heranbildung einer der Arbeiterklasse, dem schaffenden Volke und der Sache des Sozialismus ergebenen zahlreichen Intelligenz; die Beseitigung der nationalen Unterdrückung und die Herstellung von Gleichberechtigung und brüderlicher Freundschaft zwischen den Völkern; der Schutz der Errungenschaften des Sozialismus gegen die Anschläge äußerer und innerer Feinde; die Solidarität der Arbeiterklasse des gegebenen Landes mit der Arbeiterklasse der anderen Länder, das heißt der proletarische Internationalismus.

Der Marxismus erfordert die schöpferische Anwendung der allgemeingültigen Prinzipien der sozialistischen Revolution und des sozialistischen Aufbaus auf die konkreten historischen Verhältnisse eines jeden Landes; er duldet kein mechanisches Kopieren der Politik und der Taktik der kommunistischen Parteien anderer Länder. W. I. Lenin hat wiederholt darauf hingewiesen, daß die Grundprinzipien des Kommunismus in Übereinstimmung mit der Spezifik der gegebenen Nation, des gegebenen nationalen Staatswesens richtig angewandt werden müssen. Läßt eine proletarische Partei die nationalen Besonderheiten außer acht, so führt das unweigerlich zu ihrer Loslösung vom Leben, von den Massen und fügt der Sache des Sozialismus Schaden zu; umgekehrt wird die Sache des Sozialismus unweigerlich auch geschädigt, wenn man die Rolle dieser Besonderheiten übertreibt und unter dem Vorwand der nationalen Besonderheiten von der allgemeingültigen Wahrheit des Marxismus-Leninismus über die sozialistische Revolution und den sozialistischen Aufbau abweicht. Die Teilnehmer der Beratung sind der Meinung, daß es notwendig ist, gleichzeitig den Kampf gegen beide Tendenzen zu führen. Die kommunistischen und Arbeiterparteien der sozialistischen Länder müssen strikt am Prinzip der Verbindung der allgemeingültigen Wahrheit des Marxismus-Leninismus mit der konkreten Praxis der Revolution und des Aufbaus in ihren Ländern festhalten, müssen die allgemeinen Gesetzmäßigkeiten der sozialistischen Revolution und des sozialistischen Aufbaus schöpferisch auf die konkreten Verhältnisse in ihren Ländern anwenden, voneinander lernen und ihre Erfahrungen austauschen. Die schöpferische Anwendung der im Leben erprobten allgemeingültigen Gesetzmäßigkeiten des sozialistischen Aufbaus und die Mannigfaltigkeit der Formen und Methoden des sozialistischen Aufbaus in den verschiedenen Ländern stellen einen kollektiven Beitrag zur Theorie des Marxismus-Leninismus dar.

Die theoretische Grundlage des Marxismus-Leninismus ist der dialektische Materialismus. Diese Weltanschauung widerspiegelt die allgemeinen Entwicklungsgesetze der Natur, der Gesellschaft und des menschlichen Denkens. Diese Weltanschauung gilt für die Vergangenheit, Gegenwart und Zukunft. Dem dialektischen Materialismus stehen die Metaphysik und der Idealismus gegenüber. Geht eine marxistische politische Partei bei der Prüfung der verschiedenen Fragen nicht von der Dialektik und dem Materialismus aus, so führt das zu Einseitigkeit und Subjektivismus, zur Verknöcherung des Denkens, zur Loslösung von der Praxis, zum Verlust der Fähigkeit, die Dinge und Erscheinungen richtig zu analysieren, zu revisionistischen oder dogmatischen Fehlern und zu Fehlern in der Politik. Die Anwendung des dialektischen Materialismus in der praktischen Arbeit, die Erziehung der Funktionärkader und der breiten Massen im Geiste des Marxismus-Leninismus gehört zu den aktuellen Aufgaben der kommunistischen und Arbeiterparteien.

Große Bedeutung gewinnt in der gegenwärtigen Etappe die Verstärkung des Kampfes gegen die opportunistischen Strömungen in der proletarischen und kommunistischen Bewegung. Die Beratung betont die Notwendigkeit, Revisionismus und Dogmatismus in den Reihen der kommunistischen und Arbeiterparteien entschlossen zu überwinden. Wie in der Vergangenheit, so tragen Revisionismus und Dogmatismus in der proletarischen und kommunistischen Bewegung auch gegenwärtig internationalen Charakter. Dogmatismus und Sektierertum erschweren die Entwicklung der Theorie des Marxismus-Leninismus und seine schöpferische Anwendung auf die sich verändernden konkreten Verhältnisse, setzen an die Stelle des Studiums der konkreten Situation Zitate und Buchstabengelehrtheit, führen zur Loslösung der Partei von den Massen. Eine Partei, die sich sektiererisch abgekapselt und von den breiten Massen losgelöst hat, kann die Sache der Arbeiterklasse nie zum Siege führen. Während die kommunistischen Parteien den Dogmatismus verurteilen, sehen sie unter den gegenwärtigen Umständen die Hauptgefahr im Revisionismus oder, mit anderen Worten, im rechten Opportunismus als einer Ausdrucksform der bürgerlichen Ideologie, die die revolutionäre Energie der Arbeiterklasse lähmt und die Erhaltung oder Restauration des Kapitalismus fördert. Jedoch können auch Dogmatismus und Sektierertum in bestimmten Entwicklungsphasen einzelner Parteien die Hauptgefahr darstellen. Jede kommunistische Partei entscheidet, welche Gefahr für sie im gegebenen Zeitpunkt die Hauptgefahr ist.

Der moderne Revisionismus ist bemüht, die große Lehre des Marxismus-Leninismus in Verruf zu bringen, er erklärt sie für „veraltet", behauptet, sie habe heute ihre Bedeutung für die gesellschaftliche Entwicklung verloren. Die Revisionisten sind bestrebt, die revolutionäre Seele des Marxismus auszumerzen und den Glauben der Arbeiterklasse und des schaffenden Volkes an den Sozialismus zu erschüttern. Sie wenden sich gegen die historische Notwendigkeit der proletarischen Revolution und der Diktatur des Proletariats beim Übergang vom Kapitalismus zum Sozialismus, sie leugnen die führende Rolle der marxistisch-leninistischen Partei, sie lehnen die Prinzipien des proletarischen Internationalismus ab, sie fordern Verzicht auf die grundlegenden Leninschen Prinzipien des Parteiaufbaus und vor allem auf den demokratischen Zentralismus, sie fordern, daß die Kommunistische Partei aus einer revolutionären Kampforganisation in eine Art Diskutierklub verwandelt wird.

1 Quelle: Kommunistische Grundsatzerklärungen 1957–1971. Eingeleitet und hrsg. von F. Schenk, Köln 1972, S. 15 ff., Auszüge.

Erklärung der Beratung von Vertretern der kommunistischen und Arbeiterparteien (1960, gebilligt von Vertretern von 81 kommunistischen Parteien)[1]

Das sozialistische Weltsystem ist in eine neue Etappe seiner Entwicklung eingetreten. Die Sowjetunion verwirklicht erfolgreich den umfassenden Aufbau der kommunistischen Gesellschaft. Die anderen Länder des sozialistischen Lagers legen erfolgreich das Fundament des Sozialismus; einige von ihnen sind bereits in die Periode des Aufbaus der entwickelten sozialistischen Gesellschaft eingetreten. Die Sowjetunion bahnt der ganzen Menschheit als erstes Land in der Geschichte den Weg zum Kommunismus. Die Sowjetunion ist das markanteste Beispiel und das mächtigste Bollwerk für die Völker der ganzen Welt in ihrem Kampf für Frieden, demokratische Freiheiten, nationale Unabhängigkeit und sozialen Fortschritt.

Die volksdemokratischen Republiken Albanien, Bulgarien, China, die Deutsche Demokratische Republik, die Koreanische Volksdemokratische Republik, die Mongolei, Polen, Rumänien, die Tschechoslowakische Sozialistische Republik, Ungarn und die Demokratische Republik Vietnam, die zusammen mit der großen Sowjetunion das mächtige sozialistische Lager gebildet haben, konnten in historisch kurzer Zeit gewaltige Erfolge beim Aufbau des Sozialismus erringen.

Die Erfolge der Länder des Sozialismus und des gesamten sozialistischen Lagers wurden errungen dank richtiger Anwendung der allgemeingültigen Gesetzmäßigkeiten des sozialistischen Aufbaus unter Berücksichtigung der historischen Besonderheiten eines jeden Landes und der Interessen des sozialistischen Systems in seiner Gesamtheit, dank den Bemühungen der Völker dieser Länder, ihrer engen brüderlichen Zusammenarbeit und gegenseitigen internationalen Hilfe und vor allem dank der brüderlichen internationalen Hilfe der Sowjetunion.

Die Erfahrungen der Entwicklung der sozialistischen Länder zeigen wiederum, daß die wichtigste internationale Voraussetzung für ihre Errungenschaften und Erfolge darin besteht, daß sie einander helfen und unterstützen und alle Vorzüge der Einheit und Geschlossenheit der Länder des sozialistischen Lagers nutzen. Die Spekulationen der Imperialisten, Renegaten und Revisionisten, daß im sozialistischen Lager eine Spaltung eintreten könnte, sind auf Sand gebaut und zum Scheitern verurteilt. Alle sozialistischen Länder hüten die Einheit des sozialistischen Lagers wie ihren Augapfel.

Das sozialistische Weltwirtschaftssystem ist durch die Gemeinsamkeit der sozialistischen Produktionsverhältnisse geeint und entwickelt sich auf Grund der

259

ökonomischen Gesetze des Sozialismus. Seine erfolgreiche Entwicklung erfordert beim sozialistischen Aufbau konsequente Anwendung des Gesetzes der planmäßigen, proportionalen Entwicklung; Entfaltung der schöpferischen Initiative der Volksmassen; ständige Vervollkommnung der internationalen Arbeitsteilung durch Koordinierung der Volkswirtschaftspläne sowie Spezialisierung und Kooperierung der Produktion im Rahmen des sozialistischen Weltsystems auf der Grundlage der Freiwilligkeit, des gegenseitigen Vorteils und der allseitigen Steigerung des wissenschaftlich-technischen Niveaus; Studium der kollektiven Erfahrungen; Festigung der Zusammenarbeit und der brüderlichen gegenseitigen Hilfe; auf dieser Grundlage allmähliche Überwindung der historisch bedingten Unterschiede des ökonomischen Entwicklungsniveaus und Schaffung einer materiellen Basis für den mehr oder minder gleichzeitigen Übergang aller Völker des sozialistischen Systems zum Kommunismus.

Beim praktischen Aufbau des Sozialismus in den verschiedenen Ländern ist der kollektive Erfahrungsschatz des gesamten sozialistischen Lagers entstanden. Allseitiges Studium dieser Erfahrungen durch die Bruderparteien sowie ihre schöpferische Anwendung und Bereicherung unter Berücksichtigung der konkreten Verhältnisse und nationalen Besonderheiten sind ein unabänderliches Entwicklungsgesetz jedes sozialistischen Landes.

Das sozialistische Lager ist die soziale, wirtschaftliche und politische Gemeinschaft freier, souveräner Völker, die durch enge Bande der internationalen sozialistischen Solidarität, durch die Einheit der gemeinsamen Interessen und Ziele geeint sind und den Weg zum Sozialismus und Kommunismus gehen. Ein unverbrüchliches Gesetz der Wechselbeziehungen zwischen den sozialistischen Ländern ist die strikte Einhaltung der Grundsätze des Marxismus-Leninismus des sozialistischen Internationalismus. Im sozialistischen Lager ist die wahre Gleichberechtigung und Selbständigkeit eines jeden ihm angehörenden Landes gesichert. Die sozialistischen Staaten, die sich von den Prinzipien der völligen Gleichberechtigung, des gegenseitigen Vorteils und der kameradschaftlichen gegenseitigen Hilfe leiten lassen, vervollkommnen allseitig die wirtschaftliche, politische und kulturelle Zusammenarbeit, was sowohl den Interessen eines jeden sozialistischen Landes als auch denen des gesamten sozialistischen Lagers entspricht.

Eine der größten Errungenschaften des sozialistischen Weltsystems besteht in der praktischen Bestätigung der marxistisch-leninistischen These, daß mit dem Gegensatz der Klassen auch die feindliche Stellung der Nationen gegeneinander fällt. Zum Unterschied von den Gesetzen der kapitalistischen Gesellschaft mit ihren antagonistischen Widersprüchen zwischen Klassen, Nationen und Staaten, Widersprüchen, die zu militärischen Zusammenstößen führen, gibt es im sozialistischen System seiner Natur nach keine objektiven Ursachen für Gegensätze und Konflikte zwischen den ihm angehörenden Völkern und Staaten. Seine Entwicklung führt zu einem immer festeren Zusammenschluß der Staaten und Nationen, zur Stärkung aller Formen ihrer Zusammenarbeit. Der Sozialismus verbindet die Entwicklung der nationalen Wirtschaft, Kultur und Staatsform organisch mit der Festigung und Entwicklung des gesamten sozialistischen Weltsystems, mit einem immer größeren Zusammenschluß der Nationen. Die Interessen des sozialistischen Systems in seiner Gesamtheit harmonieren mit den nationalen Interessen. Auf dieser Grundlage entstand und festigt sich die moralisch-politische Einheit aller

Völker der großen sozialistischen Gemeinschaft. An die Stelle der politischen Isoliertheit und des nationalen Egoismus, die dem Kapitalismus eigen sind, ist – vom sozialistischen System hervorgebracht – die brüderliche Freundschaft und gegenseitige Hilfe der Völker getreten.

Die gemeinsamen Interessen der Völker der sozialistischen Länder, die Interessen des Sozialismus und des Friedens erfordern in der Politik eine richtige Verbindung der Prinzipien des sozialistischen Internationalismus und des sozialistischen Patriotismus. Jede kommunistische Partei, die zur herrschenden Partei im Staate geworden ist, trägt die historische Verantwortung für die Geschicke ihres Landes wie auch für die des gesamten sozialistischen Lagers.

In der Erklärung von 1957 wird ganz richtig darauf hingewiesen, daß die gemeinsame Sache des Sozialismus geschädigt wird, wenn man die Rolle der nationalen Besonderheiten übertreibt und von der allgemeingültigen Wahrheit des Marxismus-Leninismus über die sozialistische Revolution und den sozialistischen Aufbau abrückt. Zugleich wird in der Erklärung auch ganz richtig darauf hingewiesen, daß der Marxismus-Leninismus die schöpferische Anwendung der allgemeingültigen Prinzipien der sozialistischen Revolution und des sozialistischen Aufbaus je nach den konkreten historischen Bedingungen eines jeden Landes verlangt und kein mechanisches Kopieren der Politik und Taktik der kommunistischen Parteien anderer Länder duldet. Werden die nationalen Besonderheiten durch eine proletarische Partei mißachtet, so kann das dazu führen, daß sie sich vom Leben, von den Massen losreißt und die Sache des Sozialismus Schaden erleidet.

Die Äußerungen von Nationalismus und nationaler Beschränktheit verschwinden nicht automatisch mit der Errichtung der sozialistischen Gesellschaftsordnung. Zur Festigung der brüderlichen Beziehungen und der Freundschaft zwischen den Ländern des Sozialismus bedarf es der marxistisch-leninistischen internationalistischen Politik der kommunistischen und Arbeiterparteien, der Erziehung aller Werktätigen im Geiste der Verbindung von Internationalismus und Patriotismus, des entschiedenen Kampfes für die Überwindung der Überreste des bürgerlichen Nationalismus und Chauvinismus.

Die kommunistischen und Arbeiterparteien erziehen die Werktätigen unermüdlich im Geiste des sozialistischen Internationalismus, der Unversöhnlichkeit gegen alle Äußerungen von Nationalismus und Chauvinismus.

Die entschlossene Verteidigung der Einheit der kommunistischen Weltbewegung auf der Grundlage der Prinzipien des Marxismus-Leninismus und des proletarischen Internationalismus und die Unterbindung jedweder Handlungen, die diese Einheit untergraben können, sind eine unerläßliche Voraussetzung des Sieges im Kampf für die nationale Unabhängigkeit, für Demokratie und Frieden, für die erfolgreiche Lösung der Aufgaben der sozialistischen Revolution, des Aufbaus des Sozialismus und Kommunismus. Die Verletzung dieser Prinzipien würde die Kräfte des Kommunismus schwächen.

Alle marxistisch-leninistischen Parteien sind unabhängig und gleichberechtigt; sie arbeiten ihre Politik aus, indem sie von den konkreten Bedingungen ihrer Länder ausgehen und sich von den Prinzipien des Marxismus-Leninismus leiten lassen, und erweisen einander Unterstützung. Der Erfolg der Sache der Arbeiterklasse in jedem Lande erfordert die internationale Solidarität aller marxistisch-leninistischen Parteien. Jede Partei ist der Arbeiterklasse, den Werktätigen ihres Landes und der ganzen internationalen kommunistischen und Arbeiterbewegung verantwortlich.

Die kommunistischen und Arbeiterparteien erklären einmütig: Die von allen anerkannte Vorhut der kommunistischen Weltbewegung war und bleibt die Kommunistische Partei der Sowjetunion als die erfahrenste und gestählteste Kolonne der internationalen kommunistischen Bewegung. Die von der KPdSU im Kampf für den Sieg der Arbeiterklasse, beim Aufbau des Sozialismus und beim umfassenden Aufbau des Kommunismus gesammelten Erfahrungen sind von prinzipieller Bedeutung für die gesamte kommunistische Weltbewegung. Das Vorbild der KPdSU und ihre brüderliche Solidarität begeistern alle kommunistischen Parteien in ihrem Kampf für Frieden und Sozialismus und bringen die Anwendung der revolutionären Prinzipien des proletarischen Internationalismus in der Praxis zum Ausdruck. Die historischen Beschlüsse des XX. Parteitages der KPdSU haben nicht nur für die KPdSU und den kommunistischen Aufbau in der UdSSR große Bedeutung, sondern leiten auch in der internationalen kommunistischen Bewegung eine neue Etappe ein und trugen zu deren weiterer Entwicklung auf der Grundlage des Marxismus-Leninismus bei.

1 Quelle: Kommunistische Grundsatzerklärungen 1957–1971. Eingeleitet und hrsg. von F. Schenk, Köln 1972, S. 86ff., Auszüge.

Kommuniqué über die Konferenz der Vertreter der kommunistischen und Arbeiterparteien des Rates für gegenseitige Wirtschaftshilfe vom 20. bis 23. Mai 1958 in Moskau[1]

Vom 20. bis 23. Mai 1958 fand in Moskau eine Konferenz von Vertretern der kommunistischen und Arbeiterparteien der Mitgliedstaaten des Rates für gegenseitige Wirtschaftshilfe statt.

An der Konferenz nahmen teil: Vertreter der Partei der Arbeit Albaniens, der Kommunistischen Partei Bulgariens, der Sozialistischen Einheitspartei Deutschlands, der Polnischen Vereinigten Arbeiterpartei, der Rumänischen Arbeiterpartei, der Kommunistischen Partei der Sowjetunion, der Kommunistischen Partei der Tschechoslowakei und der Ungarischen Sozialistischen Arbeiterpartei. Außerdem nahmen an der Konferenz auf Einladung Vertreter der Partei der Arbeit Vietnams, der Kommunistischen Partei Chinas, der Partei der Arbeit Koreas und der Mongolischen Revolutionären Volkspartei teil.

Die Konferenz erörterte Fragen der weiteren Entwicklung der wirtschaftlichen Zusammenarbeit zwischen den sozialistischen Ländern auf der Grundlage der konsequenten Verwirklichung der internationalen sozialistischen Arbeitsteilung sowie der rationellen Spezialisierung und Kooperierung der Produktion. Es wurde außerdem eine Information über die Tätigkeit der staatlichen Planungsorgane der sozialistischen Länder bei der Ausarbeitung der Perspektivpläne zur Entwicklung der Volkswirtschaft entgegengenommen.

Die Konferenzteilnehmer stellten einmütig fest, daß sich die Wirtschaftsbeziehungen zwischen den sozialistischen Ländern unaufhörlich festigen und immer vielseitiger werden. In den letzten Jahren erfuhren die Spezialisierung und Kooperierung der Produktion, besonders auf dem Gebiet des Maschinenbaus, eine bedeutende Entwicklung.

Der Rat für gegenseitige Wirtschaftshilfe und seine Ständigen Kommissionen leisteten eine bedeutsame Arbeit zur Vorbereitung von Empfehlungen über die Aufstellung von Perspektivplänen für die Entwicklung der Volkswirtschaft der sozialistischen Länder.

Die umfassende Zusammenarbeit der sozialistischen Länder, die auf den Grundsätzen der völligen Gleichberechtigung und der gegenseitigen Wahrung der nationalen Interessen und der sozialistischen gegenseitigen Hilfe beruht, ist für den Aufbau des Sozialismus und des Kommunismus von großem Nutzen und erlaubt die maximale Ausnutzung der Vorzüge des sozialistischen Weltwirtschaftssystems für die Entfaltung der Produktivkräfte eines jeden sozialistischen Landes und die Stärkung der wirtschaftlichen Macht des sozialistischen Lagers im ganzen.

Die Konferenz ist der Ansicht, daß in der gegenwärtigen Zeit, in der sich die Wirtschaftsbeziehungen zwischen den sozialistischen Ländern bedeutend gefestigt und umfassenden Charakter angenommen haben, die weitere Entwicklung und Vervollkommnung der Formen der wirtschaftlichen Zusammenarbeit zwischen ihnen und die gründlichere Spezialisierung und Kooperierung der Produktion miteinander verbundener Zweige der Volkswirtschaft der Länder des sozialistischen Lagers besonders große Bedeutung erlangen.

Die richtige Organisation der Kooperierung und Spezialisierung der Produktion innerhalb des sozialistischen Lagers ermöglicht die Einsparung von materiellen Mitteln und die Steigerung der Produktivität der gesellschaftlichen Arbeit sowie die rationellste Ausnutzung der natürlichen Hilfsquellen und wirtschaftlichen Voraussetzungen der sozialistischen Länder für die Beschleunigung des Tempos der Erweiterung der sozialistischen Reproduktion. Die Konferenz lenkte die Aufmerksamkeit auf die Notwendigkeit, die Rohstoffzweige der Volkswirtschaft und die Energiewirtschaft bedeutend zu erweitern sowie die neueste Technik weiterzuentwickeln und in der Produktion anzuwenden.

Besondere Aufmerksamkeit fand die Notwendigkeit, die Kooperierung und Spezialisierung des Maschinenbaus weiter zu verstärken; sie gibt die Möglichkeit, zu einer vollkommeneren Massen- und Großserienproduktion überzugehen und damit die Produktionskosten pro Produktionseinheit beträchtlich zu senken.

Die Vertreter der kommunistischen und Arbeiterparteien bestätigen einmütig die Notwendigkeit, die gewaltigen Möglichkeiten der sozialistischen Länder maximal auszunutzen und ihre gegenseitigen Interessen bei der Ausarbeitung der Perspektivpläne umfassend zu berücksichtigen sowie die gegenseitig vorteilhaften Formen der Zusammenarbeit zur Hebung des Niveaus der Industrialisierung der Länder mit wenig entwickelter Industrie zu erweitern.

Die Konferenz hält es für notwendig, die Rolle des Rates für gegenseitige Wirtschaftshilfe und seiner Organe bei der Organisation der wirtschaftlichen Zusammenarbeit weiter zu heben.

Auf der Konferenz wurden gemeinsame Empfehlungen zu Fragen der weiteren Entwicklung der wirtschaftlichen Zusammenarbeit zwischen den sozialistischen Ländern und der Kooperierung und Spezialisierung der Produktion sowie zu Fragen der Ausarbeitung von Perspektivplänen für die Entwicklung der Volkswirtschaft der Länder ausgearbeitet und gebilligt. Die Konferenz beschloß, diese Empfehlungen dem Rat für gegenseitige Wirtschaftshilfe zur Ausarbeitung der erforderlichen praktischen Maßnahmen zu übergeben.

1 Quelle: A. Uschakow: Der Rat für gegenseitige Wirtschaftshilfe (Comecon), Köln 1962, S. 93 f.

Statut des Rates für Gegenseitige Wirtschaftshilfe (von 1959 in der Fassung von 1976)[1]

Die Regierungen der Volksrepublik Albanien, der Volksrepublik Bulgarien, der Ungarischen Volksrepublik, der Deutschen Demokratischen Republik, der Volksrepublik Polen, der Rumänischen Volksrepublik, der Union der Sozialistischen Sowjetrepubliken und der Tschechoslowakischen Republik sind

im Hinblick darauf, daß die wirtschaftliche Zusammenarbeit, die zwischen ihren Ländern erfolgreich durchgeführt wird, zur rationellsten Entwicklung der Volkswirtschaft, zur Hebung des Lebensstandards der Bevölkerung und zur Festigung der Einheit und Geschlossenheit ihrer Länder beiträgt;

erfüllt von der Entschlossenheit, auch weiterhin die allseitige wirtschaftliche Zusammenarbeit auf der Grundlage der konsequenten Verwirklichung der internationalen sozialistischen Arbeitsteilung im Interesse des Aufbaus des Sozialismus und Kommunismus in ihren Ländern und der Sicherung eines dauerhaften Friedens in der ganzen Welt zu entwickeln;

überzeugt davon, daß die Entwicklung der wirtschaftlichen Zusammenarbeit zwischen ihren Ländern dazu beiträgt, die in der Charta der Vereinten Nationen festgelegten Ziele zu erreichen;

unter Bekräftigung ihrer Bereitschaft, die Wirtschaftsbeziehungen zu allen Ländern unabhängig von ihrer gesellschaftlichen und staatlichen Ordnung auf der Grundlage der Gleichheit, des gegenseitigen Vorteils und der Nichteinmischung in die inneren Angelegenheiten zu entwickeln;

in Anerkennung der ständig wachsenden Rolle des Rates für Gegenseitige Wirtschaftshilfe bei der Organisierung der wirtschaftlichen Zusammenarbeit zwischen ihren Ländern

übereingekommen, zu diesem Zweck das vorliegende Statut anzunehmen.

Artikel I

Ziele und Prinzipien

1. Der Rat für Gegenseitige Wirtschaftshilfe hat zum Ziel, durch Vereinigung und Koordinierung der Bemühungen der Mitgliedsländer des Rates zur weiteren Vertiefung und Vervollkommnung der Zusammenarbeit und Entwicklung der sozialistischen ökonomischen Integration, zur planmäßigen Entwicklung der Volkswirtschaft, zur Beschleunigung des wirtschaftlichen und technischen Fortschritts in diesen Ländern, zur Hebung des Standes der Industrialisierung in den

Ländern mit einer weniger entwickelten Industrie, zur ununterbrochenen Steigerung der Arbeitsproduktivität und allmählichen Annäherung und Angleichung des ökonomischen Entwicklungsniveaus und ständigen Hebung des Wohlstandes der Völker der Mitgliedsländer des Rates beizutragen.

2. Der Rat für Gegenseitige Wirtschaftshilfe beruht auf den Grundlagen der souveränen Gleichheit aller Mitgliedsländer des Rates.

Die wirtschaftliche und wissenschaftlich-technische Zusammenarbeit der Mitgliedsländer des Rates wird in Übereinstimmung mit den Prinzipien des sozialistischen Internationalismus auf der Grundlage der Achtung der staatlichen Souveränität, der Unabhängigkeit und der nationalen Interessen, der Nichteinmischung in die inneren Angelegenheiten der Länder, der vollen Gleichberechtigung, des gegenseitigen Vorteils und der kameradschaftlichen gegenseitigen Hilfe verwirklicht.

Artikel II

Mitgliedschaft

1. Ursprüngliche Mitglieder des Rates für Gegenseitige Wirtschaftshilfe sind die Länder, die das vorliegende Statut unterzeichnet und ratifiziert haben.

2. Die Aufnahme als Mitglied des Rates steht anderen Ländern offen, die sich den Zielen und Prinzipien des Rates anschließen und ihr Einverständnis äußern, die im vorliegenden Statut enthaltenen Pflichten zu übernehmen.

Die Aufnahme neuer Mitglieder erfolgt durch Beschluß der Ratstagung auf der Grundlage offizieller Anträge der Länder.

3. Jedes Mitgliedsland des Rates kann aus dem Rat austreten, nachdem es den Depositär des vorliegenden Statuts davon in Kenntnis gesetzt hat. Der Austritt wird sechs Monate nach dem Eingang der Mitteilung beim Depositär wirksam. Der Depositär setzt die Mitgliedsländer des Rates vom Eingang einer solchen Mitteilung in Kenntnis.

4. Die Mitgliedsländer des Rates kommen überein:

a) die Erfüllung der von ihnen angenommenen Empfehlungen der Organe des Rates zu gewährleisten;

b) dem Rat und seinen Amtspersonen bei der Ausübung der im vorliegenden Statut vorgesehenen Funktionen die notwendige Unterstützung zuteil werden zu lassen;

c) dem Rat die für die Durchführung der ihm obliegenden Aufgaben notwendigen Unterlagen und Informationen zur Verfügung zu stellen;

d) den Rat über den Verlauf der Erfüllung der von ihnen angenommenen Empfehlungen der Organe des Rates zu informieren.

Artikel III

Funktionen und Befugnisse

1. In Übereinstimmung mit den in Artikel I des vorliegenden Statuts genannten Zielen und Prinzipien

a) organisiert der Rat für Gegenseitige Wirtschaftshilfe die allseitige wirtschaftliche und wissenschaftlich-technische Zusammenarbeit der Mitgliedsländer des Rates mit dem Ziel der rationellsten Ausnutzung ihrer natürlichen Ressourcen und der Beschleunigung der Entwicklung der Produktivkräfte und unterstützt die Entwicklung der sozialistischen ökonomischen Integration;

b) unterstützt der Rat für Gegenseitige Wirtschaftshilfe die Vervollkommnung der internationalen sozialistischen Arbeitsteilung durch Koordinierung der Pläne für die Entwicklung der Volkswirtschaft sowie durch Spezialisierung und Kooperation der Produktion der Mitgliedsländer des Rates;

c) ergreift der Rat für Gegenseitige Wirtschaftshilfe Maßnahmen zum Studium der wirtschaftlichen und wissenschaftlich-technischen Probleme, die für die Mitgliedsländer des Rates von Interesse sind;

d) unterstützt der Rat für Gegenseitige Wirtschaftshilfe die Mitgliedsländer des Rates bei der Ausarbeitung, Abstimmung und Verwirklichung gemeinsamer Maßnahmen auf den Gebieten:

der Entwicklung der Industrie und der Landwirtschaft der Mitgliedsländer des Rates;

der Entwicklung des Verkehrswesens zur vorrangigen Sicherung des zunehmenden Transports von Export-, Import- und Transitgütern der Mitgliedsländer des Rates;

der effektivsten Nutzung der hauptsächlichsten Investitionen, die von den Mitgliedsländern des Rates für die Entwicklung der Zweige der Rohstoffgewinnungs- und Verarbeitungsindustrie sowie für den Bau von wichtigen Objekten bereitgestellt werden, die für zwei und mehrere Länder von Interesse sind;

der Entwicklung des Warenaustausches und des Austausches von Dienstleistungen der Mitgliedsländer des Rates untereinander und mit anderen Ländern;

des Austausches von wissenschaftlich-technischen Errungenschaften und von fortschrittlichen Produktionserfahrungen;

e) ergreift der Rat für Gegenseitige Wirtschaftshilfe andere Maßnahmen, die für die Erreichung der Ziele des Rates notwendig sind.

2. Der Rat für Gegenseitige Wirtschaftshilfe

a) ist in Übereinstimmung mit dem vorliegenden Statut befugt, durch seine im Rahmen ihrer Zuständigkeit handelnden Organe Empfehlungen anzunehmen und Beschlüsse zu fassen;

b) kann in Übereinstimmung mit dem vorliegenden Statut internationale Abkommen mit den Mitgliedsländern des Rates, mit anderen Ländern und mit internationalen Organisationen schließen.

Artikel IV

Empfehlungen und Beschlüsse

1. Empfehlungen werden zu Fragen der wirtschaftlichen und wissenschaftlich-technischen Zusammenarbeit angenommen. Die Empfehlungen werden den Mitgliedsländern des Rates zur Behandlung mitgeteilt.
Die Verwirklichung der von ihnen angenommenen Empfehlungen erfolgt durch die Mitgliedsländer des Rates auf Grund von Beschlüssen der Regierungen oder zuständiger Organe dieser Länder in Übereinstimmung mit ihrer Gesetzgebung.
2. Beschlüsse werden zu organisatorischen und Verfahrensfragen gefaßt. Beschlüsse treten, soweit sie nichts anderes vorsehen oder sich nichts anderes aus ihrem Charakter ergibt, am Tage der Unterzeichnung des Tagungsprotokolls des entsprechenden Ratsorgans in Kraft.
3. Alle Empfehlungen und Beschlüsse werden im Rat nur mit Einverständnis der interessierten Mitgliedsländer des Rates angenommen, wobei jedes Land das Recht hat, seine Interessiertheit an einer beliebigen im Rat zu behandelnden Frage zu erklären.
Empfehlungen und Beschlüsse gelten nicht für die Länder, die erklärt haben, daß sie an der betreffenden Frage nicht interessiert sind. Jedes dieser Länder kann sich jedoch in der Folge den von den anderen Mitgliedsländern des Rates angenommenen Empfehlungen und Beschlüssen anschließen.

Artikel V

Organe

1. Zur Verwirklichung der im Artikel III des vorliegenden Statuts genannten Funktionen und Befugnisse hat der Rat für Gegenseitige Wirtschaftshilfe folgende Hauptorgane:
die Ratstagung,
das Exekutivkomitee des Rates,
die Komitees des Rates,
die ständigen Kommissionen des Rates,
das Sekretariat des Rates.
2. Andere Organe, die sich als notwendig erweisen, können in Übereinstimmung mit diesem Statut gebildet werden.

Artikel VI

Die Ratstagung

1. Die Ratstagung ist das höchste Organ des Rates für Gegenseitige Wirtschafts-hilfe. Sie ist befugt, alle in die Zuständigkeit des Rates fallenden Fragen zu beraten sowie Empfehlungen und Beschlüsse gemäß diesem Statut anzunehmen.

267

2. Die Ratstagung besteht aus den Delegationen aller Mitgliedsländer des Rates. Die Zusammensetzung der Delegation eines jeden Landes wird von der Regierung des betreffenden Landes bestimmt.

3. Ordentliche Ratstagungen werden mindestens einmal im Jahr abwechselnd in den Hauptstädten der Mitgliedsländer des Rates unter dem Vorsitz des Leiters der Delegation des Landes durchgeführt, in dem die Tagung stattfindet.

4. Eine außerordentliche Ratstagung kann auf Ersuchen oder mit Zustimmung von mindestens einem Drittel der Mitgliedsländer des Rates einberufen werden.

5. Die Ratstagung

a) behandelt

Hauptfragen der wirtschaftlichen und wissenschaftlich-technischen Zusammenarbeit und bestimmt die Hauptrichtungen der Tätigkeit des Rates,

den Bericht des Exekutivkomitees über die Tätigkeit des Rates;

b) übt andere Funktionen aus, die sich für die Erreichung der Ziele des Rates als notwendig erweisen.

6. Die Ratstagung ist befugt, solche Organe zu bilden, die sie zur Ausübung der dem Rat obliegenden Funktionen für notwendig erachtet.

7. Die Ratstagung legt ihre Verfahrensregeln fest.

Artikel VII

Das Exekutivkomitee des Rates

1. Das Exekutivkomitee des Rates für Gegenseitige Wirtschaftshilfe besteht aus je einem Vertreter jedes Mitgliedslandes des Rates auf der Ebene von Stellvertretern der Regierungschefs.

Das Exekutivkomitee ist das Hauptvollzugsorgan des Rates.

2. Das Exekutivkomitee führt seine Sitzungen in der Regel einmal im Quartal durch.

3. Das Exekutivkomitee hat im Rahmen seiner Zuständigkeit das Recht, Empfehlungen und Beschlüsse gemäß vorliegendem Statut anzunehmen. Das Exekutivkomitee kann Vorschläge zur Behandlung auf der Ratstagung unterbreiten.

4. Das Exekutivkomitee

a) leitet in Übereinstimmung mit den Beschlüssen der Ratstagung die gesamte Tätigkeit, die mit der Verwirklichung der vor dem Rat stehenden Aufgaben verbunden ist, und kontrolliert systematisch die Erfüllung der Verpflichtungen durch die Mitgliedsländer des Rates, die sich aus den von ihnen angenommenen Empfehlungen der Ratsorgane ergeben;

b) leitet die Arbeit zur Koordinierung der Pläne für die Entwicklung der Volkswirtschaft, zur Spezialisierung und Kooperation der Produktion der Mitgliedsländer des Rates und organisiert die Ausarbeitung der Hauptrichtungen einer rationellen Arbeitsteilung in den wichtigsten Produktionszweigen dieser Länder;

c) behandelt die Vorschläge der Mitgliedsländer des Rates und der entsprechenden Organe des Rates zu Fragen der wirtschaftlichen und wissenschaftlich-technischen Zusammenarbeit, analysiert den Stand dieser Zusammenarbeit und arbeitet Maßnahmen zu deren weiterer Entwicklung aus;

d) arbeitet die Hauptrichtungen und -maßnahmen aus zur Entwicklung
des Warenaustausches und des Austausches von Dienstleistungen zwischen den Mitgliedsländern des Rates;
der wissenschaftlich-technischen Zusammenarbeit zwischen den Mitgliedsländern des Rates;

e) leitet die Tätigkeit der Komitees, der ständigen Kommissionen und des Sekretariats des Rates sowie auch der entsprechenden anderen Organe des Rates und bestimmt die Hauptfragen und -richtungen ihrer Tätigkeit;

f) bestätigt
den Stellenplan des Sekretariats des Rates, den Haushaltsplan des Rates und den Bericht des Sekretariats über die Erfüllung des Haushaltsplanes;
die Statuten der Komitees, der ständigen Kommissionen und des Sekretariats des Rates sowie der anderen Organe des Rates;

g) schafft Kontrollorgane zur Revision der Finanztätigkeit des Sekretariats des Rates;

h) übt andere Funktionen aus, die sich aus dem vorliegenden Statut sowie aus den Empfehlungen und Beschlüssen der Ratstagung ergeben.

5. Das Exekutivkomitee kann solche Organe bilden, die es zur Ausübung seiner Funktionen für notwendig erachtet.

6. Das Exekutivkomitee legt seine Verfahrensregeln fest.

Artikel VIII

Komitees des Rates

1. Die Komitees des Rates werden von der Ratstagung geschaffen, um die komplexe Behandlung und Entscheidung der wichtigsten Probleme der Zusammenarbeit der Mitgliedsländer des Rates auf den Gebieten der Wirtschaft, Wissenschaft und Technik auf multilateraler Grundlage zu sichern.
Die Komitees des Rates üben die Funktionen aus, die in ihren Statuten vorgesehen sind, sowie auch andere Funktionen, die sich aus den Empfehlungen und Beschlüssen der Ratstagung und des Exekutivkomitees des Rates ergeben.

2. Die Komitees des Rates bestehen aus je einem Leiter der entsprechenden zuständigen Organe der Mitgliedsländer des Rates.

3. Die Komitees des Rates haben im Rahmen ihrer Zuständigkeit das Recht:

a) in Übereinstimmung mit dem vorliegenden Statut Empfehlungen und Beschlüsse anzunehmen;

b) der Ratstagung und dem Exekutivkomitee des Rates Vorschläge zur Behandlung zu unterbreiten;

c) Arbeitsorgane zu bilden, die einzelne Fragen, die zur Zuständigkeit der Komitees gehören, zur Behandlung in den Komitees vorbereiten oder abstimmen, sowie wissenschaftlich-technische Konferenzen und andere Beratungen einzuberufen;

d) Unterlagen, Stellungnahmen und Vorschläge der ständigen Kommissionen und der anderen entsprechenden Organe des Rates zu Fragen, die mit ihrer Tätigkeit verbunden sind, anzufordern.

4. Die Komitees des Rates legen dem Exekutivkomitee des Rates Jahresberichte über die geleistete Arbeit vor.

5. Die Komitees des Rates legen ihre Verfahrensregeln fest.

Artikel IX

Ständige Kommissionen

1. Die ständigen Kommissionen des Rates für Gegenseitige Wirtschaftshilfe werden von der Ratstagung geschaffen, um zur Weiterentwicklung der Wirtschaftsbeziehungen zwischen den Mitgliedsländern des Rates beizutragen und die mehrseitige wirtschaftliche und wissenschaftlich-technische Zusammenarbeit auf einzelnen Gebieten der Volkswirtschaft dieser Länder zu organisieren.
Die ständigen Kommissionen arbeiten Maßnahmen aus und bereiten Vorschläge zur Verwirklichung der genannten Zusammenarbeit vor, einschließlich der Vorbereitung entsprechender mehrseitiger Abkommen, und üben andere Funktionen aus, die sich aus dem vorliegenden Statut, den Empfehlungen und Beschlüssen der Ratstagung, des Exekutivkomitees und der Komitees des Rates ergeben.

2. Die ständigen Kommissionen bestehen aus den Delegationen, die von den Mitgliedsländern des Rates bestimmt werden.

3. Die ständigen Kommissionen haben im Rahmen ihrer Zuständigkeit das Recht:
a) in Übereinstimmung mit dem vorliegenden Statut Empfehlungen und Beschlüsse anzunehmen;
b) der Ratstagung und dem Exekutivkomitee des Rates Vorschläge zur Behandlung zu unterbreiten sowie den anderen entsprechenden Organen des Rates auf Anforderung oder aus eigener Initiative heraus Unterlagen, Stellungnahmen und Vorschläge zu unterbreiten;
c) Arbeitsorgane zu bilden, die einzelne Fragen, die zur Zuständigkeit der Kommission gehören, zur Behandlung in den Kommissionen vorbereiten oder abstimmen, sowie wissenschaftlich-technische Konferenzen und andere Beratungen einzuberufen.

4. Die ständigen Kommissionen legen dem Exekutivkomitee des Rates Jahresberichte über die geleistete Arbeit und ihre weitere Tätigkeit vor.

5. Die ständigen Kommissionen legen ihre Verfahrensregeln fest.

Artikel X

Das Sekretariat des Rates

1. Das Sekretariat des Rates für Gegenseitige Wirtschaftshilfe besteht aus dem Sekretär des Rates, seinen Stellvertretern und dem für die Durchführung der dem Sekretariat obliegenden Funktionen erforderlichen Personal.

Der Sekretär des Rates wird von der Ratstagung und seine Stellvertreter werden vom Exekutivkomitee des Rates ernannt.

Der Sekretär des Rates und seine Stellvertreter leiten die Arbeit des Sekretariats des Rates. Das Sekretariat wird mit Bürgern der Mitgliedsländer des Rates entsprechend dem Statut des Sekretariats des Rates besetzt.

Der Sekretär des Rates kann seine Stellvertreter sowie Mitarbeiter des Sekretariats bevollmächtigen, in seinem Namen aufzutreten.

Der Sekretär und seine Stellvertreter können an allen Tagungen der Organe des Rates teilnehmen.

2. Das Sekretariat des Rates

a) organisiert die Vorbereitung und unterstützt die Durchführung der Tagungen der Organe des Rates sowie der Beratungen, die im Rahmen des Rates durchgeführt werden, bereitet Unterlagen vor oder unterstützt die Vorbereitung der Unterlagen zu den Tagungen der Ratsorgane in Übereinstimmung mit den Arbeitsplänen dieser Organe und gewährleistet die Erfüllung der Funktionen des Sekretariats der anderen Ratsorgane;

b) stellt ökonomische Übersichten auf und führt ökonomische Untersuchungen auf der Grundlage der Materialien der Mitgliedsländer des Rates durch, bereitet Informations-, Auskunfts- und andere Unterlagen zu Fragen der wirtschaftlichen und wissenschaftlich-technischen Zusammenarbeit der Mitgliedsländer des Rates vor und veröffentlicht diese und bereitet andere Übersichten und Untersuchungen vor;

c) bereitet Vorschläge zu einzelnen Fragen der Arbeit des Rates zur Behandlung in den entsprechenden Ratsorganen vor;

d) arbeitet Entwürfe mehrseitiger Abkommen zu Fragen der wirtschaftlichen und wissenschaftlich-technischen Zusammenarbeit in Übereinstimmung mit den Empfehlungen und Beschlüssen der Organe des Rates aus oder unterstützt die Ausarbeitung solcher Entwürfe;

e) organisiert die Registrierung und registriert die Erfüllung der Empfehlungen und Beschlüsse der Organe des Rates und bereitet entsprechende Vorschläge zur Behandlung in den Ratsorganen vor;

f) ergreift andere Maßnahmen, die sich aus dem vorliegenden Statut, aus den im Rat angenommenen Empfehlungen und Beschlüssen sowie aus dem Statut des Sekretariats des Rates ergeben.

3. Der Sekretär des Rates, seine Stellvertreter und das Personal des Sekretariats handeln bei der Ausübung ihrer dienstlichen Obliegenheiten als internationale Amtspersonen.

4. Sitz des Sekretariats des Rates ist Moskau.

Artikel XI

Beziehungen des Rates zu anderen Ländern

Der Rat für Gegenseitige Wirtschaftshilfe kann Länder, die nicht Mitglieder des Rates sind, zur Teilnahme an der Arbeit der Organe des Rates einladen oder mit ihnen in anderen Formen zusammenarbeiten.

Die Bedingungen der Teilnahme von Nichtmitgliedsländern des Rates an der Arbeit der Ratsorgane oder ihrer Zusammenarbeit mit dem Rat in anderen Formen werden vom Rat in Vereinbarung mit diesen Ländern festgelegt, in der Regel durch den Abschluß von Abkommen.

Artikel XII

Beziehungen des Rates zu internationalen Organisationen

Der Rat für Gegenseitige Wirtschaftshilfe kann Beziehungen zu den Organen der Organisation der Vereinten Nationen, zu Spezial- und anderen internationalen Organisationen aufnehmen und unterhalten.

Der Charakter und die Formen dieser Beziehungen werden vom Rat in Vereinbarung mit den entsprechenden Organen der Organisation der Vereinten Nationen und den internationalen Organisationen, insbesondere durch den Abschluß von Abkommen, festgelegt.

1 Quelle: Grunddokumente des RGW, Berlin-DDR 1978, S. 26ff., Art. I–XII.

Grundprinzipien der internationalen sozialistischen Arbeitsteilung (1962)[1]

1. Die Gemeinschaft der Länder des Sozialismus und die internationale sozialistische Arbeitsteilung

Die Gemeinschaft der Länder des Sozialismus verwirklicht ihre Ziele durch eine allseitige, politische, ökonomische und kulturelle Zusammenarbeit. Dabei lassen sich alle sozialistischen Länder streng von den Prinzipien der vollen Gleichberechtigung, der gegenseitigen Achtung, der Unabhängigkeit und Souveränität, der brüderlichen gegenseitigen Hilfe und des gegenseitigen Vorteils leiten. Im Lager des Sozialismus hat niemand und kann niemand irgendwelche besonderen Rechte und Privilegien haben. Die Einhaltung der Prinzipien des Marxismus-Leninismus, des sozialistischen Internationalismus ist eine unerläßliche Bedingung für die erfolgreiche Entwicklung des sozialistischen Weltsystems.

Ihre internationale Verpflichtung sehen die sozialistischen Länder darin, ihre Anstrengungen auf die Sicherung eines hohen Wachstumstempos der industriellen und landwirtschaftlichen Produktion eines jeden Landes in Übereinstimmung mit den vorhandenen Möglichkeiten, auf den allmählichen Ausgleich des ökonomischen Entwicklungsniveaus, auf die erfolgreiche Lösung der Aufgabe zu richten – das kapitalistische Weltsystem im absoluten Umfang der industriellen und landwirtschaftlichen Produktion zu überflügeln und danach die in ökonomischer Beziehung hochentwickelten kapitalistischen Länder in der Produktion pro Kopf der Bevölkerung und im Lebensniveau der Werktätigen zu überholen.

Die Verbindung der Bemühungen um die Entwicklung der nationalen Wirtschaft jedes einzelnen Landes mit den gemeinsamen Bemühungen um die Festigung und Erweiterung der wirtschaftlichen Zusammenarbeit und gegenseitigen Hilfe ist der Hauptweg zum weiteren Aufschwung der sozialistischen Weltwirtschaft.

Die Festigung und Erweiterung der ökonomischen Beziehungen der Länder des Sozialismus wird die Entwicklung der von W. I. Lenin aufgezeigten objektiven Tendenz zur zukünftigen Schaffung einer kommunistischen Weltwirtschaft, die von den siegreichen Werktätigen nach einem einheitlichen Plan geregelt wird, begünstigen.

Im Prozeß der ökonomischen und wissenschaftlich-technischen Zusammenarbeit der Länder des Sozialismus bildet sich ein neuer Typus der internationalen Arbeitsteilung.

Im Gegensatz zur internationalen kapitalistischen Arbeitsteilung, die das Ausbeutungsverhältnis des Schwachen durch den Starken ausdrückt, sich spontan im Verlauf eines scharfen Konkurrenzkampfes und der Expansion der kapitalistischen Monopole bildet, die Ungleichheit des Standes der ökonomischen Entwicklung vertieft, zur Entstehung einer verkrüppelten einseitigen Struktur der Ökonomik der schwach entwickelten Länder führt, wird die internationale sozialistische Arbeitsteilung bewußt und planmäßig in Übereinstimmung mit den Lebensinteressen und Aufgaben der harmonischen und allseitigen Entwicklung aller sozialistischen Länder verwirklicht und führt zur Festigung ihrer Einheit.

Die planmäßige internationale sozialistische Arbeitsteilung trägt zur maximalen Ausnutzung der Vorzüge des sozialistischen Weltsystems, zur Festlegung richtiger Proportionen in der Volkswirtschaft eines jeden Landes, zur rationellen Standortverteilung der Produktivkräfte im Maßstab des sozialistischen Weltsystems, zur effektiven Ausnutzung der Arbeits- und Materialressourcen, zur Stärkung der Verteidigungsmacht des sozialistischen Lagers bei. Die Arbeitsteilung muß einem jeden sozialistischen Land einen sicheren Absatz der spezialisierten Erzeugnisse und die Beschaffung der notwendigen Rohstoffe, Materialien, Ausrüstungen und anderen Waren gewährleisten.

Das Ziel der internationalen sozialistischen Arbeitsteilung besteht in der Erhöhung der Effektivität der gesellschaftlichen Produktion, der Einwirkung auf das Erreichen eines hohen Wachstumstempos der Wirtschaft und des Wohlstandes der Werktätigen in allen sozialistischen Ländern, der Industrialisierung und der allmählichen Überwindung der historisch bedingten Unterschiede des ökonomischen Entwicklungsniveaus der sozialistischen Länder und Schaffung einer materiellen Basis für den mehr oder minder gleichzeitigen Übergang zum Kommunismus innerhalb einer historischen Epoche.

Die kommunistischen und Arbeiterparteien der sozialistischen Länder treten als Initiatoren und Organisatoren der internationalen sozialistischen Arbeitsteilung auf. Die Entwicklung und Vervollkommnung der internationalen sozialistischen Arbeitsteilung ist ein Bestandteil der wissenschaftlich begründeten ökonomischen Politik der kommunistischen und Arbeiterpartei der sozialistischen Länder.

Die sozialistischen Länder erreichten einen bedeutenden Fortschritt in der Entwicklung der internationalen Arbeitsteilung. In Übereinstimmung mit den Empfehlungen des Rates für Gegenseitige Wirtschaftshilfe erweitert sich die internationale Spezialisierung und Kooperation der Produktion im Maschinenbau, in der chemischen Industrie, in der Produktion einiger Arten von Erzeugnissen der

Schwarz- und Buntmetallurgie und in anderen Zweigen der Industrie. Der Umfang der gegenseitigen Warenlieferungen zwischen den sozialistischen Ländern wächst in einem hohen Tempo; im Jahre 1960 erhöhte er sich im Vergleich zu 1950 auf mehr als das Dreifache. Nach der Beratung von Vertretern der kommunistischen und Arbeiterparteien der Mitgliedsländer des Rates für Gegenseitige Wirtschaftshilfe (Mai 1958) wurde die Koordinierung der Volkswirtschaftspläne als die Hauptform der wirtschaftlichen Zusammenarbeit der sozialistischen Länder weiter entwickelt.

Gleichzeitig verfügt damit das sozialistische Weltsystem über günstige Möglichkeiten der Organisierung einer tiefgehenden Arbeitsteilung zwischen den ihm angehörenden Ländern, insbesondere auf dem Gebiet der Spezialisierung und Kooperation der Produktion und der besseren Nutzung deren Vorzüge. Besonders große Möglichkeiten in dieser Beziehung eröffnen sich im Zusammenhang mit der Ausarbeitung langfristiger Pläne der Entwicklung der Volkswirtschaften der sozialistischen Länder.

2. Die Koordinierung der Volkswirtschaftspläne – Das Hauptmittel für die erfolgreiche Entwicklung und Vertiefung der internationalen sozialistischen Arbeitsteilung

Die Erfahrungen bei der Entwicklung des sozialistischen Weltwirtschaftssystems zeigen, daß das Hauptmittel für die planmäßige Vertiefung der internationalen sozialistischen Arbeitsteilung und der immer enger werdenden Vereinigung der Produktionsanstrengungen der Länder des Sozialismus in der gegenwärtigen Etappe die Koordinierung der nationalen Volkswirtschaftspläne ist.

Die Koordinierung der Pläne – das ist die freiwillige gemeinsame planmäßige Tätigkeit der sozialistischen Staaten, die auf die maximale Ausnutzung der politischen und ökonomischen Vorteile des sozialistischen Weltsystems im Interesse der Sicherung des schnellstmöglichen Sieges des Sozialismus und Kommunismus gerichtet ist.

Wie die Erfahrungen der wirtschaftlichen Zusammenarbeit der Mitgliedsländer des RGW zeigen, muß die Koordinierung der Pläne auf die Verwirklichung folgender miteinander verbundener objektiver Prinzipien der Entwicklung der internationalen sozialistischen Arbeitsteilung gerichtet sein:

– die richtige Berücksichtigung der objektiv notwendigen Proportionen der ökonomischen Entwicklung jedes Landes und des sozialistischen Weltsystems als Ganzes, was dazu beiträgt, die Wirtschaft eines jeden Landes auszubilanzieren;

– Sicherung eines hohen ökonomischen Nutzeffekts der internationalen sozialistischen Arbeitsteilung, was sich in einem schnellen Wachstumstempo der Produktion und der größtmöglichen Befriedigung der Bedürfnisse der Bevölkerung in jedem Land bei minimalem Aufwand an gesellschaftlicher Arbeit ausdrückt;

– Sicherung der Verbindung der internationalen Spezialisierung der Produktion und der komplexen (mehrseitigen) Entwicklung der Wirtschaft der einzelnen sozialistischen Länder im Interesse der vollsten und zweckmäßigsten Ausnutzung der natürlichen und ökonomischen Voraussetzungen der Produktion einschließlich der Arbeitskräftereserven;

– die allmähliche Überwindung der historisch bedingten Unterschiede im ökonomischen Entwicklungsniveau der einzelnen Länder, vor allem durch die Industrialisierung der Länder mit einem relativ niedrigen Niveau der ökonomischen Entwicklung und auf der Grundlage der maximalen Ausnutzung der inneren Möglichkeiten eines jeden Landes sowie der Vorzüge des sozialistischen Weltsystems.

Die Koordinierung der Volkswirtschaftspläne muß in erster Linie die wichtigsten Zweige (Arten) der Produktion, in denen die internationale Spezialisierung und Kooperation entsprechend den objektiven Bedingungen eine wachsende Rolle spielt und spielen wird, sowie das Transportwesen, das den internationalen Warenaustausch vermittelt, erfassen.

Die Berücksichtigung der Haupttendenzen der technischen Entwicklung und ihres volkswirtschaftlichen Ergebnisses stellt den wichtigsten Teil der Ausarbeitung von Perspektivplänen durch die Länder und der Koordinierung dieser Pläne dar.

Die ständige Erhöhung der Wirksamkeit der Koordinierung setzt voraus, daß sie – sowohl zweiseitig als auch mehrseitig erfolgt. Dabei wird in Betracht gezogen, daß in Zukunft die Bedeutung der mehrseitigen Koordinierung anwachsen wird;

– sich in erster Linie auf die Perspektivpläne erstreckt, was erlaubt, notwendige Veränderungen in der Struktur, in der Produktionstechnik usw. im Interesse der Vertiefung und Vervollkommnung der internationalen sozialistischen Arbeitsteilung vorzusehen;

– im Verlaufe der Aufstellung der Pläne durch die einzelnen Länder vorgenommen wird;

– Maßnahmen vorsieht, die die Erfüllung der abgestimmten Verpflichtungen hinsichtlich des Umfanges und der Termine der gegenseitigen Lieferungen, der Qualität und des technischen Niveaus der zu liefernden Erzeugnisse usw. seitens der Länder sichert;

– gemeinsame Maßnahmen einer Reihe von Ländern bei der Lösung großer ökonomischer und technischer Fragen vorsieht.

Die immer umfassendere Koordinierung der Volkswirtschaftspläne der sozialistischen Länder setzt die Erreichung der Einheitlichkeit der methodologischen Prinzipien der Ausarbeitung von Kennziffern des Planes und der statistischen Erfassung in diesen Ländern und auf dieser Grundlage die Sicherung der Vergleichbarkeit dieser Kennziffern voraus.

3. Die Hauptrichtung der rationellen Arbeitsteilung in den wichtigsten Produktionszweigen

Die weitere Vervollkommnung der internationalen sozialistischen Arbeitsteilung auf der Grundlage der Koordinierung der Pläne setzt die beschleunigte Entwicklung solcher fortschrittlicher Formen der Arbeitsteilung, wie Spezialisierung und Kooperation der Produktion, innerhalb des sozialistischen Lagers voraus. Zwischenstaatliche Spezialisierung heißt: Konzentration der Produktion gleichartiger Erzeugnisse in einem bzw. einigen sozialistischen Ländern für die Befriedigung der

Bedürfnisse der interessierten Länder und in diesem Zusammenhang die Erhöhung des technischen Niveaus und der Organisation der Produktion sowie die Herstellung fester ökonomischer Beziehungen und der Produktionskooperation zwischen den Ländern. Die internationale Spezialisierung der Produktion führt zur Erhöhung des Produktionsausstoßes, zur Senkung der Selbstkosten, zur Erhöhung der Arbeitsproduktivität, zur Verbesserung der Qualität der Erzeugnisse und ihrer technischen Charakteristiken.

4. Die Gewährleistung eines hohen ökonomischen Nutzeffektes der internationalen sozialistischen Arbeitsteilung

Eine Bedingung für einen hohen ökonomischen Nutzen der internationalen Arbeitsteilung im sozialistischen Weltsystem ist die Herstellung rationeller Proportionen der Produktion durch Koordinierung der Pläne der Länder, dabei auch durch zweckmäßige Verteilung der Produktionskapazitäten für die Herstellung gleichartiger oder austauschbarer Erzeugnisse.

Hauptkriterium für den ökonomischen Nutzeffekt der internationalen sozialistischen Arbeitsteilung ist das Wachstum der Produktivität der gesellschaftlichen Arbeit, d. h. die Erreichung eines minimalen Aufwands an Material und Arbeit für die Herstellung und den Transport einer bestimmten Erzeugnisart.

Die Berechnungen des vergleichbaren ökonomischen Nutzeffektes der Investitionen und der Produktion in den sozialistischen Ländern sowie des volkswirtschaftlichen Nutzeffektes des Außenhandels werden bei der Koordinierung der Pläne der Länder als ein wichtiges, wenn auch nicht als das einzige Kriterium für die Begründung rationeller Wege zur Vertiefung der internationalen sozialistischen Arbeitsteilung benutzt.

Neben Berechnungen des ökonomischen Nutzeffektes ist bei der Vervollkommnung der internationalen sozialistischen Arbeitsteilung auch die Notwendigkeit der Sicherung der Vollbeschäftigung der Arbeitskräfte, des Ausgleichs der Zahlungsbilanz, die Rolle der betreffenden Produktion hinsichtlich der Erhöhung der gesellschaftlichen Arbeitsproduktivität in der gesamten Volkswirtschaft und der Sicherung der Angleichung des ökonomischen Entwicklungsniveaus der Länder, der Stärkung der Verteidigungsbereitschaft und andere Faktoren zu berücksichtigen.

5. Die Verbindung der internationalen Spezialisierung der Produktion mit der komplexen Entwicklung der Wirtschaft der einzelnen sozialistischen Länder

Im sozialistischen Weltwirtschaftssystem sind günstige Bedingungen nicht nur für die konsequente und planmäßige Vertiefung der Arbeitsteilung zwischen den Ländern, sondern auch für die Bildung eines rationellen Komplexes miteinander verflochtener und einander ergänzender Volkswirtschaftszweige in jedem der Länder vorhanden. Dies bedeutet die Schaffung einer Mehrzweigstruktur der Volkswirtschaft der sozialistischen Länder, die die Industrie und die Landwirtschaft, die extraktiven und die verarbeitenden Zweige, die Produktion von Produktionsmitteln und die Produktion von Konsumtionsmitteln zu einem optimalen Komplex verbindet und zur Erhöhung des Tempos und der Effektivität ihrer ökonomischen Entwicklung beiträgt.

Die internationale Spezialisierung sowie die Entwicklung nationaler Wirtschaftskomplexe in den einzelnen sozialistischen Ländern bedingen einander. Nur auf der Grundlage ihrer harmonischen Verbindung kann die vollständigste und ökonomischste Ausnutzung der Produktivkräfte eines jeden sozialistischen Landes und des sozialistischei Lagers in seiner Gesamtheit gewährleistet werden. Die Tendenz zur Schaffung eines in sich abgeschlossenen Komplexes der Volkswirtschaft auf Kosten der Vertiefung einer rationellen internationalen Arbeitsteilung oder umgekehrt eine einseitige internationale Spezialisierung der Wirtschaft können zur Verringerung der Effektivität und zur Verlangsamung des Tempos der ökonomischen Entwicklung sowohl in einzelnen sozialistischen Ländern als auch im System als Ganzes führen.

Dabei darf die Rolle der natürlichen Bedingungen und der historischen Traditionen nicht überschätzt werden; ihre effektivste und vollständigste Ausnutzung muß von der Schaffung neuer Bedingungen und Traditionen entsprechend den Aufgaben des sozialistischen und kommunistischen Aufbaus begleitet sein.

Der Volkswirtschaftskomplex ist zweckmäßigerweise in jedem Land so zu entwickeln, daß sich dessen ökonomisches Niveau stetig hebt. Das setzt vor allem in jedem Lande die größtmögliche Entwicklung der sozialistischen Industrie als dem führenden Zweig der Volkswirtschaft und die Sicherung des vorrangigen Wachstums der Produktion von Produktionsmitteln voraus. Die Schaffung eines optimalen Volkswirtschaftskomplexes in jedem Lande erfordert:

– die Entwicklung der einheimischen Brennstoff-, Energie- und Rohstoffindustrie auf der Grundlage der maximal möglichen Ausnutzung der eigenen Ressourcen unter Berücksichtigung des ökonomischen Nutzeffektes vom Standpunkt der Interessen des Landes und des gesamten sozialistischen Lagers;

– die Erhöhung des Anteils der Volkswirtschaftszweige, welche die Grundlage für den technischen Fortschritt in der Volkswirtschaft bilden, insbesondere des Maschinenbaus und der chemischen Industrie;

– die allseitige Ausnutzung der Vorzüge der internationalen Spezialisierung der Produktion im sozialistischen Lager und der Möglichkeiten zur Erweiterung des Handels mit den kapitalistischen Staaten.

In jenen Produktionszweigen, die in allen oder in den meisten sozialistischen Ländern entwickelt werden, ist es zweckmäßig, die zwischenstaatliche Spezialisierung nach einzelnen Erzeugnisarten zu vertiefen. Bei der Entwicklung der Spezialisierung sind nicht nur der Bedarf der sozialistischen Länder, sondern auch Möglichkeiten für den Export über die Grenzen des sozialistischen Weltsystems hinaus zu berücksichtigen.

Neben der komplexen Entwicklung der Volkswirtschaft eines jeden Landes trägt die internationale sozialistische Arbeitsteilung zur Bildung von Produktionskomplexen mit Beteiligung einiger sozialistischer Länder bei.

6. Überwindung der historisch entstandenen Unterschiede im ökonomischen Entwicklungsniveau der sozialistischen Länder

Die Überwindung der Unterschiede im Niveau der ökonomischen Entwicklung bewirkt eine vollständigere Ausnutzung der Vorzüge der internationalen sozialistischen Arbeitsteilung und ist gleichzeitig einer der Faktoren zur Beschleunigung des Tempos der wirtschaftlichen Entwicklung des sozialistischen Systems in seiner Gesamtheit. Sie fördert die Herstellung optimaler Proportionen der erweiterten Reproduktion innerhalb des sozialistischen Weltsystems.

Die wirtschaftliche und wissenschaftlich-technische Zusammenarbeit zwischen den sozialistischen Staaten, ihre gegenseitige Hilfe, die Organisierung der Arbeitsteilung zwischen ihnen müssen maximal zur Festigung der Volkswirtschaftskomplexe und zur Erweiterung der Produktion in den weniger entwickelten Ländern beitragen. Durch die allseitige brüderliche Zusammenarbeit gewinnt jedes einzelne sozialistische Land und das sozialistische Weltsystem als Ganzes.

7. Arbeitsteilung und Warenaustausch zwischen den sozialistischen Ländern

Die internationale sozialistische Arbeitsteilung ist die Grundlage des Warenaustausches zwischen den sozialistischen Ländern, der auf dem Prinzip der Äquivalenz beruht.

Entsprechend der Entwicklung der Arbeitsteilung ist es notwendig, die Formen der Ware-Geld-Beziehungen zwischen den Ländern des Sozialismus ständig zu vervollkommnen.

Dabei ist es zweckmäßig, allmählich die Praxis der mehrseitigen Handels- und Zahlungsabkommen einzuführen.

Die mehrseitige Koordinierung der Pläne und die darauf basierenden Empfehlungen durch Spezialisierung und Kooperation der Produktion müssen die Bilanzierung der Zahlungsbeziehungen jedes sozialistischen Landes sichern, insbesondere auf der Grundlage der sich immer mehr verbreitenden Formen der mehrseitigen Verrechnungen.

Dabei sollte berücksichtigt werden, daß der Ausgleich der Zahlungsbilanz nicht gleichbedeutend ist mit der Bilanzierung der gegenseitigen Zahlungen bei einzelnen Warengruppen und Erzeugnissen. Die Erfüllung der Verbindlichkeiten, die in Handels- und anderen Abkommen aufgenommen sind, insbesondere hinsichtlich der vereinbarten Volumen, der Warenqualität und der Liefertermine, ist als erstrangige Verpflichtung der sozialistischen Staaten anzusehen.

Es ist notwendig, das System der Preisbildung auf dem sozialistischen Weltmarkt ständig entsprechend den Erfordernissen der planmäßigen Vertiefung der internationalen sozialistischen Arbeitsteilung, der ständigen Erweiterung des Warenaustausches, der Beschleunigung der Entwicklung der sozialistischen Weltwirtschaft zu vervollkommnen, indem gleichzeitig die Bedingungen für den allmählichen Übergang zu einer eigenen Preisbasis geschaffen werden.

1 Quelle: Neues Deutschland v. 17. 6. 1962. Auszüge.

Komplexprogramm für die weitere Vertiefung und Vervollkommnung der Zusammenarbeit und Entwicklung der sozialistischen ökonomischen Integration der Mitgliedsländer des RGW (1971)[1]

KAPITEL I

Abschnitt 1

Charakteristik der erzielten Erfolge, Grundprinzipien, Hauptziele, -wege und -mittel der weiteren Vertiefung und Vervollkommnung der wirtschaftlichen und wissenschaftlich-technischen Zusammenarbeit und Entwicklung der sozialistischen ökonomischen Integration der Mitgliedsländer des RGW

Die sozialistische Staatengemeinschaft beruht auf der in jedem Land geschaffenen gleichartigen ökonomischen Grundlage – dem gesellschaftlichen Eigentum an Produktionsmitteln –, auf dem gleichartigen Staatsaufbau – der Volksmacht mit der Arbeiterklasse an der Spitze – und auf der einheitlichen Ideologie – dem Marxismus-Leninismus.

Die allseitige Entwicklung und Festigung jedes einzelnen sozialistischen Landes ist eine entscheidende Bedingung für die Vorwärtsbewegung des gesamten sozialistischen Weltsystems. Die erfolgreiche Entwicklung der Volkswirtschaft und die Vervollkommnung der gesellschaftlichen Beziehungen, der allseitige Fortschritt jedes sozialistischen Landes entsprechen den Interessen der gemeinsamen Sache des Sozialismus.

Die weitere Vertiefung und Vervollkommnung der Zusammenarbeit und Entwicklung der sozialistischen ökonomischen Integration der Mitgliedsländer des RGW werden auch in Zukunft entsprechend den Prinzipien des sozialistischen Internationalismus auf der Grundlage der Achtung der staatlichen Souveränität, der Unabhängigkeit und der nationalen Interessen, der Nichteinmischung in die inneren Angelegenheiten der Länder, der vollen Gleichberechtigung, des gegenseitigen Vorteils und der kameradschaftlichen gegenseitigen Hilfe erfolgen. Die historischen Erfahrungen haben die Lebenskraft dieser marxistisch-leninistischen Prinzipien der zwischenstaatlichen Beziehungen neuen Typus, die den objektiven Erfordernissen der Festigung des sozialistischen Aufbaus in jedem Land und den Entwicklungsbedingungen des sozialistischen Weltsystems entsprechen sowie zur Schaffung einer stabilen Grundlage für eine breite und fruchtbare internationale Zusammenarbeit beitragen, voll und ganz bestätigt.

Die sozialistische ökonomische Integration erfolgt auf der Grundlage der vollen Freiwilligkeit und ist nicht mit der Schaffung übernationaler Organe verbunden, sie berührt nicht Fragen der inneren Planung, der finanziellen und der auf der wirtschaftlichen Rechnungsführung beruhenden Tätigkeit der Organisationen.

4. Die Mitgliedsländer des RGW gehen davon aus, daß das System der wirtschaftlichen und wissenschaftlich-technischen Zusammenarbeit der Mitgliedsländer des RGW auf den allgemeinen Gesetzmäßigkeiten des sozialistischen Aufbaus, den grundlegenden Prinzipien der sozialistischen Wirtschaftsführung und der organischen Verbindung der Koordinierung der Pläne – als Hauptmetho-

de für die Organisation der Zusammenarbeit – mit der breiteren Nutzung der Ware-Geld-Beziehungen beruht.

5. Die Mitgliedsländer des RGW werden die wirtschaftliche und wissenschaftlich-technische Zusammenarbeit vertiefen und vervollkommnen und die sozialistische ökonomische Integration entwickeln, um beizutragen zur

– schnelleren Entwicklung der Produktivkräfte in allen Mitgliedsländern des RGW, Erreichung des wissenschaftlich-technischen Höchststandes und maximalen Erhöhung des ökonomischen Nutzeffektes der gesellschaftlichen Produktion sowie maximalen Steigerung der Produktivität der gesellschaftlichen Arbeit;

– Vervollkommnung der Struktur und Erweiterung der Produktionsmaßstäbe bei systematischer Erhöhung des technischen Niveaus der Zweige sowie Einführung progressiver Technologien entsprechend den Erfordernissen der wissenschaftlich-technischen Revolution;

– Deckung des wachsenden Bedarfs der Volkswirtschaft der Länder an Brennstoffen, Energie und Rohstoffen, modernen Ausrüstungen, landwirtschaftlichen Erzeugnissen, Nahrungs- und Genußmitteln und anderen Konsumgütern für eine längere Perspektive im wesentlichen aus der Produktion und durch die rationelle Nutzung der Ressourcen der Mitgliedsländer des RGW;

– Erhöhung des materiellen und kulturellen Lebensstandards der Völker der Mitgliedsländer des RGW;

– schrittweisen Annäherung und Angleichung des ökonomischen Entwicklungsniveaus der Mitgliedsländer des RGW;

– Erhöhung der Aufnahmefähigkeit und Stabilität des sozialistischen Weltmarktes;

– Stärkung der Positionen der Mitgliedsländer des RGW in der Weltwirtschaft und im Endergebnis Sicherung des Sieges im ökonomischen Wettbewerb mit dem Kapitalismus;

– Stärkung der Verteidigungsfähigkeit der Mitgliedsländer des RGW.

6. Die Hauptwege und -mittel für die weitere Vertiefung und Vervollkommnung der wirtschaftlichen und wissenschaftlich-technischen Zusammenarbeit und Entwicklung der sozialistischen ökonomischen Integration sind:

– gegenseitige mehr- und zweiseitige Konsultationen zu Grundfragen der Wirtschaftspolitik;

– Vertiefung der mehr- und zweiseitigen Zusammenarbeit auf dem Gebiet der Planungstätigkeit der Länder, einschließlich der Zusammenarbeit bei der Prognostizierung, der Koordinierung der Fünfjahrpläne und der Koordinierung der Pläne für eine längere Perspektive für wichtige Volkswirtschaftszweige und Produktionsarten, der gemeinsamen Planung einiger abgestimmter Industriezweige und einzelner Produktionen durch die interessierten Länder sowie des Erfahrungsaustausches über die Vervollkommnung der Systeme der Planung und Leitung der Volkswirtschaft;

– planmäßige Erweiterung der internationalen Spezialisierung und Kooperation in Produktion, Wissenschaft und Technik sowie Vereinigung der Anstrengungen der interessierten Länder bei der Erforschung und beim Abbau von Bodenschätzen, beim Bau von Produktionsobjekten und bei Forschungsarbeiten;

– planmäßige Erweiterung und Erhöhung des Nutzeffektes des gegenseitigen Handels, Vervollkommnung seiner Organisationsformen auf der Grundlage des staatlichen Monopols, Entwicklung der gegenseitigen Handelsbeziehungen in Verbindung mit der Vervollkommnung der Valuta- und Finanzbeziehungen und des Außenhandelspreissystems;

– Erweiterung der Direktbeziehungen zwischen Ministerien, Ämtern und anderen staatlichen Organen, Wirtschaftsorganisationen sowie Forschungs- und Entwicklungseinrichtungen der Mitgliedsländer des RGW;

– Entwicklung der bestehenden und Schaffung neuer internationaler ökonomischer Organisationen durch die interessierten Länder;

– Vervollkommnung der Rechtsgrundlagen der wirtschaftlichen und wissenschaftlich-technischen Zusammenarbeit, wobei insbesondere die materielle Verantwortlichkeit der Partner für die Nichterfüllung bzw. nicht gehörige Erfüllung der gegenseitigen Verpflichtungen erhöht werden soll.

7. Entsprechend den Beschlüssen der XXIII. (Sonder-)Tagung des Rates für Gegenseitige Wirtschaftshilfe halten es die Mitgliedsländer des RGW für erforderlich, auf der Grundlage einer festen und stabilen internationalen sozialistischen Arbeitsteilung einen Komplex von wirtschaftlichen und organisatorischen Maßnahmen zur Vertiefung und Vervollkommnung der Zusammenarbeit und Entwicklung der sozialistischen ökonomischen Integration durchzuführen. Mit diesem Ziel haben die Mitgliedsländer des RGW ein Komplexprogramm für die weitere Vertiefung und Vervollkommnung der Zusammenarbeit und Entwicklung der sozialistischen ökonomischen Integration der Mitgliedsländer des RGW, im weiteren Komplexprogramm genannt, ausgearbeitet. Dieses Komplexprogramm ist für 15 bis 20 Jahre berechnet und enthält die erforderlichen wirtschaftlichen und organisatorischen Maßnahmen, die etappenweise zu den im Komplexprogramm festgelegten Terminen und unter Berücksichtigung der Interessen jedes Landes und der Gemeinschaft als Ganzes verwirklicht werden.

Im Verlaufe der Verwirklichung der im Komplexprogramm vorgesehenen Maßnahmen wird der Notwendigkeit Rechnung getragen werden, der schnelleren und effektiveren Entwicklung der Wirtschaft, Wissenschaft und Technik in den industriell weniger entwickelten Mitgliedsländern des RGW bei maximaler Mobilisierung und effektiver Nutzung ihrer eigenen Anstrengungen und Ressourcen Hilfe und Unterstützung zu gewähren.

8. Bei der Vertiefung und Vervollkommnung der wirtschaftlichen und wissenschaftlich-technischen Zusammenarbeit und Entwicklung der sozialistischen ökonomischen Integration der Mitgliedsländer des RGW wird dem Rat für Gegenseitige Wirtschaftshilfe, der in seiner praktischen Tätigkeit alle erforderlichen Maßnahmen zur Realisierung dieses Komplexprogramms ergreifen wird, eine ständig wachsende Rolle zukommen.

Abschnitt 2

Schrittweise Annäherung und Angleichung des ökonomischen Entwicklungsniveaus der Mitgliedsländer des RGW

Die Mitgliedsländer des RGW gehen von folgendem aus:

1. Die schrittweise Annäherung und Angleichung des ökonomischen Entwicklungsniveaus der Länder der sozialistischen Gemeinschaft ist ein objektiver

historischer Prozeß im Zuge der Entwicklung des sozialistischen Weltsystems. Dieser Prozeß ist durch den sozialistischen Charakter der Produktionsverhältnisse in den Ländern des Sozialismus und die Entwicklung der politischen, wirtschaftlichen und wissenschaftlich-technischen Zusammenarbeit und gegenseitigen Hilfe zwischen ihnen bedingt.

2. Hauptwege der schrittweisen Annäherung und Angleichung des ökonomischen Entwicklungsniveaus der Mitgliedsländer des RGW sind vor allem die maximale Mobilisierung und effektive Nutzung der eigenen Anstrengungen und Ressourcen der Länder sowie die Nutzung der Vorzüge der internationalen sozialistischen Arbeitsteilung. Für die Mitgliedsländer des RGW, besonders für die industriell weniger entwickelten, ist die Herausarbeitung der perspektivischen Hauptrichtungen der Gestaltung eines optimalen Volkswirtschaftskomplexes jedes Mitgliedslandes des RGW ein äußerst wichtiges Problem. Die Schaffung eines derartigen Komplexes setzt unter den Bedingungen der sich gegenwärtig vollziehenden wissenschaftlich-technischen Revolution effektive Außenwirtschaftsbeziehungen sowie die Entwicklung und Vertiefung der internationalen Spezialisierung und Kooperation der Produktion voraus.

KAPITEL II

Abschnitt 3

Gegenseitige Konsultationen
zu Grundfragen der Wirtschaftspolitik

Die Mitgliedsländer des RGW werden gegenseitige Konsultationen zu Grundfragen der Wirtschafts- und wissenschaftlich-technischen Politik durchführen, um die Schaffung günstigerer Bedingungen für die weitere Vertiefung der Arbeitsteilung, die schrittweise Ausarbeitung und Realisierung der Richtungen einer abgestimmten Strategie der weiteren Vertiefung und Vervollkommnung der Zusammenarbeit und Entwicklung der sozialistischen ökonomischen Integration zu fördern, um die Entwicklung der Wirtschaft der Mitgliedsländer des RGW und der Gemeinschaft als Ganzes unter Beachtung einer schnelleren und effektiveren Entwicklung der Wirtschaft der industriell weniger entwickelten Länder zu beschleunigen.

Zu diesem Zweck vereinbarten die Mitgliedsländer des RGW folgendes:

1. Die gegenseitigen Konsultationen zu Grundfragen der Wirtschafts- und wissenschaftlich-technischen Politik müssen insbesondere die Probleme betreffen, die in den gegenseitigen Beziehungen dieser Länder von Bedeutung sind. Hierzu gehören die Hauptziele und -aufgaben auf sozialökonomischem und wissenschaftlich-technischem Gebiet, die in jedem der an den Konsultationen beteiligten Länder gestellt werden, die Etappen der Lösung dieser Aufgaben sowie Probleme, deren Lösung nach Meinung der interessierten Länder über den Rahmen der Möglichkeiten der einzelnen Mitgliedsländer des RGW hinausgeht.

2. Die Mitgliedsländer des RGW werden gegenseitige Konsultationen zu Grundfragen der Wirtschafts- und wissenschaftlich-technischen Politik mehrseitig im Rahmen des RGW und zweiseitig zwischen den interessierten Ländern entsprechend den zwischen ihnen abgestimmten Formen und Verfahren durchführen. Die

Probleme und Fragen, zu denen gegenseitige Konsultationen erfolgen, werden in Abstimmung zwischen den interessierten Mitgliedsländern des RGW festgelegt. Die Ebene der gegenseitigen Konsultationen wird von den Ländern unter Berücksichtigung des Charakters und des Inhalts der zu behandelnden Fragen festgelegt.

Abschnitt 4

Hauptrichtungen und -aufgaben der Entwicklung
der Zusammenarbeit auf dem Gebiet der Planungstätigkeit

Die Mitgliedsländer des RGW betrachten die Zusammenarbeit auf dem Gebiet der Planungstätigkeit und besonders der Koordinierung der Pläne als Hauptmethode der Organisation der Zusammenarbeit und der Vertiefung der internationalen sozialistischen Arbeitsteilung und haben zur weiteren Ausdehnung und Entwicklung dieser Zusammenarbeit folgendes vereinbart:

Allgemeine Grundsätze
1. Die Mitgliedsländer des RGW werden auf der Grundlage der bewährten Prinzipien der Zusammenarbeit die Koordinierung der Volkswirtschaftspläne weiter vervollkommnen und die Zusammenarbeit auf dem Gebiet der Planungstätigkeit in organischer Verbindung mit der Erweiterung und planmäßigen Nutzung der Ware-Geld-Beziehungen weiter ausdehnen. Die Zusammenarbeit auf dem Gebiet der Planungstätigkeit erfolgt systematisch und kontinuierlich mit dem Ziel, rechtzeitig Probleme sowie Wege zu ihrer Lösung zu ermitteln. Sie trägt zur stabilen Entwicklung der Volkswirtschaft der Mitgliedsländer des RGW und ihrer gegenseitigen wirtschaftlichen und wissenschaftlich-technischen Verbindung bei. Diese Zusammenarbeit wird sich in folgender Richtung entwickeln:
– Ausarbeitung von Prognosen auf wichtigen Gebieten der Wirtschaft, Wissenschaft und Technik;
– Koordinierung der Pläne für eine längere Perspektive für wichtige Volkswirtschaftszweige und Produktionsarten;
– weitere Vervollkommnung der Koordinierung der Fünfjahres-Volkswirtschaftspläne;
– gemeinsame Planung einzelner Industriezweige und Produktionsarten durch die interessierten Länder;
– Erfahrungsaustausch der Mitgliedsländer des RGW über die Vervollkommnung der Systeme der Planung und Leitung der Volkswirtschaft.
3. Neben der weiteren Entwicklung der zweiseitigen Koordinierung wird sich die mehrseitige Koordinierung der Pläne in den Organen des RGW besonders bei solchen komplizierten Problemen breiter entwickeln, deren effektive Lösung die Möglichkeiten eines bzw. zweier Länder übersteigt und die Vereinigung der Anstrengungen mehrerer oder aller Mitgliedsländer des RGW erfordert.
4. Die führende Rolle bei der Zusammenarbeit auf dem Gebiet der Planungstätigkeit und besonders bei der Koordinierung der Pläne muß den zentralen Planungsorganen der Mitgliedsländer des RGW obliegen, die für die Organisation der gesamten Arbeit zur zwei- und mehrseitigen Koordinierung der Pläne bei breiter Einbeziehung der entsprechenden RGW-Organe, Ministerien, Ämter,

Vereinigungen und Großbetriebe in diese Arbeit und bei Nutzung der Direktbeziehungen zwischen staatlichen Zweigorganen und Wirtschaftsorganisationen die Verantwortung tragen.

Dabei werden die Vorsitzenden der zentralen Planungsorgane der Mitgliedsländer des RGW systematisch im Rahmen des RGW zusammenarbeiten mit dem Ziel, effektive Wege zur Lösung wichtiger Komplexe der Zusammenarbeit auf Hauptgebieten der Volkswirtschaft auszuarbeiten.

Koordinierung der Pläne für eine längere Perspektive
für wichtige Volkswirtschaftszweige und Produktionsarten

12. Die Mitgliedsländer des RGW gehen bei der Koordinierung der Pläne davon aus, daß die Planung für eine längere Perspektive die Hauptentwicklungstendenzen wichtiger Volkswirtschaftszweige und Produktionsarten für 10 bis 20 Jahre vorsieht, die Hauptziele der Wirtschaftspolitik der Länder für einen längeren Zeitraum auf dem Gebiet des sozialökonomischen und wissenschaftlich-technischen Fortschritts widerspiegelt sowie die Linie für die mittelfristige Volkswirtschaftsplanung und die Teilnahme des jeweiligen Landes an der internationalen Arbeitsteilung bestimmt.

14. Die Koordinierung der Pläne für eine längere Perspektive wird durch zwei- und mehrseitige Konsultationen der Vertreter der Planungsorgane der interessierten Mitgliedsländer des RGW unter Beteiligung der Organe für Wissenschaft und Technik, der Außenhandels- und entsprechenden Zweigorgane und -organisationen sowie mehrseitig in den RGW-Organen erfolgen.

Die Länder werden die Koordinierung der Pläne für eine längere Perspektive unmittelbar mit der Vorbereitung und Ausarbeitung der nationalen Perspektivpläne verbinden.

15. Bei Problemen, deren Lösungsweg im Prozeß der Koordinierung bestimmt ist und bei denen konkrete Maßnahmen zu ihrer Lösung abgestimmt sind, werden die Länder in der Regel langfristige mehr- bzw. zweiseitige Abkommen über die Zusammenarbeit abschließen bzw. den Abschluß entsprechender langfristiger Verträge zwischen ihren bevollmächtigten Wirtschaftsorganisationen fördern. Diese Abkommen bzw. Verträge müssen Komplexcharakter tragen und die gegenseitigen Verpflichtungen, Bedingungen und Maßnahmen zu ihrer Erfüllung, die materielle Verantwortlichkeit der Seiten für ihre Nichterfüllung bzw. nicht gehörige Erfüllung unter Berücksichtigung der Besonderheiten und der volkswirtschaftlichen Bedeutung der zu behandelnden Probleme einschließen.

Vervollkommnung der Koordinierung der Fünfjahrpläne

18. Die Mitgliedsländer des RGW betrachten die Koordinierung der Fünfjahrpläne als eine Hauptmethode der planmäßigen Entwicklung der Zusammenarbeit und als ein Hauptmittel für die Gestaltung stabiler und gegenseitig vorteilhafter wirtschaftlicher und wissenschaftlich-technischer Verbindungen zwischen ihnen.

19. Die Mitgliedsländer des RGW werden auch künftig die Fünfjahrpläne in enger Verbindung mit den Arbeiten an den nationalen Plänen koordinieren. Die Abstimmung der Hauptfragen der Zusammenarbeit für den Fünfjahreszeitraum im Verlauf der Plankoordinierung wird in der Regel abgeschlossen, bevor den zuständigen Organen der Länder die Entwürfe der Fünfjahrpläne zur Bestätigung vorgelegt werden. Bei der Ausarbeitung dieser Entwürfe wird die Übereinkunft

berücksichtigt, die im Verlaufe der Plankoordinierung erzielt wurde, und werden die Bedingungen und Mittel für die Erfüllung der Abkommen, die sich aus der Plankoordinierung ergeben, gewährleistet.

20. Die Koordinierung der Fünfjahrpläne wird auch künftig zwei- und mehrseitig zu den Problemen, an deren gemeinsamer Lösung die Mitgliedsländer des RGW interessiert sind, erfolgen. Die Mitgliedsländer des RGW legen den Kreis der zu koordinierenden Probleme und die Tiefe ihrer Bearbeitung nach gegenseitiger Vereinbarung fest.

22. Die Koordinierung der Fünfjahrpläne wird mit der Unterzeichnung der Protokolle durch die Vorsitzenden der zentralen Planungsorgane der Mitgliedsländer des RGW abgeschlossen. Die interessierten Länder können auch andere Formen des Abschlusses der Arbeiten vereinbaren, darunter auch den Abschluß von Regierungsabkommen.

Gemeinsame Planung einzelner Industriezweige
und Produktionsarten durch die interessierten Länder
Die Mitgliedsländer des RGW werden die von ihnen auszuarbeitenden gemeinsamen Pläne bei der Ausarbeitung sowohl der langfristigen als auch der Fünfjahrpläne berücksichtigen.

25. Bei der gemeinsamen Planung bleibt der selbständige Charakter der inneren Planung erhalten. Die gemeinsame Planung erfolgt unter Beibehaltung des nationalen Eigentums an den entsprechenden Produktionskapazitäten und -ressourcen.

29. Da die gemeinsame Planung eine neue Form der Zusammenarbeit der interessierten Mitgliedsländer des RGW ist, wird der Ausarbeitung eines wirksamen Mechanismus für diese Zusammenarbeit – auf der Grundlage abgestimmter Prinzipien – einschließlich der Fragen des Einflusses der Außenhandelspreise und anderer ökonomischer Bedingungen auf die gemeinsame Planung und die ökonomischen Ergebnisse für die beteiligten Partner besondere Beachtung geschenkt.

30. Die Mitgliedsländer des RGW werden die gemeinsame Planung in der ersten Etappe in wenigen Zweigen und Produktionsarten durchführen und sie im weiteren mit zunehmenden Erfahrungen schrittweise ausdehnen.

Abschnitt 6

Zusammenarbeit im Außenhandel,
einschließlich Preisbildungsfragen

Erhöhung der Aufnahmefähigkeit und Stabilität
des sozialistischen Weltmarktes
und Erweiterung des gegenseitigen Handels
der Mitgliedsländer des RGW
1. Die Mitgliedsländer des RGW werden auch künftig der Erweiterung des gegenseitigen Handels große Aufmerksamkeit widmen. Die Entwicklung der internationalen sozialistischen Arbeitsteilung, der Koordinierung der Volkswirtschaftspläne sowie der Spezialisierung und Kooperation der Produktion unter den Bedingungen des immer stärker werdenden industriellen Charakters der Wirt-

schaft der Mitgliedsländer des RGW wird die Grundlage für die beschleunigte Entwicklung ihres gegenseitigen Handels und die Steigerung seines Nutzeffektes sein. Der Außenhandel wird auf den weiteren Aufschwung der Wirtschaft jedes Mitgliedslandes des RGW aktiv einwirken und zur weiteren Vertiefung und Vervollkommnung der Zusammenarbeit und Entwicklung der sozialistischen ökonomischen Integration beitragen.

2. Die Handelsbeziehungen zwischen den Mitgliedsländern des RGW werden sich auch in Zukunft auf der Grundlage des staatlichen Außenhandelsmonopols bei Festigung und Vervollkommnung des Planprinzips entwickeln. Die Entwicklung der Handelsbeziehungen wird eng mit der Vervollkommnung der Koordinierung der Volkswirtschaftspläne und der Valuta- und Finanzbeziehungen zwischen den Mitgliedsländern des RGW sowie mit der Vervollkommnung des Außenhandelspreissystems verbunden sein.

Die Länder werden die Organisationsformen ihres gegenseitigen Handels vervollkommnen, indem sie neben der Entwicklung des Handels mit Waren, für die Mengen- und Wertkontingente festgelegt werden, auch mit Waren handeln, für die keine Kontingente festgelegt werden. Die Länder werden die Initiative der Außenhandels- und Wirtschaftsorganisationen bei der Spezialisierung und Kooperation der Produktion sowie bei der Zusammenarbeit im Außenhandel unter Berücksichtigung der ihnen durch die nationale Gesetzgebung eingeräumten Rechte entwickeln.

Vervollkommnung und Verstärkung der Rolle
der langfristigen Handelsabkommen
und der Jahresprotokolle über den Warenumsatz
3. Um die Stabilität der wirtschaftlichen Entwicklung der Mitgliedsländer des RGW zu gewährleisten, werden die Länder auch künftig langfristige Handelsabkommen sowie Jahresprotokolle über die gegenseitigen Warenlieferungen abschließen, die Grundlage für die Entwicklung des Warenaustausches zwischen ihnen sind. Die langfristigen Handelsabkommen und die Jahresprotokolle werden zur Erfüllung der Volkswirtschaftspläne und zur planmäßigen Gestaltung der Proportionen bei der Entwicklung der Volkswirtschaft der Mitgliedsländer des RGW beitragen. Sie sind eine bewährte Form der planmäßigen Versorgung ihrer Volkswirtschaft mit den erforderlichen Maschinen, Rohstoffen, Materialien und anderen Waren sowie der Sicherung des Absatzes der Erzeugnisse. Die langfristigen Abkommen und Jahresprotokolle garantieren die Stabilität bei der Entwicklung der Wirtschaft in den Mitgliedsländern des RGW und ihrer Handelsbeziehungen.

Vervollkommnung der Zusammenarbeit
auf dem Gebiet des gegenseitigen Handels
der Mitgliedsländer des RGW
7. Die Vertiefung und Vervollkommnung der wirtschaftlichen Zusammenarbeit wird in erster Linie in der materiellen Produktion, insbesondere der Produktion von Rohstoffen und anderen Waren sowie bei der Spezialisierung und Kooperation der Produktion auf der Grundlage der Großserienfertigung, vor allem von Maschinenbauerzeugnissen, erfolgen.

Durch entsprechende zwei- und mehrseitige Regierungsabkommen bzw. Verträge, die auf diesem Gebiet zwischen bevollmächtigten Wirtschaftsorganisationen der Länder abgeschlossen werden, wird schrittweise die Grundlage für stabile und dauerhafte Produktionsverbindungen zwischen den Mitgliedsländern des RGW geschaffen. Die Praxis des Abschlusses dieser Verträge und Abkommen wird sich im Ergebnis der Vervollkommnung der Koordinierung der Perspektivpläne, der Spezialisierung und Kooperation der Produktion immer mehr erweitern.

12. Die Mitgliedsländer des RGW werden Vertreter der Industrie aktiv in die Vorbereitung der langfristigen Handelsabkommen einbeziehen, um einen größtmöglichen Warenaustausch, den technischen Höchststand der zu liefernden Waren sowie die Befriedigung der Forderungen der Käufer bezüglich Menge, Qualität, Termine u. a. Lieferbedingungen zu gewährleisten und den gegenseitigen Bedarf bezüglich des Warensortiments besser zu decken.

Differenzierung der gegenseitigen Warenlieferungen nach Gruppen, für die feste Mengenkontingente, Wertkontingente bzw. keine Kontingente festgelegt werden

13. Die Mitgliedsländer des RGW werden im weiteren die gegenseitigen Warenlieferungen nach folgenden Gruppen differenzieren:

13.1. wichtige Warenarten, für die in den langfristigen Handelsabkommen und Jahresprotokollen feste Mengenkontingente festgelegt sowie nach Vereinbarung auch andere wichtige Lieferbedingungen fixiert werden:

13.2. Warengruppen bzw. Waren, für die in den langfristigen Handelsabkommen und Jahresprotokollen nur Wertkontingente festgelegt werden, während die konkrete Nomenklatur zwischen dem Käufer und Verkäufer vereinbart wird:

13.3. Waren, für die keine Kontingente festgelegt werden.

14. Zur Warengruppe mit festen Mengenkontingenten gehören Waren, die für die Abkommenspartner zur Deckung des Bedarfs ihrer Volkswirtschaft und ihrer Bevölkerung von großer Bedeutung sind (wichtige Roh- und Brennstoffe, Materialien, Maschinen und Ausrüstungen, landwirtschaftliche Erzeugnisse, Nahrungs- und Genußmittel sowie Konsumgüter) und für die Mengenkontingente für die gesamte Gültigkeitsdauer des langfristigen Handelsabkommens festgelegt werden können.

19. Der gegenseitige Handel mit Waren, für die keine Kontingente festgelegt werden, wird ab 1971 beginnen mit dem Ziel, die Entwicklung des Warenumsatzes durch Erweiterung der Nomenklatur und des Sortiments der gegenseitigen Warenlieferungen zu stimulieren sowie Operativität des Handels mit diesen Waren zu erhöhen.

20. Beim gegenseitigen Handel mit einzelnen Waren, für die keine Kontingente festgelegt werden, werden die Mitgliedsländer des RGW künftig davon ausgehen, daß

– die konkrete Nomenklatur solcher Waren, die von den interessierten Ländern für den gegenseitigen Austausch vorgesehen werden sowie ihr Anteil am Gesamtwarenumsatz in den zweiseitigen Verhandlungen vereinbart werden;

– in die nichtkontingentierte Warengruppe Waren aufgenommen werden, die nicht in Mengen- und Wertkontingenten erfaßt sind. Dabei gelten alle Zusatzlieferungen zu den Mengen- und Wertkontingenten, die in den langfristigen Handelsabkommen (Jahresprotokollen) für Waren von wichtiger volkswirtschaftlicher Bedeutung festgelegt sind, als Präzisierung des Liefervolumens der früher vereinbarten Kontingente;

– die Preise für Waren, die im Rahmen des nichtkontingentierten Handels geliefert werden, von den Außenhandelsorganisationen gemäß dem im gegenseitigen Handel der Mitgliedsländer des RGW gültigen Preisbildungsprinzip zweiseitig festgelegt werden;

– die Verrechnungen über die Internationale Bank für Wirtschaftliche Zusammenarbeit gemäß dem gültigen System der mehrseitigen Verrechnungen erfolgen;

– die Lieferungen dieser Waren auf der Basis der ,,Allgemeinen Bedingungen für die Warenlieferungen zwischen den Organisationen der Mitgliedsländer des RGW" (ALB RGW 1968) sowie anderer entsprechender Bedingungen, die im gegenseitigen Handel der Mitgliedsländer des RGW Anwendung finden, erfolgen;

– der gegenseitige Austausch nichtkontingentierter Waren nicht unbedingt zweiseitig bilanziert zu werden braucht, da die Verrechnungen für ihre Lieferungen in die Gesamteingänge und -zahlungen eines jeden Landes eingehen werden.

Abschnitt 7

Vervollkommnung der Valuta- und Finanzbeziehungen

Die Mitgliedsländer des RGW sind der Auffassung, daß die Valuta-, Finanz- und Kreditbeziehungen bei der Lösung der Aufgaben zur weiteren Entwicklung und Festigung der planmäßigen wirtschaftlichen Zusammenarbeit und Entwicklung der sozialistischen ökonomischen Integration eine aktivere Rolle spielen müssen. Zu diesem Zweck haben die Mitgliedsländer des RGW folgendes vereinbart:

Kollektive Währung (transferabler Rubel)
1. Die Mitgliedsländer des RGW werden ökonomische und organisatorische Maßnahmen zur Festigung und Stärkung der Rolle der kollektiven Währung (transferabler Rubel) durchführen, damit sie in vollem Maße die Hauptfunktionen der internationalen sozialistischen Währung der Mitgliedsländer des RGW (Maß der Werte, Zahlungs- und Akkumulationsmittel) in Übereinstimmung mit den Aufgaben der einzelnen Etappen der Vertiefung und Vervollkommnung der Zusammenarbeit und Entwicklung der sozialistischen ökonomischen Integration erfüllt sowie ihre tatsächliche Transferierbarkeit und die Realität des Kurses und des Goldgehaltes gewährleisten.
2. Das Verrechnungssystem in der kollektiven Währung (transferabler Rubel) muß den Erfordernissen der planmäßigen Entwicklung der Außenwirtschaftsbeziehungen zwischen den Mitgliedsländern des RGW entsprechen sowie die Äquivalenz der Verrechnungen und gleiche Rechte für alle Länder bei der Nutzung der kollektiven Währung (transferabler Rubel) gewährleisten. Die Erhöhung der Rolle der kollektiven Währung der Mitgliedsländer des RGW (transferabler Rubel) muß sich auf die notwendigen ökonomischen Voraussetzungen und in erster Linie auf einen stabilen mehrseitigen Außenhandelsumsatz und die Akkumulation von Waren- und Währungsreserven stützen.

3. Die sozialistische kollektive Währung (transferabler Rubel) hat eine reale Warendeckung auf der Grundlage der planmäßigen Entwicklung des Warenumsatzes der Mitgliedsländer des RGW nach abgestimmten Vertragspreisen, die auf der Basis der Weltmarktpreise, die vom schädlichen Einfluß der konjunkturellen Faktoren des kapitalistischen Marktes bereinigt sind, festgelegt werden, was ihre Stabilität und Unabhängigkeit von den Krisenerscheinungen des kapitalistischen Währungssystems gewährleistet.

4. In den gegenseitigen Beziehungen zwischen den Mitgliedsländern des RGW muß die kollektive Währung (transferabler Rubel) je nach der Entfaltung ihrer Funktionen als internationale sozialistische Währung der Mitgliedsländer des RGW die Außenwirtschaftsbeziehungen effektiv vermitteln, indem sie den Ländern die Annahme ökonomisch begründeter Entscheidungen ermöglicht.

6. Die planmäßige Organisation der gegenseitigen Wirtschaftsbeziehungen zwischen den Mitgliedsländern des RGW wird reale Bedingungen für die Sicherung der Stabilität des Goldgehaltes und des Kurses der kollektiven Währung (transferabler Rubel) für einen längeren Zeitraum schaffen. Dazu werden auch die im Komplexprogramm vorgesehenen Maßnahmen zur Entwicklung der Spezialisierung und Kooperation der Produktion, zur Erhöhung des Volumens und zur Verbesserung der Qualität der Exportwaren, zur Schaffung von Währungs- und Warenreserven, zur Sättigung der Binnenmärkte der Mitgliedsländer des RGW mit Waren sowie zur Vervollkommnung der Außenhandelspreise und der Formen des Handels zwischen den Mitgliedsländern des RGW entsprechend dem Beschluß der XXIII. (Sonder-)Tagung des RGW beitragen.

9. Die Mitgliedsländer des RGW arbeiten Maßnahmen zur Erweiterung der mehrseitigen Verrechnungen mit Hilfe der kollektiven Währung (transferabler Rubel) für alle Arten der gegenseitigen Außenhandelsbeziehungen, einschließlich des Handels mit einzelnen Waren, für die keine Kontingente festgelegt werden sowie der mehrseitigen Bilanzierung des Warenumsatzes zwischen den Mitgliedsländern des RGW aus und führen sie im Verlaufe der Jahre 1971–1973 durch.

10. Die Erweiterung der mehrseitigen Verrechnungen und der mehrseitigen Bilanzierung muß in Verbindung mit den in den entsprechenden Etappen durchzuführenden Maßnahmen zur Vertiefung der Koordinierung der Volkswirtschaftspläne, zur Entwicklung der Spezialisierung und Kooperation der Produktion sowie zur Vervollkommnung der Organisation der Außenhandelsbeziehungen erfolgen.

11. Die Entwicklung eines Systems der kurz-, mittel- und langfristigen Kreditierung über die Internationale Bank für Wirtschaftliche Zusammenarbeit und die Internationale Investitionsbank muß zur Erweiterung des Handels und der mehrseitigen Verrechnungen beitragen.

Bestimmung der Ziele, Bedingungen und Termine
für die Einführung ökonomisch begründeter
und gegenseitig abgestimmter Kurse bzw. Koeffizienten
der nationalen Währungen der Mitgliedsländer des RGW

15. Zur Erhöhung der Rolle der Valuta- und Finanzbeziehungen, zur Stimulierung, Vertiefung und Vervollkommnung der wirtschaftlichen Zusammenarbeit und Entwicklung der sozialistischen ökonomischen Integration, zur Schaffung von Bedingungen für eine begründetere Bestimmung des Nutzeffektes der Wirt-

schaftsbeziehungen, der Spezialisierung und Kooperation der Produktion sowie zur Vervollkommnung der gegenseitigen Verrechnungen und zur evtl. perspektivischen Einführung einer gegenseitigen Konvertierbarkeit der kollektiven Währung (transferabler Rubel) und der nationalen Währungen werden die Länder ökonomisch begründete und gegenseitig abgestimmte Kurse bzw. Koeffizienten der nationalen Währungen der Mitgliedsländer des RGW zur kollektiven Währung (transferabler Rubel) und untereinander festlegen.

Bestimmung der Ziele, Bedingungen und Termine
für die Einführung der Konvertierbarkeit
der kollektiven Währung (transferabler Rubel)
in die nationalen Währungen der Mitgliedsländer des RGW
und der gegenseitigen Konvertierbarkeit der nationalen Währungen
18. Die Mitgliedsländer des RGW werden Maßnahmen zur Einführung der Konvertierbarkeit der kollektiven Währung (transferabler Rubel) in die nationalen Währungen der Mitgliedsländer des RGW und der gegenseitigen Konvertierbarkeit der nationalen Währungen untersuchen und für die Realisierung vorbereiten.

Hauptwege und -etappen der Entwicklung eines Systems
der lang- und mittelfristigen Kreditierung,
Rolle und Aufgaben der Internationalen Investitionsbank
21. Zur stärkeren Konzentration der Ressourcen für den Investbau und zur Abstimmung eines effektiveren Einsatzes werden die Mitgliedsländer der Internationalen Investitionsbank über diese Bank ein System der mittel- und langfristigen Kreditierung von Maßnahmen entwickeln, die verbunden sind mit der internationalen sozialistischen Arbeitsteilung, mit der Spezialisierung und Kooperation der Produktion sowie mit den Aufwendungen für die im gemeinsamen Interesse liegende Erweiterung der Roh- und Brennstoffbasis, für den Bau von Objekten in anderen Zweigen, die für die Entwicklung der Wirtschaft der Mitgliedsländer der Bank von gegenseitigem Interesse sind sowie für den Bau von Objekten zur Entwicklung der nationalen Wirtschaften der Länder und für andere den Aufgaben der Bank entsprechende Ziele.
Die von der Internationalen Investitionsbank zu gewährenden lang- und mittelfristigen Kredite werden nicht die in der Praxis angewandten Prinzipien und Verfahren für die Gewährleistung von Krediten auf der Grundlage zweiseitiger Regierungsabkommen über wirtschaftliche Zusammenarbeit und gegenseitige Hilfe ersetzen.
22. Die Internationale Investitionsbank wird in erster Linie Kredite für gemeinsame Maßnahmen, die mit der Erweiterung der wirtschaftlichen Zusammenarbeit zwischen den Mitgliedsländern des RGW verbunden sind, gewähren.
23. Die Tätigkeit der Bank muß organisch mit dem System von Maßnahmen zur weiteren Entwicklung der sozialistischen wirtschaftlichen Zusammenarbeit, zur schrittweisen Annäherung und Angleichung des ökonomischen Entwicklungsniveaus der Mitgliedsländer des RGW verbunden sein.
24. Die Mitgliedsländer der Internationalen Investitionsbank werden dieser Bank die Geldmittel, die organisatorischen Bedingungen und ein System der Leitung der Bank, die für die Verwirklichung der Aufgaben zur Finanzierung der obengenann-

ten Maßnahmen erforderlich sind, sichern, wobei davon ausgegangen wird, daß die Bank die Rentabilität ihrer Arbeit gewährleisten wird.

Hauptrichtungen der weiteren Verbesserung
und Ausdehnung der Tätigkeit der Internationalen Bank
für Wirtschaftliche Zusammenarbeit

26. Die Mitgliedsländer des RGW werden die Tätigkeit der Internationalen Bank für Wirtschaftliche Zusammenarbeit in Übereinstimmung mit den Erfordernissen entwickeln und vervollkommnen, die sich aus der Verwirklichung der Aufgaben ergeben, die mit der Vervollkommnung der Valuta-, Finanz- und Kreditbeziehungen zwischen den Mitgliedsländern des RGW sowie des Systems ihres gegenseitigen Warenumsatzes und der gegenseitigen Verrechnungen und mit der Gewährleistung einer tatsächlichen Transferierbarkeit der kollektiven Währung (transferabler Rubel) verbunden sind.

Dabei müssen die Kredite und Zinsen aktiver zur Entwicklung des Außenhandelsumsatzes der Länder und zur Erfüllung ihrer gegenseitigen Verpflichtungen beitragen. Das Kreditsystem der Bank wird elastischeren Charakter erhalten, und die Elemente des Automatismus bei der Kreditierung werden eingeschränkt.

27. Die Tätigkeit der Bank muß auch künftig zur schrittweisen Annäherung und Angleichung des ökonomischen Entwicklungsniveaus der Mitgliedsländer des RGW unter Wahrung der Prinzipien der Effektivität ihrer Maßnahmen beitragen.

28. Die Bank wird Vorzugsbedingungen bei den Krediten anwenden, die Ländern gewährt werden, deren Export einen stark ausgeprägten Saisoncharakter hat.

29. Die Vervollkommnung der Tätigkeit der Bank muß zur Erweiterung des Anwendungsbereiches der kollektiven Währung (transferabler Rubel) in den Beziehungen der Mitgliedsländer des RGW zu anderen Ländern sowie zur Erweiterung ihrer Operationen in freikonvertierbarer Währung beitragen.

Abschnitt 8

Erweiterung der Direktbeziehungen
zwischen den entsprechenden Organen und Organisationen
der Mitgliedsländer des RGW sowie mögliche Organisationsformen
und Funktionen internationaler ökonomischer Organisationen,
die von den interessierten Mitgliedsländern
des RGW gebildet werden

Die Mitgliedsländer des RGW werden Maßnahmen zur Erweiterung der Direktbeziehungen zwischen ihren zuständigen Organen und Organisationen sowie zur Vervollkommnung der bestehenden internationalen ökonomischen Organisationen einleiten und neue internationale Organisationen, insbesondere Wirtschaftsorganisationen, schaffen und haben zu diesem Zweck folgendes vereinbart:

1. Die Mitgliedsländer des RGW werden sowohl im Inneren als auch in der gegenseitigen wirtschaftlichen und wissenschaftlich-technischen Zusammenarbeit die entsprechenden ökonomischen und rechtlichen Voraussetzungen für die Entwicklung der Direktbeziehungen zwischen ihren Ministerien, Ämtern und anderen staatlichen Organen, Wirtschafts-, Forschungs- und Entwicklungseinrichtungen schaffen.

1.1. Bei der Entwicklung der Direktbeziehungen, die ein untrennbarer Bestandteil des Systems der Außenwirtschaftsbeziehungen sind, werden die Mitgliedsländer des RGW folgende Grundsätze beachten:
– Direktbeziehungen werden hergestellt bei gegenseitigem Interesse der Partner an der Ausarbeitung konkreter Maßnahmen der Zusammenarbeit;
– Direktbeziehungen werden hergestellt unter Berücksichtigung der Planungs- und Leitungssysteme in den betreffenden Ländern sowie der Rechte und Vollmachten, über die die Partner im Rahmen dieser Systeme verfügen;
– jeder an den Direktbeziehungen teilnehmende Partner gewährleistet die Koordinierung seines Auftretens innerhalb des Landes in Übereinstimmung mit dem Planungs- und Leitungssystem des betreffenden Landes.
1.3. Bei der Realisierung der Direktbeziehungen werden die Empfehlungen der Organe des RGW, der zweiseitigen Regierungskommissionen (Ausschüsse) für wirtschaftliche und wissenschaftlich-technische Zusammenarbeit und die zwischenstaatlichen Abkommen berücksichtigt. Die Direktbeziehungen können auch auf eigene Initiative und durch Vereinbarung der entsprechenden Organe und Organisationen, die das Recht auf Herstellung solcher Beziehungen haben, realisiert werden.
1.4. Zwischen den Mitgliedsländern des RGW wird ein regelmäßiger Informationsaustausch darüber organisiert, welche Ministerien, Ämter und andere staatliche Organe sowie Wirtschafts-, Forschungs- und Entwicklungseinrichtungen das Recht auf Herstellung von Direktbeziehungen und auf Abschluß entsprechender Verträge haben.
2. Die Mitgliedsländer des RGW werden konkrete Maßnahmen zur Vervollkommnung der Tätigkeit sowohl der bestehenden als auch der neu zu bildenden internationalen ökonomischen Organisationen ausarbeiten und realisieren, insbesondere Wirtschaftsorganisationen in der Produktion, im Handel und auf anderen Gebieten, die auf den allgemeinen Prinzipien der wirtschaftlichen Zusammenarbeit der sozialistischen Länder beruhen. Diese Organisationen dürfen nicht den Charakter übernationaler Organe tragen und keine Fragen der inneren Planung berühren.
Internationale ökonomische Organisationen werden auf der Grundlage von Verträgen gegründet, die zwischen den Regierungen der interessierten Länder bzw. zwischen Staatsorganen oder Wirtschaftsorganisationen der Länder, wenn diese Organe und Organisationen zum Abschluß derartiger Verträge berechtigt sind, abgeschlossen werden.

3. Ihrem Charakter und ihrer Rechtsstellung nach kann es im wesentlichen 2 Typen internationaler ökonomischer Organisationen geben: zwischenstaatliche ökonomische Organisationen und internationale Wirtschaftsorganisationen.
3.1. Zwischenstaatliche ökonomische Organisationen.
Die Hauptfunktion zwischenstaatlicher ökonomischer Organisationen ist die Koordinierung des Vorgehens der Teilnehmerländer bei der Zusammenarbeit und Kooperation auf bestimmten Gebieten der Wirtschaft, Wissenschaft und Technik, in einzelnen Zweigen, Bereichen und bei einzelnen Erzeugnisarten.
Neu zu schaffende zwischenstaatliche ökonomische Organisationen müssen im Prinzip Funktionen haben, die von Organen des RGW oder internationalen Wirtschaftsorganisationen nicht ausgeübt werden können.

Zwischenstaatliche ökonomische Organisationen werden auf der Grundlage von zwischenstaatlichen Verträgen gegründet, die zwischen den interessierten Mitgliedsländern des RGW abgeschlossen werden. Die Staaten können in solchen Organisationen durch ihre Organe, Ministerien, staatlichen Komitees, Ämter, Hauptverwaltungen, Vereinigungen usw. vertreten sein. Zwischenstaatliche ökonomische Organisationen müssen in der Regel die Möglichkeit des Beitritts anderer Länder, entsprechend den Gründungsdokumenten dieser Organisationen, vorsehen. Zwischenstaatliche ökonomische Organisationen werden im wesentlichen durch Beiträge der teilnehmenden Länder finanziert. Die Höhe der Beiträge wird von den Teilnehmerländern vereinbart.

Zwischenstaatliche ökonomische Organisationen können etwa folgende Funktionen ausüben:
– gemeinsame bzw. koordinierte (abgestimmte) Ausarbeitung von Prognosen über die Entwicklung der Wissenschaft, Technik, Produktion, des Absatzes usw.;
– Koordinierung (Abstimmung) der Hauptrichtungen der wissenschaftlich-technischen und wirtschaftlichen Entwicklung der entsprechenden Zweige der Produktion, Wissenschaft, Technik u. ä.;
– Organisation gemeinsamer bzw. koordinierter (abgestimmter) Forschungs- und Entwicklungsarbeiten;
– Organisation des Austausches von technischen und ökonomischen Informationen, technisch-ökonomische Konsultationen;
– Organisation der Ausarbeitung sowie die Ausarbeitung von Standards, in erster Linie für gegenseitig austauschbare und spezialisierte Erzeugnisse;
– Ausarbeitung gemeinsamer Maßnahmen zur Erhöhung der Qualität der Erzeugnisse;
– Koordinierung (Abstimmung) der Produktionspläne und die gemeinsame Planung des entsprechenden Zweiges, einzelner Produktionen bzw. Erzeugnisarten;
– perspektivische und laufende Koordinierung (Abstimmung) gegenseitig interessierender Investitionen und der Entwicklung der Kapazitäten;
– Ausarbeitung von Vorschlägen für die Spezialisierung und Kooperation der Produktion;
– Einleitung abgestimmter Maßnahmen zur Nutzung zeitweilig nicht ausgelasteter Kapazitäten in einzelnen Ländern;
– Abstimmung der Nomenklatur, des Volumens und der Termine für gegenseitige Lieferungen von Erzeugnissen mit nachfolgender Fixierung der erzielten Vereinbarung über die gegenseitigen Lieferungen in Handelsabkommen und Lieferverträgen;
– Organisation des operativen Austausches von Erzeugnissen sowie die Koordinierung der Nutzung von Vorräten an entsprechenden Erzeugnissen.

In Abhängigkeit von den konkreten Bedingungen und dem Wunsch der Teilnehmerländer können diese als Muster angeführten Funktionen eingeengt bzw. erweitert werden.

Für zwischenstaatliche ökonomische Organisationen ist folgende Struktur typisch: Leitungsorgan, bestehend aus den Vertretern der Teilnehmerländer, und Exekutivorgan (Sekretariat, Büro usw.).

Beschlüsse des Leitungsorgans zu Grundfragen, von denen die Existenz und die

Hauptrichtungen der Tätigkeit der zwischenstaatlichen ökonomischen Organisation gemäß den Zielen, für die sie geschaffen wurde, abhängen, werden auf der Grundlage des Prinzips der Einstimmigkeit der Vertreter der teilnehmenden Länder gefaßt. Der Kreis dieser Grundfragen wird bei der Schaffung der entsprechenden Organisationen konkret festgelegt.

Beschlüsse des Leitungsorgans zu anderen in seinen Kompetenzbereich fallenden Fragen müssen mit Zustimmung der interessierten Mitgliedsländer der Organisation gefaßt werden, wobei jedes Land berechtigt ist, seine Interessiertheit an jeder in der Organisation behandelten Frage zu erklären. Die Nichtinteressiertheit eines Mitgliedslandes der Organisation an irgendeiner konkreten Maßnahme hindert die interessierten Länder nicht daran, die von ihnen abgestimmten Maßnahmen durchzuführen. Die Beschlüsse erstrecken sich nicht auf die Länder, die ihre Nichtinteressiertheit an der betreffenden Frage erklärt haben.

Jedes dieser Länder kann sich jedoch im folgenden den Beschlüssen anschließen, die von den übrigen Ländern gefaßt wurden, und zwar zu Bedingungen, die zwischen ihnen abgestimmt wurden.

Bei der Bildung zwischenstaatlicher ökonomischer Organisationen können die Teilnehmerländer auch andere Prinzipien der Beschlußfassung in Weiterentwicklung und Konkretisierung der festgelegten Prinzipien vereinbaren.

Zur Realisierung der Beschlüsse des Leitungsorgans werden zwischen den entsprechenden Organisationen der Länder erforderlichenfalls konkrete Verträge abgeschlossen.

3.2. Internationale Wirtschaftsorganisationen.

Die Mitgliedsländer des RGW werden erforderlichenfalls internationale Wirtschaftsorganisationen für die konkrete Koordinierung der Zusammenarbeit und Kooperation und für die gemeinsame Wirtschaftstätigkeit auf dem Gebiet der Forschungs- und Entwicklungsarbeiten, der Produktion, der Dienstleistungen und des Außenhandels schaffen.

Internationalen Wirtschaftsorganisationen können sich auch andere Teilnehmer entsprechend den Gründungsdokumenten dieser Organisationen anschließen.

Der Tätigkeitsbereich internationaler Wirtschaftsorganisationen kann einen breiten Kreis von Aufgaben der Zusammenarbeit beinhalten und den Reproduktionsprozeß komplex, d. h. Forschung, Projektierung, Produktion und Absatz, umfassen. Internationale Wirtschaftsorganisationen können auch für einzelne begrenzte Bereiche, z. B. für Forschung, Handel, Dienstleistungen, Produktion bestimmter Erzeugnisse, insbesondere Engpaßwaren, usw. gebildet werden.

In Abhängigkeit vom konkreten Gegenstand ihrer Tätigkeit und von der Vereinbarung der Länder können internationale Wirtschaftsorganisationen z. B. sein: internationale Wirtschaftsvereinigungen, Institute, Zentren, gemischte Gesellschaften, Handels- oder Entwicklungsbüros usw.

3.3. An internationalen Wirtschaftsvereinigungen (-organisationen) können Wirtschaftsorganisationen der Länder (Betriebe, Trusts, Vereinigungen, Kombinate, Hauptverwaltungen mit wirtschaftlicher Rechnungsführung, Forschungsinstitute, Entwicklungsbüros u. a.) teilnehmen, die Subjekte des Zivilrechts sind. Die Teilnehmer dieser Organisationen behalten hinsichtlich ihres Vermögens und ihrer organisatorischen und rechtlichen Stellung volle Selbständigkeit.

Hauptfunktionen internationaler Wirtschaftsvereinigungen (-organisationen) sind die Koordinierung des Auftretens der Teilnehmerorganisationen bei der Zusammenarbeit und Kooperation und die gemeinsame Wirtschaftstätigkeit auf einzelnen Gebieten der Produktion, der technischen Entwicklung, des Außenhandels usw.

Die Koordinierungsfunktionen internationaler Wirtschaftsvereinigungen (-organisationen) müssen in Abstimmung mit der Koordinierung der Volkswirtschaftspläne der Länder ausgeübt werden.

Internationale Wirtschaftsvereinigungen (-organisationen) können in ihrem Tätigkeitsbereich etwa folgende Funktionen haben:

– Koordinierung der Hauptrichtungen sowie der Pläne der wissenschaftlich-technischen und wirtschaftlichen Entwicklung auf dem jeweiligen Gebiet;
– Koordinierung bzw. gemeinsame Durchführung von Forschungs- und Entwicklungsarbeiten zur Schaffung neuer Erzeugnisse und zur Entwicklung technologischer Prozesse;
– Organisation des Austausches technischer Dokumentationen und wissenschaftlich-technischer Errungenschaften;
– Organisation der Ausarbeitung sowie die Ausarbeitung von Standards, in erster Linie für gegenseitig austauschbare spezialisierte Erzeugnisse;
– Ausarbeitung gemeinsamer Maßnahmen zur Erhöhung der Qualität der Erzeugnisse;
– Spezialisierung und Kooperation der Produktion;
– Koordinierung gegenseitig interessierender Investitionen zur Schaffung und Nutzung optimaler Produktionskapazitäten;
– Nutzung freier Kapazitäten;
– Koordinierung und Organisation der Produktion von Engpaßerzeugnissen;
– Untersuchung von Fragen der Ökonomie und Organisation der Produktion, gegenseitige Information und Erfahrungsaustausch über diese Fragen;
– Organisation des Kundendienstes;
– technische Unterstützung für Drittländer;
– Organisation und Ausführung von Auftragnehmerarbeiten beim Bau und bei der Ausrüstung von Betrieben, bei Forschungs- und Entwicklungsarbeiten.

Die oben aufgeführten Funktionen internationaler Wirtschaftsvereinigungen (-organisationen) können in Abhängigkeit von den konkreten Bedingungen und vom Wunsch der Teilnehmer der Vereinigung (Organisation) erweitert bzw. eingeengt werden.

Zur Realisierung der konkreten Maßnahmen können die Teilnehmer der internationalen Wirtschaftsvereinigungen (-organisationen) Zusatzverträge abschließen.

Die Tätigkeit der internationalen Wirtschaftsvereinigungen (-organisationen) darf in keiner Weise die Interessen der einzelnen Mitgliedsländer des RGW sowie die der Mitgliedsländer des RGW insgesamt beeinträchtigen.

Die Struktur der Organe internationaler Wirtschaftsvereinigungen (-organisationen) wird ausgehend von den konkreten Aufgaben der jeweiligen Organisation bestimmt. Falls eine Vereinigung (Organisation) umfangreiche Koordinierungsfunktionen ausübt und sich mit einem großen Kreis von Fragen beschäftigt, ist folgende Struktur der Organe der Vereinigung (Organisation) zweckmäßig: Leitungsorgan, bestehend aus Bevollmächtigten aller Mitglieder der Organisation, und Exekutivorgan, dessen Aufgabe in der Verwirklichung der Direktiven des Leitungsorgans besteht.

Das Leitungsorgan übt die Gesamtleitung der Vereinigung (Organisation) auf der Grundlage des Prinzips der Einstimmigkeit der Vertreter aller Teilnehmer zu den Grundfragen der Tätigkeit der Vereinigungen (Organisationen), deren Kreis im Gründungsvertrag der Vereinigung (Organisation) konkret festgelegt ist, aus. Gleichzeitig wird im Vertrag das Verfahren für die Annahme von Beschlüssen durch das Leitungsorgan zu den übrigen Fragen der Tätigkeit, ausgehend vom Prinzip der Wahrung der Interessen der beteiligten Partner, festgelegt.

Das Exekutivorgan führt entsprechend den ihm vom Leitungsorgan übertragenen Vollmachten die operative Wirtschaftstätigkeit der Vereinigung (Organisation) durch. Die Funktionen des Exekutivorgans und die Prinzipien seiner Tätigkeit müssen so gestaltet sein, daß es die Koordinierungs- und Wirtschaftstätigkeit erfolgreich und operativ durchführen kann.

Falls internationale Wirtschaftsvereinigungen (-organisationen) mit einem engen Tätigkeitsbereich gebildet werden, kann ihre Struktur entsprechend den in ihrem Gründungsvertrag festgelegten Aufgaben einfacher sein.

Internationale Wirtschaftsvereinigungen (-organisationen) decken ihre Kosten, soweit die Vereinigungen (Organisationen) auf der Grundlage der wirtschaftlichen Rechnungsführung arbeiten, aus eigenen Einnahmen bzw. wenn die Vereinigungen (Organisationen) Haushaltsorganisationen sind, aus Beiträgen der Teilnehmer je nach getroffener Vereinbarung. Der Gründungsvertrag internationaler Wirtschaftsvereinigungen (-organisationen) kann die Finanzierung der Organisation sowohl aus Beiträgen der Teilnehmer als auch durch von ihnen erwirtschaftete Einnahmen vorsehen.

Das Finanzierungsverfahren der internationalen Wirtschaftsvereinigungen (-organisationen) wird bei Abschluß ihrer Gründungsverträge festgelegt.

4. Im Verlaufe der Realisierung des Komplexprogramms kann es sich als zweckmäßig erweisen, daß die Staatsorgane oder Wirtschaftsorganisationen der interessierten Länder gemeinsame Betriebe bilden, die über eigenes Vermögen verfügen, Subjekte des Zivilrechts sind, auf der Grundlage der wirtschaftlichen Rechnungsführung arbeiten und für die übernommenen Verpflichtungen mit ihrem Vermögen voll haftbar sind.

Die Organisationsformen und Funktionen gemeinsamer Betriebe und alle anderen mit ihrer Bildung und Tätigkeit zusammenhängenden Fragen werden durch die interessierten Partner geregelt.

Formen der Beteiligung der Mitgliedsländer
des RGW an einzelnen Maßnahmen des Komplexprogramms

1. Die gesamte Tätigkeit zur Realisierung des Komplexprogramms wird in Übereinstimmung mit den Bestimmungen des Statuts des Rates für Gegenseitige Wirtschaftshilfe und des Beschlusses der XXIII. (Sonder-)Tagung des RGW durchgeführt werden.

Die Ausarbeitung von Maßnahmen zur Durchführung des Komplexprogramms wird durch die interessierten Mitgliedsländer des RGW auch im Rahmen der zweiseitigen zwischenstaatlichen Kommissionen für wirtschaftliche und wissenschaftlich-technische Zusammenarbeit, auf dem Wege der Direktbeziehungen zwischen den zuständigen Staatsorganen, Wirtschafts-, Forschungs- und anderen Organisationen der Länder, in den von den interessierten Mitgliedsländern des RGW zu schaffenden internationalen ökonomischen Organisationen und durch die Anwendung anderer organisatorischer Formen, die die Länder für zweckmäßig halten, erfolgen.

2. Die Mitgliedsländer des RGW haben vereinbart, daß sie bei der Erfüllung dieses Programms nach solchen Formen, Wegen und Methoden der wirtschaftlichen und wissenschaftlich-technischen Zusammenarbeit suchen werden, die allen Mitgliedsländern des RGW die Möglichkeit geben, an dieser Zusammenarbeit teilzunehmen, und die das Interesse jedes Landes an einer möglichst breiten Beteiligung an dieser Zusammenarbeit erhöhen. Jedes Mitgliedsland des RGW, das sich auf der Grundlage der vollen Freiwilligkeit an der Realisierung des Komplexprogramms beteiligt, übernimmt Verpflichtungen und schafft die Bedingungen, die die Erfüllung der übernommenen Verpflichtungen garantieren.

3. Jedes Mitgliedsland des RGW ist berechtigt, zu jedem beliebigen Zeitpunkt seine Interessiertheit an der Teilnahme an jener Maßnahme des Komplexprogramms zu erklären, an der es vorher aus diesen oder jenen Gründen nicht teilzunehmen wünschte, und zwar zu Bedingungen, die zwischen den interessierten Ländern und diesem Land abgestimmt werden.

4. Die Nichtteilnahme eines oder mehrerer Mitgliedsländer des RGW an einzelnen Maßnahmen des Komplexprogramms darf die interessierten Länder nicht behindern, eine gemeinsame Zusammenarbeit durchzuführen. Die Nichtteilnahme einiger Länder an bestimmten Maßnahmen darf sich nicht auf die Zusammenarbeit und Kooperation auf anderen Tätigkeitsgebieten auswirken.

5. Um für die Mitgliedsländer des RGW, die an einzelnen Maßnahmen des Komplexprogramms nicht teilnehmen, Möglichkeiten für den vollen bzw. teilweisen Anschluß an diese Maßnahmen zu schaffen, werden die interessierten Mitgliedsländer des RGW auf Ersuchen des Mitgliedslandes des RGW, das an der Durchführung der betreffenden Maßnahme nicht teilnimmt, dieses Land über die wichtigsten Ergebnisse ihrer Tätigkeit in einer zwischen ihnen vereinbarten Ordnung informieren. Diese Ordnung kann die Einladung von Vertretern der Mitgliedsländer des RGW, die nicht Teilnehmer der von den interessierten Ländern zu schaffenden zwischenstaatlichen ökonomischen Organisationen sind, zu Sitzungen der Leitungsorgane dieser Organisationen bei der Behandlung dieser oder jener Fragen im Zusammenhang mit der Erfüllung einzelner Maßnahmen des Komplexprogramms, falls diese Maßnahmen in diesen Organisationen realisiert werden, vorsehen.

1 Quelle: Grunddokumente des RGW, Berlin-DDR 1978, S. 47 ff., Auszüge.

**Abkommen
über die mehrseitige Verrechnung in transferablen Rubeln
und die Gründung der Internationalen Bank
für Wirtschaftliche Zusammenarbeit
mit den durch Protokoll vom 18. Dezember 1970
vereinbarten Änderungen[1]**

Die Regierungen der Volksrepublik Bulgarien, der Ungarischen Volksrepublik, der Deutschen Demokratischen Republik, der Mongolischen Volksrepublik, der Volksrepublik Polen, der Rumänischen Volksrepublik, der Union der Sozialistischen Sowjetrepubliken und der Tschechoslowakischen Sozialistischen Republik haben,

geleitet von den Interessen der Entwicklung und Vertiefung der internationalen sozialistischen Arbeitsteilung, der weiteren Entwicklung und Festigung der Handels- und Wirtschaftsbeziehungen

und mit dem Ziel der Vervollkommnung des Verrechnungssystems und der verstärkten Einwirkung des Valuta- und Finanzwesens auf die Erfüllung der gegenseitigen Verpflichtungen,

folgendes vereinbart:

Artikel I

Verrechnungen bedingt durch zwei- und mehrseitige Abkommen und Einzelverträge über gegenseitige Warenlieferungen sowie Abkommen über andere Zahlungen zwischen den Abkommenspartnern, erfolgen ab 1. Januar 1964 in transferablen Rubeln.

Der Goldgehalt des transferablen Rubels beträgt 0,987412 Gramm Feingold.

Jedes Mitgliedsland der Bank, das Mittel auf den Konten in transferablen Rubeln besitzt, kann über diese Mittel frei verfügen.

Beim Abschluß von Handelsabkommen wird jedes Mitgliedsland der Bank gewährleisten, daß sich die Zahlungseingänge und -ausgänge in transferablen Rubeln innerhalb des Kalenderjahres oder eines anderen von den Mitgliedsländern der Bank abgestimmten Zeitraumes mit allen anderen Mitgliedsländern der Bank insgesamt ausgleichen. Dabei werden die Bildung oder Verwendung möglicher Reserven in transferablen Rubeln sowie die Kreditoperationen berücksichtigt.

Jedes Mitgliedsland der Bank wird die rechtzeitige und vollständige Erfüllung seiner Zahlungsverpflichtungen in transferablen Rubeln gegenüber den anderen Abkommenspartnern und der Internationalen Bank für Wirtschaftliche Zusammenarbeit gewährleisten.

Artikel II

Zwecks Förderung der wirtschaftlichen Zusammenarbeit und der Entwicklung der Volkswirtschaft der Abkommenspartner sowie der Erweiterung ihrer Zusammenarbeit mit anderen Ländern wird die Internationale Bank für Wirtschaftliche Zusammenarbeit mit Sitz in Moskau gegründet.

Gründungsmitglieder der Bank sind die Abkommenspartner.

Die Bank wird beauftragt mit:

a) der Durchführung mehrseitiger Verrechnungen in transferablen Rubeln;

b) der Kreditierung von Außenhandels- und anderen Geschäften der Mitgliedsländer der Bank;

c) der Heranziehung und Aufbewahrung freier Mittel in transferablen Rubeln;

d) der Heranziehung von Gold, freikonvertierbarer und anderer Währung von den Mitgliedsländern der Bank und von anderen Ländern auf Konten und als Depositen sowie der Durchführung anderer Operationen mit Gold, freikonvertierbarer und anderer Währung.

Der Bankrat wird die Frage der Möglichkeit der Durchführung von Operationen zum Umtausch von transferablen Rubeln in Gold und freikonvertierbare Währung durch die Bank untersuchen;

e) der Durchführung anderer Bankgeschäfte entsprechend den Zielen und Aufgaben der Bank, die sich aus ihrem Statut ergeben.

Außer den genannten Funktionen kann die Bank im Auftrage der interessierten Länder die Finanzierung und Kreditierung der Tätigkeit bestehender gemeinsamer Industriebetriebe und anderer Objekte aus Mitteln, die von diesen Ländern bereitgestellt werden, vornehmen.

Die Tätigkeit der Bank wird durch das vorliegende Abkommen, das Statut der Bank, welches ein integrierender Bestandteil dieses Abkommens ist sowie durch Instruktionen und Regeln, die von der Bank im Rahmen ihrer Befugnisse erlassen werden, geregelt.

Artikel III

Das Grundkapital der Internationalen Bank für Wirtschaftliche Zusammenarbeit beträgt dreihundert Millionen transferable Rubel. Auf Beschluß des Bankrates wird ein Teil dieses Grundkapitals in Gold und in freikonvertierbarer Währung gebildet. Die Anteile (Quoten) der Abkommenspartner an diesem Kapital werden ausgehend vom Exportvolumen ihres gegenseitigen Handels festgelegt und betragen für:

die Volksrepublik Bulgarien	17 Millionen Rubel
die Ungarische Volksrepublik	21 Millionen Rubel
die Deutsche Demokratische Republik	55 Millionen Rubel
die Mongolische Volksrepublik	3 Millionen Rubel
die Volksrepublik Polen	27 Millionen Rubel
die Rumänische Volksrepublik	16 Millionen Rubel
die Union der Sozialistischen Sowjetrepubliken	116 Millionen Rubel
die Tschechoslowakische Sozialistische Republik	45 Millionen Rubel.

Die Anteile am Grundkapital der Bank in transferablen Rubeln werden eingebracht, indem der Export den auf Grund der bilanzierten Warenlieferungen vorgesehenen Import übersteigt, und zwar in der Höhe ihrer Anteile. Anteile am Grundkapital der Bank (in transferablen Rubeln) können auf Wunsch eines Landes durch dieses auch in freikonvertierbarer Währung oder in Gold eingebracht werden.

Die Anteile werden von jedem Abkommenspartner im ersten Jahr in Höhe von 20 Prozent seines Anteils und im weiteren entsprechend den Beschlüssen des Bankrates eingebracht.

Artikel IV

Die Tätigkeit der Internationalen Bank für Wirtschaftliche Zusammenarbeit beruht auf dem Prinzip der vollen Gleichberechtigung und der Achtung der Souveränität der Mitgliedsländer der Bank.

Bei der Behandlung und Entscheidung von Fragen, die mit der Tätigkeit der Bank im Zusammenhang stehen, genießen die Mitgliedsländer der Bank gleiche Rechte.

Artikel V

Die Verrechnungen zwischen den Mitgliedsländern der Bank erfolgen in transferablen Rubeln über die Internationale Bank für Wirtschaftliche Zusammenarbeit unter Mitwirkung der Banken der Mitgliedsländer der Bank. Es werden folgende Grundsätze für das System mehrseitiger Verrechnungen festgelegt:

a) Die Verrechnungen erfolgen über die Konten in transferablen Rubeln der Banken der Mitgliedsländer der Bank, die in der Internationalen Bank für Wirtschaftliche Zusammenarbeit bzw. nach Absprache mit dieser in den Banken der Mitgliedsländer der Bank eröffnet werden. Dabei sendet die Bank des Exportlandes die entsprechenden Warenverfügungs- und Zahlungsdokumente unmittelbar an die Bank des Importlandes. Die Banken der Länder teilen der Internationalen Bank für Wirtschaftliche Zusammenarbeit die Höhe der Forderungen (des Erlöses) bzw. die Höhe der Zahlungen zugunsten der Bank des Exporteurs täglich in der festgelegten Form mit;

b) Zahlungen erfolgen im Rahmen der Mittel jeder Bank auf den Konten in transferablen Rubeln, auf die alle Eingänge, einschließlich erhaltener Kredite, zugunsten der Bank, die Konteninhaber ist, gebucht werden;

c) verfügungsberechtigt über die auf den Konten in transferablen Rubeln vorhandenen Mittel ist die Bank des Mitgliedslandes der Bank, auf deren Namen das Konto geführt wird;

d) eigene und geliehene Mittel der Banken der Mitgliedsländer der Bank in transferablen Rubeln werden voneinander getrennt, indem neben den Konten, auf denen die Mittel der erwähnten Banken aufbewahrt werden, besondere Darlehens-(Kredit-)Konten eröffnet werden, auf denen die Verbindlichkeiten dieser Banken aus den von diesen Banken bei der Internationalen Bank für Wirtschaftliche Zusammenarbeit aufgenommenen Krediten ausgewiesen werden;

f) die Internationale Bank für Wirtschaftliche Zusammenarbeit zahlt für die auf den Konten und als Depositen verwahrten Geldmittel Zinsen, die nach der Dauer der Verwahrung gestaffelt sind.

Artikel VI

Die Bank kann Kredite in transferablen Rubeln gewähren:

a) Verrechnungskredit – zur Deckung des Bedarfs der bevollmächtigten Banken an Mitteln, wenn die Zahlungsausgänge die Zahlungseingänge kurzfristig übersteigen. Dieser Kredit trägt revolvierenden Charakter. Er wird notwendigenfalls sofort in den Grenzen des vom Bankrat festgelegten Limits ausgereicht. Eine Tilgungsfrist wird für diesen Kredit nicht festgelegt. Die Kreditverschuldung kann auf das folgende Jahr übertragen werden;

b) befristeter Kredit – zur Deckung des Bedarfs der bevollmächtigten Banken an Mitteln für längere Zeiträume. Dieser Kredit wird für Maßnahmen zur Spezialisierung und Kooperation der Produktion, zur Erweiterung des Warenumsatzes, für den Ausgleich der Zahlungsbilanz, für Saisonbedarf usw. gewährt. Die Bank gewährt diesen Kredit auf der Grundlage der begründeten Anträge der bevollmächtigten Banken mit einer festen Laufzeit bis zu einem Jahr, in Einzelfällen auf Beschluß des Bankrates – bis zu 2 bis 3 Jahren.

Für die Inanspruchnahme von Krediten werden Zinsen erhoben. Die Zinssätze bei Krediten in transferablen Rubeln werden vom Bankrat festgelegt, ausgehend von der Notwendigkeit, die sparsame Verwendung der Geldmittel zu stimulieren und die Rentabilität der Bank zu gewährleisten.

Ländern, deren Export einen stark ausgeprägten Saisoncharakter trägt, wird ein befristeter Kredit für den Saisonbedarf in der vom Bankrat festgelegten Ordnung zu Vorzugsbedingungen (bezüglich der Zinssätze) gewährt.

Artikel VII

Die Internationale Bank für Wirtschaftliche Zusammenarbeit wird bei der Ausübung der ihr auferlegten Verrechnungs- und Kreditfunktionen allseitig zur Erfüllung der Verpflichtungen über die gegenseitigen Warenlieferungen durch die Mitgliedsländer der Bank und zur Festigung der Plan- und Zahlungsdisziplin in den Verrechnungen zwischen ihnen beitragen.

Im Zusammenhang damit wird die Bank bevollmächtigt:

a) die Gewährung von Krediten an die Banken derjenigen Mitgliedsländer der Bank einzuschränken oder vollständig einzustellen, die ihren Zahlungsverpflichtungen gegenüber der Bank oder anderen Mitgliedsländern der Bank nicht nachkommen. Die Einschränkung oder Einstellung der Kreditierung erfolgt zu Terminen, die vom Bankrat festgelegt werden;

b) die zuständigen Organe und erforderlichenfalls die Regierungen der Mitgliedsländer der Bank über Verletzungen der sich aus Warenbezügen ergebenden Zahlungsverpflichtungen auf der Grundlage der ihr zur Verfügung stehenden Unterlagen zu informieren.

Bei der Durchführung der Verrechnungen und der Kreditierung in transferablen Rubeln führt die Bank den Nachweis über die Erfüllung der Zahlungsverpflichtungen der Mitgliedsländer der Bank.

1 Quelle: Dokumente RGW, Berlin-DDR 1971, S. 174 ff., Auszüge.

Abkommen
über die Bildung der Internationalen Investitionsbank[1]

Die Regierungen der Volksrepublik Bulgarien, der Ungarischen Volksrepublik, der Deutschen Demokratischen Republik, der Mongolischen Volksrepublik, der Volksrepublik Polen, der Union der Sozialistischen Sowjetrepubliken und der Tschechoslowakischen Sozialistischen Republik haben,

geleitet von den Interessen der Entwicklung der Volkswirtschaften der Abkommenspartner,

folgendes vereinbart:

Artikel I

Die Internationale Investitionsbank, nachfolgend als Bank bezeichnet, wird gegründet.

Gründungsmitglieder der Bank sind die Abkommenspartner.

Als Mitglieder der Bank können auch andere Länder aufgenommen werden. Das Verfahren für die Aufnahme anderer Länder als Mitglied der Bank wird im Artikel XXIII dieses Abkommens festgelegt.

Die Tätigkeit der Bank beruht auf der völligen Gleichberechtigung und der Achtung der Souveränität aller Mitgliedsländer der Bank.

Die Bank hat ihren Sitz in Moskau.

Die Bildung und Tätigkeit der Bank erfolgen in Übereinstimmung mit den nachstehenden Bestimmungen.

Artikel II

Die Hauptaufgabe der Bank ist die Gewährung lang- und mittelfristiger Kredite in erster Linie für die Verwirklichung von Vorhaben im Zusammenhang mit der internationalen sozialistischen Arbeitsteilung,

der Spezialisierung und Kooperation der Produktion,

Aufwendungen für die Erweiterung der Roh- und Brennstoffbasis im gemeinsamen Interesse,

dem Bau von Objekten in anderen Wirtschaftszweigen, die für die ökonomische Entwicklung der Mitgliedsländer der Bank von gemeinsamem Interesse sind sowie

für den Bau von Objekten zur Entwicklung der nationalen Wirtschaften der Länder

und für andere Zwecke, die in Übereinstimmung mit den Aufgaben der Bank vom Bankrat festgelegt werden.

In ihrer Tätigkeit muß die Bank von der Notwendigkeit der Sicherung einer effektiven Verwendung der Mittel, der Gewährleistung der Liquidität und der strengen Verantwortlichkeit für den Rückfluß der von der Bank ausgereichten Kreditmittel ausgehen.

Die von der Bank zu kreditierenden Objekte müssen dem wissenschaftlich-technischen Höchststand entsprechen und die Herstellung von Erzeugnissen höchster Qualität bei niedrigsten Kosten und zu Preisen, die dem Weltmarkt entsprechen, gewährleisten.

Die Bank gewährt für die Durchführung von Maßnahmen und den Bau von Objekten, die für mehrere Mitgliedsländer von Interesse sind, Kredite, wenn über die Verwirklichung der Maßnahmen und den Bau der Objekte sowie über den Absatz der damit produzierten Erzeugnisse im gegenseitigen Interesse der Mitgliedsländer langfristige Abkommen oder anderweitige Vereinbarungen vorliegen. Dabei sind die Empfehlungen zur Koordinierung der Volkswirtschaftspläne der Mitgliedsländer der Bank zu berücksichtigen. Die Tätigkeit der Bank ist organisch mit dem System von Maßnahmen zur Weiterentwicklung der sozialistischen ökonomischen Zusammenarbeit, zur Annäherung und allmählichen Angleichung des ökonomischen Entwicklungsniveaus der Mitgliedsländer unter Einhaltung der Prinzipien einer hohen Effektivität bei der Verwendung der Kreditmittel der Bank zu verbinden. Die Bank nimmt im Einvernehmen mit dem Rat für Gegenseitige Wirtschaftshilfe an der Arbeit der entsprechenden Organe des RGW bei der Beratung von Fragen der Koordinierung der Volkswirtschaftspläne der Mitgliedsländer des Rates für Gegenseitige Wirtschaftshilfe auf dem Gebiet gemeinsam interessierender Investitionen teil.

Artikel III

1. Das Grundkapital der Bank beträgt eine Milliarde transferable Rubel. Es wird in der kollektiven Währung (transferable Rubel) und in freikonvertierbaren Währungen oder in Gold gebildet.
Der Goldgehalt des transferablen Rubels beträgt 0,987412 Gramm Feingold.
2. Die Anteile (Quoten) der Abkommenspartner am Grundkapital werden ausgehend vom Exportvolumen in ihrem gegenseitigen Warenumsatz festgelegt und betragen für die
Volksrepublik Bulgarien 85,1 Millionen transferable Rubel
Ungarische Volksrepublik 83,7 Millionen transferable Rubel
Deutsche Demokratische Republik 176,1 Millionen transferable Rubel
Mongolische Volksrepublik 4,5 Millionen transferable Rubel
Volksrepublik Polen 121,4 Millionen transferable Rubel
Union der Sozialistischen Sowjetrepubliken 399,3 Millionen transferable Rubel
Tschechoslowakische Sozialistische Republik 129,9 Millionen transferable Rubel.
In Höhe der Anteile (Quoten) der Mitgliedsländer übergeben die bevollmächtigten Banken dieser Länder der Bank Verpflichtungen.
3. Das Grundkapital wird in Höhe von 70 Prozent in transferablen Rubeln und in Höhe von 30 Prozent in freikonvertierbaren Währungen oder Gold gebildet.
4. Die Abkommenspartner nehmen die erste Einzahlung in das Grundkapital in Höhe von 175 Millionen transferablen Rubeln bei Bildung der Bank vor. Die zweite Einzahlung in Höhe von 175 Millionen transferablen Rubeln erfolgt im Verlaufe des zweiten Geschäftsjahres der Bank.
Der verbleibende Teil des Kapitals wird unter Berücksichtigung der Entwicklung der Geschäfte der Bank und ihres Mittelbedarfes entsprechend der vom Bankrat festgelegten Ordnung und Termine eingezahlt.

Artikel VI

Die Bank kann durch Aufnahme von Finanz- und Bankkrediten sowie Anleihen, durch Annahme von mittel- und langfristigen Einlagen und in anderen Formen Mittel in der kollektiven Währung (transferable Rubel), in nationalen Währungen interessierter Länder und in freikonvertierbaren Währungen mobilisieren. Der Bankrat kann Beschlüsse über die Ausgabe verzinslicher Obligationen durch die Bank fassen, die auf internationalen Kapitalmärkten aufgelegt werden. Die Bedingungen für die Ausgabe von Obligationen werden vom Bankrat festgelegt.

Artikel VII

1. Die Bank gewährt lang- und mittelfristige Kredite für Zwecke, die im Artikel II des vorliegenden Abkommens vorgesehen sind.
2. Kredite werden gewährt:
a) Banken, Wirtschaftsorganisationen und Betrieben der Mitgliedsländer der Bank, die offiziell von den Mitgliedsländern zur Aufnahme von Krediten bevollmächtigt sind;
b) internationalen Organisationen und Betrieben der Mitgliedsländer der Bank, die eine wirtschaftliche Tätigkeit ausüben;
c) Banken und Wirtschaftsorganisationen anderer Länder nach einem vom Bankrat festgelegten Verfahren.
3. Die Bank kann nach dem vom Bankrat festgelegten Verfahren Garantien übernehmen.

Artikel VIII

Das Verfahren der Kreditplanung, die maximalen Kreditlaufzeiten, die Bedingungen für die Gewährung, Verwendung und Tilgung von Krediten, die Übernahme von Garantien sowie die Anwendung von Sanktionen bei Verletzung der Kredit- und Garantiebedingungen werden durch das Statut und durch Beschlüsse des Bankrates geregelt.

Artikel IX

Die Bank kann bei anderen Banken zeitweilig freie Mittel anlegen, Devisen und Sorten, Gold und Wertpapiere kaufen und verkaufen sowie andere Bankgeschäfte durchführen, die den Zielen der Bank entsprechen.

Artikel X

Die Bank übt ihre Geschäftstätig eit bei Sicherung ihrer Rentabilität aus.

Artikel XI

Die Bank hat das Recht, mit den Organen des Rates für Gegenseitige Wirtschaftshilfe, der Internationalen Bank für Wirtschaftliche Zusammenarbeit und anderen Wirtschaftsorganisationen der Mitgliedsländer zusammenzuarbeiten.
Die Bank kann zu internationalen Finanz-, Kredit- und anderen Instituten sowie zu anderen Banken auf gleichberechtigter Grundlage Kontakte aufnehmen und Geschäftsbeziehungen herstellen.
Charakter und Formen dieser Beziehungen werden vom Bankrat festgelegt.

Artikel XII

Die Mitgliedschaft der Länder in der Bank und die Tätigkeit der Bank dürfen nicht die Durchführung und Entwicklung unmittelbarer Finanz- und anderer Geschäftsbeziehungen der Mitgliedsländer der Bank untereinander, mit anderen Ländern und internationalen Finanzorganisationen und Banken behindern.
Die Kreditoperationen der Bank ersetzen nicht die in der Praxis angewandten Grundsätze und das Verfahren der Kreditgewährung auf der Grundlage zweiseitiger Regierungsabkommen über die wirtschaftliche Zusammenarbeit und gegenseitige Hilfe.

Artikel XIII

1. Die Bank ist juristische Person.
Die Bank genießt die zur Ausübung ihrer Funktionen und zur Erreichung ihrer Ziele notwendige Rechtsfähigkeit in Übereinstimmung mit den Bestimmungen des vorliegenden Abkommens und des Statuts der Bank.
2. Auf dem Territorium jedes Mitgliedslandes genießen die Bank sowie die Vertreter der Länder im Bankrat und die Amtspersonen der Bank die zur Ausübung ihrer Funktionen und zur Erreichung der im vorliegenden Abkommen und im Statut der Bank vorgesehenen Ziele notwendigen Privilegien und Immunitäten. Die obengenannten Privilegien und Immunitäten werden in den Artikeln XV, XVI und XVII des vorliegenden Abkommens festgelegt.
3. Die Bank kann auf dem Territorium des Landes, in dem sie ihren Sitz hat sowie auf dem Territorium anderer Länder Filialen und Vertretungen eröffnen.
Die Rechtsbeziehungen zwischen der Bank und dem Land, in dem die Bank ihren Sitz, ihre Filialen und Vertretungen hat, werden in entsprechenden Abkommen vereinbart.
4. Die Bank haftet für ihre Verbindlichkeiten mit ihrem Vermögen.
Die Bank haftet nicht für Verbindlichkeiten der Mitgliedsländer, ebenso wie die Mitgliedsländer nicht für Verbindlichkeiten der Bank haften.

Artikel XIV

Die Tätigkeit der Bank wird durch das vorliegende Abkommen, das diesem Abkommen beiliegende Statut der Bank sowie durch die Richtlinien geregelt, die von der Bank im Rahmen ihrer Befugnisse erlassen werden. Ausgehend von den Interessen der weiteren Entwicklung und Vervollkommnung der Tätigkeit der Bank und der Vertiefung der sozialistischen ökonomischen Zusammenarbeit, kann auf Empfehlung des Bankrates das Statut der Bank mit Zustimmung der Regierungen der Mitgliedsländer der Bank geändert werden.

Artikel XIX

Der Bankrat ist das höchste Leitungsorgan der Bank und übt die Gesamtleitung der Tätigkeit der Bank aus.

Der Bankrat besteht aus Vertretern aller Mitgliedsländer der Bank, die von den Regierungen dieser Länder ernannt werden.

Jedes Mitgliedsland der Bank hat im Rat, unabhängig von der Höhe seines Anteils am Kapital der Bank, eine Stimme.

Der Bankrat faßt die Beschlüsse zu den im Statut der Bank aufgeführten grundsätzlichen Fragen der Tätigkeit der Bank einstimmig. Zu anderen Fragen erfolgt die Beschlußfassung mit qualifizierter Stimmenmehrheit von mindestens Dreiviertel der Stimmen. Dabei ist der Bankrat beschlußfähig, wenn an der Sitzung des Rates die Vertreter von mindestens Dreiviertel der Mitgliedsländer der Bank teilnehmen.

Artikel XX

Das Direktorium der Bank ist das Exekutivorgan der Bank.

Das Direktorium ist dem Bankrat rechenschaftspflichtig.

Das Direktorium besteht aus dem Präsidenten des Direktoriums und 3 Stellvertretern, die vom Bankrat aus Staatsbürgern der Mitgliedsländer für die Dauer von 5 Jahren ernannt werden.

Hauptaufgabe des Direktoriums ist die Leitung der Tätigkeit der Bank in Übereinstimmung mit dem vorliegenden Abkommen und dem Statut der Bank sowie den Beschlüssen des Bankrates.

Der Präsident des Direktoriums leitet unmittelbar die operative Tätigkeit der Bank und des Direktoriums auf der Grundlage des Prinzips der Einzelleitung im Rahmen seiner Befugnisse und Rechte, die im Statut und in den Beschlüssen des Bankrates festgelegt sind.

1 Quelle: Dokumente RGW, Berlin-DDR 1971, S. 222 ff., Auszüge.

Musterbedingungen für die Gründung und Tätigkeit internationaler Wirtschaftsorganisationen in den Mitgliedsländern des RGW (1973)[1]

I. Allgemeine Bestimmungen

§ 1 Hauptmerkmale der IWO (Internationale Wirtschaftsorganisationen)

(1) An den internationalen Wirtschaftsorganisationen können Wirtschaftsorganisationen und in bestimmten Fällen (§ 38) auch Staaten, soweit sie als Subjekte des Zivilrechts auftreten, teilnehmen.

(2) Unter Wirtschaftsorganisationen werden in den vorliegenden Musterbedingungen Betriebe, Vereinigungen, Kombinate, Hauptverwaltungen mit wirtschaftlicher Rechnungsführung, wissenschaftliche Forschungs- sowie Projektierungs- und Konstruktionsorganisationen, Außenhandelsorganisationen und sonstige Rechtssubjekte verstanden, die in Übereinstimmung mit der Gesetzgebung ihrer Länder im eigenen Namen und eigenverantwortlich eine Wirtschaftstätigkeit durchführen. Bei der Teilnahme an der internationalen Wirtschaftsorganisation wahren sie ihre vollständige Vermögens-, Organisations- und juristische Selbständigkeit.

(3) Eine internationale Wirtschaftsorganisation kann durch ein völkerrechtliches Abkommen (im weiteren – internationales Abkommen) oder durch einen Vertrag zwischen ihren Teilnehmern gegründet werden. Ein internationales Abkommen kann auch Voraussetzung für den Abschluß eines Vertrages über die Gründung einer Organisation zwischen den Teilnehmern sein, die durch den jeweiligen Staat, der Partner des Abkommens ist, bestimmt werden.

(5) Die Tätigkeit der internationalen Wirtschaftsorganisation, die als internationale Wirtschaftsvereinigung (§§ 2 und 3) oder als gemeinsamer Betrieb (§ 4) geschaffen wird, kann die Produktion, Dienstleistungen, wissenschaftliche Forschungs- sowie Projektierungs- und Konstruktionsarbeiten, den Außenhandel usw. umfassen und sich sowohl auf alle als auch auf einen oder mehrere solcher Bereiche erstrecken.

§ 2 Die internationale Wirtschaftsvereinigung als juristische Person

Die internationale Wirtschaftsvereinigung ist eine Organisation, die die Koordinierung der Wirtschaftstätigkeit ihrer Teilnehmer in einem bestimmten Bereich oder Bereichen (§ 1, Pkt. 5) sowie die Durchführung einer eigenen Wirtschaftstätigkeit zum Gegenstand hat, durch die Teilnehmer gemeinsam geleitet, auf der Grundlage von Einlagen der Teilnehmer gebildet wird, über ein abgesondertes Vermögen verfügt und als juristische Person im eigenen Namen handelt (im weiteren – Vereinigung).

§ 4 Der gemeinsame Betrieb

Der gemeinsame Betrieb ist eine von den Teilnehmern gemeinsam geleitete Organisation, die die Wirtschaftstätigkeit in einem bestimmten Bereich oder

Bereichen (§ 1, Pkt. 5) zum Gegenstand hat, auf der Grundlage von Einlagen der Teilnehmer gebildet wird, über ein abgesondertes Vermögen verfügt und als juristische Person im eigenen Namen und auf der Grundlage der vollen Eigenerwirtschaftung evtl. auch mit allmählichem Übergang zur vollen Eigenerwirtschaftung handelt. Jeder Teilnehmer hat am Gewinn des gemeinsamen Betriebes seinen Anteil.

II. Gründung, Mitgliedschaft, Organisationsstruktur und Vermögen der Vereinigung

§ 5 Gründungsdokumente der Vereinigung

(1) Die Vereinigung wird durch einen schriftlichen Vertrag zwischen ihren Teilnehmern (im weiteren – Gründungsvertrag) oder durch ein internationales Abkommen gegründet.

(2) Der Gründungsvertrag muß enthalten: die Bezeichnung der Vereinigung; ihren Sitz und den Gegenstand der Tätigkeit; die ursprüngliche Zusammensetzung der Teilnehmer; den Statutenfonds; den Umfang der Einlagen jedes Mitglieds, das Verfahren und die Fristen ihrer Einbringung und die Methode ihrer Bewertung; den Umfang der Beteiligung der Mitglieder der Vereinigung an den Ergebnissen ihrer Tätigkeit; die Hauptorgane der Vereinigung; die ausschließliche Kompetenz des Leitungsorgans, das Verfahren der Beschlußfassung, einschließlich der Festlegung der Fragen, deren Entscheidung Einstimmigkeit erfordert; die Prinzipien der Finanzierung der Tätigkeit der Vereinigung, das Verfahren der Änderung des Vertrages.

(3) In den Gründungsvertrag werden auch alle anderen Punkte aufgenommen, die die Partner für wesentlich halten.

(4) Bei der Festlegung der Prinzipien der Finanzierung der Tätigkeit der Vereinigung können die Partner im Gründungsvertrag oder im internationalen Abkommen (im weiteren – Gründungsdokumente) vorsehen, daß die Vereinigung unter Berücksichtigung der Art und des Umfangs ihrer Wirtschaftätigkeit auf der Grundlage der jährlichen Finanzierung durch die Teilnehmer, der Deckung der Differenz zwischen Ausgaben und Einnahmen nach dem Haushaltsplan oder der Eigenerwirtschaftung (evtl. auch mit allmählichem Übergang zur Eigenerwirtschaftung) tätig wird.

§ 9 Mitglieder der Vereinigung

Mitglied der Vereinigung können Wirtschaftsorganisationen sein, die in Übereinstimmung mit der Gesetzgebung ihres Landes berechtigt sind, an der betreffenden Vereinigung teilzunehmen.

§ 12 Grundrechte der Teilnehmer der Vereinigung

(1) Jedes Mitglied der Vereinigung hat das Recht, an der Leitung der Vereinigung in Übereinstimmung mit dem im Gründungsdokument und Statut festgelegten

Verfahren der Beschlußfassung sowie an den Ergebnissen teilzunehmen, die die Vereinigung bei der Verwirklichung ihres Gründungszwecks erzielt hat.

(2) Der Umfang der Beteiligung jedes Mitglieds der Vereinigung an den Ergebnissen ihrer Tätigkeit wird im Gründungsdokument festgelegt.

§ 14 Pflichten der Teilnehmer der Vereinigung

(1) Jedes Mitglied der Vereinigung hat die Pflicht, an der Wahrnehmung ihrer Angelegenheiten teilzunehmen und zur Durchführung der Tätigkeit der Vereinigung, die auf die Erreichung ihres wirtschaftlichen Zwecks gerichtet ist, beizutragen. Das Mitglied muß sich jeder Tätigkeit, die die Erreichung des wirtschaftlichen Zwecks der Vereinigung unmöglich macht oder erschwert, enthalten.

(2) Jedes Mitglied der Vereinigung ist verpflichtet, seine Einlage in dem im Gründungsdokument vorgesehenen Umfang sowie innerhalb der darin festgelegten Fristen einzubringen.

§ 19 Organe der Vereinigung

Organe der Vereinigung sind das Leitungsorgan, das Exekutivorgan und in der Regel das Kontrollorgan. Im Gründungsdokument oder Statut können auch andere Organe der Vereinigung vorgesehen werden.

§ 20 Leitungsorgan der Vereinigung

(1) Das Leitungsorgan setzt sich aus den bevollmächtigten Vertretern aller Teilnehmer der Vereinigung zusammen.

(2) Die Kompetenz des Leitungsorgans sowie die Periodizität und das Verfahren seiner Einberufung müssen im Gründungsdokument und Statut festgelegt werden.

(3) Zur ausschließlichen Kompetenz des Leitungsorgans gehört die Beschlußfassung zu folgenden Fragen:
– Änderungen und Ergänzungen des Statuts;
– Bestätigung von Normativdokumenten, die die Beziehungen innerhalb der Vereinigung regeln;
– Aufnahme neuer Mitglieder und Ausschluß von Teilnehmern;
– Schaffung neuer Organe der Vereinigung und Bestimmung ihrer Zusammensetzung und Kompetenz;
– Wahl oder Berufung sowie Abberufung der Mitglieder des Exekutivorgans und anderer Organe;
– Bestätigung der Pläne sowie der Berichte über ihre Erfüllung;
– Bestätigung der Bilanzen, Verteilung der finanziellen Ergebnisse und Bestimmung der Form der Gewinnverwendung oder der Deckung von Verlusten der Vereinigung;
– Koordinierung der Wirtschaftstätigkeit der Teilnehmer;
– Errichtung und Auflösung von Filialen der Vereinigung.

(4) Wenn ein internationales Abkommen Gründungsdokument ist, gehören zur ausschließlichen Kompetenz des Leitungsorgans nicht diejenigen der in Pkt. 3 genannten Fragen, bei denen sich die Abkommenspartner das Recht der

Entscheidung vorbehalten haben. In diesem Fall nimmt das Leitungsorgan Vorschläge zu diesen Fragen an und leitet sie über die Teilnehmer an die Abkommenspartner weiter.

(5) Der Umfang der ausschließlichen Kompetenz des Leitungsorgans kann um beliebige Fragen, die für die Tätigkeit der Vereinigung als grundlegend anerkannt werden, erweitert werden. Dabei muß der Umfang der ausschließlichen Kompetenz des Leitungsorgans vollständig im Gründungsdokument aufgeführt werden.

§ 21 Exekutivorgan der Vereinigung

(1) Exekutivorgan der Vereinigung ist in der Regel der Direktor; im Gründungsdokument kann ein kollektives Exekutivorgan vorgesehen werden.

(2) Das Exekutivorgan leitet in Übereinstimmung mit seiner in dem Gründungsdokument, dem Statut und den Beschlüssen des Leitungsorgans festgelegten Kompetenz die operative Wirtschaftstätigkeit der Vereinigung und organisiert die Erfüllung ihrer Pläne, vertritt sie nach außen, bereitet Beschlußentwürfe für das Leitungsorgan vor und organisiert die Erfüllung der Beschlüsse des Leitungsorgans, beruft die Mitarbeiter der Vereinigung und beruft sie ab und kontrolliert die Erfüllung der Beschlüsse durch die Teilnehmer, die die Koordinierung ihrer Wirtschaftstätigkeit betreffen.

(3) Das Exekutivorgan ist dem Leitungsorgan rechenschaftspflichtig und trägt ihm gegenüber die Verantwortung für seine Tätigkeit.

§ 22 Kontrollorgan der Vereinigung

Das Verfahren der Bildung, die Zusammensetzung und die Kompetenz des Kontrollorgans der Vereinigung werden im Gründungsdokument oder Statut festgelegt.

§ 23 Beschlußfassung

(1) Die Annahme von Beschlüssen durch das Leitungsorgan der Vereinigung wird im Gründungsdokument festgelegt und im Statut im einzelnen geregelt. Beschlüsse zu grundlegenden Fragen der Tätigkeit der Vereinigung oder entsprechende Vorschläge (§ 20, Pkt. 4) werden einstimmig angenommen.

(2) Bei der Regelung der Beschlußfassung müssen festgelegt werden: das Stimmrecht; die Beschlüsse, für deren Annahme Einstimmigkeit oder eine qualifizierte Stimmenmehrheit, und zwar welche, erforderlich ist; das zur Annahme von rechtskräftigen Beschlüssen erforderliche Quorum; Folgen der Abwesenheit rechtzeitig und unter Angabe des Datums und der Tagesordnung eingeladener bevollmächtigter Vertreter der Teilnehmer von der Sitzung sowie die Folgen der Stimmenthaltung.

(3) Bei der Annahme von Beschlüssen über die Koordinierung der Wirtschaftstätigkeit der Teilnehmer durch das Leitungsorgan besitzt jeder Teilnehmer eine Stimme. Diese Beschlüsse sind nur für die Teilnehmer verbindlich, die für ihre Annahme gestimmt haben.

(4) Im Gründungsdokument oder Statut können besondere Garantien zum

Schutze der Rechte der Teilnehmer vorgesehen werden, die bei der Annahme von Beschlüssen, für die keine Einstimmigkeit erforderlich ist, in der Minderheit geblieben sind.

§ 24 Das Einspruchsrecht gegen Beschlüsse des Exekutivorgans

(1) Jeder Teilnehmer hat das Recht, gegen Beschlüsse des Exekutivorgans Einspruch beim Leitungsorgan der Vereinigung einzulegen.
(2) Das Verfahren und die Fristen des Einspruchs sowie das Verfahren der Behandlung von Einsprüchen werden im Statut festgelegt.

§ 25 Quellen des Vermögens der Vereinigung und ihr Statutenfonds

(1) Quellen des Vermögens der Vereinigung sind die Einlagen der Teilnehmer, die entsprechend dem Gründungsdokument festgelegt und bewertet werden, Einnahmen aus der eigenen Wirtschaftstätigkeit sowie sonstige Einnahmen entsprechend dem Gründungsdokument und dem Statut.
(2) Zur Sicherung der Wirtschaftstätigkeit der Vereinigung wird aus den Einlagen der Teilnehmer ein Statutenfonds der Vereinigung geschaffen, dessen Umfang durch das Gründungsdokument bestimmt wird.

§ 26 Vermögensrechte der Vereinigung

Die Vereinigung hat das Recht, Vermögen in Übereinstimmung mit seiner Zweckbestimmung und dem im Gründungsdokument bestimmten Gegenstand der Tätigkeit der Vereinigung im eigenen Namen zu besitzen, zu nutzen und darüber zu verfügen sowie auch andere Vermögensrechte, einschließlich nichtmaterieller Vermögensrechte, zu erwerben und auszuüben. Die Staaten, deren Organisationen an der Vereinigung teilnehmen, sind nicht berechtigt, über deren Vermögen zu verfügen.

§ 27 Charakter der Rechte der Teilnehmer aus Vermögen der Vereinigung

(1) Die Teilnehmer der Vereinigung verfügen nicht über gesonderte Rechte an einzelnen Objekten, die zum Vermögen der Vereinigung gehören sowie an Objekten, die von den Teilnehmern als Einlage eingebracht wurden.
(2) Im Falle des Austritts eines Teilnehmers oder der Liquidierung der Vereinigung hat der Teilnehmer nur ein Forderungsrecht bezüglich eines Teils des Vermögens der Vereinigung, das dem Wert seiner Einlage entspricht. Dabei wird § 32. Pkt. 2 der vorliegenden Musterbedingungen berücksichtigt. Im Gründungsdokument oder Statut kann die Rückgabe der eingebrachten Einlage in natura vorgesehen werden.
(3) Die Bestimmungen der Punkte 1 und 2 betreffen nicht Sachen, die der Vereinigung von den Teilnehmern zur kostenlosen Nutzung übergeben wurden.

§ 29 Vermögensrechtliche Verantwortlichkeit der Vereinigung

(1) Die Vereinigung haftet für ihre Verpflichtungen mit ihrem Vermögen. Sie haftet nicht für Verpflichtungen ihrer Teilnehmer.

(2) Die Teilnehmer der Vereinigung haften nicht für deren Verpflichtungen, soweit im Gründungsdokument nichts anderes vorgesehen ist. Wenn eine solche Verantwortlichkeit vorgesehen ist, so muß im Gründungsdokument oder im Statut bestimmt werden, in welcher Form sie besteht und bis zu welcher Höhe die Teilnehmer diese tragen.

(3) Die Vereinigung haftet nicht für Verpflichtungen der Staaten, deren Organisationen an ihr teilnehmen, und diese Staaten haften nicht für die Verpflichtungen der Vereinigung.

(5) Im Gründungsdokument oder durch einstimmigen Beschluß der Teilnehmer kann zur Abdeckung eines Verlustes der Vereinigung nach den Ergebnissen des Wirtschaftsjahres die Pflicht der Teilnehmer zur Zahlung zusätzlicher Geldbeiträge proportional zu ihren Einlagen vorgesehen werden.

§ 30 Gründe für die Auflösung der Vereinigung

(1) Die Vereinigung beendet ihr Bestehen:
a) mit Ablauf der Frist, für die sie entsprechend dem Gründungsdokument gegründet wurde;
b) durch einstimmigen Beschluß der Teilnehmer bzw. auf Beschluß der Abkommenspartner, wenn die Vereinigung durch ein internationales Abkommen gegründet wurde;
c) aus anderen Gründen, die im Gründungsdokument oder in der Gesetzgebung des Sitzlandes vorgesehen sein können.

III. Gründung, Mitgliedschaft, Organisationsstruktur und Vermögen des gemeinsamen Betriebes

§ 35 Besondere Merkmale des gemeinsamen Betriebes

(1) Der gemeinsame Betrieb besitzt einen Statutenfonds, der aus gleichen unteilbaren Anteilen besteht, deren Wert von den Teilnehmern in Geld oder durch die Übergabe von Sachen (Waren und materiellen Werten) oder die Übertragung von Rechten, die einen finanziellen Wert haben, zu tilgen ist. Die Höhe der Einlage des Mitgliedes wird durch die Anzahl seiner Anteile bestimmt. Die Zugehörigkeit des Anteils wird dem Teilnehmer durch ein schriftliches Dokument bestätigt. Die Anteile sind unveräußerlich, mit Ausnahme der Fälle, die in § 11 der vorliegenden Musterbedingungen vorgesehen sind.

(2) Die Teilnehmer des gemeinsamen Betriebes haften nicht für dessen Verbindlichkeiten. Im Gründungsdokument kann jedoch die Verpflichtung der Teilnehmer vorgesehen werden, zusätzliche Beiträge einzubringen, wobei festzulegen ist, in welchen Fällen und unter welchen Bedingungen eine solche Verpflichtung eintritt.

§ 36 Anwendung von Bestimmungen für die Vereinigung auf den gemeinsamen Betrieb

Die folgenden Paragraphen der vorliegenden Musterbedingungen werden auf die gemeinsamen Betriebe entsprechend angewandt: § 5, Pkt. 1; §§ 6–8; § 10, Pkt. 1 und 2; §§ 14–15; §§ 17–18; §§ 24–28; § 29, Pkt. 1–4; §§ 30–34.

§ 37 Inhalt des Vertrages über die Gründung des gemeinsamen Betriebes

(1) Der Gründungsvertrag muß beinhalten: die Bezeichnung des gemeinsamen Betriebes, seinen Sitz und den Gegenstand seiner Tätigkeit; die ursprüngliche Zusammensetzung der Teilnehmer; den Statutenfonds, den Wert der Anteile, die Höhe der Einlage jedes Teilnehmers, das Verfahren und die Fristen ihrer Einbringung sowie das Verfahren ihrer Bewertung; die Verantwortlichkeit der Teilnehmer für die Nichterfüllung der Verpflichtung zur Einbringung der Einlagen; die Hauptorgane des gemeinsamen Betriebes; die ausschließliche Kompetenz des Leitungsorgans; den Kreis der Fragen, deren Entscheidung Einstimmigkeit erfordert; das Verfahren für die Verteilung der Ergebnisse der Wirtschaftstätigkeit; die Bestimmungen über das Austrittsrecht des Teilnehmers; das Verfahren der Änderung des Vertrages.
(2) In den Gründungsvertrag werden auch alle anderen Punkte aufgenommen, die die Partner für wesentlich halten.

§ 38 Teilnehmer des gemeinsamen Betriebes

Teilnehmer des gemeinsamen Betriebes können Wirtschaftsorganisationen sein, die in Übereinstimmung mit der Gesetzgebung ihres Landes berechtigt sind, am gemeinsamen Betrieb teilzunehmen. An gemeinsamen Betrieben können auch Staaten teilnehmen, soweit sie als Subjekte des Zivilrechts auftreten.

§ 40 Austritt des Teilnehmers aus dem gemeinsamen Betrieb

Der Austritt des Teilnehmers aus dem gemeinsamen Betrieb ist in den Fällen zulässig, die im Gründungsdokument, in dem die Gründe sowie die Bedingungen des Austritts bestimmt wurden, vorgesehen sind. Im Zusammenhang mit dem Austritt eines Teilnehmers wird erforderlichenfalls über die Änderung des Statutenfonds entschieden.

§ 41 Organe des gemeinsamen Betriebes

Organe des gemeinsamen Betriebes sind das Leitungsorgan, das Exekutivorgan und das Kontrollorgan. Im Gründungsdokument oder Statut können auch andere Organe des gemeinsamen Betriebes vorgesehen werden.

§ 42 Das Leitungsorgan des gemeinsamen Betriebes

(1) Das Leitungsorgan setzt sich aus den bevollmächtigten Vertretern aller Teilnehmer des gemeinsamen Betriebes zusammen.

(2) Zur ausschließlichen Kompetenz des Leitungsorgans gehört die Beschlußfassung zu folgenden Fragen:

– Änderung und Ergänzung des Statuts, Änderung des Gegenstandes der Tätigkeit des gemeinsamen Betriebes;

– Bestätigung von Normativdokumenten, die die Beziehungen innerhalb des gemeinsamen Betriebes regeln;

– Aufnahme neuer Mitglieder und Ausschluß von Teilnehmern;

– Festlegung der Organisationsstruktur des gemeinsamen Betriebes, Schaffung neuer Organe und Bestimmung ihrer Zusammensetzung und Kompetenz;

– Wahl und Berufung sowie Abberufung der Mitglieder des Exekutivorgans, des Kontrollorgans und anderer Organe;

– Festlegung der Grundrichtungen der Entwicklung und Tätigkeit des gemeinsamen Betriebes;

– Bestätigung der Pläne des gemeinsamen Betriebes und der Berichte über ihre Erfüllung;

– Bestätigung der Bilanzen, Verteilung der finanziellen Ergebnisse und Bestimmung der Formen der Gewinnverwertung oder der Deckung von Verlusten des gemeinsamen Betriebes;

– Festlegung der Zusammensetzung, der Zweckbestimmung, des Verfahrens der Bildung und Verwendung der finanziellen Fonds des gemeinsamen Betriebes, wenn diese Fragen nicht im Gründungsdokument oder Statut gelöst sind;

– Erwerb und Verkauf bestimmter Grundmittel, Erwerb und Verkauf von Lizenzen;

– Verfahren der Liquidierung des gemeinsamen Betriebes;

– Errichtung und Auflösung von Filialen des gemeinsamen Betriebes.

(3) Im übrigen werden die Bestimmungen des § 20, Pkt. 2, 4 und 5 der vorliegenden Musterbedingungen entsprechend angewandt.

§ 43 Exekutivorgan des gemeinsamen Betriebes

(1) Das Exekutivorgan des gemeinsamen Betriebes kann ein Individual- oder Kollektivorgan sein. Es leitet in Übereinstimmung mit seiner in dem Gründungsdokument, dem Statut und den Beschlüssen des Leitungsorgans festgelegten Kompetenz die operative Wirtschaftstätigkeit des gemeinsamen Betriebes, organisiert die Erfüllung der Beschlüsse des Leitungsorgans, beruft die Mitarbeiter des gemeinsamen Betriebes und beruft sie ab.

(2) Wenn das Exekutivorgan ein Kollektivorgan ist, wird in dem Gründungsdokument, dem Statut und/oder den Beschlüssen des Leitungsorgans auch die Kompetenz desjenigen festgelegt, der dem Exekutivorgan vorsteht.

(3) Im übrigen werden die Bestimmungen des § 21, Pkt. 3 der vorliegenden Musterbedingungen entsprechend angewandt.

§ 44 Beschlußfassung im Leitungsorgan

Falls im Gründungsdokument nichts anderes vorgesehen ist, fällt auf einen Anteil

314

am Statutenfonds eine Stimme im Leitungsorgan des gemeinsamen Betriebes. Im übrigen werden die Bestimmungen des § 23, Pkt. 1, 2 und 4 der vorliegenden Musterbedingungen entsprechend angewandt.

§ 45 Fragen, deren Entscheidung Einstimmigkeit erfordert

(1) Bei der Annahme von Beschlüssen durch das Leitungsorgan ist Einstimmigkeit zu folgenden Fragen erforderlich:
a) Änderung oder Ergänzung des Statuts;
b) Aufnahme eines neuen Teilnehmers;
c) Ausschluß eines Teilnehmers; der auszuschließende Teilnehmer hat in diesem Falle kein Stimmrecht;
d) Errichtung oder Auflösung von Organen des gemeinsamen Betriebes und Festlegung ihrer Kompetenz;
e) Änderung des Gegenstandes der Tätigkeit des gemeinsamen Betriebes und seines Statutenfonds, Umbewertung der Anteile am Statutenfonds;
f) Festlegung der Hauptrichtungen der Entwicklung und Tätigkeit des gemeinsamen Betriebes;
g) Schaffung und Auflösung von Filialen.
(2) Der Kreis der Fragen, deren Entscheidung Einstimmigkeit erfordert, kann im Gründungsdokument erweitert oder beschränkt werden, je nachdem, wie es die Gründer des gemeinsamen Betriebes für notwendig erachten.

§ 46 Beschlußfassung im kollektiven Exekutivorgan

Das kollektive Exekutivorgan faßt Beschlüsse in der Regel mit einfacher Stimmenmehrheit seiner Mitglieder. Im Gründungsdokument oder Statut können Fälle vorgesehen werden, in denen es Beschlüsse einstimmig oder mit qualifizierter Stimmenmehrheit faßt.

§ 47 Kontrollorgan des gemeinsamen Betriebes

(1) Das Kontrollorgan führt die Kontrolle über die Wirtschaftstätigkeit des gemeinsamen Betriebes durch.
(2) Das Kontrollorgan ist für seine Tätigkeit dem Leitungsorgan gegenüber verantwortlich, berichtet ihm regelmäßig über durchgeführte Revisionen und legt ihm die Prüfungsberichte zu den Jahresabschlußberichten vor.
(3) Die Mitglieder des Kontrollorgans können nicht Vertreter der Teilnehmer im Leitungsorgan oder Mitglieder des Exekutivorgans sein.
(4) Die Anzahl der Mitglieder des Kontrollorgans, das Verfahren seiner Tätigkeit und Beschlußfassung werden im Gründungsdokument oder Statut festgelegt.

IV. Wirtschaftstätigkeit der internationalen Wirtschaftsorganisation, die als Vereinigung oder gemeinsamer Betrieb geschaffen wird

§ 49 Planung der Tätigkeit der Vereinigungen und gemeinsamen Betriebe

(1) Die internationale Wirtschaftsorganisation (Vereinigung und gemeinsamer Betrieb) arbeitet auf der Grundlage von Plänen, die von ihrem Leitungsorgan bestätigt werden. Voraussetzung für die Bestätigung des Planes ist seine vorherige Abstimmung mit den Volkswirtschaftsplänen des Sitzlandes und der anderen Länder, deren Organisationen an der internationalen Wirtschaftsorganisation teilnehmen. Die Abstimmung der Pläne erfolgt entsprechend der Spezifik der internationalen Wirtschaftsorganisation in dem Umfang, der für ihre normale Tätigkeit notwendig ist.

(2) Die bestätigten Pläne der internationalen Wirtschaftsorganisation werden in den Volkswirtschaftsplänen ihres Sitzlandes und der anderen Länder, deren Organisationen an ihr teilnehmen, berücksichtigt.

§ 52 Verteilung der finanziellen Ergebnisse und Besteuerung der IWO

(1) Die finanziellen Ergebnisse der internationalen Wirtschaftsorganisation werden auf der Grundlage der jährlichen Finanzabrechnung in der Währung des Sitzlandes bestimmt.

(2) Die Belegung der internationalen Wirtschaftsorganisation im Sitzland mit Steuern und Abgaben, die dem Staatshaushalt zufließen, erfolgt, wenn diese Frage nicht durch ein internationales Abkommen geregelt ist, entsprechend den besonderen Vorschriften der Gesetzgebung dieses Landes, die internationale Wirtschaftsorganisationen betreffen. Bei Nichtvorhandensein solcher Vorschriften können diese Fragen auch für eine konkrete internationale Wirtschaftsorganisation in ihrem Gründungsvertrag geregelt werden, der von den kompetenten staatlichen Organen des Sitzlandes bestätigt wird.

(3) Die internationale Wirtschaftsorganisation entrichtet im Sitzland örtliche (kommunale) Steuern und Abgaben entsprechend den Vorschriften, die für staatliche Wirtschaftsorganisationen dieses Landes bestehen, soweit in einem internationalen Abkommen oder durch die kompetenten Organe des Sitzlandes nichts anderes festgelegt ist.

(4) Der Reingewinn der internationalen Wirtschaftsorganisation wird mit Ausnahme des Teils, der auf Beschluß ihres Leitungsorgans für die entsprechenden finanziellen Fonds oder für andere Zwecke bestimmt ist, unter die Teilnehmer proportional zu ihren Einlagen verteilt, sofern im Gründungsdokument kein anderes Prinzip der Gewinnverteilung vorgesehen ist.

(5) Der Gewinn, den die Teilnehmer der internationalen Wirtschaftsorganisation im Ergebnis der Verteilung erhalten haben, kann im Sitzland der Organisation zum Kauf von Waren und zur Inanspruchnahme von Dienstleistungen in Übereinstimmung mit dem in diesem Land bestehenden Verfahren oder in Abstimmung mit dessen kompetenten Organen auch für andere Zwecke verwendet werden. Dadurch werden die Vorschriften der für den betreffenden Teilnehmer geltenden Valutagesetzgebung nicht berührt. Der Teilnehmer kann seinen Gewinn ohne jegliche Einschränkungen in sein Land transferieren.

§ 53 Aufteilung des Valutaerlöses der IWO

Der am Ende des Abrechnungsjahres verbleibende Reinerlös der internationalen Wirtschaftsorganisation in konvertierbarer Währung kann unter den Teilnehmern proportional zu ihren Einlagen oder nach anderen Grundsätzen, die im Gründungsdokument oder Statut vorgesehen sind, aufgeteilt werden. Für die im Ergebnis dieser Aufteilung erhaltenen Valutamittel zahlen die Teilnehmer an die internationale Wirtschaftsorganisation den Gegenwert in transferablen Rubeln.

§ 54 Außenwirtschaftsrechte

(1) Die Rechte der internationalen Wirtschaftsorganisation zur Durchführung von Außenwirtschaftätigkeit werden von den für die staatlichen Wirtschaftsorganisationen geltenden Vorschriften der Gesetzgebung des Sitzlandes der Organisation bestimmt. Sofern die Gesetzgebung des Sitzlandes zu dieser Frage besondere Vorschriften für internationale Wirtschaftsorganisationen enthält, finden diese Vorschriften Anwendung.

(2) Die Rechte der internationalen Wirtschaftsorganisation zur Durchführung von Außenwirtschaftätigkeit, soweit sie sich nicht aus Pkt. 1 ergeben, können im Gründungsvertrag, der durch die kompetenten staatlichen Organe des Sitzlandes der Organisation bestätigt ist, oder durch einen besonderen Erlaß seitens des kompetenten Organs dieses Landes bestimmt werden. Wenn die internationale Wirtschaftsorganisation durch ein internationales Abkommen gegründet wurde, können ihr solche Rechte kraft dieses Abkommens gewährt werden.

(3) Die der internationalen Wirtschaftsorganisation gewährten Rechte zur Durchführung von Außenwirtschaftätigkeit erstrecken sich nicht auf ihre Teilnehmer.

§ 56 Die Berichterstattungs-, Abrechnungs- und statistischen Systeme, die in der IWO zur Anwendung gelangen

(1) Die internationale Wirtschaftsorganisation wendet die in ihrem Sitzland für staatliche Wirtschaftsorganisationen geltenden Systeme der Berichterstattung, Abrechnung und Statistik in dem mit den kompetenten Organen dieses Landes vereinbarten Umfang an, der zur Abstimmung der Tätigkeit der internationalen Wirtschaftsorganisation mit dem System der Planung und Leitung der Volkswirtschaft des Sitzlandes erforderlich ist.

(2) Die vom Leitungsorgan bestätigten Bilanzen und Abrechnungen der internationalen Wirtschaftsorganisation werden den kompetenten Organen des Sitzlandes der Organisation vorgelegt.

1 Quelle: P. Lorenz: Multinationale Unternehmen sozialistischer Länder, Berlin (West) 1978, S. 149 ff., Auszüge. Beschlossen vom Exekutivkomitee des RGW (unverbindlich).

Musterbedingungen für die Finanzierung und die Durchführung der Verrechnung bei internationalen Organisationen der interessierten Mitgliedsstaaten des RGW (internationale ökonomische Organisationen, internationale Wirtschaftsorganisationen, internationale Wirtschaftsvereinigungen) (1975)[1]

A. Finanzierung und Durchführung der Verrechnung bei internationalen Wirtschaftsorganisationen (IWOen), deren Tätigkeit auf den Prinzipien der wirtschaftlichen Rechnungsführung beruht

IWOen (gemeinsame Betriebe, Vereinigungen, Wissenschafts-, Projektierungs-, Konstruktions- und andere Organisationen) werden durch einen schriftlichen Vertrag zwischen ihren Teilnehmern oder durch ein internationales Abkommen errichtet.

Durch den Gründungsvertrag oder das Abkommen über die Schaffung einer IWO, deren Tätigkeit auf den Prinzipien der wirtschaftlichen Rechnungsführung beruht, werden neben anderen Bestimmungen die Grundprinzipien für die Finanzierung, die Bedingungen für die betriebliche Tätigkeit, die Aufteilung der finanziellen Ergebnisse und das Verfahren bei der Liquidation der Organisation festgelegt.

Notwendige Bedingung für eine Entscheidung über die Schaffung solcher IWOen ist die Durchführung von Vorarbeiten zur Zusammenstellung technisch-ökonomischer Begründungen für die Zweckmäßigkeit und Effektivität der Schaffung der IWO, zur genauen Bestimmung ihrer Funktionen, des Charakters und des Umfangs ihrer Tätigkeit, der Zusammensetzung der produktionswissenschaftlichen Basis usw. Auf der Grundlage dieser Daten wird die Höhe des Statutenfonds und des Anteils seiner Deckung unter Berücksichtigung der Interessen der Parteien festgelegt.

I. Bildung und Verwendung des Statutenfonds

1. Der Statutenfonds wird zur Sicherstellung der wirtschaftlichen Tätigkeit der IWO gebildet. Der Statutenfonds ist die Quelle der Erstausstattung der IWO und ihrer Filialen mit Grund- und Umlaufmitteln.

2. Der Statutenfonds wird in der Höhe festgelegt, die für die Sicherstellung der normalen Tätigkeit der IWO und ihrer Filialen in Übereinstimmung mit den ihnen übertragenen Aufgaben erforderlich ist.

Durch einmütige Entscheidung der Parteien kann die Höhe des Statutenfonds später präzisiert werden, wenn sich die Art oder der Umfang der Tätigkeit der IWO ändert.

In einzelnen Fällen, in denen es zum Zeitpunkt der Schaffung der IWO noch nicht möglich ist, den vollen Bedarf an Grund- und Umlaufmitteln festzulegen, können die Parteien im Gründungsvertrag die sukzessive Bildung des Statutenfonds vorsehen. Die Parteien sehen im Gründungsvertrag unter Berücksichtigung der Entwicklung der wirtschaftlichen Tätigkeit der IWO die Frist vor, innerhalb deren die vollständige Festlegung der Höhe des Statutenfonds erfolgen muß.

3. Der Statutenfonds wird zu Beginn aus Beiträgen der Parteien – der Mitglieder der IWO – gebildet.

Der Statutenfonds kann im Laufe der Tätigkeit der IWO und in Abhängigkeit von ihrer Entwicklung aus eigenen Quellen oder aus zusätzlichen Beiträgen der Mitglieder der IWO erhöht werden.

4. Der Statutenfonds wird in der nationalen Währung des Sitzlandes festgelegt und in Transfer-Rubeln bewertet, um die Höhe der proportionalen Beiträge der an

der IWO beteiligten Parteien festzulegen. In der Gründungsurkunde wird der in Transfer-Rubeln bewertete Statutenfonds angegeben.

5. Der monetäre Teil der proportionalen Beiträge zum Statutenfonds kann in der nationalen Währung des Sitzlandes der IWO, in der kollektiven Währung (Transfer-Rubel) oder in konvertiblen Währungen erbracht werden.

Die Umrechnung der nationalen Währung in Transfer-Rubel erfolgt nach einer Vereinbarung zwischen den zuständigen Organen der interessierten Staaten, wobei auch die Möglichkeit in Betracht kommt, das Abkommen der RGW-Mitgliedsstaaten über die Einführung der gegenseitig abgestimmten Kurse oder Koeffizienten der nationalen Währungen gegenüber der kollektiven Währung (Transfer-Rubel) sowie der nationalen Währungen untereinander vom 19. Oktober 1973 zu benutzen.

Die Umrechnung konvertibler Währungen in Transfer-Rubel erfolgt mit Hilfe von Kursen, die durch die Internationale Bank für wirtschaftliche Zusammenarbeit festgelegt werden.

6. Die proportionalen Beiträge können erbracht werden durch Waren und andere materielle Werte (Bauobjekte, Ausrüstungen, Material und andere Werte). In die proportionalen Beiträge können in vereinbarten Summen auch Mieten einbezogen werden, Einnahmen aus der Nutzung land- und forstwirtschaftlicher Grundstücke während eines bestimmten Zeitraums sowie Einnahmen aus natürlichen Ressourcen im Sitzland der IWO und ihrer Filialen.

Waren und andere materielle Werte, mit denen die Mitglieder der IWO ihre proportionalen Beiträge erbringen, werden in Transfer-Rubeln bewertet, und zwar in Preisen, die in Übereinstimmung mit den gültigen Preisbildungsprinzipien für den gegenseitigen Handel der RGW-Mitgliedsländer stehen.

9. Bei einem schrittweisen Übergang der IWO zur wirtschaftlichen Rechnungsführung wird im Vertrag die äußerste Frist für diesen Übergang festgelegt, die nicht länger als 2–3 Jahre sein darf. Vor dem Übergang zur vollen Eigenerwirtschaftung werden die Kosten für die Unterhaltung des Apparats sowie die Verwaltungs- und Wirtschaftsausgaben zu dem Teil, der nicht durch Einnahmen aus eigener wirtschaftlicher Tätigkeit der IWO gedeckt ist, aus jährlichen zusätzlichen Beiträgen ihrer Mitglieder finanziert, und zwar in vertraglich vorgesehenen Anteilen. Die Höhe der hierfür bestimmten Zahlungen und die Art ihrer Regulierung werden in den vom Leitungsorgan der IWO beschlossenen Finanzplänen vorgesehen.

II. Die wirtschaftliche Tätigkeit der IWO

1. Die IWO hat das Recht, im eigenen Namen ihr Vermögen zu besitzen, zu nutzen und darüber bestimmungsgemäß zu verfügen sowie andere Vermögenswerte zu erwerben und zu veräußern.

Die Teilnehmer der IWO haben keine besonderen Rechte an den einzelnen Gegenständen, die das Vermögen der IWO bilden, auch nicht an solchen, die der Teilnehmer als seinen Beitrag eingebracht hat.

Quelle des Vermögens der IWO sind die Beiträge der Teilnehmer (Statutenfonds), die Einnahmen aus eigener wirtschaftlicher Tätigkeit und andere Einnahmen, die im Statut oder in der Gründungsurkunde vorgesehen sind.

Das Vermögen von Filialen der IWO wird zu Beginn nach einer Entscheidung des Leitungsorgans durch die Ausgliederung eines Vermögensteils der IWO für die Filiale gebildet.

Einnahmen (Einkünfte) aus eigener wirtschaftlicher Tätigkeit können insbesondere entstehen:

– aus den Ergebnissen der im Rahmen der IWO durchgeführten wirtschaftlichen Produktionstätigkeit

– aus Einnahmen aus Vermittlungstätigkeit der IWO.

2. In ihrer Tätigkeit richten sich die IWOen und ihre Filialen nach Jahres- und Perspektivplänen für Produktion und Finanzierung. Diese Pläne sind verbunden mit den Volkswirtschaftsplänen der beteiligten Länder in Übereinstimmung mit deren nationaler Gesetzgebung.

VI. Finanzielle Ergebnisse der wirtschaftlichen Tätigkeit der IWO

1. Die finanziellen Ergebnisse der wirtschaftlichen Tätigkeit der IWO oder ihrer Filialen werden auf der Grundlage jährlicher Rechnungslegung festgestellt.

2. Ein Teil des Reingewinns der IWO und ihrer Filialen wird nach Entscheidung des Leitungsorgans für die entsprechenden finanziellen Sonderfonds für die weitere Entwicklung der IWO und ihrer Filialen, für die Ergänzung der Umlaufmittel und für andere Zwecke verwendet.

3. Der Reingewinn der IWO und ihrer Filialen wird nach Abzug der Mittel, die für ihre Entwicklung, die Abführungen an die finanziellen Sonderfonds, die Ergänzung der Umlaufmittel und für andere Zwecke bestimmt sind, unter den Mitgliedern der IWO verteilt, und zwar in dem Verhältnis, das ihrem proportionalen Anteil am Statutenfonds entspricht.

4. Das Mitglied der IWO kann den erhaltenen Gewinn zur Bezahlung von Waren und Dienstleistungen im Sitzland der IWO (der Filiale) gemäß der in diesem Staat geltenden Regelung verwenden – gemäß Vertrag mit dessen zuständigen Organen auch zu anderen Zwecken – oder diesen Gewinn ohne Beschränkung in seinen Staat transferieren.

1 Quelle: P. Lorenz: Multinationale Unternehmen sozialistischer Länder, Berlin (West) 1978, S. 177 ff., Auszüge.
Beschlossen vom Exekutivkomitee des RGW (unverbindlich).

Abkommen *(Entwurf)*
zwischen dem Rat für gegenseitige Wirtschaftshilfe und der Europäischen Wirtschaftsgemeinschaft über die Grundlagen der gegenseitigen Beziehungen

Der Rat für gegenseitige Wirtschaftshilfe und seine Mitgliedstaaten – die Volksrepublik Bulgarien, die Volksrepublik Ungarn, die Deutsche Demokratische Republik, die Republik Kuba, die Mongolische Volksrepublik, die Sozialistische Republik Rumänien, die Union der Sozialistischen Sowjetrepubliken, die Sozialistische Republik Tschechoslowakei – einerseits und die Europäische Wirtschaftsgemeinschaft und ihre Mitgliedstaaten – das Königreich Belgien, das Königreich von Großbritannien und Nordirland, das Königreich der Niederlande, das Königreich Dänemark, die Republik Irland, die Italienische Republik, das Großherzogtum Luxemburg, die Bundesrepublik Deutschland, die Französische Republik – andererseits, entsprechend der Schlußakte der Konferenz für Sicherheit und Zusammenarbeit in Europa, unterzeichnet am 1. August 1975 in Helsinki,

– stellen den Fortschritt fest, der im Laufe der letzten Jahre in der Welt, insbesondere in Europa, im Hinblick auf die Entspannung, die friedliche Koexistenz und die Zusammenarbeit zwischen den Staaten gemacht worden ist,
– legen den Nachdruck auf die günstigen Veränderungen, die in der Entwicklung des Handels und der Zusammenarbeit zwischen den Mitgliedsländern des RGW und den Mitgliedsländern der EWG in den verschiedenen Bereichen gemacht worden sind,
– wünschen einen positiven gemeinsamen Beitrag zu leisten zur Ausdehnung und Konsolidierung der gegenseitigen Wirtschaftsbeziehungen zum beiderseitigen Vorteil der Mitgliedsländer des RGW und der EWG, sowohl auf bilateraler wie auf multilateraler Grundlage,
– bringen ihren Willen zum Ausdruck, die Grundlagen für die gegenseitigen Beziehungen zwischen dem Rat für gegenseitige Wirtschaftshilfe und der Europäischen Wirtschaftsgemeinschaft zu bestimmen

und sind wie folgt übereingekommen:

Artikel 1

Das vorliegende Abkommen legt die offiziellen Beziehungen zwischen dem Rat für gegenseitige Wirtschaftshilfe und der Europäischen Wirtschaftsgemeinschaft fest.

Artikel 2

In Anwendung der Bestimmungen des vorliegenden Abkommens gehen der Rat für gegenseitige Wirtschaftshilfe, die Mitgliedsländer des RGW, und die Europäische Wirtschaftsgemeinschaft, die Mitgliedsländer der EWG dabei vor im Geiste der Bestimmungen der Schlußakte der Konferenz für Sicherheit und Zusammenarbeit in Europa, unterzeichnet am 1. August 1975 in Helsinki, unter Beachtung insbesondere der Prinzipien eigenständiger Gleichheit, der Nichteinmischung in die innerstaatlichen Angelegenheiten und der Zusammenarbeit zwischen den Staaten.

Artikel 3

Die Beziehungen zwischen dem Rat für gegenseitige Wirtschaftshilfe und der Europäischen Wirtschaftsgemeinschaft werden in folgenden Bereichen entwickelt:

– Verbesserung der Bedingungen der wirtschaftlichen und handelspolitischen Zusammenarbeit zwischen den Mitgliedstaaten des RGW und der EWG;
– Standardisierung;
– Umweltschutz;
– Statistiken;
– der Wirtschaftsvoraussage der Produktion und des Verbrauchs bei abgesprochenen Gegenständen.

Im Bedarfsfalle regeln der Rat für gegenseitige Wirtschaftshilfe und die Europäische Wirtschaftsgemeinschaft durch gemeinsame Übereinkommen auch die übrigen Gebiete ihrer gegenseitigen Beziehungen.

In Übereinstimmung mit ihren Mandaten entwickeln und unterstützen der Rat für gegenseitige Wirtschaftshilfe und die Europäische Wirtschaftsgemeinschaft die unmittelbare Entwicklung der Zusammenarbeit zwischen den Mitgliedsländern des RGW und den Mitgliedsländern der EWG in den nachstehenden Bereichen.

Artikel 4

Die Beziehungen zwischen dem Rat für gegenseitige Wirtschaftshilfe und der Europäischen Wirtschaftsgemeinschaft könnten sich besonders unter folgenden Gesichtspunkten abwickeln:

– Gemeinsames Studium und Bearbeitung von Problemen, die sich aus Artikel 3 dieses Abkommens ergeben sowie anderer Probleme, über die man sich abstimmt; regelmäßige Information über diese und vorher vereinbarte Fragen;
– Austausch von Informationen über die grundlegenden Tendenzen und die laufenden Tätigkeiten des Rates für gegenseitige Wirtschaftshilfe und die Europäische Wirtschaftsgemeinschaft;
– Systematische Kontakte zwischen Vertretern und Mitarbeitern des RGW und der EWG;
– Organisation von Konferenzen, Seminaren und Symposien.

Im Bedarfsfalle können der Rat für gegenseitige Wirtschaftshilfe und die Europäische Wirtschaftsgemeinschaft andere Arten von Beziehungen hinsichtlich konkreter Probleme und der Art ihrer Behandlung festlegen.

Artikel 5

Der Rat für gegenseitige Wirtschaftshilfe und die Europäische Wirtschaftsgemeinschaft fördern die ständige Weiterentwicklung des Handels zwischen den Mitgliedstaaten des RGW und der EWG, die Vielseitigkeit seiner Strukturen sowie die Schaffung günstiger Bedingungen für die Zusammenarbeit auf dem Gebiete des Handels und der Wirtschaft und der vollen Ausnutzung der Möglichkeiten, die sich aus der Wirtschaftsentwicklung der Länder ergeben.

Artikel 6

Ausgehend von den Prinzipien dieses Abkommens wenden die Mitgliedstaaten des RGW und die Mitgliedstaaten der EWG gegenseitig die Meistbegünstigungsklausel an. Dies geschieht auf der Basis bereits existierender Abkommen oder gleichartiger Abkommen, die zwischen den betreffenden Ländern abgeschlossen werden.

Artikel 7

Die Mitgliedstaaten des RGW und die Mitgliedstaaten der EWG errichten ihre Beziehungen auf der Basis der Nicht-Diskriminierung. Sie beseitigen insbesondere alle Verbote sowie Einfuhr- und Ausfuhrbeschränkungen für sämtliche Waren, es sei denn, die besagten Verbote und Beschränkungen werden auf alle Drittländer angewendet, und sehen davon ab, sie in Zukunft einzuführen. Der Rat für gegenseitige Wirtschaftshilfe und die Europäische Wirtschaftsgemeinschaft tragen in vollem Rahmen des Möglichen zur Verwirklichung dieser Ziele bei.

Artikel 8

Der Rat für gegenseitige Wirtschaftshilfe und die Europäische Wirtschaftsgemeinschaft, die Mitgliedstaaten des RGW und die Mitgliedstaaten der EWG treffen in gegenseitigem Einvernehmen Maßnahmen, um sicherzustellen, daß sich der Austausch verschiedener Waren so vollzieht, daß die Binnenmärkte dieser Waren nicht ernsthaft geschädigt werden und daß auch eine solche Möglichkeit ausgeschlossen wird.

Artikel 9

Der Rat für gegenseitige Wirtschaftshilfe und die Europäische Wirtschaftsgemeinschaft tragen dazu bei, daß sich die Entwicklung des Austausches von Landwirtschaftserzeugnissen zwischen den Mitgliedstaaten des RGW und den Mitgliedstaaten der EWG auf gleichbleibender, angemessener und langfristiger Basis vollzieht. Die Mitgliedstaaten des RGW und die Mitgliedstaaten der EWG verzichten auf jede einseitige Beschränkung des Austausches von Landwirtschaftserzeugnissen, die nicht auf alle Drittländer angewendet wird.

Artikel 10

In Anerkennung der Bedeutung der Währungs- und Finanzfragen für die Entwicklung des Handels halten es der Rat für gegenseitige Wirtschaftshilfe und die Europäische Wirtschaftsgemeinschaft für notwendig, diese eingehend zu prüfen, um geeignete Lösungen zu finden, die zu einem ständigen Anwachsen des Handelsverkehrs beitragen. Hiervon ausgehend gewähren die Mitgliedstaaten beider Organisationen insbesondere Kredite zu den bestmöglichen Bedingungen.

Artikel 11

In Anwendung der Bestimmungen des vorliegenden Abkommens können bestimmte Fragen der Handels- und Wirtschaftsbeziehungen, die sich auf die Zusammenarbeit zwischen den Mitgliedstaaten des RGW und den Mitgliedstaaten der EWG beziehen, durch bilaterale und multilaterale Abkommen zwischen diesen Staaten geregelt werden. Bestimmte konkrete Fragen können geregelt werden auf der Basis der Grundsätze des vorliegenden Abkommens durch direkte Kontakte, Übereinkommen und Abkommen zwischen den Mitgliedstaaten des RGW und den Organen der Europäischen Wirtschaftsgemeinschaft, zwischen den Mitgliedstaaten der EWG und den Organen des Rates für gegenseitige Wirtschaftshilfe ebenso wie zwischen ihren zuständigen Wirtschaftsorganisationen.

Artikel 12

Die Europäische Wirtschaftsgemeinschaft und die Mitgliedstaaten der EWG gewähren den interessierten Mitgliedstaaten des RGW ein Präferenz-Regime, die sich auf einem adäquaten wirtschaftlichen Entwicklungsstand befinden.
Die Europäische Wirtschaftsgemeinschaft und die Mitgliedstaaten der EWG gewähren weiterhin der Republik Kuba in seiner Eigenschaft als Mitglied der „Gruppe der 77" die Erleichterungen und Vorzüge, die die Europäische Wirtschaftsgemeinschaft und die Mitgliedstaaten der EWG den Mitgliedsländern dieser Gruppe gewährt haben ebenso wie diejenigen, die sie den anderen Entwicklungsländern gewährt haben oder in Zukunft gewähren werden.

Artikel 13

Die Bestimmungen des vorliegenden Abkommens berühren weder die Rechte und Pflichten des Rates für gegenseitige Wirtschaftshilfe, der Europäischen Wirtschaftsgemeinschaft, der Mitgliedstaaten des RGW und der Mitgliedstaaten der EWG, die aus bilateralen oder multilateralen Verträgen und Abkommen herrühren, die in Kraft sind, noch ihr Recht, in Zukunft derartige Verträge und Abkommen abzuschließen.

Artikel 14

Um die Anwendung des vorliegenden Abkommens zu erleichtern, wird eine gemischte Kommission geschaffen, die sich aus Vertretern des Rates für gegenseitige Wirtschaftshilfe und den Mitgliedstaaten des RGW und den Vertretern der Europäischen Wirtschaftsgemeinschaft und den Mitgliedstaaten der EWG zusammensetzt.

Die gemischte Kommission kann auch ihren Beitrag leisten für die positive Lösung verschiedener konkreter Fragen, die in Absatz 2 von Artikel 11 des vorliegenden Abkommens erwähnt sind. Um diese Fragen zu diskutieren, kann die Kommission Arbeitsorgane schaffen, die zusammengesetzt sein können aus Vertretern der Mitgliedstaaten des RGW und der EWG oder der interessierten Länder, je nach Art der zu prüfenden Probleme.

Die gemischte Kommission wird ein Reglement ihrer Arbeiten ausarbeiten und verabschieden.

Die Aufgaben der gemischten Kommission berühren nicht diejenigen der gemischten Kommissionen, die im Rahmen der bilateralen und multilateralen Abkommen zwischen den Mitgliedstaaten des RGW und den Mitgliedstaaten der EWG bestehen.

Artikel 15

Das vorliegende Abkommen tritt in Kraft am Tage seiner Unterzeichnung und gilt für die Dauer von ... Jahren.

Es verlängert sich automatisch von Jahr zu Jahr, es sei denn, eine der vertragschließenden Parteien drückt ihren Wunsch auf Kündigung aus, mit einer Kündigungsfrist von mindestens 6 Monaten vor Ablauf der jährlichen Periode.

Ausgefertigt in ... Exemplaren, jeweils in den offiziellen Sprachen des Rates für gegenseitige Wirtschaftshilfe und der Europäischen Wirtschaftsgemeinschaft, alle Texte in gleicher Weise gültig.

Quelle: J. Bethkenhagen/H. Machowski: Integration im Rat für gegenseitige Wirtschaftshilfe, Berlin 1976, S. 125 ff. Laut Frankfurter Rundschau vom 3. 7. 79 wurde der EG vom RGW ein neuer Vorschlag für einen Vertrag vorgelegt. Danach könnten die einzelnen RGW-Länder mit der EG Durchführungsabkommen abschließen.

Sachregister

Gegenwarts
Gesellschaft
Staat
Erziehung
kunde

Zeitschrift für Gesellschaft, Wirtschaft, Politik und Bildung

Herausgegeben von Prof. Dr. Walter Gagel, Hagen; Prof. Dr. Hans-Hermann Hartwich, Hamburg; Prof. Wolfgang Hilligen, Gießen; Dr. Willi Walter Puls, Hamburg. Zusammen mit Dipl.-Soz. Helmut Bilstein, Hamburg; Dr. Wolfgang Bobke, Wiesbaden; Prof. Dr. Karl Martin Bolte, München; Prof. Friedrich-Wilhelm Dörge, Bielefeld; Dr. Friedrich Minssen, Frankfurt; Dr. Felix Messerschmid , München; Prof. Dr. Hans-Joachim Winkler, Hagen.

Gegenwartskunde ist eine Zeitschrift für die Praxis der politischen Bildung ebenso wie für den politisch allgemein interessierten Leser. Sie veröffentlicht Aufsätze, Materialzusammenstellungen, Kurzberichte, Analysen und Lehrbeispiele zu den Hauptthemenbereichen der politischen Bildung: Gesellschaft — Wirtschaft — Politik. Sie informiert und bietet darüber hinaus dem Praktiker der politischen Bildung unmittelbar anwendbares Material.

„Die didaktische Relevanz der Gegenwartskunde ergibt sich nicht nur aus der Zielsetzung, problembewußte Analysen des gegenwärtigen Geschehens in Gesellschaft, Wirtschaft und Politik zu bieten, die in jeder Nummer mit geradezu bewundernswerter Exaktheit realisiert wird, sondern auch aus ihrer Singularität auf dem deutschen Zeitschriftenmarkt. Zu dieser Weite der Perspektive kommt die unbestreitbare Aktualität der Beiträge in Vorausspielung und Reaktion." (Informationen für den Geschichts- und Gemeinschaftskundelehrer)

Wer die Informationen der Zeitschrift regelmäßig ordnet und sammelt, hat schon nach kurzer Zeit ein recht aktuelles politisches Kompendium zur Hand, das für die tägliche Unterrichtsarbeit ganz konkrete Hilfen liefert. (betrifft: erziehung)

„Sie (GEGENWARTSKUNDE) hilft dem interessierten Lehrer, in wichtigen Fachbereichen auf dem neuesten Informationsstand zu bleiben: sie unterstützt den Lehrer, der die notwendige Auseinandersetzung mit aktuellen, teilweise kontroversen Themen nicht scheut und sie erfolgreich bestreiten will; sie ist geeignet, den Blick zu schärfen für Notwendigkeit und Ausmaß gesellschaftlicher Veränderung und einen realistischen und dynamischen Demokratiebegriff; sie liefert vor allem neben Anregungen didaktischer Art eine Fülle guten Materials, das nicht nur der Information des Lehrers dient, sondern auch teilweise im Arbeitsunterricht unmittelbar verwendet werden kann."
(Der Bürger im Staat)

Gegenwartskunde erscheint vierteljährlich Jahresabonnement DM 28,—, für Studenten gegen Studienbescheinigung und Referendare DM 20,40, Einzelheft DM 8,—, jeweils zuzüglich Versandkosten.

Leske Verlag + Budrich GmbH